普通高等教育“十二五”规划教材

国际物流管理实务

世纪高教
物流管理教材系列

编　著↗逯宇铎　陈阵

格致出版社　上海人民出版社

前　言

国际物流是现代物流的重要组成部分，是国际货物跨越国与国、地区与地区之间的一种物流运作方式。当前国际物流的发展正面临着前所未有的机遇。为了提高企业乃至国家的竞争力，中国急需大批精通国际物流管理的复合型专业人才。因此，编写一本内容新颖、信息量大、操作性强的教材，是理论研究和社会实践的迫切要求。

本教材共三篇 11 章。第一篇“国际物流基础”是学习本书的基础。第 1 章简要介绍了国际物流的含义以及发展趋势；第 2 章主要介绍了国际物流系统。第二篇“国际物流中的货物运输”是本书的重点内容，包括第 3 章至第 7 章的内容。第 3 章主要介绍了国际物流基础设施与航线，第 4 章介绍了国际海洋货物运输，第 5 章介绍了国际航空货物运输，第 6 章介绍了国际陆上货物运输，第 7 章介绍了集装箱运输以及国际多式联运。第三篇“国际物流服务”是有关国际物流实务的知识，由第 8 章至第 11 章构成。第 8 章介绍了国际货物运输保险，第 9 章介绍了国际货运代理业务；第 10 章与第 11 章分别介绍了国际物流检验检疫与通关实务。

本教材是一部研究型教材。借鉴了国家软科学项目：“东北经济区现代物流综合研究”(Z01024)、大连市软科学项目：“发展大连现代物流产业，建设东北经济区国际物流中心研究”、辽宁省教育厅重大软科学项目：“国际物流管理理论与方法研究”(2024001199)的研究成果。

本教材主要有三方面特点：

1. 范围“宽”。本书涵盖了国际物流理论、知识、程序和业务活动的整个流程，使读者在掌握理论的同时能够了解系统的实务知识，掌握实务知识的同时又能站在较高的理论起点上，从而更好地把握国际物流理论与实务的全貌。

2. 观点“新”。本书不仅系统阐述了国际物流的新知识，而且还比较全面地介绍了国际物流领域的一些政策及运作现状，能够使读者比较全面地了解现代国际物流运作方法的最新进展。

3. 内容“实”。本书以国际物流理论为指针，突出国际物流中的规则、条例、惯例的实际运作过程和方法，达到“学以致用”的目的。

参加本书编著工作的有：大连理工大学国际贸易研究所所长、博士生导师逯宇铎教授、大连理工大学国际贸易研究所讲师、硕士生导师陈阵博士。由逯宇铎撰写大纲及统稿并对文稿负责。

本书参阅了一些国内、外本专业领域经典专著及教材，主要参考书目在书后一一列明，特致谢意。

由于作者水平有限，书中难免有不当或错讹之处，敬请同仁及读者批评指正。

逯宇铎

于大连理工大学科技园

目　录

第三篇　国际物流服务

第一篇

国际物流基础

第1章 国际物流概述

本章关键词

物流 logistics
供应链 supply chain
国际物流 international logisties
绿色物流 environmental logictics/green logistics
逆向物流 reverse logistics

1.1 国际物流概念

1.1.1 物流与供应链的定义

"物流"(Logistics)一词源于二战时期的军事术语,当时用来描述军需设备、人员的驻扎与供应,是在合适的时间、以合适的条件把部队和设备运至合适的地点的一系列活动,具有比运输更广的概念。

目前关于物流并没有统一且明确的定义。英国"皇家物流与运输学会"定义"物流"是:与时间相关的资源调配,或者是整体供应链的管理。美国"物流管理协会"(CLM)将"物流"定义为:物流是供应链的一部分,是为了满足客户需求而对商品、服务以及相关信息从产地到消费地的高效率、高效益的正向和反向流动及储存而进行的计划、实施与控制的过程。2001年中国政府颁布的国家标准《物流术语》将"物流"定义为:物流是物品从供应地向接受地的实体流动过程,根据实际需要,将运输、储存、装卸、搬运、包装、加工、配送、信息处理等基本功能实现有机结合。

在现代管理学中,与物流密切相关的概念是供应链。供应链是满足客户需求的相关系列活动,不仅包括货物的采购、制造、分销和废物处理,还包括相关的运输、储存和信息技术,是商品或服务的设计、开发以及传递而进行的一系列有序的活动。从管理学的角度看,物流管理已经逐渐演变为供应链管理的一部分。

1.1.2 国际物流

国际物流(international logistics, IL)是组织货物在国际间的合理流动。国际物流的实质是按照国际法规与惯例,利用国际化的物流网络、设施和技术,实现货物在国际间的流动,以促进全球经济资源的优化配置。国际物流的总目标是国际贸易和跨国经营服务,即选择最佳的方式与路径,以最低的费用和最小的风险,保质、保量、适时地将货物从某国的供给方运送到另一国的需求方。

国际物流有广义与狭义之分。广义的国际物流包括国际贸易物流、非贸易国际物流、国际物流合作、国际物流投资、国际物流交流等领域。狭义的国际物流主要是指国际贸易物流,也就是说在不同国家之间展开的商务活动中,与商品移动相关的运输、配送、储存、保管、装卸、流通加工及信息管理活动,使商品在国际之间进行合理的流动。具体地讲,国际物流是指生产和销售分别在两个或两个以上的国家(或地区)独立进行的情况下,为了克服生产和消费之间的空间隔离和时间隔离而对物资(商品)所进行的物理性移动的一项国际商品贸易或交流活动。国际物流是相对国内物流而言的,是国内物流的延伸和进一步扩展,是跨国界的、流通范围扩大了的物流,有时也称为国际大流通或大物流。

1.1.3 国际物流的特点

国际物流作为现代物流的重要分支,相对于国内物流,具有以下特点。

1. 各个国家或地区物流环境存在差异

各个国家物流环境的差异是国际物流一个非常显著的特点,尤其是物流软环境的差异。不同国家的物流适应法律不同,不同国家的经济和科技发展水平会造成国际物流处于不同的科技条件支撑,不同国家的不同标准也会造成国际间的接轨困难,不同国家的文化风俗也使国际物流受到很大的限制。由于物流环境的差异迫使一个物流系统需要在不同的法律、人文、习俗、语言、科技、设施的环境下运行,无疑会大大增加物流的难度和系统的复杂性。

2. 国际物流的系统广泛、风险性高

物流本身的功能要素、系统与外界的沟通已经很复杂,国际物流又在这复杂的系统上增加了不同国家或地区的要素,不仅具有了更广阔的时间和空间,而且涉及了更多的国内外要素,更长的时间需求,导致国际物流的难度和复杂性的增加以及风险的增大。使国际物流在运作过程中除了存在一般性物流风险,如意外事故、不可抗力、作业危害、理货检验疏忽、货物自然属性、合同风险外,还存在政治风险、汇率和利率风险、自然风险。

3. 国际物流以海洋运输方式为主

国际物流以海洋运输为主,并由多种运输方式组合。国际物流运输方式有海洋运输、铁路运输、航空运输、公路运输以及由这些运输手段组合而成的国际复合运输方式。运输方式选择和组合的多样性是国际物流的一个显著特征。海运由于成本低,能进行长距离、大批量货运，是国际物流运输中最普遍的方式，特别是远洋运输是国际物流的重要运输手段。如果能够提高远洋运输的效率，降低远洋运输成本，就能在国际物流竞争中占有优势地位。目前，在国际物流活动中，为了追求整个物流系统的运作效率并缩短运输时间，“门到门”的运输方式越来越受到货主的欢迎，由于国际复合运输方式能够满足这种需要，因此得到了快速发展，逐渐成为国际物流运输中的主流运输方式。

4. 国际物流必须有国际化信息系统的支持

国际化信息系统是国际物流尤其是国际联运非常重要的手段。国际物流信息是指信息流供给方与需求方进行信息交换与交流而产生的信息流动，它表示了商品品种、数量、时间、空间等各种需求信息在同一国际物流系统内，在不同的物流环节中所处的具体位置。由于国际物流信息涉及了更多的国内外要素，使国际信息系统建立的难度较大，主要在于：一是管理困难，二是投资巨大。而且，世界上各个地区物流信息水平高低不同，信息水平不均衡。建立国际物流信息系统一个较好的办法是与各个海关的公共信息系统联网，以及及时掌握有关各个港口、机场和联运线路、战场的实际情况，为供应和销售物流提供决策支持。

5. 国际物流标准化要求更高

要使国际间物流畅通起来，统一标准是非常重要的。可以说，如果没有统一的标准，国际物流水平是难以提高的。目前，美国、欧洲的一些国家制定和实施了一系列国际上公认和通用的物流标准，基本实现了物流工具和设施的统一标准。在物流信息传递技术方面，欧洲各国不仅实现了企业内部的标准化，而且实现了企业之间及欧洲统一市场的标准化，这就使欧洲各国之间比它们与亚洲、非洲等国家的交流更简单，更有效。

1.1.4 国际物流的分类

根据划分标准的不同，国际物流主要分为以下几种类型。

1. 根据货物在国与国之间的流向分类

国际物流可分为进口物流和出口物流。当国际物流服务于一国的货物进口时，称为进口物流；反之，当国际物流服务于一国的货物出口时，称为出口物流。由于各国在物流进出口政策，特别是海关管理制度上的差异，进口物流与出口物流相比，既有交叉的业务环节，也存在不同的业务环节，需要区别对待。

2. 根据物流流动关税区域分类

国际物流可以分为不同国家间的物流和不同经济区域间的物流。区域经济的发展是当今世界经济发展的一大特征，比如，欧洲经济共同体国家属于同一关税区，其成员国之间的物流运作同欧洲经济共同体成员国与其他国家或经济区域之间的物流运作在方式和环节上都有很大的差别。

3. 根据运送货物的特征分类

国际物流可以分为国际军火物流、国际商品物流、国际油品物流、捐助或救助物资物流、国际展品物流和废弃物物流，等等。

1.2 国际物流的发展

1.2.1 国际物流发展历程

国际物流活动是随着国际贸易和跨国经营的发展而得到发展，物流观念及方法随物流的国际化步伐而不断更新。国际物流活动从产生至今主要经历了以下几个发展阶段。

1. 第一阶段(20世纪50年代至80年代)

第二次世界大战之前，国与国之间已经有了贸易往来，但是运输量很小，运输服务质量也不高。第二次世界大战之后，国际间的经济来往得到扩展且越来越活跃，尤其在20世纪70年代的石油危机以后，国际贸易量已非常巨大，交易水平和质量要求也越来越高，原有为满足运送必要货物的运输观念已不能适应新的要求，系统物流就是在这个时候进入到国际领域，其标志是国际集装箱及国际集装箱船的大发展，国际间各主要航线的定期航班都投入了集装箱船，使物流服务水平立刻得到了提升。20世纪70年代中后期，国际物流的质量要求和速度要求进一步提升，这个时期在国际物流领域出现了航空物流大幅度增加的新形势，同时出现了更高水平的国际联运。

2. 第二阶段(20世纪80年代初至90年代初)

随着经济技术的发展和国际经济往来的日益扩大，物流国际化趋势开始成为世界性的物流发展趋势，国际物流进入了全面起步和发展阶段。尤其是正处于成熟经济发展起来的日本，更是以贸易立国，实现了与其对外贸易相适应的物流国际化，并采取了建立物流信息网络，加强物流全面质量管理等一系列措施，提高物流国际化的效率。这一阶段，在物流量基本稳定的情况下出现了“精细物流”，物流的机械化、自动化水平显著提高。而且，伴随着新时代人们需求观念的变化，国际物流开始着力于利用新技术和新方法解决“小批量、高频度、多品种”的物流，极大地拓展了国际物流的空间。同时，伴随国际物流的快速发展，信息技术开始应用于国际物流的组织和管理。信息技术的应用促使物流向更低成本、更高服务、更精细化的方向发展。可以说，这一阶段的国际物流已进入了物流信息时代。

3. 第三阶段(20世纪90年代初至今)

这一阶段国际物流的概念和重要性已为各国政府和外贸部门所普遍认识。物流国际化逐渐走向标准化，即物流设施国际化、物流技术国际化、物流服务国际化、货物运输国际化、包装国际化和流通加工国际化，等等。在国际物流的理论和实践方面，世界各国都进行了大胆的探索，人们已经形成共识：物流无国界，只有广泛开展国际物流合作，才能促进世界经济的繁荣。网络技术、条码技术以及卫星定位系统(GPS)在物流领域得到了普遍应用，而且越来越受到人们的重视。这些高科技手段在国际物流中的应用，极大地提高了物流的信息化和物流服务水平。各大物流企业纷纷投资于物流信息系统的建设。可以说，21世纪将是国际物流信息化高度发展的时代。

1.2.2 国际物流发展趋势

随着经济全球化步伐的加快，科学技术尤其是信息、通信技术的发展，跨国公司所推动的全球采购及全球消费趋势的增强，使得当前国际物流的发展呈现出一系列新的特点。

1. 物流企业的集约化与协同化趋势

物流企业之间的竞争将愈加激烈，要满足区域化或全球化的物流服务，企业必须大力拓展国际物流市场，以争取更大的市场份额，同时也必须扩大规模，以形成规模效益。这种规模的扩大将主要表现在两个方面：

(1) 物流企业间的兼并与合作。物流企业的兼并与合作使各公司间业务单位进行选择性交换。增强了各个公司的核心竞争力并清理、组合了公司的资产，使行业合并呈线性增长。进入21世纪，世界范围内各行业企业间的联合与并购，推动国际物流业加速向全球化方向发展，而物流全球化的发展又必然推动和促进各国物流企业的联合和并购活动。随着国际贸易的发展，美国和欧洲的一些大型物流企业跨越国境，展开连横合纵式的并购，大力拓展国际物流市场，以争取更大的市场份额。1999年、2000年、2002年欧洲运输、物流市场每年共发生超过300宗大大小小的收购、并购和结盟活动，而2001年更是有436宗物流方面的并购事件发生。我们今天看到的物流巨头，像德国邮政、丹莎货运、敦豪速递、瑞士德迅集团(K&N)和荷TPG集团都是当年并购大潮的主力军。

(2) 物流企业间战略联盟的形成。由于商业运作的复杂性，某一单一的物流服务提供方往往难以实现低成本、高质量的服务，也无法给客户带来较高的满意度。通过结盟，解决资金短缺并应付市场波动压力，增强核心竞争力，并增加服务品种，扩大企业的地理覆盖面，为客户提供"一站式"服务，从联合营销和销售活动中受益，正成为许多具有一定实力的物流企业的发展战略。对物流企业而言，战略合作伙伴既可以选择其他物流企业、货代公司、国际分销公司等，也可以选择信息系统公司、制造商、设备租赁商等。通过结盟，使企业得以在未进行大规模的资本投资的情况下扩大业务范围，提升市场份额和竞争能力。许多物流业经营和研究人员认为，相同的文化背景和彼此相互依赖、有效而积极的信息沟通、共同的企业经营目标和凝聚力、技术上的互补能力、双方高层管理人员在管理方面的共同努力等，是使物流企业联盟成功的关键因素。

延伸阅读：

美国航空公司面临战略重组压力

2011年10月，美国航空公司AMR股价曾一度大跌41%，引发了市场对这家美国第三大航空公司濒临破产的担心。有传言称美航将向法庭申请破产保护，美航澄清说，"重整肯定不是我们的目标，也不是优先考虑方案。目前我们正专注于改善业绩。"而美国合众国航空公司趁机表达出收购美航的意愿。如果美航和合众国航空合并，是否将激发新一轮合并热潮？

一、脆弱的航空业

在当前低迷的全球经济环境之下,动荡的美国航空市场正是全球航空市场的缩影。尽管2010年以来航空运输量相较于2008年有了很大的恢复,但并不代表航空业已从谷底反弹,而其之所以恢复,在很大程度上来自于政府救市所产生的效应。有专家指出,经济虽在政府救市之后回升,但"药效"已过,政府因为救市导致财政亏空,出现信用危机。美债、欧债风波不断,再加上油价高企的困扰,航空业的前景令人忧心。

国际航空运输协会理事长兼首席执行官汤彦麟也表示,"航空业利润微薄将至少持续到2012年,整个行业比较脆弱,任何潜在的危机都有可能拖累航空业"。而且,对于那些带着"硬伤"的航空公司,以及积重过多的老牌企业(近期大跌的航空股并非只有美航,达美航空和美联合航空股价跌幅都在11%以上)而言,虽然它们从2008年金融危机中"劫后余生",但在经济持续低迷的情况下,一系列问题才真正显现出来或继续扩大,并危及到它们的发展前途。而另一方面,许多看似不起眼的中小型航空公司,由于成本较低,能迎合当前市场对低价服务的需求,再加上一些大牌航空公司的竞争力相对变弱,使它们在市场上反而活跃起来。

二、购并或将更多

从历史和现状来看,美航合航空实力并不弱,其通航城市达170多个,客机超过700架,航线遍及整个美国,还有飞往加拿大、拉丁美洲、西欧和亚洲的航班。特别是拉丁美航线上的运载旅客量,美航要高于其他美国航空公司,其在总的座公里和客公里收益方面名列航空业界前茅。但是,美航合航空的运营成本却一直高于其他传统服务航空公司,这可归因于员工退休金缺口、高用工成本和飞行员管理制度缺乏灵活性等问题。据《纽约时报》报道,在过去的十年中,由于经济形势走低、油价高企以及受到低成本航空公司竞争影响,许多网络型航空公司被并购和重组。美航合航空是因为工会的让步,才避免了出现申请"破产保护"的结果。合众国航空2005年与美国西部航空公司完成合并,2006年意欲收购进入破产保护程序的达美航空,但以失败告终,后来还曾与美国联合航空公司进行合并谈判,但都无果而终。此次又提出收购美航,从中不难看出合众国航空急欲做大、抢占市场的意图。有业内人士表示,如果美航申请破产,合众国航空得以购并美航,将给合众国航空带来增强自身实力、击败更强竞争对手的最佳机会。

现在市场的不稳定积蓄了潜在的购并和重组的可能。但是,这种情形是否能形成2008年金融危机爆发时所出现的全球性航空市场的合并风潮,笔者认为这取决于世界经济大环境。2011年夏季达沃斯论坛上专家学者就世界经济走向达成共识:世界经济二次探底的可能性并不大,整个经济结构并没有受到巨大的冲击,经济增长仍然在继续,只是比较缓慢,但欧美经济区在未来两三年甚至更长的时间里陷入低增长可能性较大。而航空业的发展与经济发展有较高的正相关性,所以,就当前市场形势而言,一些管理欠佳的航空公司,无论是传统航空抑或是低成本航空,依然会面临破产保护和被购并的局面，而随着经济的逐步恢复，"合并风潮"出现的可能性正在逐步变弱。但不可否认，部分经济回稳较慢的地区，"破产保护"的案例或许还会较多一些，相对而言，购并之争在这些地区可能还会更加激烈。

资料来源：王疆民：中国商报网，2011年11月17日。

2. 物流服务优质化与全球化个性化服务体系

随着消费多样化、生产柔性化、流通高效化时代的到来，社会和客户对物流服务的要求越来越高，物流成本不再是客户选择物流服务的唯一标准，人们更多的是注重物流服务的质量。物流服务的优质化是物流今后发展的重要趋势。"5R"服务，即把适当的产品(the right product)，在适当的时间(at the right time)、适当的地点(in the right place)，以适当的数量(in the right quantity)、适当的价格(at the right price)提供给客户，将成为物流企业优质服务的共同标准。物流服务的全球化是今后发展的又一重要趋势。荷兰国际销售委员会在发表的一篇题为《全球物流业——供应连锁服务业的前景》的报告中指出，目前许多大型制造企业正在朝着"扩展企业"的方向发展。这种所谓的"扩展企业"基本上包括了把全球供应链条上所有的服务商统一起来，并利用最新的计算机体系加以控制。同时，该报告认为，制造业已经实行"定做"服务理论，并不断加速其活动的全球化，对全球供应连锁服务业提出了一次性销售(即"一票到底"的直销)的需求。这种服务要求，以及灵活机动的供应链也迫使物流服务商采取了一种"一切为客户服务"的解决办法。随着合同导向的个性化服务体系的建立，物流市场的服务标准将逐渐趋于规范化。在物流服务产品化的初期，由于市场尚未形成公认的服务标准，而国外物流业的服务模式又不完全适合中国现阶段的物流市场需求，因此众多物流产品之间往往千差万别，难以达成基本的行业服务标准。这在某种程度上阻碍了物流产品的优化和服务成本的下降，并加剧了替代品的竞争。随着合同导向的客户服务观念的确立与普及，以及物流服务产品化、市场化的继续发展，物流市场的服务标准将逐渐趋于规范化。

3. 第三方物流发展迅速

第三方物流(third party logistics 简称 3PL、TPL)，是相对于"第一方"发货人和"第二方"收货人而言，指在物流渠道中由中间商提供的物流服务。因此，第三方物流提供者是一个外部客户管理、控制和提供物流服务作业的公司，它们并不参与与供应链之中，仅作为第三方通过提供一整套物流活动来服务于供应链。之所以会出现第三方物流，是由于第三方物流能够集中主业、节省成本、减少库存，同时可以为第三方物流的需求者提升企业形象，因此，第三方物流具有更个性化的服务、更专业化的功能、更系统化的管理、更网络化的信息。这些优势使得第三方物流逐渐代替了传统的"类物流"，如仓储业、运输业、空运、海运、货运代理和企业内部的物流部门，极大地提高了物流效率和效益。

4. 逆向物流与绿色物流的发展趋势

传统的物流方向是由生产者向消费者流动，在国际物流中表现为由货物出口国向进口国流动。然而，在国际物流运作中，往往会出现货物的逆向流动，即从货物的消费者向供应商的反向流动。美国物流管理协会(CLM)将逆向物流定义为：包括逆向配送在内的涉及减少和处理产品及包装废弃物，以及引起货物及信息沿着与正常物流活动相反方向流通的物流管理技术和活动。比如，消费者对于已购买的商品不满意需要退货、电子产品的更新换代、废旧货物的回收与循环利用等方面，都涉及逆向物流的管理知识。

物流虽然促进了经济的发展，但是物流在发展的同时给人类的生活环境带来了消极的影响，如噪声污染，废气排放以及交通阻塞等。21 世纪，人类面临人口膨胀，环境恶化、资源短缺三大危机，因此绿色物流受到广泛关注。绿色物流是指在物流过程中抑制物流对环境造成危害的同时，实现对物流环境的净化，使物流资源得到最充分的利用。从物流作业来看，主要是利用先进物流技术，规划和实施运输、储存、包装、装卸、流通加工等物流活动。绿色物流从环保的角度对物流体系进行改进，形成了一个与环境和谐发展的物流管理系统。现代绿色物流强调了全局和长远的利益，强调了经济利益、社会利益和环境利益的统一，体现了企业的绿色形象，适应了人类社会发展的潮流，是一种全新的物流形态。

5. 物流产业由单一的业种向业态多元化发展

在经济发达国家，随着电子商务、网络技术以及物流全球化的迅速发展，广义的区域物流与企业物流通过上、下游的延伸与拓展，呈现出相互融合的趋势。这一趋势促使物流企业模式即物流产业经营类型与业态向着多样化和细分化发展。在商品流通领域中，有所谓业种和业态之分。简单来看，业种主要是指经营范围，业态主要是指经营方式。因此，物流业态可理解为物流领域交易方式和组织形态的总和。各种经营类型和业态的共存与充分发展是现代物流规范化的重要标志。根据对全球前 20 家专业物流公司经营模式的分析，我们可将国外物流产业经营类型与业态粗略归结为以下三类：由交通运输、邮电产业发展起来的物流企业，如 UPS；由零售业、批发商发展起来的物流企业，如沃尔玛；由大型制造企业物流部门发展起来的物流企业。

延伸阅读：

加拿大物流业掠影

加拿大是一个风光秀丽，物产丰富的国家。近年来，随着中加两国友好关系的不断加深，以及加拿大政府“亚太门户走廊计划”(APGCI)的实施，中加两国在贸易、物流等方面的合作日益增多。记者应加拿大政府邀请，对其“亚太门户走廊计划(APGCI)”以及相关的物流行业进行了考察。

一、温哥华

现在的温哥华—菲沙港务局实际上是由前温哥华港务局、北菲沙河港务局和菲沙河港务局 3 家港务局在 2008 年合并而来。合并后的温哥华港务局是北美外贸出口总额第一大港，同时还是加拿大货运总量和集装箱吞吐量最大的港口。

目前，温哥华—菲沙港务局与全世界 160 多个国家和地区建立了贸易关系，其中约有 70%的贸易量来自中、日、韩三个国家。2010 年，温哥华港的集装箱吞吐量为

235万标箱——这个数字在众多的中国港口中或许不算什么，但在温哥华，这是一个令人骄傲的数字。温哥华港务局的总经理葛力伟展示了一组统计数据，自2000年以来，温哥华港务局的集装箱吞吐量持续增加，并在2008年达到最高峰。虽然在2009年受到国际金融风暴的影响有所下滑，但很快就在2010年实现了较大回升。随着加拿大政府“亚太门户走廊计划”的不断推进，温哥华港所扮演的角色也越来越重要。一方面，温哥华港正在增加大量的基础设施和港口设备；另一方面，他们还致力于通过提高现有码头的作业效率来进一步提高集装箱吞吐能力，以满足快速增长的全球航运需求。葛力伟表示，预计到2020年，温哥华港的吞吐量将达到500万标箱以上。

当然，单凭温哥华港务局一家之力，是无法实现这个目标的。还有两家强大的铁路运输公司——加拿大国家铁路(CN)和太平洋铁路(CP)，它们和温哥华港之间建立了紧密的海铁联运合作。通过温哥华港的信息系统，两家铁路运输公司能够实时看到所有进港集装箱的时间和最终目的地，系统将自动根据到港时间的先后顺序，将集装箱安排到相应的列车班次。而两家铁路公司的铁轨，则直接铺到码头，集装箱直接就从堆场吊装到列车上。这种高效的联运模式使得温哥华港的货物能够在最短时间内通过铁路运送到整个北美地区。

二、鲁珀特

鲁珀特王子港是一个常住人口只有3 000人的小城镇，该港口位于加拿大西北角，北面紧邻美国的阿拉斯加州。鲁珀特王子港虽然小，但风光秀丽，是加拿大著名的旅游城市，同时还是北美距离亚洲最近的港口——和其他北美西海岸港口相比，亚洲船只到鲁珀特王子港可以节省3天的航程。以上海港为例，到温哥华港约为5 092海里，到洛杉矶港约为5 101海里，而到鲁珀特王子港，只有4 642海里。

鲁珀特王子港最早的投资者是将其作为煤炭的出口基地来开发的，但后来煤炭出口的市场并没有得到预期的发展，致使这个港口的业务曾经低迷过很长时间。与港口开发者一同遭受牵连的还有加拿大国家铁路——他们同样看好煤炭交易，并专门为这个港口修建了一条铁路。

随着“亚太门户走廊计划”的实施，鲁珀特王子港看到了新的曙光，港口利用地理上的独特优势，并与加拿大国家铁路紧密合作，能够将到港货物以最快的速度运输到北美经济腹地。在鲁珀特王子港的怡景集装箱码头，记者看到，一艘来自中国远洋集团的八千箱级的“温哥华号”集装箱船正在装卸。两座高大的岸吊正不断地将一个个集装箱卸下或装上船。就在离岸吊不到两百米的地方，一列加拿大国家铁路的列车正安静地停在铁轨上，等待着新的装卸指令。在码头的办公室里，调度人员则通过信息系统对所有集装箱设计最优的装载方案。两个小时后，这些集装箱就将通过铁路运输，被送至北美的其他城市，最远可达美国的芝加哥或佛罗里达州。

鲁珀特王子港的负责人介绍说，随着集装箱码头在2007年开始投入运营，鲁珀特王子港为货主提供了一个新的跨太平洋集装箱运输解决方案，它能为托运人提供一个快速、可靠和廉价的贸易通道。港口集装箱吞吐量的增长，也为加拿大国家铁路带来了福音。现在，加拿大国家铁路每天有固定的两班列车，专门为进出港的集装箱服务。虽然这条铁路的运力远远不止于此，但快速增长的形势还是让加拿大国家铁路看到了曙光。为了适应快速增长的亚太贸易，以及受益于“亚太门户走廊计划”的资金支持，鲁珀特王子港也在积极地扩大各种基础设施规模，港口计划将现有的怡景集装箱码头的吞吐量增加到200万标箱，同时还计划建设第二个集装箱码头，最终实现400万标箱的港口吞吐能力。

三、多伦多

作为加拿大最大的城市，多伦多比温哥华多了些繁华，比鲁珀特多了些欢快。因为地处北美腹地，在整个“亚太门户走廊计划”中，多伦多的光芒要比温哥华、鲁珀特小一些。但凭借强大的空中优势，让多伦多与亚洲市场的联系变得更加紧密了。

多伦多皮尔逊机场(Toronto Pearson Airport)是加拿大最大的机场，同时也是北美第二大机场。从地理上看，该机场直飞北京的航班(北极航线)与温哥华直飞北京的航班所需的时间基本相同。这也就意味着在高附加值的货物运输方面，皮尔逊机场有着与温哥华机场相近的优势。不过，皮尔逊机场所在的多伦多市位于五大湖区，其经济腹地效应却远远不是温哥华机场所能比拟的。多伦多本身就是加拿大最大的城市，拥有加拿大39%的人口和GDP，以及49%的制造业产值和出口总额的45%。而且，多伦多的地理位置优越，距美国仅一湖之隔，40%的美国人驾车一天内就能抵达多伦多。

为了增加航空货运在“亚太门户走廊计划”中的作用，加拿大政府批准了包括皮尔逊机场在内的13个加拿大机场经营空运货物的中转项目，使航空货物可以经过加拿大转运到第三国。由于皮尔逊机场位于北美与中国、印度、韩国、日本等主要亚洲经济体与北美的十字路口，这使得它成为加拿大乃至北美地区最重要的航空货运枢纽之一。全球最主要的航空货运代理企业都在此设立了分支机构。而皮尔逊机场为了更好地服务这些货运企业，专门在机场周边设立了货运区。包括联邦快递、UPS、DHL等著名航空物流企业都在这里拥有自己的仓库。

加拿大“亚太门户走廊计划”由加前总理马丁与不列颠哥伦比亚省(简称BC省)政府共同提出，目的是改善和加强加拿大西部太平洋沿岸的基础设施建设，通过向一系列交通运输项目进行投资，解决影响亚太门户与走廊效率的运载能力和堵塞问题。加联邦政府拟投资5.9亿加元，地方政府和私营部门也积极参与。其中私营部门投资于铁路、港口、机场等总投资额预计达60亿加元。2005年9月，胡锦涛主席访问加拿大时，曾听取加方对此的介绍。加方对此计划高度重视，希望中国企业积极参与投资。2007年1月，加国贸部长埃默森访华期间，与交通部签署了《中加亚太门户合作谅解备忘录》。

资料来源：满颖，《现代物流报》，2011年6月10日。

1.2.3 中国国际物流的发展

中国改革开放30年来，以国际贸易为龙头的中国国际物流业取得了长足的进步。经济持续增长、产业结构调整、基础设施建设力度加强、加入世界贸易组织、各级政府政策支持等都为中国国际物流的发展创造了有力的宏观环境。中国已成为世界最具发展潜力的生产大国和贸易大国，由于中国国际贸易的快速发展，带动了国际物流的快速发展。

1. 中国国际物流发展现状

(1) 国际物流业发展的环境有所改善。

中央政府有关部门从不同角度关注中国物流产业的发展，积极研究制定有关政策，并进行统筹规划，明确了中国物流业今后发展的方向和重点，对提高中国国民经济的运行质量和效益、转变经济增长方式具有十分重要的意义。在物流与采购联合会的积极运作和全国标准化委员会的大力支持与推动下，全国物流技术标准委员会和全国物流信息标准委员会，及其设在中国物流与采购联合会与中国编码中心的秘书处，共同启动建立了全国统一的物流标准体系。同时在科技部的领导下，完成了物流标准化课题的重大研究，这是中国物流标准化建设的重大突破，有利于与国际先进的发展水平接轨。

(2) 国际物流需求增长迅速。

国内外物流发展的经验表明，物流的发展水平与一个国家的经济总量和经济发展水平成正比。20世纪90年代以来，中国GDP年均增长迅速，经济持续快速发展，与此同时，物流也处于快速增长期。据统计，2008年，全国社会物流总额达89.9万亿元，比2000年增长4.2倍，年均增长23%；物流业实现增加值2.0万亿元，比2000年增长19倍，年均增长14%。自1991年至2009年，全社会物流总值年均以20%以上的速度递增，大大高于同期GDP的年均增长速度，物流增加值年均增长11%。社会物流总值是在一定时期内通过物流服务送达最终用户的全部商品的价值总量，它反映了物流服务的总需求与总供给，物流增加值则是一定时期内以货币表现的物流服务成果，反映了物流的需求水平。由统计数据可以看出，社会物流总值与物流增加值的增长构成了强大的物流需求市场。

(3) 物流基础设施初具规模。

改革开放以来，国家对物流基础设施进行了大量投入，使其有了很大的发展，并初具规模。截至2008年年底，全国铁路营业里程8.0万公里，高速公路通车里程6.03万公里，港口泊位3.64万个，其中沿海万吨级以上泊位1 167个，拥有民用机场160个，高速铁路的建设也必将对物流业的发展产生重大影响。据中国物流信息中心统计，从1991年至今，中国的国有物流行业固定资产投资额、铁路营业里程、公路里程、内河航道、民用航空线、输油(气)管道里程、民用货用汽车拥有量、铁路货车拥有量都有了飞速的发展和提高。此外，中国拥有的强大的物流运载能力成为中国外运的主力，并为第三国开展货运经营。中国海上国际集装箱运输量在近几年平均以两位数的速度快速增长。2004年，全国港口完成集装箱吞吐量6 160万标箱，比上年增长27.8%；全年全国港口完成外贸货物吞吐量1 155亿吨，比上年增长189%。受金融危机的影响，2009年，全国规模以上港口完成集装箱吞吐量 12 100 万标准箱，同比下降 6%，首次出现负增长。2010 年 1—9 月，全国规模以上港口完成国际标准集装箱吞吐量 10 752.36 万标准箱，同比增长 20.7%。其中，沿海港口完成 9 689.48 万标准箱，同比增长 20.7%；内河港口完成 1 062.87 万标准箱，同比增长 20.5%，仅 2010 年 9 月，全国规模以上港口完成国际标准集装箱吞吐量 1 273.17 万标准箱，同比增长 13.5%。其中，沿海港口完成 1 145.80 万标准箱，内河港口完成 127.38 万标准箱。中国以沿海主要港口为中心的国际集装箱多式联运网络初步形成。

2. 中国国际物流存在的问题

(1) 物流基础设施水平有待提高。

虽然中国的物流基础设施和装备条件已有较大的发展和改善，但与中国经济以及物流产业的发展要求相比，与发达国家相比仍然有较大差距，还存在一些效率低下等突出问题，在相当程度上影响着中国物流效率的提高，不利于物流产业的快速健康发展，主要表现在：①全社会物流运行效率偏低。物流业发达的国家其物流成本占本国 GDP 的 10%，而中国物流业的成本则占中国 GDP 的 20%左右，物流业成本高而其对国民经济的贡献率不足 9%。②社会化物流需求不足和专业化物流供给能力不足的问题同时存在，经营规模小，“大而全”、“小而全”的物流运作模式还相当普遍。③物流基础设施能力不足，尚未建成布局合理、衔接顺畅、能力充分、高效便捷的综合交通运输体系，物流园区、物流技术装备等能力有待加强。④地方封锁和行业垄断对资源整合和一体化运作形成障碍，物流市场还不够规范。⑤物流技术、物流标准还不能完全满足需要，物流服务的组织化和集约化程度不高。

物流基础设施建设将会使中国物流业获得新的发展契机，但是中国物流发展存在的问题不仅影响了企业和产品的竞争力，更在宏观层面上影响了国民经济的总体运行水平，进而对中国物流业的生存与发展提出了严峻的挑战。

(2) 国际物流运作法律不健全。

我国的国际物流起步较晚，缺少专门的国际物流法律法规以及规范促进其发展。现有与物流有关的法律法规多是部门性、区域性规章，往往带有地区或部门保护的色彩，如《铁路货物运输法》、《公路货物运输法》等。中国现有的民法和工商注册法仅对运输代理企业作了若干规定，中国现有的物流从业者多为第三方物流，其原有身份多为运输代理、货运代理。而这些企业在转型为国际物流从业者的过程中，其法律地位已有本质变化。物流市场的进入与退出、竞争规则等基本上无统一法律法规可循。现代物流业向国际市场的发展，推动了公路运输、铁路运输、航空运输、海洋运输等各项运输业的发展，对国际贸易及跨国公司经济活动也有巨大的推动作用。但是，各种运输方式受到其他许多专业部门的牵制。

(3) 国际物流专业人才匮乏。

随着信息技术和管理水平的提高，现代国际物流业的竞争已从低端的价格竞争转向高端物流和信息流的能力竞争。因此，市场亟须大批的现代物流人才，从需求领域看，主要集中在企业规划和咨询部门、科研和教学机构等领域；从需求层次分析，主要分物流操作人员、物流实际管理人员和高级物流管理人才等。目前，国际物流教育严重滞后于国际物流业发展，造成现代国际物流人才的严重匮乏。市场上能够符合企业要求的物流人才非常少，物流人才短缺的问题比较严重。南开大学现代物流研究中心数据表明：中国现代物流行业当中高级人才缺口48%，中级人才缺口65%，低级人才缺口23%。2010年中国高级物流管理人才的需求量将达到50万人，一般物流专业人才的需求量为600余万人。目前各类大专院校物流专业年培养规模仅在5 000人左右，人才供需存在较大的缺口。面对物流业全面开放的大趋势，“人才荒”已成为中国现代物流业快速发展的巨大障碍。特别是高级物流管理人才，国际物流企业所需要的高级物流管理人才不是仅仅会管理仓库或者懂得某种运输方式的、知识结构较为单一的人才，而是具有较为全面的物流操作和管理知识，可以同时胜任多个岗位的，能够对所执行作业进行全程、全方位管控、优化和提升，并能够随着企业的发展而快速成长的复合型物流技术和管理人才。但目前还没有合理的教育和培训机制来培养符合现代国际物流需求的高级物流管理人才。

(4) 物流企业信息化程度仍然不高。在提升物流供应链效率与竞争力的过程中，物流信息系统不仅发挥着血液循环系统的作用，同时也是供应链的中枢神经系统，利用物流供应链软件提升物流运作绩效已经成为社会各界的共识。信息技术在物流领域应用的最主要标志就是针对物流活动的需要而开发设计的、使用大量信息技术支持的物流供应链管理软件。目前，国际上的企业应用最为广泛的物流供应链系统是供应链管理(SCM)，部分企业对物流的需求只局限于仓储，或者对物流需求比较有限，则会选择使用供应商管理库存系统(VMI)和企业资源计划管理(ERP)中的物流管理部分，SCM、VMI及ERP等物流管理软件在国际物流企业中的实施尚不足十分之一，其中制造企业应用情况略好于流通企业，流通企业中实施物流供应链管理软件的比例目前则仅为3%左右。

3. 促进中国国际物流发展的举措

(1) 加大物流基础设施建设。

中国物流业要向国际化发展，必须加大对物流设施建设的投资，同时，对现有的物流基础设施进行整合，以提高物流服务水平。如：合理选择和布局国内外物流网点，充分发挥现有物流园区、配送中心、仓库的作用；在港口建设上，要有专用的码头货站，自动化立体仓库等；不断扩大集装箱运输和大陆桥运输的规模，增加物流量，扩大进出口贸易量和贸易额；改进运输路线，避免迂回运输；逐步实现包装规范化，增大技术装载量，减少损耗；通过港口装卸作业机械化，减少商品在岸积压时间；合理利用泊位与船舶的停靠时间，尽量减少港口杂费，吸引更多的买卖双方入港；改进海运配载，避免空仓或船货不相适应的状况，最终达到费用省、服务好、信誉高、效益高的国际物流总体目标。

(2) 加强国际物流法律法规的建设。

21世纪将是国际物流大发展的时代，虽然中国国际物流尚处于起步阶段，目前立法条件不充分，但我们可以援引物流业的国际惯例，尽快研究制定各种规章制度。这已经成为国家推动现代国际物流发展的当务之急。政府应从宏观调控的方面加强对国际物流业的支持和管理，完善相关法规建设。现代物流业增加了配送等新的功能，国际物流较之国内物流要复杂得多。新的情况下，国际物流业者的法律地位有本质变化，风险责任也在扩大，所以应参照各种国际公约和国际惯例，尽快建立法规，严格国际物流市场的准入和行业标准，规范中国国际物流相关的法律和法规，这对中国国际物流业健康发展具有特别重要的意义。国内各相关专业部门不仅应改善各自传统的条块分割的法规，还应根据经济全球化、信息化的特点，在立法上做到一定的超前性。中国物流业起步较晚，应吸收其他国家的先进经验，在更高的起点上发展。

(3) 加速国际物流人才的培养。

随着信息技术和管理水平的提高，现代国际物流业的竞争已从低端的价格竞争转向高端物流和信息流的能力竞争。因此，市场急需大批的现代物流人才，特别是高级国际物流管理人才。目前，国际物流教育严重滞后于国际物流业发展，造成现代国际物流人才的严重匮乏。现在的国际物流人才除了应掌握现代物流服务理念和供应链管理等方面的专业知识外，还应通晓报关、报检、保险、运输、国际结算及电子商务等多方面的知识，这样才能适应物流运作全球化的需要。建立物流人才教育培训体系，全面开展物流在职教育，建立统一的物流职业资格认证制度，为社会培养物流专业人士和高级物流管理人才。物流企业本身更应注重在实践中培养人才，通过与国外大型物流企业的交流和学习，培养自己的管理经营队伍，既要重视物流技术、管理知识方面的培训，还要注重加强计算机、网络、国际贸易、通信、标准化等知识的完善与补充。更应该培养将专业知识与国际物流实践相结合的人才，在中国的物流业发展中实现技术和管理的创新。只有努力适应社会的发展要求，优化学校人才培养结构，提高科研能力，促进自身发展，才能适应越来越严峻的就业市场的需求，从而实现学校、政府、企业三方共赢。只有加强中国国际物流人才的培养，引进国际化的物流理念、管理模式、竞争机制，吸纳优秀的物流管理人才，才能在国际物流行业竞争中立于不败之地。

(4) 加强国际物流信息系统建设。

国际物流系统中的相互衔接是通过信息予以沟通的，资源的调度也是通过信息的查询实现的。加强国际物流信息系统建设，防止货物在途滞留，以节约时间，加速商品和资金的周转，提高国际物流效率。要大力推动国际物流信息系统建设，促进与国际电子商务的结合。随着国际物流信息化趋势的推进，中国要加快建立国际物流信息交易系统，确保全天候地连接国际互联网，以满足国际物流运作的需要。通过条码技术、射频识别技术、全球卫星定位技术、地理信息系统技术等的应用，实现货物的自动识别、分拣、装卸、存取，提高物流作业效率；对内管理和对外联系实现网络化，把物流信息及时地反映在内部局域网的数据库上，由管理信息系统对数据进行分析和调度，外部联系通过互联网，既可以在网上登记需求和网上支付，又可以对物流服务进行跟踪调查；建立一个公共物流信息平台，通过这个平台整合行业旧有资源，对行业资源实现共享，发挥物流行业的整体优势，从根本上改善物流行业的现状，真正实现物流企业之间、企业与客户之间物流信息和物流功能的共享。

(5) 提倡绿色物流。

绿色物流包括两方面。一方面，对物流系统污染进行控制，即在物流系统和物流活动的规划与决策中尽量采用对环境污染小的方案，如采用排污量小的货车车型，近距离配送，夜间运货(减小交通阻塞、节省燃料和减小排放)等。发达国家政府倡导绿色物流的对策是在污染发生源、交通量、交通流等三个方面制定了相关政策。另一方面，建立工业和生活废料处理的物流系统。将在经济活动中失去原有价值的物品，根据实际需要对其进行搜集、分类、加工、包装、搬运、储存等，然后分送到专门处理场所。

1.3 国际贸易与国际物流的关系

国际物流是国内物流的跨国延伸和进一步扩展，是不同国家和地区之间的物流，国际物流伴随着国际贸易的产生发展而发展，实质上是国际贸易的一部分，并成为国际贸易的重要物质基础，成为影响和制约国际贸易进一步发展的重要因素。国际物流的发展极大地改善了国际贸易的环境，为国际贸易提供了各种便利的条件；国际贸易的进一步发展需要国际物流的支持。

1.3.1 国际贸易是国际物流的基础

世界范围的社会化大生产必然会引起不同的国际分工，任何国家都不能够包揽一切，因而需要国际间的合作。国际间的商品和劳务流动是由商流和物流组成的，前者由国际贸易机构按照国际惯例进行，后者由物流企业按各个国家的生产和市场结构完成。随着国际贸易的发展，贸易双方对国际物流服务的专业化、一体化要求加强，使得国际物流由早期的仅指将货物由一国供应者向另一国需求者的物理性移动，发展成为今天的集采购、包装、运输、流通加工、配送和信息处理等基本功能于一身的综合性系统。“全球贸易一体化”和“物流无国界”的新趋势对现代物流也提出了迫切要求。国际物流作为国际贸易的工具和桥梁，就必须开展与国际贸易相适应的国际物流，必须向着规模化、网络化方向发展，必须最大限度地打破地域和国界限制，以求最大限度的降低国际物流成本，将国外客户需要的商品适时、适地、按质、按量、低成本地送到，从而提高本国商品在国际市场上的竞争能力，扩大对外贸易。

1.3.2 国际物流是国际贸易的保证

国际物流的科学化、合理化又是国际贸易发展的有力保障。在大量跨越国境的贸易中，货物跨国转移所带来的国际物流量的上升是不容忽视的。贸易量势必带来更多的物流量，这就要求国际物流为货物在运输、装卸、仓储、信息传输等各个环节都提供便利。现代物流运用科技手段，使信息快速、准确反馈，采用货物流通的最优渠道，快速送到消费者手中，刺激消费需求。物流对国际经济发展的促进作用在跨国公司扩展上也得以验证。随着全球化市场竞争的加剧，贸易商的竞争的重点是如何更好、更快地满足客户多样化、个性化的需求，国际贸易中的产品和服务趋向于多样化、定制化。现代物流的发展，为国际贸易带来三方面的优势，即降低国际贸易的总体成本、提高其核心业务上的竞争力、降低在贸易活动方面的投资。现代物流业由于服务深度、流程长度、覆盖广度的不断增加，对提高产、供、销、运的整体经济效益、推动世界经济和贸易的发展作用是无法估量的。

1.3.3 国际贸易促进国际物流发展

第二次世界大战以后，由于恢复重建工作的需要，各国积极研究和应用新技术、新方法，促进生产力迅速发展，世界经济呈现繁荣兴旺的景象，国际贸易发展得极为迅速。同时由于一些国家和地区资本积累达到了一定程度，本国或本地的市场已不能满足其进一步发展的经济需要，加之交通运输、信息处理及经营管理水平的提高，出现了众多的跨国公司。跨国经营与国际贸易的发展，促进了货物和信息在世界范围内的大量流动和广泛交换，物流国际化成为国际贸易和世界经济发展的必然趋势。随着国际贸易的发展，世界各国、各大企业在世界市场上展开了激烈的竞争，因此，国际贸易就要求从各个方面降低成本：原材料价格、订单成本、运输价格、库存成本，等等。这就对国际物流的各个环节提出了新的挑战和要求，使国际物流无论在理论上还是技术上都有了重大的创新和发展。国际贸易的发展必将推动国际物流在各个方面取得新的进展和突破。当今世界，各国间的联系越来越紧密，全球的贸易量也在不断上升，这将给国际物流提供更大的发展空间，也会给国际物流的发展以更大的推动力。

1.3.4 国际贸易对物流提出新要求

随着世界经济的飞速发展，人类需求层次的提高，一方面使得国际贸易取得了长足的发展，实现了贸易量的快速增加以及可贸易商品种类的丰富；另一方面，也使得国际贸易的结构产生了巨大的变化，传统的初级产品正逐步让位于高附加值、精密加工的产品。国际贸易表现出的这一些新的趋势和特点，对国际物流在质量、效率、安全等方面提出了更新、更高的要求。

1. 质量要求

国际贸易的结构正在发生着巨大变化，传统的初级产品、原料等贸易品种逐步让位于高附加值、精密加工的产品。由于高附加值、高精密度商品流量的增加，对物流工作质量提出了更高的要求。同时，由于国际贸易需求的多样化，造成了物流多品种、小批量化，要求国际物流向优质服务和多样化发展。

2. 效率要求

国际贸易活动的集中表现就是合约的订立和履行，而国际贸易合约的履行是由国际物流活动来完成的，因而要求物流高效率地履行合约。从输入方面的国际物流看，提高物流效率最重要的是如何高效率地组织所需商品的进口、储备和供应。也就是说，从订货、交货，直至运入国内保管、组织供应的整个过程，都应加强物流管理。根据国际贸易商品的不同，采用与之相适应的巨型专用货船、专用泊位及大型机械的专业运输，这对提高物流效率起着主导作用。

3. 安全要求

由于国际分工和社会生产专业化的发展，大多数商品在世界范围内分配和生产。例如，美国福特公司某一牌号的汽车要同 20 个国家中 30 个不同厂家联合生产，产品销往 100 个不同国家或地区。国际物流所涉及的国家多，地域辽阔，在途时间长，受气候条件、地理条件等自然因素，以及政局、罢工、战争等社会政治经济因素的影响。因此，在组织国际物流时，选择运输方式和运输路径要密切注意所经地域的气候条件、地理条件，还应注意沿途所经国家和地区的政治局势、经济状况等，以防止这些人为因素和不可抗拒的自然力造成货物灭失。

4. 经济要求

国际贸易的特点决定了国际物流的环节多，备运期长。在国际物流领域，控制物流费用，降低成本具有很大潜力。对于国际物流企业来说，选择最佳物流方案，提高物流经济性，降低物流成本，保证服务水平，是提高竞争力的有效途径。

5. 信息化要求

随着EDI技术的成熟以及国际互联网的迅速发展，国际贸易的运行、管理、效率都产生了质的飞跃。这就要求现代物流必须实现信息化，加强网络意识，提高工作效率，并及时做好国际货物的运输工作。

总之，国际物流必须适应国际贸易结构和商品流通形式的变革，向国际物流合理化方向发展。

思考题：

1. 国际物流相对于国内物流具有什么特点？
2. 结合实际，指出目前中国国际物流存在的问题，针对这些问题应采取哪些有效举措？

第2章 国际物流系统

本章关键词

国际物流系统 international logistic system
国际物流网络 international logistic network
物流信息标准化 standardization of logistic information
国际物流信息系统 international logistic information system
EDI

2.1 国际物流系统概述

国际物流是国内物流的跨国延伸和扩展，是不同国家和地区之间的物流。其狭义的理解是：当供应和需求分别处在不同的国家和地区时，为了克服供需时间上和空间上的矛盾而发生的商品物质实体在不同国家之间跨越国境的流动。国际物流伴随着国际贸易的产生发展而产生发展，并成为国际贸易的重要物质基础，是国际贸易间的一个必然组成部分，各国之间的相互贸易最终通过国际物流来实现。系统是由相互作用和相互依赖的若干部分结合而成，具有特定功能的有机整体，而这个整体又是它所从属的更大系统的组成部分。系统一般需要具备三个特征，即整体性、由多要素组成、要素之间相互关联。作为一个系统，国际物流系统同样符合系统的上述三个特征。因此，国际物流系统也是为实现一定目标而设计的由各种相互作用、相互依赖的要素（或子系统）所构成的一定整体。国际物流是一个复杂而巨大的系统工程，国际物流系统的基本要素包括：一般要素、功能要素、支撑要素和物质基础要素。

2.1.1 国际物流系统的一般要素

国际物流系统的一般要素主要由劳动者、资金和物三方面构成。

第一，劳动者要素。这是现代物流系统的核心要素和第一要素。提高劳动者的素质，是建立一个合理化的国际物流系统并使它有效运转的根本。

第二，资金要素。交换是以货币为媒介的，实现交换的国际物流过程，实际也是资金的运动过程。同时，国际物流服务本身也需要以货币为媒介，国际物流系统建设是资本投入的一大领域，离开资金这一要素，国际物流就不可能实现。

第三，物的要素。物的要素首先包括国际物流系统的劳动对象，即各种实物，缺此，国际物流系统便成了无本之木。此外，国际物流的物的要素还包括劳动工具、劳动手段，如各种物流设施、工具、各种消耗材料（燃料、保护材料）等。

2.1.2 国际物流系统的功能要素

国际物流系统的功能要素指的是国际物流系统所具有的基本能力，这些基本能力有效地组合、联结在一起，形成了国际物流系统的总功能。由此，便能合理、有效地实现国际物流系统的总目的，实现其自身的时间和空间效益，满足国际贸易活动和跨国公司经营的要求。一般认为国际物流系统的功能要素包括：商品的包装、储存、运输、检验、外贸加工和其前后的整理、再包装以及国际配送、物流信息处理等。其中，储存和运输子系统是物流的两大支柱。如果从国际物流活动的实际工作环节来考察，国际物流也主要由上述几项具体工作完成。这几项工作也相应地形成各自的一个子系统。

1. 国际货物运输子系统

运输的作用是将商品使用价值进行空间移动，物流系统依靠运输作业克服商品生产地和需要地之间的空间距离，创造商品的时空效益。国际货物运输是国际物流系统的核心，有时就用运输代表物流全体。通过国际货物运输作业使商品在交易前提下，由卖方转移给买方。在非贸易物流过程中，通过运输作业将物品由发货人转移到收货人。这种国际货物运输具有路线长、环节多、涉及面广、手续繁杂、风险性大、时间性强、内外运两段性和联合运输等特点。所谓外贸运输的两段性，是指外贸运输包含国内运输段（包括进口国、出口国）和国际运输段。

（1）出口货物的国内运输段。

出口货物的国内运输段，是指出口商品由生产地或供货地运送到出运港（站、机场）的国内运输，是国际物流中不可缺少的重要环节。离开国内运输，出口货物就无法从产地或供货地集运到港口、车站或机场，也就不会有国际运输段。出口货物的国内运输工作涉及面广，环节多，需要各方面协同努力组织好运输工作。从摸清货源、产品包装、加工、短途集运、国外到证、船期安排和铁路运输配车等各个环节的情况，做到心中有数，力求搞好车、船、货、港的有机衔接，确保出口货物运输任务的顺利完成，减少压港、压站等物流不畅的局面。国内运输的主要工作有：发运前的准备工作、清车发运、装车和装车后的善后工作。

（2）国际货物运输段。

国际（国外）货物运输段是国内运输的延伸和扩展，同时又是衔接出口国运输和进口国货物运输的桥梁与纽带，是国际物流畅通的重要环节。出口货物被集运到（站、机场），办完出口手续后直接装船发运，便开始国际段运输。有的则需暂进港口仓库储存一段时间，等待有效泊位，或有船后再出仓装船外运。国际段运输可以采用由出口国转运港直接到进口国目的港卸货，也可以采用经过国际转运点中转，再运给用户。

(3) 我国国际物流运输存在的主要问题。

① 海运力量不足、航线不齐、港口较少等,影响了进出口货物及时流进流出,特别是出口货物的运输更加不足。我国出口货物主要靠海运,虽然海运已经成为我国外运的主力,并能为第三国开展货运经营,但总运输力的增长远远跟不上国际贸易发展的速度,运输力仍然不足。

② 铁路运输全面告急,内陆出口更困难。我国同朝鲜、蒙古、越南等虽然有铁路连接,但运力仍然不足。如供中国香港地区作为港口运输的货物中有1/3是依靠铁路运输,运输量很大。

③ 航空运输力也不足,加上运价昂贵,难以适应外贸发展需要。我国目前主要靠客运飞机捎带货物,真正的货运飞机数量少,远远满足不了外贸发展的需要。

2. 外贸商品储存子系统

国际货物运输克服了外贸商品使用价值在空间上的距离,创造物流空间效益,使商品实体位置由卖方转移到买方。而储存保管是克服外贸商品使用价值在时间上的差异,物流部门依靠储存保管创造商品的时间价值。外贸商品一般在生产厂家的仓库存放,或者在收购供应单位的仓库存放。必须时再运达港口仓库存放,在港口仓库存放的时间取决于港口装运与国际运输作业的有机衔接。也有在国际转运站点存放的。从现代物流的理念来看,在国际物流中,应尽量减少储存时间和储存数量,加速物品的周转,实现国际物流的高效率运转。由于储存保管可以克服物品在时间上的差异,所以能够创造时间效益。

3. 商品包装子系统

美国杜邦化学公司提出的"杜邦定律"认为:63%的消费者是根据商品的包装装潢进行购买的,国际市场和消费者是通过商品来认识企业的,而商品的商标和包装就是企业的面孔,它反映了一个国家的综合科技文化水平。商标就是商品的标志。商标一般都需经过国家有关部门登记注册,并受法律保护,以防假冒,保护企业和消费者的利益。顾客买商品往往十分看重商标,因此,商标关系着一个企业乃至一个国家的信誉和命运。国际进出口商品商标的设计要求有标识力;要求表现一个企业(或一个国家)的特色产品的优点,简洁明晰并易看、易念、易听、易写、易记;要求有持久性并不违背目标市场和当地的风俗习惯;出口商品商标翻译要求传神生动;商标不得与国旗、国徽、军旗、红十字会章相同;不得与正宗标记或政府机关、展览性质集会的标记相同或相近。在考虑出口商品包装设计和具体作业过程中,应把包装、储存、装搬和运输有机联系起来统筹考虑,全面规划,实现现代国际物流系统所要求的"包、储、运"一体化,即从商品一开始包装,就要考虑储存的方便、运输的快速,以加速物流、方便储运和减少物流费用等现代物流系统设计的各种要求。

4. 商品检验子系统

由于国际贸易和跨国经营具有投资大、风险高、周期长等特点,使得商品检验成为国际物流系统中重要的子系统。通过商品检验,确定交货品质、数量和包装条件是否符合合同规定。如发现问题,可分清责任,向有关方面索赔。在买卖合同中,一般都订有商品检验条款，其主要内容有：检验时间与地点、检验机构与检验证明、检验标准与检验方法等。

根据国际贸易惯例，商品检验时间与地点的规定可概括为三种做法。第一种做法是在出口国检验。可分为两种情况：第一，在工厂检验，卖方只承担货物离厂前的责任，对运输中品质、数量变化的风险概不负责。第二，装船前或装船时检验，其品质和数量以当时的检验结果为准。买方对到货的品质与数量原则上一般不得提出异议。第二种做法是在进口国检验，包括卸货后在约定时间内检验和在买方营业处所或最后用户所在地查验两种情况。其检验结果可作为货物品质和数量的最后依据。在此条件下，卖方应承担运输过程中品质、重量变化的风险。第三种做法是在出口国检验、进口国复验。货物在装船前进行检验，以装运港双方约定的商检机构出具的证明作为议付货款的凭证，但货到目的港后，买方有复验权。如复验结果与合同规定不符，买方有权向卖方提出索赔，但必须出具卖方同意的公证机构出具的检验证明。

在国际贸易中，从事商品检验的机构很多，包括卖方或制造厂商和买方或使用方的检验单位，有国家设立的商品检验机构以及民间设立的公证机构和行业协会附设的检验机构。在我国，统一管理和监督商品检验工作的是国家质量监督检验检疾总局及其分支机构。究竟选定由哪个机构实施和提出检验证明，在买卖合同条款中，必须明确加以规定。商品检验证明即进出口商品经检验、鉴定后，由检验机构出具的具有法律效力的证明文件。如经买卖双方同意，也可采用由出口商品的生产单位和进口商品的使用部门出具证明的办法。检验证书是证明卖方所交货物在品质、重量、包装、卫生条件等方面是否与合同规定相符的依据。如与合同规定不符，买卖双方可据此作为拒收、索赔和理赔的依据。

此外，商品检验证明也是议付货款的单据之一。商品检验可按生产国的标准进行检验，或按买卖双方协商同意的标准进行检验，或按国际标准或国际惯例进行检验。商品检验方法概括起来可分为，感官鉴定法和理化鉴定法两种。理化鉴定法对进出口商品检验更具有重要作用。理化鉴定法一般是采用各种化学试剂、仪器器械鉴定商品品质的方法，如化学鉴定法、光学仪器鉴定法、热学分析鉴定法及机械性能鉴定法。

5. 通关子系统

国际物流的一个重要特点就是跨越关境。由于各国海关的规定并不完全相同，所以，对于国际货物的流通而言，各国的海关可能会成为国际物流中的"瓶颈"。要消除这一瓶颈，就要求物流经营人熟知有关各国的通关制度，在适应各国通关制度的前提下，建立安全有效的快速通关系统，保证货畅其流。我国的海关和检验检疫等口岸机构为进出境的货物制订了有关的监管规定和程序，以促进我国对外贸易的发展，并为办理有关手续提供方便。

6. 装卸搬运子系统

国际物流运输、储存等作业离不开装卸搬运，因此，国际物流系统中的又一重要子系统是装卸搬运子系统。它是短距离的物品搬移，是储存和运输作业的纽带和桥梁。它也能提供空间效益，能够高效率地完成物品的装卸搬运，更好地发挥国际物流节点的作用。

同时，节省装卸搬运费用也是降低物流成本的重要途径之一。

7. 国际物流信息子系统

信息子系统的主要功能是采集、处理及传递国际物流和商流的信息情报。没有功能完善的信息系统，国际贸易和跨国经营将寸步难行。国际物流信息主要包括：进出口单证的作业过程信息、支付方式信息、客户资料信息、市场行情信息和供求信息等。

国际物流信息系统的特点是信息量大、交换频繁，传递量大、时间性强，环节多、点多、线长，所以要建立技术先进的国际物流信息系统。国际贸易中 EDI 的发展是一个重要趋势。我国应在国际物流中加强推广 EDI 的应用，建设国际贸易和跨国经营的信息高速公路。

2.1.3 国际物流系统的支撑要素

国际物流系统的运行需要有许多支撑手段，尤其是处于复杂的社会经济系统中，要确定国际物流系统的地位，要协调与其他系统的关系，这些要素就更加必不可少。它们主要包括：

第一，体制、制度。物流系统的体制、制度决定了物流系统的结构、组织、领导和管理的方式。国家对其控制、指挥和管理的方式，是国际物流系统的重要保障。

第二，法律、规章。国际物流系统的运行，不可避免地涉及企业或人的权益问题，法律、规章一方面限制和规范物流系统的活动，使之与更大的系统相协调；另一方面则是给予保障，合同的执行、权益的划分、责任的确定都要靠法律、规章来维系。各个国家和国际组织的有关贸易、物流方面的安排、法规、公约、协定、协议等也是国际物流系统正常运行的保障。

第三，行政、命令。国际物流系统和一般系统的不同之处在于，国际物流系统关系到国家的军事、经济命脉，所以行政、命令等手段也常常是国际物流系统正常运转的重要支持要素。

第四，标准化系统，是保证国际物流各环节协调运行、保证国际物流系统与其他系统在技术上实现联结的重要支撑条件。

2.1.4 国际物流系统的物质基础要素

国际物流系统的建立和运行，需要有大量的技术装备手段，这些手段的有机联系对国际物流系统的运行具有决定意义。这些要素对实现国际物流和某一方面的功能也是必不可少的。具体而言，物质基础要素主要有：

(1) 物流设施。

它是组织国际物流系统运行的基础物质条件，包括物流站、场，物流中心、仓库，国际物流线路，建筑物，公路，铁路，口岸(如机场、港口、车站、通道)等。

(2) 物流设备。

它是保证国际物流系统运行的条件，包括仓库货架、进出库设备、加工设备、运输设备及装卸机械等。

(3) 物流工具。

它是国际物流系统运行的物质条件，包括包装工具、维修保养工具及办公设备等。

(4) 信息技术及网络。

它是掌握和传递国际物流信息的手段，根据所需信息水平的不同，包括通信设备及线路、传真设备、计算机及网络设备等。

(5) 组织及管理。

它是国际物流网络的“软件”，起着联结、调运、运筹、协调、指挥其他各要素以保障国际物流系统目的的实现等作用。

2.2 国际物流网络

整个国际物流过程是由多次的“运动—停顿—运动—停顿”所组成。与这种运动相对应的国际物流网络就由执行运动使命的线路和执行停顿使命的节点这两种基本元素组成。线路与节点相互关联组成了不同的国际物流网络。国际物流网络水平的高低、功能的强弱则取决于网络中这两个基本元素的配置。由此可见，国际物流节点对优化整个国际物流网络起着重要作用。它不仅执行一般的物流职能，而且还越来越多地执行着指挥调度、信息等神经中枢的职能，因而日益受到人们的重视。所以人们把国际物流节点称为整个物流网络的灵魂。

国际物流系统通过所联系的各子系统发挥各自的功能，共同协力实现国际物流系统要求达到的低的国际物流费用，好的顾客服务水平。最终达到国际物流系统整体效益最大的总体目标。因此，建立完善的国际物流网络十分重要。国际物流系统是以实现国际贸易、国际物资交流大系统总体目标为核心的。国际商品交易后合同的签订与履行过程，就是国际物流系统的实施过程。国际物流系统在国际物流信息系统的支撑下，借助于运输和储运等作业的参与，在进出口中间商、国际货代、承运人的通力协助下，借助国际物流设施，共同完成一个遍布国内外纵横交错四通八达的物流运输网络。

2.2.1 国际物流节点

1. 国际物流节点的功能

物流结(nodes)或称物流节点，是物流网络中连接物流线路的结节之处，所以又被称为物流节点。在物流过程中，如包装、装卸、保管、分拣、配货、流通及加工等，都是在物流节点上完成的，因此物流节点在物流系统中居于非常重要的地位。实际上，物流线路上的活动也是靠节点组织和联系的。如果离开节点，物流线路上的运动就必然会陷入瘫痪。国际物流节点是指从事与国际物流相关活动的物流节点，如制造厂仓库、中间商仓库、口岸仓库、国内外中转点仓库、流通加工和配送中心以及保税区仓库、物流中心等。国际贸易货物就是通过这些仓库和中心的进入和发出，并在中间存放和保管，来实现国际物流系统的时间效益，克服生产时间和消费时间上的分离，促进国际物流系统顺利运行。

国际物流节点一般通过以下手段来衔接物流：通过转换运输方式，衔接不同运输手段；通过加工，衔接干线物流及配送物流；通过储存，衔接不同时间的供应物流与需求物流;通过集装箱、托盘等集装处理 衔接整个“门到门”运输,使之成为一体。

(1) 衔接功能。

国际物流节点将各个物流线路连接成一个系统,使各个线路通过节点变得更为贯通而不是互不相干,这种作用我们称为衔接作用。在物流未成系统化之前,不同线路的衔接有很大困难,例如,轮船的大量输送线和短途汽车的销量输送线,两者的输送形态、输送装备都不相同,再加上运量的巨大差异,所以往往在两者之间有很长时间的间隔,然后才能逐渐实现转换,这就使得两者不能贯通。物流节点利用各种技术和管理方法,可以有效地起到衔接作用,将中断转化为通畅。

(2) 信息功能。

国际物流节点是整个物流系统或与节点相接的物流信息的传递、收集、处理和发送的集中地。这种信息作用在国际物流系统中起着非常重要的作用,也是复杂的国际物流能连接成有机整体的重要保证。在国际物流系统中,每一个节点都是物流信息的一个点,若干个这种信息点和国际物流系统中的信息中心连接起来,便形成了指挥、调度、管理整个系统的信息网络,这是一个国际物流系统建立的前提条件。

(3) 管理功能。

国际物流系统的管理设施和指挥机构大都设置于物流节点之处。实际上,物流节点大都是集管理、指挥、调度、衔接及货物处理为一体的物流综合设施。整个物流系统的运转有序化、正常化和整个物流系统的效率高低都取决于物流节点的管理水平。

2. 国际物流节点的类型

在国际物流中,由于各个物流系统的目标不同以及节点在网络中的地位不同,节点的主要作用往往也不同,故迄今尚无明确的分类。这里仅根据其主要功能分为以下几类。

(1) 运转型节点。

运转型节点是以连接不同运输方式为主要职能的节点。如铁道运输线上的货站、编组站、车站等;公路运输线上的车站、货场等;航运线上的机场;海运线上的港口、码头等;不同运输方式之间的转运站、终点站、口岸等。货物在这类节点上停滞的时间较短。

(2) 储存型节点。

储存型节点是以存放货物为主要职能的节点。如储备仓库、营业仓库、中转仓库、口岸仓库、港口仓库及货栈等。国际货物在这类节点上停滞的时间较长。

(3) 流通型节点。

流通型节点是以国际货物在系统中运动为主要职能的节点,如流通仓库、流通中心、配送中心就属于这类节点。

(4) 综合性节点。

综合性节点是指在国际物流系统中集中于一个节点中全面实现两种以上主要功能,并且在节点中并非独立完成各项功能,而是将各项功能有机结合成一体的集约型节点,如国际物流中心。

国际物流中心是指国际物流活动中商品、物资等集散的场所。就大范围而言,某些小国家或地区可能成为物流中心,如新加坡、中国香港地区等就具有国际物流中心的地位。

而自由贸易区、保税区、出口加工区等则具有一般意义上的物流中心的功能。就小范围而言,港口码头、保税仓库、外贸仓库或超级市场等都可以成为物流中心。当前人们所指的国际物流中心多指由政府部门和物流服务企业共同筹建的具有现代化仓库、先进的分拨管理系统和计算机信息处理系统的外向型物流集散地。综合性节点是为适应国际物流大量化和复杂化而产生的,它使国际物流更为精密和准确,在一个节点中要求实现多种转化而使物流系统简化。综合性节点是国际物流系统中节点发展的方向之一。

3. 主要物流节点——口岸

(1) 口岸的概念。

口岸是国家指定的对外往来的门户,是国际货物运输的枢纽。从某种程度上说,它是一种特殊的国际物流节点。许多企业都在口岸设有口岸仓库或物流中心。口岸物流是国际物流的组成部分。

口岸原意是指由国家指定的对外通商的沿海港口。但现在,口岸已不仅仅是经济贸易往来(即通商)的商埠,还是政治、外交、科技、文化、旅游和移民等方面的对外往来港口,同时口岸也已不仅仅只设在沿海的港口。随着陆、空交通运输的发展,对外贸易的货物、进出境人员及其行李物品、邮件包裹等可以通过铁路、公路和航空直达一国腹地。因此,在开展国际联运、国际航空、国际邮包邮件交换业务以及其他有外贸、边贸活动的地方,国家也设置了口岸。改革开放以来,我国外向型经济由沿海逐步向沿边、沿江和内地辐射,使得口岸也由沿海逐渐向边境、内河和内地城市发展。现在,除了对外开放的沿海港口之外,口岸还包括:国际航线上的飞机场,山脉国境线上对外开放的山口,国际铁路、国际公路上对外开放的火车站、汽车站,国际河流和内河上对外开放的水运港口。

因此,口岸是由国家指定对外经贸、政治、外交、科技、文化、旅游和移民等来往,并供往来人员、货物和交通工具出入国(边)境的港口、机场、车站和通道。简单地说,口岸是国家指定对外往来的门户。

(2) 口岸的分类。

口岸可以从不同的角度进行分类,常用的分类方法有以下两种:

① 按照批准开放的权限划分,可将口岸分为一类口岸和二类口岸。一类口岸是指由国务院批准开放的口岸(包括中央管理的口岸和由省、自治区、直辖市管理的部分口岸)。二类口岸是指由省级人民政府批准开放并管理的口岸。

② 按出入国境的交通运输方式划分,可将口岸分为港口口岸、陆地口岸和航空口岸三种。

港口口岸是指国家在江河湖海沿岸开设的供人员和货物出入国境及船舶往来停靠的通道,包括港内水域及紧接水域的陆地。港内水域包括进港航道、港池和锚地。港口口岸包括海港港口口岸和内河港口口岸。内河港是建造在河流(包括运河)、湖泊和水库内的港口,为内河船舶及其客货运输服务。

陆地口岸是指国家在陆地上开设的供人员和货物出入国境及陆上交通运输工具停靠的通道。陆地口岸包括国(边)境以及国家批准内地可以直接办理对外进出口经济贸易业务往来和人员出入境的铁路口岸和公路口岸。

航空口岸，又称空港口岸。是指国家在开辟有国际航线的机场上开设的供人员和货物出入国境及航空器起降的通道。

此外，在实际工作中，还经常使用边境口岸、沿海口岸、特区口岸、重点口岸、新开口岸和老口岸等提法。这些分类虽然尚未规范化，但在制定口岸发展规划及各项口岸管理政策方面，还是有一定积极作用的。

(3) 口岸的功能。

① 口岸是一个国家主权的象征。口岸权包括口岸开放权、口岸关闭权、口岸管理权，其中口岸管理权包括通行许可权、口岸行政权、关税自主权、检察权、检验检疫权等。

② 口岸是一国对外开放的门户。对外开放表现为在政治、经济、军事、文化、资源保护、制止国际犯罪、维护世界和平等领域的广泛合作和交流，这种国际间的交流和合作通过口岸得以实现。

③ 口岸是国际货运枢纽。口岸是国际往来的门户，是对外贸易货物、进出境人员、行李物品、邮件包裹进出的地点。

2.2.2 国际物流连线

国际物流连线是指连接国内外众多收发货节点间的运输线，如各种海运航线、铁路线、飞机航线以及海、陆、空联合运航线。这些网络连线是库存货物的移动(运输)轨迹的物化形式。每一对节点间有许多连线，以表示不同的运输路线、不同产品的各种运输服务。各节点表示存货流动的暂时停滞，其目的是为了更有效地移动。国际物流连线实际上也是国际物流流动的路径，主要包括：国际远洋航线及海上通道、国际航空线、国际铁路运输线与大陆桥、国际主要输油管道等。

2.2.3 国际物流网络

1. 国际物流网络的概念

所谓国际物流网络，是由多个收发货的“节点”和它们之间的“连线”所构成的物流抽象网络以及与之相伴随的信息流动网络的集合。所谓收发货节点是指进、出口过程中所涉及的国内外的各层仓库、中间商仓库、货运代理人仓库、口岸仓库、国内外中转站仓库以及流通加工/配送中心和保税区仓库。国际贸易商品和交流物资，就是通过这些仓库的收进和发出，并在中间存放保管，实现国际物流系统的时间效益，克服生产时间和消费时间上的背离，促进国际贸易系统和国际交往的顺利进行。节点内商品的收与发是依靠运输连线和物流信息的沟通、输送来完成的。

所谓连线，是指连接上述国内外众多收发货节点的运输连线，如各种海运航线、铁路线、飞机航线以及海、路、空联合运输线路。从广义上讲包括国内连线和国际连线。这些网络连线代表仓库货物的移动——运输的路线与过程。每一对节点有许多连线以表示不同的路线、不同产品的各种运输服务。各节点表示存货流动的暂时停滞，其目的是为了更有效地移动(收或发)。

物流网与信息网从结构流程图上看似相近，都是由节点和连线组成的。二者最主要的差别是商品/物资的流向与商品的分配，进出口路线不同，物流网即朝最终国外消费者方向移动；而信息流网的方向大多与商品进出口分配通路方向相反，朝商品货源地方向移动，即实施其反馈功能。信息流网络在整个国际物流网络系统中的作用不容忽视，它是沟通、主导物流活动的，所以从流向来看，信息流具有双向反馈特点。信息流活动是一个非常复杂的过程，如出口单证的编制、交寄、反馈过程等。

2. 国际物流信息网络

国际物流信息网络也可理解成由“节点”和它们之间的“连线”所构成。连线通常包括国内外的邮件或某些电子媒介（如电话、电传、电报、EDI等），其信息网络的节点则是各种物流信息地汇集及处理之点，如员工处理国际订货单据、编制大量出口单证、准备提单或用电脑对最新库存量的记录。国际物流网络与国际物流信息网络并非各自独立，它们之间是密切相关的。几乎每一物流的活动都有信息作为支撑，物流质量取决于信息，物流服务也要依靠信息。如果没有信息流，国际物流将成为一个单向的难以调控的半封闭式的国际物流系统。而信息流的双向反馈作用，可以使国际物流系统易于控制、协调，使其能合理高效地运转，充分地调动人力、物力、财力、设备及资源，以达到最大限度地降低国际物流总成本、提高经济效益的目的。由于国际物流是国际间的物品运动过程，因此，我们不仅要研究国际物流系统内部的相互联系，还要研究横跨各国地域的整体物流的合理化，取得各有关国家之间的协助与配合，这就要做到时刻把握国际物流的脉搏，跟踪处理。信息流的动态跟踪作用解决了这一问题。以国际海运为例，在物品的载体——国际货船离港的次日，信息流便分别向发运国和到货国传递货物海运保险申请书并制作运费报告。当货物运送完毕时，信息流按港口类别的集装箱海运日程及时报告行踪，并预报到港地点、时间及各种服务。如发生其他障碍和问题，信息流也会立刻发出警告信息。通过这种动态跟踪的信息流，不仅可以随时掌握国际物流的行踪，而且可以达到使损失减少到最小、获取效益最大的目标。

3. 国际物流网络规划设计与建设

完善和优化国际物流网络，为加速商品周转、资金流动和商品的国际流通，促进商品尽早、尽快地打入并占领国际市场，提供了切实有效的途径，是扩大对外贸易、提高跨国公司的竞争力和成本优势的重要保证。可以说，离开了国际物流网络的合理规划和设置，国际贸易活动与国际间的物资交流将寸步难行。

(1) 国际物流网络规划设计应明确的中心问题。

① 确定进出口货源点（或货源基地）和消费者的位置、各层级仓库及中间商批发点和零售点的位置、规模及数量，从而确定国际物流网络系统的合理布局。

② 在合理布局国际物流网络的前提下，确定国际商品由买方实体流动的方向、规模、数量，确定国际贸易的贸易量、贸易过程（流程）的重大战略、进出口货物的卖出和买进的流程、流向、物流费用及国际贸易经营效益等。

要进一步完善和优化国际物流网络，还应注意的问题有：首先，在规划网络内建库数目、地点及规模时，要紧密围绕着商品交易计划，乃至一个国家的国际贸易总体规划。其次，明确各级仓库的供应范围、分层关系及供应或收购数量，注意各级仓库间的有机衔接。诸如：生产厂家仓库与各中间商仓库、港（站、机场）区仓库以及出口装运能力的配合和协同，以保证国内外物流的畅通，尽量避免在某一级仓库储存数量过多、时间过长的不均衡状态。另外，国际物流网点规划要考虑现代物流技术的发展，要留有余地，以备将来的扩建。

（2）国际物流网络建设应注意的问题。

建设国际物流网络的目的是要根据物流的规模和流动方向合理布局网络节点，确定进出口货物的买进和卖出流程，保证以相对较低的费用高质量地完成物流服务流程。因此，进行国际物流网络建设时应注意以下问题。

① 合理布局物流网络系统要素。在规划网络内的建库数目、地点及规模时，物流网络系统要素的布局要紧密围绕着商品交易计划进行。

② 物流网络系统节点存货均衡。明确各级仓库的供应范围，使各级仓库间能够有机衔接。如使生产厂家仓库与各中间商仓库、港（站、机场）区仓库以及出口装运能力配合和协同，尽可能减少某一级仓库储存过多并持续过长时间的不均衡状态，保证国际物流畅通。

③ 注重物流技术发展，网络建设留有余地。随着经济的全球化发展，越来越多的企业走向全球化经营，以加强在国际市场上的竞争力；而国际市场的一体化，必将使国际贸易额不断扩大。现实的要求一方面使国际物流规模不断扩大，另一方面必将推动物流技术的发展，以使物流网络能够承载扩张的物流规模。因此，物流网络建设必须留有余地，保证各节点和通道能够适应新技术的需要，又留有足够的拓展空间，保持适应现实需要的持续高效的国际物流体系。

④ 注意国际物流网络接口的无缝化。在一个经由许多环节、由不同国家不同物流主体组成的国际物流渠道中，各物流运作环节之间都需要转换，并耗费大量时间，如从海运、航空运输到陆运的转换，从托盘到集装箱的转换等。国际物流网络的构建应尽量使这些转换自动化、标准化、规格化，以节省物流时间。物流接口无缝化就是对物流网络构成要素中的流动要素、生产要素、机制要素等进行内部和外部的连接，使物流系统要素之间、物流系统之间成为无缝连接的整体过程，其目的在于提高系统的集成度。

2.3 国际物流信息系统

2.3.1 国际物流信息系统的含义

国际物流信息系统（ILIS）是国际物流系统的一个子系统。国际物流信息系统从本质上讲是把各种国际物流活动与某个一体化过程（如交易、管理控制、决策分析以及制订战略计划）连接在一起的通道，主要是指以计算机为工具，对国际物流信息进行收集、存储、检索、加工和传递的人机交互系统。

2.3.2 国际物流信息系统的功能

国际物流系统的不同阶段和不同层次之间是通过信息流紧密地联系在一起的，因此作为国际物流系统的一个不可或缺的子系统，国际物流信息系统的主要功能就是对物流信息进行采集、传输、存储、处理、显示和分析。国际物流信息系统的基本功能可归纳为以下几个方面。

(1) 数据的收集和录入。

国际物流信息系统首先要做的是用某种方式记录国际物流系统内外的有关数据，集中起来并转化为国际物流信息系统能够接受的形式并输入到系统中去。

(2) 信息的储存。

数据进入系统之后，经过整理和加工，成为支持国际物流系统进行工作的物流信息，这些信息需要暂时储存或永久保存，以供以后应用。

(3) 信息的传播。

物流信息来自国际物流系统内外的有关单元，又要为不同的物理职能所利用，因而克服空间障碍的信息传播是国际物流信息系统的基本功能之一。

(4) 信息的处理。

国际物流信息系统的基本目标就是将输入的数据转化、加工、处理成为物流信息。国际物流信息的处理可以是简单的查询、排序，也可以是模型求解的预测。信息处理能力的强弱是衡量国际物流信息系统能力的一个重要方面。

(5) 信息的输出。

国际物流信息系统的目的是为各级物流人员提供相关的物流信息。为了便于人们对物流信息的理解，系统输出的形式应力求易读易懂、直观醒目，这是评价国际物流系统的主要标准之一。

2.3.3 国际物流信息系统的作用

1. 国际物流信息处理的主要环节

一般来说，国际物流信息处理应包括以下三个基本环节。

(1) 信息的初级处理。

首先，将收集到的庞大信息进行分类识别，然后将无法分类的信息按其类别的相关度进行排序，这称为信息的初级处理。

(2) 信息的综合处理。

即对信息进行筛选、剔除、去伪存真的分析、合并等综合研究和综合分析。虽然这一阶段所呈现的信息仍然是分散的、局部的，但它能够反映国际物流的整体状态。

(3) 信息的评估。

在信息综合分析的基础上，加强对信息的评估，确定和提出管理决策信息。这个过程将执行对国际物流运行的指导、控制功能。

2. 国际物流信息系统的具体作用

信息流在国际物流中的作用主要表现在如下几个方面。

(1) 反馈与控制作用。面对一个不断发展变化的复杂的国际物流大系统，信息流灵敏、正确、及时的反馈是非常重要的，它如同人体的中枢神经一样。如果信息反馈作用失灵，则国际物流系统可能会陷入混乱、瘫痪。反之，有了高效、灵敏的信息反馈，必然能指挥、协调国际物流系统，使其活跃和发达。信息反馈就是控制系统把信息输送出去又把其作用的结果返送回来，并把调整后的决策指令信息再输出，从而起到控制作用，以达到预期目的。用信息流反馈方法进行控制时，一般会产生两种不同的效果：如果信息的反馈使国际物流系统的运动得到发展，增加了效益，则称为正反馈；反之，当信息的反馈造成国际物流的供给对需求的运动收敛、减少，则称为负反馈。不论是正反馈还是负反馈，其目的都在于调节和控制，防止失控，以求国际物流的高效运转。

(2) 支持保障作用。决策是企业最基本的管理职能，它对于复杂的、动态多变的国际物流系统尤为重要。国际物流企业经营的范围和目标是根据各种信息，经过分析、研究、论证之后才能确定和进行决策的。经营目标一般包括长期经营目标、中长期经营目标和短期经营目标。经营目标的决策确定之后，在其决策执行运转过程中还要根据各种信息不断地调整和平衡。由于信息流通不畅会造成国际物流活动的失控和混乱，因而，信息的真实性和可靠度就决定着国际物流企业的生死存亡，根据虚假信息做出的错误决策有可能会造成全局性的失败，甚至破产。因此，决策的科学性是国际物流经营成功的前提。国际物流是一个复杂的超越国界的大系统。信息流为大系统的正常运转提供经营决策的支持和保障作用。信息是国际物流活动的基础和保障。假如没有信息，国际物流这样一个多环节、多层次、多因素的各子系统相互制约的复杂大系统就无法正常运作。因为每一个子系统信息的输入与输出，都是下一个子系统运行的前提和基础，也是整个大系统相互沟通、调节、运转的支持与保障，这是国际物流大系统能否有规律运行的关键。

(3) 资源性作用。信息在国际物流系统中可以被视为一种重要资源，从某种意义上讲，国际物流活动可以被认为是物品资源在国际市场上的分配和竞争。进行这种活动的基本条件就是要掌握相关的各种信息，以利用现有的物品资源取得最大效益。然而，在实际操作中，很多不确定因素往往会给预测和决策带来很大的风险性。这时，信息的资源替代作用将会十分明显。它可以替代库存物品、投资和经营资金。这就要求我们根据信息，及时进行利弊权衡，以适应不断变化的动态的国际物流形势，减少风险、增加效益，这就是信息具有资源性作用的表现。由于国际物流市场瞬息万变，国际物流系统就要求有高效率的信息网络。信息的作用是使物流向更低成本、更高服务、更大量化和更精细化方向发展。许多重要的物流技术都是依靠信息才得以实现的，这个问题在国际物流中比在国内物流中表现得更为突出。21 世纪是国际物流信息化的时代。近年来，各国在国际物流信息系统的发展建设方面均投入了大量的精力和资金，各种国际物流信息系统正在蓬勃发展。

2.3.4 国际物流信息系统的组成

国际物流信息系统一般由以下子系统组成，各子系统又均有自己特有的功能。

- 管理信息子系统，提供物流管理活动信息。
- 采购信息子系统，提供原材料采购信息。
- 仓储管理信息系统，使用仓储管理系统管理储存业务的收发、分拣、摆放、补货、配送等，同时，仓储管理系统还可以进行库存分析与财务系统集成。
- 库存信息子系统，提供库存管理信息。
- 生产信息子系统，提供生产产品信息。
- 销售信息子系统，提供产品销售信息。
- 商检报关子系统，是国际商品或货物与主管机构相连的商检报关作业系统。
- 国际运输信息子系统，提供国际商品或货物运输信息。
- 财务信息子系统，提供财务管理信息。
- 决策支持子系统，使国际物流信息系统达到一个更高的层次。

以上只是国际物流信息系统功能的框架式划分，而相当重要的各子系统之间的相互关系并没有被标识出来。例如，库存信息子系统就与采购信息子系统及生产信息子系统具有密切的关系。在国际物流信息系统结构中，应确定各子系统间的信息流与数据接口（包括通信协议与数据标准定义），满足各子系统间为实现数据交换的通信需求。

2.3.5 国际物流信息系统的设计

国际物流信息系统作为一种媒介通道，将注入交易、管理控制、决策分析以及制定战略计划等一体化过程连接在一起，进而更有效地对国际物流信息进行收集、存储、检索、加工和传递。国际物流信息系统是一个主要以计算机为工具的人际交互系统，经历了不同的发展阶段，主要有物料需求计划（MRP）、货币形式的物料需求计划（MRPII）以及企业资源计划（ERP）等。

1. 物料需求计划

(1) MRP 的概念及基本原理。

物料需求计划（MRP）是指一种将企业采购物流、生产物流、销售物流集成在一起的“ 体化”系统。MRP 的思想和方法是在全面分析制造企业生产库存的特点以后建立和发展起来的。自 1961 年美国的 Josph Orlick 在一家拖拉机制造厂建立第一个 MRP 系统起，MRP 已获得广泛应用，取得了明显的经济效果。MRP 的产生和发展对国际物流信息系统的设计产生了深远的影响。

MRP 基本的原理是：由主生产进度计划和主产品的层次结构，逐层逐个地求出主产品所有零部件的生产或采购时间、生产或采购数量。其中，如果零部件是靠企业内部生产的，需要根据各自的生产时间长短提前安排投产时间，形成零部件投产计划；如果零部件需要从企业外部采购，则要根据各自的订货提前期来确定提前发出各自订货的时间、采购的数量，形成采购计划。确实按照这些投产计划进行生产和按照采购计划进行采购，就可以控制库存水平、设计物料的运作优先级和计划生产系统的生产能力负荷，从而达到物资资源合理配置的目的，保证主产品出产的需要和生产效率。

(2) MRP的特性。

从基本形式上看，MRP是一个计算机程序，它能根据有关数据计算出相关物料需求的准确时间与数量，但它没有解决如何保证零部件生产计划成功实施。它缺乏对完成计划所需的各种资源进行计划与保证的功能；缺乏根据计划实施实际情况的反馈信息和对计划的调整功能。因此，还深入不到企业生产管理的核心。于是，在MRP的基础上产生了闭环MRP。

闭环MRP就是一个基于物料需求而建立的系统，它包括附加的、对销售和运作的计划职能。一旦计划阶段完成且计划是可以接受的和可行的，那么执行职能就开始起作用了。这些执行职能包括对投入产出(能力)测量的生产控制功能、具体的计划和调度、预测的供应商和厂方的延期报告、供应商计划等。“闭环”一词又包含两层含义：一是把生产能力计划、车间作业计划和采购作业计划纳入MRP，形成闭环系统；二是在计划执行过程中，必须有来自车间、供应商和计划人员的反馈信息，并利用这些信息进行计划调整与平衡，从而使各个环节协调统一。

在闭环MRP中，主生产计划及物料需求计划计算以后，要通过粗能力计划、详细能力计划(即能力需求计划)等模块进行生产能力平衡。若生产能力不能满足计划需求，应根据能力调整相应的计划。同时，它还通过车间控制与采购，收集生产、采购活动的执行结果，及时反映在库存变化中。根据这些反馈信息，制订或调整下一周期的作业计划。由于增加了上述功能，形成“计划—执行—反馈”的生产管理循环，可以有效地对生产过程进行计划与控制。

2. 货币形式的物料需求计划

MRP解决了企业物料供需信息集成，但是还没有说明企业的经营效益。货币形式的物料需求计划(MRPII)同MRP的主要区别就是它运用管理会计的概念，用货币形式说明了执行企业“物料计划”带来的效益，实现物料信息同资金信息集成。因此，MRPII的本质就是货币形式的MRP。

衡量企业经营效益首先要计算产品成本。产品成本的实际发生过程，还要以MRP系统的产品结构为基础，从最底层采购件的材料费开始，逐层向上将每一件物料的材料费、人工费和制造费(间接成本)累积，得出每一层零部件直至最终产品的成本。再进一步结合市场营销，分析各类产品的获利性。MRPII把传统的账务处理同发生账务的事务结合起来，不仅说明账务的资金现状，而且追溯资金的来龙去脉。例如，将体现债务债权关系的应付账、应收账同采购业务和销售业务集成起来、同供应商或客户的业绩或信誉集成起来、同销售和生产计划集成起来等，按照物料位置、数量或价值变化，定义“事务处理”，使与生产相关的财务信息直接由生产活动生成。在定义事务处理相关的会计科目之间，按设定的借贷关系，自动转账登录，保证了“资金流”(财务账)同“物流”(实物账)的同步和一致，改变了资金信息滞后于物料信息的状况，便于实时做出决策。

3. 企业资源计划

(1) ERP的概念及产生。

企业资源计划(ERP),实际上是一个计算机系统,在MRPII的基础上,它整合了能执行会计、销售、生产以及公司运营中其他职能的应用程序,这一整合通过所有应用程序共享一个数据库实现,进而实现增加企业管理的其他卓越的功能。

ERP是由美国加特纳公司(Gartner Group Inc.)在20世纪90年代初首先提出的,那时的ERP概念的报告,还只是根据计算机技术的发展和供应链管理,推论各类制造业在信息时代管理信息系统的发展趋势和变革。当时,对互联网的应用还没有广泛普及。随着实践和发展,ERP至今已有了更深的内涵。

(2) ERP的特点。

概括起来,ERP主要有以下三个方面的特点,这也是ERP与MRPII的主要区别。

① ERP是一个面向供应链管理(supply chain management)的管理信息集成。ERP除了传统MRPII系统的制造、供销、财务功能外,在功能上还增加了支持物料流通体系的运输管理、仓库管理(供应链上供、产、需各个环节之间都有运输和仓储的管理问题);支持在线分析处理(on line analytical processing, OLAP)、售后服务及质量反馈,实时准确地掌握市场需求的脉搏;支持生产保障体系的质量管理、实验室管理、设备维修和备品备件管理;支持跨国经营的多国家地区、多工厂、多语种、多币制需求;支持多种生产类型或混合型制造企业,汇合了离散型生产、流水作业生产和流程型生产的特点;支持远程通信、Web/Internet/Intranet/Extranet、电子商务(e-commerce、e-business)、电子数据交换(EDI);支持工作流(业务流程)动态模型变化与信息处理程序命令的集成。此外,还支持企业资本运行和投资管理、各种法规及标准管理等。事实上,当前一些ERP软件的功能已经远远超出了制造业的应用范围,成为一种适应性强、具有广泛应用意义的企业管理信息系统。

② 采用计算机和网络通信技术的最新成就。网络通信技术的应用是ERP同MRPII的又一个主要区别。ERP系统除了已经普遍采用的诸如图形用户界面技术(GU)、SQLI结构化查询语言、关系数据库管理系统(RDBMS)、面向对象技术(OOT)、第四代语言/计算机辅助软件工程、客户机/服务器和分布式数据处理系统等技术之外,还要实现更为开放的不同平台互操作,采用适用于网络技术的编程软件,加强了用户自定义的灵活性和可配置性功能,以适应不同行业用户的需要。网络通信技术的应用,使ERP系统得以实现供应链管理的信息集成。

③ ERP系统同企业业务流程重组(business process reengineering, BPR)是密切相关的信息技术的发展加快了信息传递速度和实时性,扩大了业务的覆盖面和信息的交换量,为企业进行信息的实时处理、做出相应的决策提供了极其有利的条件。

为了使企业的业务流程能够预见并适应环境的变化,企业的内外业务流程必须保持信息的敏捷通畅。正如局限于企业内部的信息系统是不可能实时掌握瞬息万变的全球市场动态一样,多层次臃肿的组织机构也必然无法迅速实时地对市场动态变化做出有效的反应。因此,为了提高企业供应链管理的竞争优势,必然会带来企业业务流程、信息流程和组织机构的改革。这个改革，已不限于企业内部，而是把供应链上的供需双方合作伙伴包罗进来，系统考虑整个供应链的业务流程 ERP 系统应用程序使用的技术和操作，必须能够随着企业业务流程的变化而相应地调整。只有这样，才能把传统 MRPII 系统对环境变化的“应变性”(active)上升为 ERP 系统，通过网络信息对内外环境变化的“能动性”(proactive)。BPR 的概念和应用已经从企业内部扩展到企业与需求市场和供应市场整个供应链的业务流程和组织机构的重组。

2.4 国际物流标准化

标准化就是对产品、工作、工程、服务等普遍活动进行有效的规定统一的标准，并且对这个标准进行贯彻实施的过程。标准化的内容，实际上就是经过优选之后的共同规则。

2.4.1 国际物流标准化的概念

国际物流标准化是指以国际物流为一个大系统，制定系统内部设施、机械装备、专用工具等各个子系统的技术标准；制定系统内各分领域如包装、运输、仓储等方面的工作标准；以国际物流大系统为出发点，研究各分系统与分领域中技术标准与工作标准的配合性，按照配合性要求，统一整个国际物流系统的标准；研究国际物流系统与相关其他系统的配合性，进一步谋求国际物流大系统的标准统一。物流标准化规则的贯彻实施和因此而产生的问题主要由标准化组织来推行和解决。世界上大多数国家都有标准化组织，例如，英国的标准化协会(IGI)，我国的国家技术监督局等。在国际上，总部设在日内瓦的国际标准化组织(ISO)负责协调世界范围内的标准化问题。国际标准化组织 ISO 由非政府机构发起，其宗旨是在世界上促进标准化及其相关活动的发展，便于商品和服务的国际交换，在智力、科学、技术和经济领域开展合作。ISO 制定的标准很多，其中 ISO9000 系列标准已成为世界认可的重要国际标准。

2.4.2 国际物流标准化的意义及作用

在物流技术发展，实施物流管理工作中，物流标准化是有效的保证。物流标准化的意义和作用主要体现在以下几个方面。

1. 物流标准化是实现物流管理现代化的重要手段和必要条件

物流资料从生产厂的原料供应、产品生产，经市场流通到消费环节，再到回收再生产，是一个综合大系统。由于分工日益细化，要求实现物流系统的高度社会化。从技术和管理的角度来看，要使整个物流系统形成一个统一的有机整体，物流标准化起着关键性的纽带作用。只有在物流系统的各个环节制定标准，并严格贯彻执行，才能实现整个物流系统的高度协调统一，提高物流系统管理水平。如过去同一物品在生产领域和流通领域的名称和计算方法互不统一，国家标准全国工农业产品(商品、物资)分类与代码的发布，使全国物品名称的标识代码有了统一依据和标准，有利于建立全国性的经济联系，为物流系统的信息交换提供了便利条件。

2. 物流标准化是物流的质量保证

物流活动的根本任务是将工厂生产的合格产品保质保量并及时地送到用户手中。物流标准化对运输、包装、装卸、搬运、仓储、配送等各个子系统都制定相应标准,形成物流的质量保证体系,只要严格执行这些标准,就能将合格的物资送到用户手中。

3. 物流标准化是消除贸易壁垒,促进国际贸易发展的重要保障

在国际经济交往中,各国或地区标准不一,是重要的技术贸易壁垒,严重影响国家进出口贸易的发展。因此,要使国际贸易更快发展,必须在运输工具、包装、装卸、仓储、信息,甚至资金结算等方面采用国际标准,实现国际物流标准统一化。例如,集装箱的尺寸规格只有与国际上相一致,与国外物流设施、设备、机具相配套,才能使运输、装卸、仓储等物流活动顺畅进行。再如,"电子商务"将商品购售双方的一系列活动通过网络进行,没有标准化作保证,则"电子商务"难以顺利发展。

4. 物流标准化是降低物流成本、提高物流效益的有效措施

物流的高度标准化可以加快物流过程中运输、包装、搬运的速度,降低仓储的费用,减少中间损失,提高工作效率,因而可获得直接或间接的物流效益,否则就会造成经济损失。我国铁路与公路在使用集装箱统一标准之前,运输转换时要"倒箱",为此每箱货物要增加1元的费用,全国"倒箱"数量很大,损失巨大。实践证明,物流标准化是提高经济效益的重要手段。

5. 物流标准化是我国物流企业进军国际物流市场的通行证

物流标准化已经是全球物流企业提高国际竞争力的有力武器。我国物流企业在物流标准化方面仍然十分落后,面临物流国际化挑战,实现物流标准的国际化已经成为我国物流企业开展国际竞争的必备资格和条件。只有实现物流标准的国际化,我国物流企业才能在国际物流市场占据一席之地。

2.4.3 国际物流标准化的方法

从世界范围来看,各个国家物流体系的标准化都还处于初始阶段。在初始阶段,标准化的重点在于通过制定标准规格尺寸来实现全球物流系统的贯通,取得提高物流效率的初步成果。所以,这里介绍的物流标准化的一些方法,主要指初步的规格化的方法及做法。

1. 确定物流的基础模数尺寸

物流基础模数尺寸的作用和建筑模数尺寸的作用大体相同。基础模数一旦确定,设备的制造、设施的建设、物流系统中各个环节的配合协调就有所依据。目前,ISO中央秘书处及欧洲各国基本认定"600 mm×400 mm"为物流基础模数尺寸。确定物流基础模数尺寸的方法是国际上通用的"逆推法"。由于物流标准化系统较之其他标准化系统建立晚,所以,在确定物流基础模数尺寸时,主要考虑了目前对物流系统影响较大而又难以改变的运输设备的状况,由运输设备的尺寸来推算和确定物流系统的基础模数尺寸,并且在这一过程中,综合考虑了现在通行的包装模数和已使用的集装设备的基础模数的影响,从

行为科学的角度研究了来自人及社会的影响从而确定出来的。

2. 确定物流模数

物流模数即集装基础模数尺寸。物流标准化的基点应建立在集装的基础模数之上，即要确定集装基础模数尺寸(即最小的集装尺寸)。集装基础模数尺寸可以从“600 mm×400 mm”基础模数的前提下，从卡车或大型集装箱的分割系列推导出来。

日本在确定物流模数尺寸时，采用了后一种方法，以卡车的车厢宽度为物流模数确定的起点，推导出集装基础模数尺寸，如图 2.1 所示。

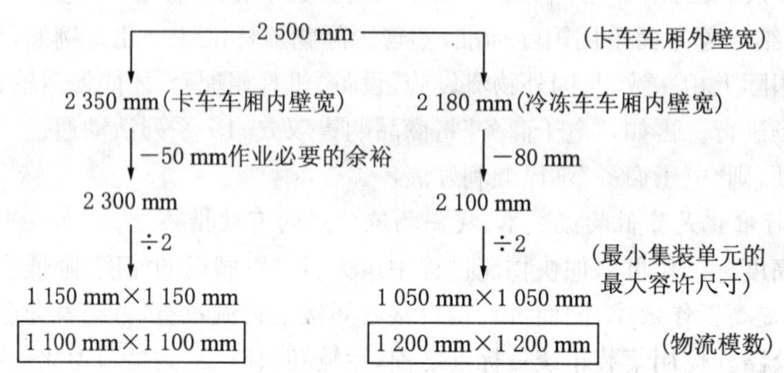

图 2.1　基础物流模数的形成

3. 以分割和组合的方法确定系列尺寸

物流模数作为物流系统各环节标准化的核心，是形成系列化的基础。依据物流模数进一步确定有关系列的大小和尺寸，再从中选择全部或部分，确定为定型的生产制度尺寸，就完成了某一环节的标准系列。由物流模数体系，可以确定各环节系列尺寸，如图 2.2 所示。

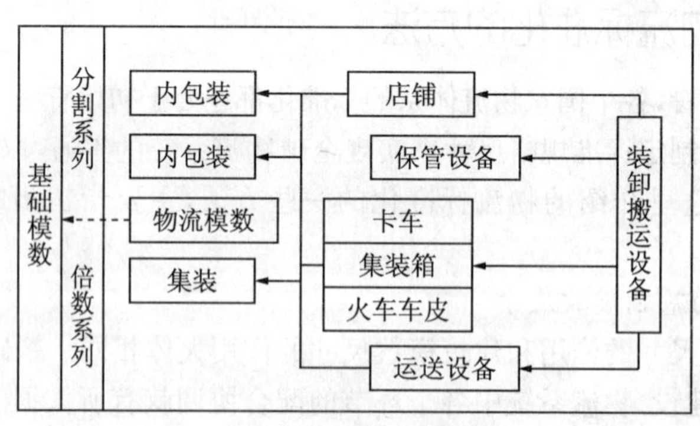

图 2.2　系列尺寸推导

目前，ISO 对物流系统标准化的研究工作还在进行中，但对于物流标准化的重要模数尺寸已大体上取得了一致的意见并拟订出了初步的方案。作为物流标准化的基础和物流标准化，首先要拟订数据，几个基础模数尺寸如下：

- 物流基础模数尺寸：600 mm × 400 mm。
- 物流模数尺寸(集装基础模数尺寸)：以“1 200 mm × 1 000 mm”为主，允许使用“1 200 mm × 800 mm”及“1 100 mm × 1 100 mm”。
- 物流基础模数尺寸与集装基础模数尺寸的配合关系，如图 2.3 所示。

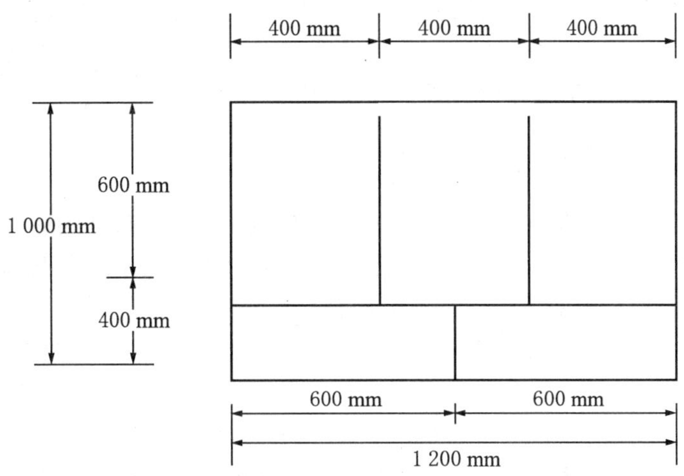

图 2.3　物流基础模数尺寸与集装基础模数尺寸的配合关系

虽然上述模数尺寸的标准尚未正式颁布实施，但是许多国家都以此为基准修改本国物流的有关标准，以与国际的发展趋势吻合。例如，英、美、加拿大、日本等国都已打算放弃国内原来使用的模数尺寸，而改用国际的模数尺寸。日本等一些国家在使用“1 200 mm × 1 000 mm”的模数尺寸系列的同时，还发展了“1 100 mm × 1 100 mm”正方形的集装模数，并已经形成本国的物流模数系列。我国虽然尚未从物流系统角度全面开展各环节的标准化工作，也尚未研究物流系统的配合性等问题，但是已经制定了一些分系统的标准。其中汽车、叉车、吊车等已经全部实现了标准化，包装模数及包装尺寸、托运平托盘也制定了国家标准。我国参照国际标准，还制定了运输包装部位的标示方法国家标准。其中，联运平托盘外部尺寸系列规定优先选用两种尺寸，即 TP2——“800 mm × 1 200 mm”和 TP3——“1 000 mm × 1 200 mm”，另外还可选用 TP1——“800 mm × 1 000 mm”。托盘高度基本尺寸为 100 mm 与 70 mm 两种。

2.5　现代信息技术在国际物流中的应用

2.5.1　电子数据交换(EDI)在国际物流中的应用

1. 电子数据交换的概念

国际标准化组织(ISO)对 EDI 的定义是：“将贸易(商业)或行政事务处理按照一个公认的标准变成结构化的事务处理或信息数据格式，从计算机到计算机的电子传输。”而 ITU-T(国际电信联盟远程通常标准化组)将 EDI 定义为“从计算机到计算机之间的结构化的数据互换。"但国际数据交换协会(IDEA)给出的定义可以概括其全部的主要特征:通过电子方式,采用约定的报文标准,从一台计算机向另一台计算机进行结构化数据的传输就可以称为电子数据交换。

由以上定义可知,EDI是一种在不同公司或组织之间,依据一定的协议和标准,利用计算机和通信技术进行的资料交换业务,是远程信息处理技术、数据通信技术和现代网络技术相结合的产物。现代物流中所用的电子数据交换主要是应用于单证的传递、货物送达的确认等。EDI以电子单证代替纸面文件,因此有"无纸贸易"或"电子贸易"的美誉。

2. EDI的构成要素

(1) 数据标准化。

EDI标准是由企业、地区代表经过讨论制定的电子数据交换共同标准,统一的EDI标准可以使各个组织和企业之间不同的文件格式,通过共同的标准,达到彼此之间进行交件交换的目的。显然,标准的不统一将直接影响EDI的发展。

早期的EDI标准使用的大多数是用户的行业标准,标准之间不能进行跨行业的EDI互联,严重影响了EDI的效率,阻碍了全球EDI的发展。在美国就存在汽车工业的AIAG标准、零售业的UCS标准、货栈和冷冻食品储存业的WINS标准等。在日本有连锁店协会的JCQ行业标准、全国银行协会的AENGIN标准和电子工业协会的EIAT标准等。

为了推进EDI的发展,世界各国都在不遗余力地促进EDI标准的国际化,以求最大化地发挥EDI的作用。

目前,在EDI的标准上,国际上最为流行的就是联合国欧洲经济委员会(UN/ECE)下属的第四个工作组(WP4)在1986年制定的《用于行政管理、商业和运输的电子数据交换标准》(electronic data interchange for administration, commerce and transport, EDI/FACT)。目前EDI/FACT已成为全球通用的EDI标准。

(2) EDI软件和硬件。

① EDI软件具有将用户数据库中的信息翻译成EDI的标准格式,以提供数据传输交换的能力。由于EDI具有足够的灵活性,可以适应不同行业的众多需求。然而,每个业务公司有其常年经营所形成的固定信息格式,因此,当需要发送EDI电文时,必须能进行传输。这就需要EDI相关翻译软件的帮助。

转换软件可以帮助用户将原有计算机系统的文件信息,转换成翻译软件能够理解的平面文件(flat file),转换成原计算机系统中的文件。

翻译软件是两种格式文件的转制中心。它将平面文件翻译成EDI的标准格式,或将接收到的EDI标准格式翻译成平面文件。通信软件是将经过翻译软件翻译后的EDI标准格式的文件外层加上通信信封(envelope),再传送到EDI系统处理中心的邮箱(mailbox)中,或由EDI交换中心将接收到的EDI格式文件从信箱中取出。所有这些功能的实现都需要通过EDI的增值网络。

② EDI所需的硬件设备是计算机、调制解调器、网卡、电话线和专线等。目前使用的计算机,无论是PC、工作站、小型机、主机等,均可使用。由于使用EDI来进行电子数据交换,其信息在通信线路上传输,就必须需要一个设备进行信号的调制和解调。在EDI的

实际使用中，一般最常用的就是通过电话线路传输数据信息；如果对传输时效及资料传输量有较高要求时，便可以考虑租用专用线进行数据传输，以提高传输的稳定性和快捷性。

(3) 通信网络。

目前EDI的通信网络大多是借助于范围广泛的因特网，也有为实现某些具体任务而单独建设的专用网，具体采用哪种方式要根据通信双方将要从事的工作来确定。从EDI的长远发展考虑，在互联网上实现EDI具有较强的生命力和更为广阔的发展空间。

(4) EDI通信方式。

EDI通信主要采用增值网(value added network，VAN，又称为在线系统 on-line system)方式，通过利用(一般是租用)通信公司的通信线路连接分布在不同地点的计算机终端形成的信息传输交换网络。该网络向利用者提供服务，如计算机之间的联网、数据交换服务、通信线路阻塞时的迂回中继等。VAN是实现EDI功能的外部设备，目前被广泛应用的销售时点数据(POS)、电子订货系统(EOS)都是VAN应用的具体形式。应用于POS系统的VAN除了传递销售时点数据之外，还能通过对销售时点数据加工计算出每个商品的利润、商品周转率、区分畅销商品和滞销商品。VAN的附加价值表现在它能够提供以上服务。VAN按使用目的可分为业务共同利用型网络(即企业间数据交换网络)、通用数据通信网络和数据库服务网络。按应用范围分为大企业主导的VAN、行业VAN和地区VAN。

(5) 物流EDI。

所谓物流EDI是指货主、承运业主以及其相关的单位之间，通过EDI系统进行物流数据交换，并以此为基础实施物流作业活动的方法。物流EDI参与单位包括：供货业主(如生产厂家、贸易商、批发商、零售商等)、承运业主(如独立的物流承运企业等)、实际运送货物的交通运输企业(铁路企业、水运企业、航空企业、公路运输企业等)、协助单位(政府有关部门、金融企业等)和其他的物流相关单位(如仓库业者、专业报送业者等)。其中各单位主要工作如下：

供货业主(如生产厂家)在接到订货后制订货物运送计划，并把运送货物的清单及运送时间安排等信息，通过EDI发送给物流承运办理业主和接收货物业主(如零售商)，以便物流运输业主预先制订车辆调配计划和接收货物业主制订货物接收计划。

供货业主依据顾客订货的要求和货物运送计划，下达发货指令、分拣配货、打印出物流条形码的货物标签(即SCM标签，shipping carton marking)，并贴在货物包装箱上。同时把运送货物的品种、数量、包装等信息通过EDI发送给物流运输业主和接收货物业主，并依据请示下达车辆调配指令。

物流运输业主在向供货业主取运货物时，利用车载扫描读取仪读取货物标签的物流条形码，并与先前收到的货物运输数据进行核对，确认运送货物。

物流运输业主在物流中心对货物进行整理、组装、做成送货清单并通过EDI向收货业主发送发货信息。在货物运送的同时进行货物跟踪管理，并在货物交纳给收货业主之后，通过EDI向发货物业主发送完成运送业务信息和运费请示信息。

收货业主在货物到达时，利用扫描读数仪读取货物标签的物流条形码，并与先前收到的货物运输数据进行核对确认，开出收货发票，货物入库。同时通过EDI向物流运输业主和发送货物业主发送收货确认信息。

物流 EDI 的优点，在于供应链组成各方基于标准化的信息格式和处理方法通过 EDI 共同分享信息，提高流通效率，降低成本。对零售商来说，应用 EDI 系统可以大大降低进货作业的出错率，节省进货商品检验的时间和成本，能迅速核对订货与到货的数据，易于发现差错。

3. EDI 的功能和分类

(1) EDI 的功能。

EDI 应用系统的作用主要是实现企业内部的信息处理和企业之间信息交换的自动化，其功能包括数据处理和网络通信两个方面。

① 数据处理功能。EDI 的数据来源于企业管理信息系统的数据库，EDI 应用系统必须具有对原始数据进行收集、抽取和加工的功能，并能够按照相关标准的要求进行翻译，使数据转换为可以进行交换的 EDI 报文，然后再将标准报文发送给接收方。对于接收方而言则需要将接收到的 EDI 报文进行反向翻译，使其转换为企业管理信息系统或管理人员能够理解的形式。

② 网络通信功能。EDI 的网络通信功能是指通过网络把从发送方发出的 EDI 报文传送给接收方。EDI 网络通信功能的实现需要与计算机通信网络相连接，一般的连接方式有直接连接方式与间接连接方式。直接连接方式主要是指双方直接通过电话线路或数据专线进行连接，相互发送与接收 EDI 报文；间接连接方式是 EDI 双方通过增值网络进行连接，相互发送与接收 EDI 报文。

(2) EDI 的分类。

根据 EDI 的功能，可以分成以下四类。

① 贸易数据交换系统。最知名的 EDI 系统就是最简单的订货信息系统，又被称为贸易数据交换系统(trade data interchange, TDI)，它用电子数据交换来传输订单、发货单和各类通知单等。

② 电子资金转账系统(electronic funds transfer, EFT)也是一种比较常见的 EDI，就是指在银行和其他组织之间进行电子费用汇总。EFT 已经使用多年，但它仍在不断地改进，其中最大的改进就是和订货系统联系起来，形成一个自动化水平更高的系统。

③ 交互式应答的 EDI(Interactive Query Response, IQR)，可以使用在旅行社和航空公司，作为机票预订系统。这种 EDI 在应用时要询问达到某一目的地的航班，要求显示航班的时间、票价或其他问题，然后根据旅客的要求确定所要的航班，打印机票等。

④ 自动传输的 EDI。带有图形资料自动传输的 EDI，最常用的是计算机辅助设计图形的自动传输。比如，设计公司完成一个厂房的平面设计图，将它传输给厂房的主人，请主人提出修改意见。一旦该设计被批准，系统将自动输出订单，购买建筑和装修材料、家具及其他物品。收到这些建筑和装修材料、家具及其他物品后，自动开出发货票等。

而根据单证的类别，可以将 EDI 处理的物流单证分为如下类型。

- 运输单证。包括提单、订仓确认书、多式联运单证、货物运输收据、铁路发货通知单、陆运单、空运提单、货物仓单、装货清单、集装箱装货单和到货通知等。
- 贸易单证。包括订单、发票、装箱单、尺码单和装船通知等。

- 海关单证。包括报关单、海关发票、出口货物报关单、离港货物报送单、海关转动报关单、海关放行通知等。

4. EDI的优势

(1) 节约时间和降低成本。

由于单证在贸易伙伴之间的传递是完全自动的,所以不再需要重复输入、传真和电话通知等重复性的工作,可以极大地提高企业的工作效率,降低运作成本,使沟通更快更准。

(2) 提高管理和服务质量。

将EDI技术与企业内部的仓储管理系统、自动补货系统、订单处理系统等企业MIS系统集成使用之后,可以实现商业单证快速交换和自动处理,简化采购程序、减少营运资金及存货量、改善现金流动情况等,也可以使企业更快地对客户的需求做出反应。

(3) 提高企业竞争力。

目前,许多国际和国内的大型制造商、零售企业等大公司对于贸易伙伴都有使用EDI技术的要求。当这些企业评价一个新的贸易伙伴时,其是否具有EDI能力是一个重要指标。某些国际著名的企业甚至会减少和取消给那些没有EDI能力的供应商的订单。因此,采用EDI技术是企业提高竞争能力的重要手段之一。

5. EDI在国际物流中的运用

近年来,国际运输领域已经通过EDI系统用电子提单代替了传统的提单实现运输途中货物所有权的转移,这象征着一场结构性的商业革命的到来,这不仅对国际运输,对整个国际物流都是一场深刻变革。

(1) 电子提单的含义。

电子提单是一种利用EDI系统对海运途中的货物所有权进行转让的程序。由于提单是货物所有权的凭证,长期以来的国际贸易实践形成了通过背书来实现货物所有权的转让,而电子提单则是利用EDI系统根据特定密码使用计算机进行的,因此它具有许多传统提单无法比拟的优点:

① 所有权准确地转移。EDI是一种高度现代化的通信方式,可利用计算机操纵、监督运输活动,使所有权快速、准确地转移。在近海运输中,常常出现船货到港而提单未到的事情,电子提单的使用,使这个问题迎刃而解。

② 可防冒领,避免误交。由于计算机科技的使用,使整个过程具有高度的保密性,能大大减少提单欺诈案件的发生。一方面,承运人可通过EDI系统监视提单内容,以防止托运人涂改、欺骗收货人与银行;另一方面,托运人、银行或收货人可以监视承运人行程,以避免船舶失踪。两方面的互相监督使双方对整个过程都心中有数。另外,只有当某收货人付款后,银行才通告货物所有权的转移。

(2) 使用电子提单应具备的条件。

从EDI的优点上看,它的普及应是相当迅速的,然而事实却非如此,在海运方面,EDI只在海运单证方面应用较早,在空运方面,就提单而言,也只不过是海运单和记名提单方面应用,而且局限于大宗货物。这是因为它的普及受到如下几个方面的限制:

① 在法律方面,由于EDI用一种新的贸易工具进行,电子数据本身又存在着一些与

原有的旧的贸易惯例与原理不同的特点，虽然国际组加强了对 EDI 的立法工作，ENCOTERMS90 及 UCP500 的出台为 EDI 合法化创造了条件，但由于各国的经济状况水平不同，法律又有差异，因此不易普及。

② 在硬件方面，EDI 的使用涉及机型的配套和联网等一系列技术问题，只有计算机的应用具有全球普遍性，才有可能普及 EDI 及电子提单的应用。

③ 在软件方面，EDI 及电子提单的使用需要一批专业人才，他们既要懂得国际运输，又要懂 EDI 的操作规程，这就需要对人员进行培训。

另外，各国的航运体制和管理水平必须适应 EDI 技术的发展要求。

2.5.2 条码技术在国际物流中的应用

1. 条码技术介绍

条码是一种信息代码，是由一组宽度不同，反射率不同的条和空按规定的编码规则组合起来，用以表示一组数据的符号。人们根据其构成图形的外观结构称其为“条码”和“条形码”等，它是一种用光电扫描阅读设备识读并使用数据输入计算机的特殊代码。目前使用的条码包括一维条码和二维码。

(1) 一维条码。

① 一维条码的概念。

一维条码即条形码是一组规则排列的条、空以及对应的字符组成的标记。“条”指对光线反射率较低的部分，“空”是对光线反射率较高的部分，这些条和空组成的数据表达一定的信息，并能够用特定的设备识读，转换成与计算机兼容二进制和十进制信息。通常对于每一种物品，它的编码是唯一的，对于普通的一维条码来说，还要通过数据库建立条形码与商品信息的对应关系，当条形码的数据传到计算机上时，由计算机上的应用程序对数据进行操作和处理。因此，普通的一维条码在使用过程中仅作为识别的信息，它的意义是通过在计算机系统的数据库中提取相应的信息而实现的。

一个完整的条形码的组成次序为：静空区(前)、起始符、数据符(中间分隔符，主要用于 EAN 码)、终止符、静区(后)，如图 2.4 所示。

图 2.4 常见一维条码

- 静区：位于条形码两侧，没用任何符号的白色区域，用于提示条形码识别设备准备扫描。
- 起始符：一组特定的码符，标志一个条形码的开始，条形码识别设备首先扫过起始符，再对数据部分进行解码。
- 数据符：与起始符类似的一组特定码符，标志一个条形码结束。
- 终止符：

② 一维条形码的码制。

条形码的码制是指条形码符号的类型。每种类型的条形码符号都是由符合特定编码规则的条和空组合而成的,都有固定的编码容量和条形码字符集。条形码的码制是指条形码条和空的排列规则,常用的一维码的码包括:EAN-13码、交叉25码、EAN/UCC-128码、39码等。不同的码制在物流系统中有着不同的应用。

EAN-13码:是国际通用的符号体系,是一种定长、无含义的条形码,没有自校验功能,常用在单个大件商品的包装上。

交叉25码:是一种连续性、非定长、具有自校验功能,且条和空都表示信息的双向条形码,常用于定量储运单元的包装箱上。

EAN/UCC-128码:由国际物品编码协会、美国统一代码委员会和自动识别制造商协会共同设计而成。是一种连续性、非定长、有含义的高密度代码。它能更多地标识物流单元的信息,如产品批号、数量、规格、生产日期、有效期、交货地等。

39码:这是一种字母数字式码制,其字符集全、编码严谨、条形码位数与数据范围不限。特别适合于需用字母、数字作为物品标识的场合,尤其是在物流管理系统、汽车制造业、工业自动化等领域较为常用。

(2) 二维条码。

一维条形码在有限的条形码空间所表达的信息量十分有限。当需要在有限的几何空间表达更多信息时,就需要采用二维条形码。二维条形码是用某种特定的几何图形按一定规律在二维平布发布的条、空相间的图像来记录数据符号信息,它具有条形码技术的共性,即每种码制有其特定的字符集,每个字符占有一定宽度,具有一定的校验功能等。二维条形码属于高密度条形码,一平方英寸高达2 000字符。二维条形码本身就是一个完整的数据文件,它在水平方向和垂直方向都表示了信息,信息的表达方式不仅是英文字母和数字,也可以是汉字、图片等。使用二维条码可以解决如下问题:

图2.5 常见二维条码

- 表示包括汉字、照片、指纹、签字在内的小型数据文件;
- 在有限的面积上表示大量信息;
- 对“物品”进行精确描述;
- 防止各种证件、卡片及单证的伪造;
- 在远离数据库和不便联网的地方实现数据采集。

在二维条形码中,美国Symbol公司于1991年正式推出的PDF417条形码,采用层排式码制,是目前应用较广泛的一种,在物流系统中,可用于物品实时追踪。

PDF417条码是一种高密度、高信息含量的便携式数据文件,其特点为:信息容量大、编码应用范围广、保密防伪性能好,译码可靠性高、修正错误能力强、条码符号的形状可变。这些特性特别适用于表单、安全保密、追踪、证照、存货盘点、资料备援等方面。

2. 条形码技术在物流系统中的作用

(1) 物流系统的基础。

条形码所包含的信息数据,是物流系统中物流对象的一部简要说明书,通过条形码单元将大量信息集约起来，就能使信息的采集和录入工作电子化。依靠这个系统，构筑了物流信息系统的开端。

(2) 整个物流过程中的信息源。

条形码在整个物流系统中，不管它处在什么位置都可以通过专用的条形码读取设备，掌握它的运动节奏。在现代物流系统中，这是构筑 EDI 系统、供应链系统的一个重要组成部分，通过它可以随时掌握物流的位置状况和相关管理状况。

(3) 沟通国际物流。

条形码系统的条形码，实际上是一种国际通用语言，通过对条形码识别，可以进行国际间的沟通。现代物流系统的国际化趋势，通过条形码系统进行这种国际间的沟通，就省掉了在不同国家语言文字之间的转换问题，有力地支持了物流的国际化。

3. 条形码识别技术

在物流系统中运用条形码来标识物品，还需要解决条形码的识别问题，主要是采用某种装置来制作和阅读条形码。

制作条形码首先需要选择码制。应根据条形码使用目的、使用环境、信息表达量来确定合适的码制，再根据码制对所标识物品进行编码。条形码制作一般采用印刷和电子打印机打印两种方法。前者适合于大批量固定号码的条形码制作，如物品的类别码，而后者在计算机软件控制下随时间更换数据和输出相应的条形码，适合于制作物品的唯一标识码。条形码的自动识别是由自动扫描器和译码器完成的。

4. 条码技术的应用

由于条码技术的优越性，促使条码近几年来应用范围越来越广。

(1) 大型超级市场和购物中心。

超级市场打上条码的商品经光笔扫描，自动计价，并同时做销售记录；公司可用这些记录作统计分析、预测未来需求和制订进货计划。条码技术的推广使得我国的零售业特别是贴近消费者生活的大型卖场、连锁超市和便利店得到了极大的发展。由于这项技术的采用，产品的生产、配送和销售等供应链各环节之间得到了有效的配合，逐步完善了贯通整个物流链过程的数字化、信息化建设，使得大量繁杂的商品交换实现了有序化的管理，大大提高了各环节间数据的准确性和可控性。

案例分析

条码技术在物流配送中的应用

沃尔玛是美国最大的百货公司，拥有 29 个配送中心，每个配送中心为 120 家商店服务，公司每天要向各个商店发送 15 万箱货物。他们的做法是用激光打印机打印出 ITF-14 条码(即 14 位交叉二五条码)标签，由拣货员把标签人工地贴到纸箱的顶面，运输系统把纸箱运到分拣机上，在分拣机上，全方位扫描器扫描条码标签，并根据计算机指令，将货物分拣至它们的目的地。随着商品数量的增多,需要建造新的配送中心。但是,从经济的角度考虑,提高现有配送中心的吞吐能力则是最佳方案。如果要使每个配送中心达到30万箱的吞吐能力,这就需要打印30万张条码标签,需要更多的操作人员来挑拣纸箱,需要把更多的标签贴到纸箱上,需要把更多的纸箱放到运输机上进行分拣。同时,运输机的速度需要从1.8 m/s提高到2.5 m/s。但是,仅有这些还是不够,必须采用新的UCC/EAN-128条码体系。

作为沃尔玛的供货商,在产品送到配送中心之前,生产厂家必须在所有产品上打印出UCC/EAN-128条码。这种条码成为许多行业的标准,标准规定了条码在纸箱上的印制位置,以及要表示的信息。当所有的纸箱都已经事先印制好条码时,条码标签的打印和工人粘贴就不再需要了,使直通发运更容易实现。在许多情况下,直通发运量占全部发运量的50%。在新的系统中,标签不再是只贴在纸箱顶面,在纸箱的四侧都可粘贴或印制条码标签,这就要求安装"通道式"扫描系统,用成组的扫描器来扫描纸箱的五个表面。而这种系统的投资回收期预计不会超过一年。应用这种系统降低成本,提高效率是显而易见的。条码扫描使公司的业务方式发生了革命性的变化,因为它不仅极大地改善了物流,更重要的是改善了信息流,这对公司的成功是十分关键的。只有对信息及时、快速、有效、便捷地采集和处理,才能保证信息流的通畅。加快信息流的方法之一就是应用条码扫描技术。目前,这种技术已被成千上万公司应用于许多领域。

(2) 生产制造领域。

条码技术自从物流中的应用进一步发展到高层次的生产制造系统。所谓生产制造系统是指将市场信息分析、设计、制造、检验、库存、商务管理、包装运输、销售都包含在内的适应市场变化的,实现企业信息共享、全面提高效益的计算机一体化制造系统。处理大量实时性、批处理方式的数据,是生产制造系统顺利运转的基本要求。目前能够满足这种信息要求的信息媒介就是条码,随之产生的自动识别方法就是条码技术。条码技术在生产制造系统中主要用于物质的储运、废次品运输与处理,工序控制和生产配装跟踪,机械手控制,再加工,检验测试和质量控制,工具跟踪管理,单据反馈控制,物品识别与分类,库存控制,市场信息分析及经营决策,订货管理,等等。

(3) 货物的分拣。

铁路运输、航空运输、邮政运输等许多行业都存在货物的分拣搬运的问题,大批量的货物需要在很短的时间内准确无误地装到指定的车厢或航班上。一个生产厂家如果生产上百个品种的产品,并需要将其分门别类,以送到不同的目的地,那么就必须扩大场地,增加人员,还常常会出现人工错误。解决这些问题的办法就是应用物流标识技术,使包裹或货物自动分拣到不同的运输机上。人们所要做的只是将预先打印好的标签贴在发送的物品上,并在每个分拣点装一台条码扫描器。

(4) 机场通道的应用。

当机场的规模达到一个终端要在2个小时内处理10个以上的航班时,就必须实现自动化,否则会因为来不及处理行李导致误机。当1小时必须处理40个航班时,实现自动化就是必不可少的了。在自动化系统中，将条码标签按需要打印出来，系在每件行李上。根据国际航空运输协会(IATA)标准的要求，条码应包含航班号和目的地等信息。当运输系统把行李从登记处运到分拣系统时，一组通道式扫描器(通常由 8 个扫描器组成)包围了运输机的各个侧面：上下、前后、左右。

扫描器对准每一个可能放标签的位置，甚至是行李的底部。为了提高读取率，通常会印制两个相同的号码，互相垂直于标签上。当扫描器读到条码时，会将数据传输到分拣控制器中，然后根据对照表，行李被自动分拣到目的航班的传送带上。

(5) 货物通道的应用。

在美国有三个最大的邮包投递公司，即联邦快递、联合包裹服务和 RPS。它们每天要处理大约 1 700 万件包裹，其中 700 万件是要在 1—3 天内送达的快件。这些包裹的处理量之大难以置信，而且数量还在不断增加，运输系统变得更复杂，处理速度比以往更快。

包裹运输公司不能像制造厂家那样决定条码的位置，因为包裹在传递带上的方向是随机的，且以 3 m/s 的速度运动。为了保证快件及时送达，不可能采用降低处理速度的办法。人们面临的问题不是如何保持包裹的方向，使条码对着扫描器，而是如何准确地阅读这些随机摆放的包裹上的条码，解决的办法就是扫描通道。几乎和机场的通道一样，货物通道也是由一组扫描器组成。全方位扫描能够从所有的方向(上下、前后和左右)上识读条码。这些扫描器可以识读任意方向、任意面上的条码，无论包裹有多大，无论运输机的速度有多快，无论包裹间的距离有多小。所有的扫描器一起运作，决定当前哪些条码需要识读，然后把一个个信息传给主计算机或控制系统。

货物扫描通道为进一步采集包裹数据提供了极好的机会。新一代的货物通道可以以很高的速度同时采集包裹上的唯一条码标识符、实际的包裹尺寸和包裹的重量信息，且这个过程不需要人工干预。因为包裹投递服务是按尺寸和重量收费的，这些信息对计算机营业额十分重要。通过货物通道可以准确高效地获取这些信息，以满足用户的需求。

(6) 在国际贸易领域的应用。

由于条码技术的优势，其国际贸易中的应用范围十分广阔，也很复杂，具体包括：①进出口货物的订货业务。出口商品进入仓库的检查验收处理、商品检查验收及外发、商品在库内的保管等，均采用条码技术进行识别、标签、定位入格等。②大型国际配运/加工中心的货物分拣。采用条码技术进行识别分拣、贴签、存放、再出库。③外贸商品检验。采用条码技术对拣货单进行扫描，再检验。④海关、银行均可采用条码技术。⑤国际出口单证业务处理采用条码和 EDI 处理，能更加高速化、准确化。

(7) 在物料搬运业中的应用。

20 世纪 70 年代，美国的 Kellogg 公司可以生产 50 多种产品，每天仅发送麦片就多达 7 万余箱。所有的产品均由生产地运送到仓库，再码成托盘，然后由铁路发送出去。随着公司的壮大，生产线增加到了 70 多条，如果对 70 余种不同的产品进行人工码盘作业，就必须扩大场地，增加人员。解决的办法就是采用自动条码盘系统，并实现货物的自动分拣。为了实现自动分拣，需要在货物包装箱上贴上印好的条码，并在每个分拣点安装一台条码扫描器。当然，还要安装一台计数器，用以统计通过货物的数量。可见，采用条码技术是唯一可行,也是极其简单的方法。

条码技术是一种通用性很强的技术,除商品领域外,还可应用于工业自动化领域中零部件的信息描述及加工指令的输入、邮件自动分拣、图书资料细目和借阅的自动化,以及仓储、货运、票证、医院和血库等其他领域。

5. 条码技术在我国的实践

我国常见的条形码有两个体系。

第一种是国际通用的 EAN 商品条形码体系,适合制造商、供应商和零售商共同使用,包括:商品条形码,如 EAN-13 与 EANA-8 码;储运条形码,如 DUN-14 码与 DUN-16 码,EAN128 码。

第二种是企业内部管理使用的条形码,包括:ITF 交叉 25 码,Code 39 码,Code bar 码,C128 码。

图 2.6　EAN-13 商品条形码

2.5.3　无线射频识别技术在国际物流中的应用

1. 无线射频识别技术

(1) 射频技术。

射频技术(radio frequency identification, RFID)的基本原理是电磁理论。射频系统的优点是不局限于视线,识别距离比光学系统远,射频识别卡可具有读写能力,可携带大量数据,难以伪造和智能等。

射频适用的领域包括,物料跟踪、运载工具和货架识别等要求非接触数据采集和交换的场合,由于射频标签具有可读写能力,对于需要射频改变数据内容的场合尤为适用。射频识别系统的传送距离由许多因素决定,如传送频率、天线设计等。对于应用 RF 识别的待定情况应考虑传送距离、工作频率、标签的数据容量、尺寸、重量、定位、相应速度及选择能力等。

(2) RFID 系统的构成要素。

RFID 系统在具体的应用过程中,根据不同的应用目的和应用环境,系统的组成会有所不同。但从 RFID 系统的工作原理看,系统一般都由信号发射机、信号接收机、编程器、发射接收天线几部分组成。

① 信号发射机。在RFID系统中，信号发射机为了不同的应用目的，会以不同的形式存在，典型的形式是标签(TAG)。标签相当一维条形码技术中的条形码符号，用来存储需要识别传输的信息。另外，与条形码不同的是，标签必须能够自动或在外力的作用下，把存储的信息主动发射出去。标签一般是带有线圈、天线、存储器与控制系统的低电集成电路。按照不同的分类标准，标签有许多不同的分类。

② 信号接收机。在RFID系统中，信号接收机一般叫做阅读器，根据支持的标签类型不同与完成功能不同，阅读器的复杂程度是显著不同的。阅读器基本的功能就是提供与标签进行数据传输的途径。另外，阅读器还提供相当复杂的信号状态控制、奇偶错误校验与更正功能等。标签中除了存储需要传输的信息外，还必须含有一定的结构编制在一起，并按照特定的顺序向外发送。阅读器通过接收到附加信息来控制数据流的发送。一旦到达阅读器的信息被正确接收和译解后，阅读器通过特定的算法决定是否需要发射机对发送的信号重发一次，或者指导发射器发送信号，这就是"命令响应协议"。使用这种协议，即使在很短的时间、很小的空间阅读多个标签，也可以有效地防止"欺骗问题"的产生。

③ 编程器。只有可读可写标签系统才需要编程器。编程器是将标签写入数据的仪器。编程器写入数据一般来说是离线完成的，也就是预先在标签中写入数据，等到开始应用时直接把标签黏附在被标识项目上。也有一些RFID应用系统，写数据是在线完成的，尤其是在生产环境中作为交互式便携数据文件来处理时。

④ 天线。天线是标签与阅读器之间传输数据的发射、接收装置。在实际应用中，除了系统功率，天线的形状和相对位置也会影响数据的发射和接收，需要专业人员对系数的天线进行设计、安装。

(3) RFID系统的分类。

根据RFID系统完成的功能不同中，可以粗略地把RFID系统分成四种类型：EAS系统、便携式数据采集系统、物流控制系统、定位系统。

① EAS系统。EAS(electronic article surveillance)，即电子监视系统。是一种设置在需要控制物品出入的门口的RFID技术。这种技术的典型应用场合是商店、图书馆、数据中心等场所，当未被授权的人从这些地方非法取走物品时，EAS系统会发出警告。在应用EAS技术时，首先在物品上黏附EAS标签，当物品被非正常购买或者非合法移出时，在结算处通过装置能自动检测标签的活动性，发现活动性标签EAS系统会发出警告。EAS技术的应用可以有效地防止物品的被盗，不管是大件的商品，还是很小的物品。应用EAS技术，物品不用再锁在玻璃橱柜里，可以让在出入的顾客自由地观看、检查商品，这在自选日益流行的今天有着非常重要的现实意义。典型的EAS一般由附着在商品上的电子标签、电子传感器和RFID标签灭活装置和监视器组成。

EAS系统的工作原理是：在监视区，发射器以一定的频率向接收器发射信号。发射器与接收器一般安装在零售店、图书馆的出入口，形成一定的监视空间。当具有特殊特征的标签进入该区域时，会对发射器发出的信号产生干扰，这种干扰信号也会被接收器接收，再经过微处理器的分析判断，就会控制警报器的鸣响。根据发射器所发出的信号不同以及标签对信号干扰原理不同，EAS可以分成许多种类型。

② 便携式数据采集系统。便携式数据采集系统是使用带有RFID阅读器的手持式数据采集器采集RFID标签上的数据。这种系统具有比较高的灵活性，适用于不宜安装固定式RFID系统的应用环境。手持式阅读器可以在读取数据的同时，通过无线电波数据传输方式实时地向主计算机系统传输数据，也可以暂时将数据存储在阅读器中，再一批一批地向主计算机系统传输数据。

③ 物流控制系统。在物流控制系统中，固定布置的RFID阅读器分散布置在给定的区域，并且阅读数据管理信息系统。信号发射机是移动的，一般安装在移动的物体上面。当物体流向阅读器时，阅读器会自动扫描标签上的信息并把数据信息输入数据管理信息系统存储、分析、处理，达到控制物流的目的。

④ 定位系统。定位系统用于自动化加工系统中的定位以及对车辆、轮船等进行运行定位支持。阅读器旋转在移动的车辆、轮船上或者自动化流水线中移动的物料、半成品、成品上，信号发射机嵌入到操作环境的地表下面。信号发射机存储有位置识别信息，阅读器一般通过无线的方式或者有线的方式连接到主信息管理系统。

(4) 射频技术的应用。

无论物资是在订货之中、运输途中，还是在某个仓库存储，通过该系统，都可以实时掌握所有的信息。该系统途中运输部分的功能就是靠贴在集装箱和装备上的射频识别标签实现的。射频接收转发装置通常安装在运输线的一些检查点上(如门柱上、桥墩旁等)，以及仓库、车站、码头及机场等关键地点。接收装置收到RF标签信息后，连同接受地的位置信息上传至通信卫星，再由卫星传送到运输调度中心，送入企业信息数据库中。

案例分析

香港国际机场应用射频识别技术

射频识别技术还广泛运用于机场。如每年约有4 800万名乘客由香港国际机场(HKIA)飞往全球150个地方，机场每天约处理40 000件行李，这些行李100%使用了RFID标签。HKIA花费了650万美元采用RFID系统替换了原有的条码系统。

RFID系统的读取率比条码系统更高，处理容量更大。香港机场局公关部在邮件中称：机场的处理效率、稳定性和容量都得到了提高，乘客、航空公司和机场局都从这项RFID应用中获利。

RFID行李标签使得机场行李处理过程更加简化。现在，行李送往飞机装载之前，机场工作人员无需再手工扫描每件物品，行李只要经过传送带，沿途多台固定阅读器即可完成行李登记过程。

香港机场RFDI项目始于2004年。机场与摩托罗拉及其合作伙伴Avery Dennison和Print-O-Tape签订了一份为期三年的合同。Avery Dennison将为行李标签提供AD-833 UHF EPC Gen 2嵌体，而Print-O-Tape负责将嵌体封装成21英寸长的自粘行李标签。

HKIA所有70家航空公司都参与了这个项目，对各自通道的行李进行打印和扫描标签。当一个行李被登记时，标签的RFID嵌体被编入一个唯一的ID码和日期（代表日期和时间）。航班号、代表终点站的三个字母代码和标签ID码以文本或条码的形式打印在标签的正面。RFID的ID码与HKIA后端行李处理系统的数据相对应，如乘客的姓名、航班号和终点机场。标签完成打印和编码后，贴在行李的手柄上，与条码标签一样。

Matrics是一家被摩托罗拉收购的EPC RFID硬件开发商和制造商，是最早参与香港机场RFID项目的。Matrics在2005年为HKIA初期的RFID项目供应软硬件。目前，HKIA采用了300多个Motorola XR400和AR400固定RFID阅读器，安装在登机点和机场传送带沿边。

此外，如果行李传送出错，需要重新识别，工作人员还可采用Motorola MC9090-G RFID手持阅读器读取行李标签。

自从引进RFID系统，香港机场局公关部称，机场行李处理系统的整体读取精确度从之前的80%提高到97%。行李处理时间大大减少，这在高峰期减少行李装载负担尤为重要。

HKIA是全球最好的机场之一，HKIA致力为乘客提供稳定和有效的服务，香港机场局公关部称，RFID技术应用是一个最好的案例，体现了HKIA的先进性。

2. 全球卫星定位系统

(1) 全球卫星定位系统介绍。

全球卫星定位系统(global positioning system, GPS)，是利用分布在距地面约2万千米高空的多颗卫星对地面目标的状况进行精确测定以进行定位、导航的系统。它主要用于船舶和飞机导航、对地面目标的精确定时和精密定位、地面及空中交通管制、空间与地面灾害检测等。20世纪90年代以来，全球卫星定位系统在物流领域得到了越来越广泛的应用。

从1957年10月世界上第一颗人造卫星升空至今，世界发达国家和有关国际组织相继建成了多个全球卫星定位系统，主要有：美国国防部(Department of Defense, DOD)的GPS系统、俄罗斯的GLONASS系统、国际海事卫星组织的INMARSAT系统。

① 美国国防部的GPS系统。

美国在成功地完成了阿波罗登月飞船计划、航天飞机计划后，于1973年开始，由美国国防部花费20年时间，耗资100多亿美元，建立了服务于美国的全球空间战略的军民两用全球卫星系统，该系统以保护美国的军事利益为首要目标。在1991年的海湾战争中，GPS卫星星座在还没有达到“全部工作能力”(full operation capacity, FOC)的情况下就为美国及其盟国军队立下了汗马功劳。在以后的美国对伊拉克的战争、美军在前南地区的维和行动中，GPS更成了制胜的秘密武器。到1996年，GPS已是美军及其盟军的必要装备，美军以GPS装备为基本手段建立了有效管理军事物资、装备的先进的军事物流系统。

GPS由空间部分和地面部分组成。空间部分由分布在6个等间隔轨道上的24颗卫星组成，卫星距地球2万多千米，这种分布可以保证在任何时刻、全球的任何地区，都被4颗卫星覆盖，GPS的卫星星座可以全天连续地向无限多用户提供任何覆盖区域内目标的高精度的三维速度、位置和时间信息。GPS的地面部分由1个主控站、5个全球监控站和

3个地面天线组成。

GPS的用户必须配备GPS接收机才能使用GPS系统,GPS接收机的主要功能是接受卫星发送的信号,以获得必要的导航定位信息,并据此进行导航和定位。

② 俄罗斯的GLONASS系统。

俄罗斯的全球卫星定位系统全名为"全球导航卫星系统"(global navigation satellite system, GLONASS),该系统由原苏联政府投资,现由俄罗斯接管,从1987年开始部署,到1995年底全部卫星星座已部署完毕,1996年投入运行。

GLONASS也由24颗工作卫星组成,GLONASS系统的地面构成部分与GPS相似。GLONASS是原苏联政府的一项航天工程,与美国GPS类似且作为GPS的竞争对手,GLONASS为俄罗斯军方所拥有和控制,也优先满足军事利益,同时也提供民用服务。

③ 国际海事卫星组织的INMARSAT系统。

国际海事卫星组织成立于1979年,是为成员国的用户在从事海上活动时提供全球卫星移动通信、导航及定位服务的政府间组织,目前已有79个成员国,我国是成员国之一。国际海事卫星组织的全球卫星定位系统全名为"国际海事卫星"(international marine satellite, INMARSAT),INMARSAT是国际海事卫星组织进行商业活动的主要手段,该系统由4颗INMARSAT-2型卫星和INMARSAT-3型卫星组成,分别于1992年和1996年投入运行。2000年以后,INMARSAT的卫星星座中卫星数目将增加到30颗,并且INMARSAT将利用GPS、GLONASS的卫星星座,建立一个国际性的、完全由民间控制的、新的全球导航定位系统(global navigation satellite system, GNSS)。

(2) 全球卫星定位系统的应用。

全球卫星定位系统是20世纪产生的一项高技术,在21世纪将会被广泛地应用到许多领域。在物流领域,全球卫星定位系统将会越来越普遍地应用于各个环节。

① 用于军事物流。

全球卫星定位系统首先是因为军事目的而建立的,在军事物流中,如后勤装备的保障等方面,应用相当普遍。尤其是美国,其在世界各地驻扎的大量军队无论是在战争时期还是在和平时期都对后勤补给提出很高的需求。在战争中,如果不依赖GPS,美军的后勤补给就会变得一团糟。美军在20世纪末的地区冲突中依靠GPS和其他顶尖技术,以强有力的、可见的后勤保障,为"保卫美国的利益"做出了贡献。我国军事部门也在运用GPS,但应时刻注意美国政府的GPS政策和GPS安全性。

② 用于汽车自定位、跟踪调度、陆地救援。

据丰田汽车公司的统计和预测,日本公司在利用全球定位系统开发车载导航系统,日本车载系统的市场在1995年到2000年间平均每年增长35%以上,全世界在车辆导航上的投资将平均每年增长60.8%。因此,车辆导航将成为未来全球卫星定位系统应用的主要领域之一。我国已有数十家公司在开发和销售车载导航系统。中远、中外运等大型国际物流服务企业均建立了装载有卫星定位系统的车队。

③ 用于内河及远洋船队最佳航程和安全航线的测定、航向的实时调度、监测及水上救援。

在我国，全球卫星定位系统最先用于远洋运输的传播导航。我国跨世纪的三峡工程也已规划利用全球卫星定位系统来改善航运条件、提高航运能力。

④ 用于空中交通管理、密集进场着陆、航路导航和监视。

国际民航组织提出21世纪将用未来导航系统(future air navigation system, FANS)取代现行航行系统，它是一个以卫星技术为基础的航空通信、导航、监视(communication, navigation, surveillance, CNC)和空中交通管理(air traffic management, ATM)系统，它利用全球导航卫星系统GNSS实现了飞机航路、终端和进场导航。目前GPS只能作为民用导航的补充手段。待完好性监控报警问题解决后，将过渡为唯一的导航手段。该系统的使用可降低机场的飞机起降时间间隔，使起降路线灵活多变，使更多的飞机以最佳航线和高度飞行，还可减少飞机误点，增加飞机起降的安全系数。

我国1996年3月在西安咸阳国际机场进行了世界首例完整的未来空中管理系统(CNC/ATM)演示，并获成功。全球卫星定位系统的应用将使我国航空管制从国际20世纪40年代水平一步跨入21世纪，开创了我国空中运输管理的新纪元。

⑤ 用于铁路运输管理。

我国铁路开发的基于GPS的计算机管理信息系统，可以通过GPS和计算机网络实时收集全路列车、机车、车辆、集装箱及所运货物的动态信息，可实现列车、货物追踪管理。只要知道货车的车种、车型、车号，就可以立即从近10万千米的铁路网上流动着的几十万辆火车中找到该货车，还能得知这辆货车现在在何处运行或停在何处，以及所有的车载货物发货信息。铁路部门运用这项技术可大大提高其路网及其运营的透明度，为货主提供更高质量的服务。

3. 地理信息系统

(1) 地理信息系统概述。

地理信息系统(global information system, GIS)，是20世纪60年代迅速发展起来的地理学研究新成果，是多学科交叉的产物，它以地理空间数据为基础，采用地理模型分析方法，适时地提供多种空间的动态的地理信息，是为地理研究和地理决策服务的计算机技术系统。

GIS的基本功能是将表格型数据(无论它来自数据库、电子表格文件或直接在程序中输入)转换为地理图形显示，然后对显示结果浏览、操作和分析。其显示范围可以从洲际地图到非常详细的街区地图，显示对象包括人口、销售情况、运输路线以及其他内容。

(2) 地理信息系统的功能。

GIS应用于物流分析，主要是指利用GIS强大的地理数据功能来完善物流分析技术。国外公司已经开发出利用GIS为物流分析提供专门分析的工具软件。

完整的GIS物流分析软件集成了车辆路线模型、最短路径模型、网络物流模型、分配集合模型和设施定位模型等。

① 车辆路线模型。用于解决一个起始点、多个终点的货物运输中，如何降低物流作业费用，并保证服务质量的问题。包括决定使用多少辆车，每辆车的行驶路线等。

② 网络物流模型。用于解决寻求最有效的分配货物路径问题，也就是物流网点布局

问题。如将货物从 n 个仓库运送到 m 个商店，每个商店都有固定的需求量，因此需要确定由哪个仓库提货送到哪个商店，使得运输代价最小。

③ 分配集合模型。可以根据各个要素的相似点把同一层上的所有或部分要素分为几个组，用以解决确定服务范围和销售市场范围等问题。如某一公司要设立 x 个分销点，要求这些分销点要覆盖某一地区，而且要使每个分销点的顾客数目大致相等。

④ 设施定位模型。用于确定一个或多个设施的位置。在物流系统中，仓库和运输线共同组成了物流网络，仓库处于网络的节点上，节点决定着路线。如何根据仓库的实际需要并结合经济效益等原则，在既定区域内设立多个仓库，每个仓库的位置，每个仓库的模型，以及仓库之间的物流关系等，运用此模型均能容易地得到解决。

(3) 地理信息系统的应用。

地理信息系统在最近的 30 多年内取得了惊人的发展，广泛应用于资源调查、环境评估、灾害预测、国土管理、城市规划、邮电通讯、交通运输、军事公安、水利电力、公共设施管理、农林牧业、统计、商业金融等几乎所有领域。

地理信息系统源于机助制图。地理信息系统(GIS)技术与遥感(RS)、全球定位系统(GPS)技术在测绘界的广泛应用，为测绘与地图制图带来了一场新的变化。集中体现在：地图数据获取与成图的技术流程使成图周期大大缩短，地图成图精度大幅度提高，地图的品种大大丰富。数字地图、网络地图等一批崭新的地图形式为广大用户带来了巨大的应用空间，测绘与地图制图进入了一个崭新的时代。

地理信息系统区别于其他信息系统之处在于具有空间分析功能。地理信息系统所提供的空间分析功能对公路交通运输指挥和组织决策有重要的意义。

① 地理信息系统基本功能，即地理信息系统能提供的通用功能，包括地图显示、缩放、漫游、鹰眼、距离量测等，为系统提供背景地图与交通图层的显示、缩放、任意漫游等控制地图的功能。

② 数据图层处理功能。地理信息系统的叠加分析是将有关主题层组成的数据层面进行叠加，产生一个新数据层面的操作，其结果综合了原来两层或多层要素所具有的属性。例如，将交通层与居民地层叠加，即可确定居民沿交通网分布特征，又为战时人员疏散线路和隐蔽地域的选择提供决策依据。

③ 统计分析功能。主要是针对交通网及其交通专题数据进行统计分析。交通网基本信息包括：道路的等级、类别，交通网中各种运输线路的分布特征、路网的密度，交通设施配置分布以及民用汽车运力分布，等等。这些需要统计或是分类的数据，可以采用专题图的形式表示，也可以通过数值计算表示。为考虑交通网及其地理背景要素的空间分布，对汽车运力的疏散与转移等实际问题提供了分析依据。

④ 保障范围分析功能。主要是围绕空间目标(点状、线状、面状)建立一定宽度范围的缓冲区多边形，然后从缓冲区域中获取或者查找分布特征的情况。缓冲区分析可以有效地应用于对交通目标打击破坏影响范围的统计分析，如对车场、油库、弹药库遭敌打击损伤范围分析，进而采取合适的防护措施降低破坏成本。除了缓冲破坏因素外，还有运输"快速、精确"要求，运力保障能力限制等，所以涉及保障距离和保障范围的考虑，实际上也

是一个确定缓冲区的过程。一般在设置一些重要交通设施点或保障点时，应保证保障距离（点到保障范围周边的最远距离）要在一定安全度的范围内达到某种合理的长度，同时保障面应尽量覆盖保障目标，即保障目标应在保障半径之内。

⑤ 路径分析功能。路径分析就是为资源寻找通过网络的最佳路径，其核心是求解最佳路径，而不是求解最短距离。因为运输不仅受到交通网络各种阻碍因素影响，还要受到地理空间的各种因素影响，作为指挥员应全面考虑影响因素，为达到快速、高效的保障目的而选择一条最佳行进路线。

⑥ 网络资源分配分析功能。网络资源分配是根据中心的容量以及网线和节点的需求，将网线和节点分配给最近的中心，分配过程中阻力的计算是沿最佳路径进行的。资源分配可以模拟资源如何在中心和其周围的网络元素之间流动。如可用来进行交通枢纽中心和保障基地中心的吸收范围分析，以寻找交通物流资源范围，并进行合理配置。

⑦ 网络选址分析功能。网络选址分析是确定机构设施的最佳地理位置。对于运输保障活动来说，其需求点和保障点（即供给点）的分布总是存在一定差异的。因此需要考虑需求与供给的相互作用力，据此选择二者的合理位置，获得最大经济效益。网络选址问题一般限定设施必须位于某个节点或某条路线上，或者限定在若干候选地点，降低了问题求解难度。

⑧ 公路网通行分析能力。公路网通行能力，是指某一线路在单位时间内通过的最大量，可通过公式估算。

4. 数据库（DB）技术

数据库是以一定有组织方式存储在一起的相关的数据集合。这些数据没有有害或不必要的冗余，能为多个用户或应用程序服务，数据的存储独立于应用程序；应用程序能够用一种公用的、可控的方法向数据库插入新数据，修改和检索原有数据。数据库具有数据的最小冗余性、共享性、独立性和统一管理与控制等特点，由计算机系统和数据库的分级结构组成。目前，市场上具有竞争力的数据库产品包括：Oracle、DB2、SQL Server 和 Sybase 等，这些产品的特征反映了当前数据库产业界的最高水平和发展趋。

思考题：

1. 国际物流系统由哪些要素构成？
2. 以国际物流出口为例，简述国际物流系统的基本模式。
3. 信息流在国际物流中具有哪些作用？
4. 简述条码技术与其他数据录入技术相比所具有的优势。
5. 简述电子数据交换对物流企业的意义。
6. 物流标准化对我国对外贸易的发展具有什么现实意义？

第二篇

国际物流中的货物运输

第3章 国际物流基础设施与航线

本章关键词

仓储 warehousing
自由贸易区 free trade area
海运航线 shipping line
大陆桥运输 land bridge transportation

3.1 物流仓储基础设施

3.1.1 仓储的功能

随着社会劳动生产率的提高，人们生产的产品日益增多，除满足自身需要外还有剩余，人们把这些剩余产品保存起来，便于日后再消费或进行交换，这便是仓储。在任何社会，只要有商品生产便有商品流通，就必然会有商品储存。仓储业是商品流通的一种特殊行业，是商品流通领域中不可缺少的重要环节，主要表现在以下几个方面：

(1) 仓储能克服生产和消费在时间上的间隔。为调整生产和消费在时间上的间隔，为解决季节性生产或季节性消费的产品所产生的时间上的矛盾，必须设置仓库将产品储存于其中，使其发挥时间的效用。

(2) 仓储能在质量上对进入市场的商品起保证作用。商品从生产领域进入流通的过程中，通过仓储环节对进入市场的商品进行检验，可以防止质量不合格的伪劣商品混入市场。

(3) 仓储对加速商品周转、加快流通起保证作用。随着仓储业的发展，仓储本身已不仅是货物的储存，而且越来越多地承担着具有生产特性的加工业务。例如：分拣、挑选、整理、加工、简单的装配、包装、加标签及备货等活动，使仓储过程与生产过程更有机地结合在一起，从而增加商品的价值的活动。

(4) 仓储具有调节商品价格的作用。商品的仓储可以克服生产旺季和生产淡季与消费者之间的巨大的供求矛盾，并以储存调节供求关系，调整由于供求矛盾造成的供求差异。

(5) 仓储可以直接起到调节运输工具载运能力不平衡的作用。无论是进口仓库还是出口仓库都可减少压船、压港，弥补内陆运输工具的运量不足，在船舶与内陆运输之间起着缓冲调节作用,以保证货物运输顺利畅通。

(6) 口岸仓储可以实施货物运输作业,减少货损货差的作用。仓储是商品流通中收购、销售、储存、运输四个基本环节中不可缺少的重要一环。随着国际贸易的发展,加强仓储管理是缩短商品流通时间、节约流通费用的重要手段。随着综合物流管理的进程,仓储业开展集装箱的拆、装箱作业,集装箱货运站兼营国际贸易货物仓储业务越来越普遍,仓储业正在通过开展物流管理,拓展延伸服务业务,发挥着国际物流运输网络的节点作用。

3.1.2 出口加工区

出口加工区是指专为发展加工贸易而开辟的经济特区。出口加工区的产生和发展是国际分工的必然结果,是全球经济一体化的重要表现。第二次世界大战后,西方工业国家的经济出现了相对稳定的发展时期,特别是科学技术的巨大进步,使西方工业国家的生产力和对外贸易空前发展,并导致了资本与技术过剩。同时,国际分工从过去的产业间分工发展为产业内部的分工,劳动密集型产业从发达国家逐步向发展中国家(地区)转移。一些工业发达国家和地区从输出商品到输出资本,进而发展到在东道国开办工厂。20 世纪 60 年代前后,不少发展中国家(地区)大力发展出口加工制造业,以增加外汇收入,出口加工区由此应运而生。1959 年,爱尔兰在香农国际机场创建了世界上第一个出口加工区。此后的 40 多年来,出口加工区在全球遍地开花,成为所在国或地区吸引外资最多、对外贸易最为活跃的区域,有力地促进了各国家或地区经济的发展。20 世纪 80 年代以来,全球出口加工区出现了新的发展趋势。部分出口加工区的出口加工业由劳动密集型转向技术密集型,纷纷建立新的技术型的出口加工区。部分出口加工区的企业和高等院校、科研机构密切结合,形成雄厚的科技力量。以科技为先导,大力开发技术、知识密集型的新兴产业和高附加值的尖端产品,成为世界瞩目的知识型出口加工区——科学工业园区。科学工业园区同出口加工区一样,通过划出一个地区,提供多方面的优惠待遇,吸引外国的资本和技术,但其从事的是高技术产品的研制,促进技术、知识密集型产品的发展和出口。

我国为促进加工贸易发展,规范加工贸易管理,将加工贸易从分散向相对集中型管理转变,给企业提供更宽松的经营环境,鼓励扩大外贸出口。2000 年 4 月 27 日,国务院正式批准设立出口加工区。为有利于运作,我国将出口加工区设在已建成的经济技术开发区内,并选择若干地区进行试点。首批批准进行试点的有 15 个出口加工区:辽宁大连、天津、北京天竺、山东烟台、山东威海、江苏昆山、江苏苏州工业园、上海松江、浙江杭州、福建厦门杏林、广东深圳、广东广州、湖北武汉、四川成都和吉林珲春。

我国的出口加工区是经国务院批准,由海关监管的特殊封闭区域。其功能比较单一,仅限于产品外销的加工贸易,区内设置出口加工企业,及与其相关的仓储、运输企业。出口加工区实行封闭式的区域管理模式,海关在实行 24 小时监管的同时,简化现行手续,为守法出口加工企业提供更宽松的经营环境,提供更快捷的通关便利,实现出口加工货物在主管海关"一次申报、一次审单、一次查验"的通关要求。

出口加工区的设立是我国加工贸易监管制度的重大改革。它有利于海关加强监管,解决长期以来对加工贸易企业难以进行有效监管和手续繁杂的难题,促进加工贸易的健康发展，有利于适应企业合法经营和促进企业加强内部管理，有利于扩大外贸出口，也有利于探索与国际接轨的管理模式。

3.1.3 自由贸易区

自由贸易区(freetrade zone)也称为对外贸易自由区、工商业自由贸易区等。自由贸易区是划在关境以外，对进出口商品全部或大部分免征关税，并且准许在港内或区内开展商品自由储存、展览、拆散、改装、重新包装、整理、加工和制造等业务活动，以便于本地区的经济和对外贸易的发展，增加财政收入和外汇收入。自由贸易区是国际物流中多功能的综合物流节点。在自由贸易区内，可以提供仓储、再加工、展示及各种服务，未售出的各种商品可以前来储存，或针对市场需要对商品进行分类、分级和改装，或进行商品展销，以便选择有利时机，就地销售或改临近市场销售。许多自由贸易区都直接经营转口贸易，因其具有优越的地理位置和各种方便及优惠的条件，所以大量货物是在流经自由贸易区后投放世界市场的。最重要的是，各国的自由贸易区普遍豁免关税和减免其他税收，还在土地使用、仓库、厂房租金、水电供应及劳动工资等方面采取低收费的优惠政策。这是大量商品物品聚集于此的重要原因。自由贸易区各种功能的发挥，促进了国际贸易的发展。自由贸易区的方便与商品进出、储存及整理的条件，以及可以降低产品成本并增加市场竞争能力的优惠措施，吸引了广大的投资者，极大地促进了国际贸易和国际物流的发展。

1. 自由贸易区的分类

一般来说，自由贸易区可以分为两种类型。一种是把设区的所在城市划为自由贸易区，另 种是把设区的所在城市的一部分划为自由贸易区。例如，汉堡自由贸易区是由汉堡市的两部分组成的，只有划在卡尔勃兰特(Kohlprand)航道以东的自由港和划在卡尔勃兰特航道以西的几个码头和邻近地区才是汉堡自由贸易区，这个自由贸易区位于港区的中心，外国商品只有运入这个区内才能享有免税等优惠待遇，不受海关监督。

2. 自由贸易区的分布

据统计，全世界目前大约有各种形式、各种名称的自由贸易区700多个，遍及5大洲100多个国家和地区。

(1) 欧洲的自由贸易区。

欧洲已有20多个国家和地区设立了100多个自由贸易区，其中以南欧、中欧、西欧最为集中，东北欧的密度较低。南欧的西班牙、意大利、希腊和直布罗陀4个国家和地区共设立了32个自由贸易区，其中西班牙最多，为18个。中欧的瑞士有28个自由贸易区。西欧的英国、法国、德国、爱尔兰和荷兰共设有自由贸易区24个。

(2) 美洲的自由贸易区。

北美洲以美国设立最多，到1990年已超过200个，遍及全国各个地区。拉丁美洲的自由贸易区基本上呈从南到北的线状分布，到目前为止已发展到26个国家共100多个自由贸易区。其中较为成功的主要有巴西的马瑙斯自由贸易区、墨西哥的下加利福尼亚自由贸易区、巴拿马的科隆自由贸易区和海地的太子港自由贸易区等。在拉美国家中墨西哥设立的自由贸易区最多。

(3) 亚洲的自由贸易区。

世界上的自由贸易区集中在亚太地区,其中东盟地区(菲律宾、马来西亚、新加坡、印度尼西亚和泰国等)的自由贸易区密度很高,在世界自由贸易区中占有重要地位。

(4) 非洲的自由贸易区。

自20世纪70年代以来,非洲已有20多个国家设立了130多个自由贸易区,主要集中在毛里求斯、突尼斯和埃及三个国家。

(5) 大洋洲的自由贸易区。

1986年6月澳大利亚政府在达尔文市创办了大洋洲第一个自由贸易区。1988年,斐济宣布设立自由贸易区。自由贸易区在大洋洲正处于日益发展之中。

我国的自由贸易区起步较晚,改革开放以来相继建立了经济特区、经济技术开发区等,但这些区域在运作和形式上与国际上通行的自由贸易区还有很大差别。1990年,我国开始设立严格意义上的保税区。根据中央政府物流规划,上海国际航运中心将在2020年建成,而上海航运中心建设的重要内容就是建设上海的自由港——洋山保税港区,其特征是拥有能够全天候接纳第五、第六代集装箱船舶的深水航道与深水泊位,并要建成亚洲一流的航运交易中心、航运信息中心和亚洲最大的物流转运中心。

3. 自由贸易区的一般规定

许多国家对自由贸易区的规定大同小异,归纳起来,主要有以下几点。

(1) 关税方面的规定。

对于允许自由进出自由贸易区的外国商品,不必办理报关手续,免征关税。少数已征收进口税的商品,如烟、酒等再出口,可退还进口税。但是,如果港内或区内的外国商品转运入所在国的国内市场销售,即必须办理报关手续,缴纳进口税。这些报关的商品,既可以是原来货物的全部,也可以是一部分;既可以是原样,也可以是改样;既可以是未加工的,也可以是已加工的。有些国家对在港内或区内进行加工的外国商品往往有特定的征税规定。例如美国政府规定,用美国的零配件和外国的原材料装配或加工的产品,进入美国市场时,只对该产品所包含的外国原材料的数量或金额征收关税。同时,对于该产品的增值部分也可免征关税。又如奥地利政府规定,外国商品在其自由贸易区内进行装配或加工后,商品增值1/3以上者,即可取得奥地利原产地证明书,可免税进入奥地利市场。增值1/2以上者,即可取得欧洲自 由贸易联盟原产地证明书,可免税进入奥地利市场和其他欧洲自由贸易联盟成员国市场。

(2) 业务活动的规定。

对于允许进入自由贸易区的外国商品,可以储存、展览、拆散、分类、分级、修理、改装、重新包装、重新贴标签、清洗、整理、加工和制造、销毁、与外国的原材料或所在国的原材料混合、再出口或向所在国国内市场出售。由于各国情况不同,有些规定也有所不同。例如,在加工和制造方面,瑞士政府规定除存在区内的外国商品不得进行加工和制造,如要从事这项业务,必须取得设立在伯尔尼的瑞士联邦海关厅的特别许可,方可进行。但是,在第二次世界大战后,许多国家为了促进经济与对外贸易的发展,都在放宽或废除这些规定。

(3) 禁止和特别限制的规定。

许多国家通常对武器、弹药、爆炸品、毒品和其他危险品以及国家专卖品，如烟草、酒、盐等，禁止输入或凭特种进口许可证才能输入。有些国家对少数消费品的进口要征收高关税。有些国家规定对某些生产资料在港内或区内使用也应缴纳关税，例如，意大利规定在的里雅斯特自由贸易区内使用的外国建筑器材、生产资料等也包括在应征收关税的商品范围之内。此外，有些国家如西班牙等，还禁止在区内零售。

3.2 国际海运基础设施与航线

3.2.1 港口

港口是水陆空交通的集节点和枢纽，工农业产品和外贸进出口物资的集散地，船舶停泊(飞机起降)、装卸货物、上下旅客以及补充给养的场所，是联系内陆腹地和海洋运输(国际航空运输)的一个天然界面。

1. 港口的特点

港口之所以能在现代国际生产、贸易和物流系统中发挥战略作用，主要是由港口的以下特点决定的。首先，港口在整个物流供应链上是最大量货物的集节点。经济全球化使国际贸易量急速增加，港口作为海洋运输的起点与终点，无论是集装箱货还是散货，远洋运输总是承担着其中最大的运量，因而港口在整个物流供应链上总是最大量货物的集节点。当需要从事附加的工业、商业和技术活动时，选择在港口这样的集节点进行往往最能取得规模经济效益。其次，港口往往是生产要素的最佳结合点。如果两个大陆之间，或者两个相距甚远的国家之间在生产要素方面有着最大的禀赋差异，那么，要把这些生产要素以最有利的方式结合起来，港口往往是最合乎逻辑的选择。许多国家依赖于进口原材料的钢铁厂往往都建在港口地区，其原因也在于此。在港口地区建设出口工业，利用钢铁作为原材料生产汽车和机械，就可以节省大量成本，增强在国际市场上的竞争力。最后，港口往往是最重要的信息中心。对于国际物流来说，港口仍然是不同运输方式汇集的最大、最重要的节点。在港口地区落户的有货主、货运代理行、船东、船舶代理行、商品批发部、零售商、包装公司、陆上运输公司、海关、商品检验机构及其他各种有关机构。因此，港口就成为一个重要的信息中心。

2. 港口的功能

联合国贸易与发展会议在《第三代港口市场和挑战》报告中强调指出："贸易港口作为海运转为其他运输方式(陆运、空运或内河航运)的必要过渡点的作用逐渐减弱，作为组织外贸的战略要点的作用日益增强，成为综合运输链当中的一个主要环节，是有关区域经济和产业发展的支柱……国家贸易的后勤总站。"在综合物流时代，港口的功能主要体现在以下几个方面。

(1) 运输功能。

港口既是水陆空运输工具的衔接点，又是水运货物的集散地。港口虽然主要供船舶停靠使用,但为了客货的运输,港口又必须与陆路(航空)交通相接,它实际上是把水上运输、陆上运输和航空运输连接在一起,因此出现了一种新概念,认为港口是交通运输的“综合体”。港口在水运生产中所起的作用,主要包括下列几项内容:水上客运的港口服务;组织货源,对货物进行疏运;进行换装作业,将货物从一种运输方式转为另一种运输方式;收、发和保管货物;对货物进行简单加工;向船舶提供燃料、物料、淡水及船员生活用品;供船舶在海上遇到恶劣天气时停泊避风浪。

(2) 工业功能。

目前世界上大多数工业基地都建在港口附近,这是因为港口能够通过水运为工业生产提供大量廉价的原料并运送其产品。临港工业区已成为各国和各地区经济发展的龙头。

(3) 商业功能。

凭借港口十分活跃的货物转运和旅客运输,国际贸易及金融业务都伴随港口发展起来。目前,世界上大部分的商业城市都是世界著名的港口。

(4) 物流功能。

充分利用港口的各种资源,加速货物的流通,提高货物的流通效益和效率。

(5) 经济辐射功能。

随着港口功能的不断完善和现代物流业的发展,港口对海外和内陆腹地辐射作用逐渐扩大和加深,对周边地区经济发展的带动作用不断增强,这不仅促进了腹地经济的发展和对外交流,也使港口功能得以拓展和完善。

(6) 现代物流中心功能。

港口作为国际物流的一个特殊节点,能有效地将物流、资金流和信息流融为一体。同时,现代物流产业已在全球范围内迅速发展成为一个极具发展空间和潜力的新兴产业,也有越来越多的港口为提升竞争力,正在向物流中心发展。

3. 港口的分类

(1) 按用途分类。

① 商港。主要是供旅客上下和货物装卸转运用的港口。其中,又可分为综合港和专业港。综合港指用于旅客运输和装卸转运各种货物的港口,如我国的上海港、天津港、大连港等,如荷兰的鹿特丹港、德国的汉堡港、日本的神户港等。专业港是指专门进行某一种货物的装卸或以此种货物为主,如我国的秦皇岛港主要以煤炭和石油为主,澳大利亚的丹皮尔港以铁矿石出口为主等。

② 渔港。专为渔船服务的港口。渔船在这里停靠并卸下捕获物,同时进行淡水、燃料以及其他物资的补给,渔港还进行水产品的储藏和加工作业等。

③ 工业港。固定为某一工业企业服务的港口称为工业港,专门负责该企业进行原材料、产品和所需物资的装卸转运工作,一般都设于工厂附近,而有的又是在商港范围内划出一定的区域专为某企业服务。

④ 军港。专供军舰停泊使用的港口,也进行军事物资的运输作业。军港受严格的管制,一般不对外开放。

⑤ 避风港。供船舶在大风情况下临时避风的港口称为避风港。

(2) 按地理位置分类。

① 海港。在地理条件和水文气象方面具有海洋性质，而且为海船服务的港口称为海港。又可分为：海湾港和海峡港。海湾港位于海湾内，常有岬角或岛屿等天然屏障做保护，不需要或只需要较少的人工防护即可防御风浪的侵袭。例如，我国的大连港在大连湾内，海岸长40多公里，湾内港阔水深；青岛港位于胶州湾东岸等。海峡港处于大陆与岛屿或岛屿与岛屿之间的海峡地段上的港口，例如，新加坡港位于新加坡岛屿巴丹岛、卡利门岛之间的海峡上。海峡一般都是重要的海上运输通道，港口的建立为海上运输提供了极大的便利，同时对当地的经济发展有极大的作用。

② 河口港。位于入海河流河口段的港口。这里具有良好的水运条件，兼有海运、河运之利，为港口的发展提供了方便条件。现在世界上一些大港多数为河口港，例如，我国的上海港、广州港，荷兰的鹿特丹港等。

③ 河港。位于沿河两岸，并且具有河流水文特性的港口称为河港，例如，我国位于长江沿岸的南京港、武汉港等。

④ 湖港。位于湖泊沿岸的港口，作为国际性的湖泊具有国际运输的功能，而与海洋相同的湖泊也往往成为国际性的港口，例如，北美五大湖区的多伦多港。

4. 世界与中国主要港口

港口有供船舶进入、驶离和停靠的码头，有装卸货物的设施，是海洋运输的起点与终点。港口及其所在的城市通常是海陆空运输的枢纽，而且往往也是金融和贸易中心。港口不仅是货物水陆空运输的中转地，而且提供了发展转口贸易、自由港和自由贸易区的机会，在现代国际生产、贸易和运输系统中处于十分重要的战略地位，发挥着日益重要的作用。

目前世界上能开展国际贸易的海港总计2 000多个，其中，世界著名贸易港有：亚洲的上海、新加坡、香港、釜山、神户、横滨、高雄等港口，欧洲的鹿特丹、汉堡港，北美的纽约、长滩港等港口。

(1) 世界著名港口。

世界港口的发展大体经历了三代。第一代港口功能定位为纯粹的“运输中心”，主要提供船舶停靠、海运货物的装卸、转运和仓储等；第二代港口功能定位为“运输中心+服务中心”，除了提供货物的装卸仓储等，还增加了工业和商业活动，使港口具有了货物的增值功能；第三代港口功能定位为“国际物流中心”，除了作为海运的必经通道，在国际贸易中继续保持有形商品的强大集散功能并进一步提高有形商品的集散效率之外，还具有集有形商品、技术、资本、信息的集散于一体的物流功能。第三代港口处理的主要货物是集装箱，服务的主要对象是班轮公司及其联盟，它们是国际海陆间货物运输通道的重要枢纽和节点，是区域性乃至国际性的商务中心，是区域性的信息中心。目前，世界主要港口中，第二代港口仍是发展的主流，但随着经济全球化、市场国际化和信息网络化，一些大型港口已经开始向第三代港口转型。

目前对于港口货运量的排名主要依据包括集装箱吞吐量和货物重量吞吐量，如表3.1与表3.2所示。在世界级集装箱大港中，2010年集装箱吞吐量超过1 000万TEU的港口有11个(表3.1中的10个港口外加中国天津港，2010年吞吐量1 008万TEU)，吞吐量超过 2 000 万 TEU 的港口有中国上海、新加坡、中国香港和中国深圳。可见，包括中国在内的亚太地区已经成为世界集装箱运输的核心区域。若按货物吞吐量排名，2009 年世界港口中，货物吞吐量超过亿吨的港口有 31 个，其中，货物吞吐量超过 2 亿吨的港口有 11 个(表 3.2 中的 10 个港口外加中国大连，2009 年吞吐量为 2.04 亿吨)，货物吞吐量超过 3 亿吨的大港有 6 个，包括中国上海、新加坡、鹿特丹、天津、宁波—舟山和广州。其中，较著名的港口是历史上吞吐量居世界第一时间最长的港口——荷兰鹿特丹港，在 1962—2003 年近 40 年的时间，货物吞吐量均居世界第一位，目前鹿特丹港的货物吞吐量在 4 亿吨左右，位居上海与新加坡之后，排在世界第三位。

表 3.1　2009 年与 2010 年世界港口集装箱吞吐量排名　　单位：万 TEU

排名	2009 年			2010 年		
	港　口	国　家	集装箱吞吐量	港　口	国　家	集装箱吞吐量
1	新加坡	新加坡	2 587	上　海	中　国	2 907
2	上　海	中　国	2 500	新加坡	新加坡	2 843
3	香　港	中　国	2 098	香　港	中　国	2 370
4	深　圳	中　国	1 825	深　圳	中　国	2 251
5	釜　山	韩　国	1 195	釜　山	韩　国	1 419
6	广　州	中　国	1 119	宁　波	中　国	1 314
7	迪　拜	阿联酋	1 112	广　州	中　国	1 255
8	宁　波	中　国	1 050	青　岛	中　国	1 201
9	青　岛	中　国	1 026	迪　拜	阿联酋	1 160
10	鹿特丹	荷　兰	974	鹿特丹	荷　兰	1 114

资料来源：根据维基百科网站数据整理，http://en.wikipedia.org/wiki/Container_ship#Container_ports。

表 3.2　2008 年与 2009 年世界港口货物吞吐量排名　　单位：亿吨

排名	2008 年			2009 年		
	港　口	国　家	货物吞吐量	港　口	国　家	货物吞吐量
1	新加坡	新加坡	5.15	上　海	中　国	5.06
2	上　海	中　国	5.08	新加坡	新加坡	4.72
3	鹿特丹	荷　兰	4.21	鹿特丹	荷　兰	3.87
4	天　津	中　国	3.65	天　津	中　国	3.81
5	宁波—舟山	中　国	3.62	宁波—舟山	中　国	3.72
6	广　州	中　国	3.47	广　州	中　国	3.64
7	青　岛	中　国	2.78	青　岛	中　国	2.74
8	香　港	中　国	2.59	秦皇岛	中　国	2.44
9	秦皇岛	中　国	2.52	香　港	中　国	2.43
10	大　连	中　国	2.46	釜　山	韩　国	2.26

资料来源：根据维基百科网站数据整理，http://en.wikipedia.org/wiki/World%27s_busiest_port。

(2) 中国主要港口。

由于中国经济高速发展，港口物流量飞速提升，中国港口的货物吞吐量逐年攀升。以集装箱吞吐量为例，2011 年 1—10 月，中国港口集装箱吞吐量总计 5 129 万 TEU，其中，上海港吞吐量达到 2 642 万 TEU，占中国集装箱吞吐量的 21.9%。2011 年中国集装箱吞吐量超过千万标准箱的港口达到 6 个：上海、深圳、宁波—舟山、广州、青岛和天津。目前，我国国际集装箱中转型枢纽港基本形成了华南以深圳港为中心，华东以上海组合港为中心，北方以青岛、天津、大连港为中心的三个航运中心雏形。在货物吞吐量方面，宁波—舟山港与上海港的吞吐量均超过 5 亿吨，两港占中国货物吞吐量的比重超过 1/5。而北方港口货物吞吐量也占据重要地位，包括天津、青岛、大连、唐山、秦皇岛、营口与日照等港口，货物吞吐量均超过 2 亿吨。

表 3.3 2011 年 1—10 月中国港口集装箱与货物吞吐量排名

排名	港口	集装箱吞吐量（万 TEU）	所占比重（%）	港口	货物吞吐量（亿吨）	所占比重（%）
1	上海	2 642	21.9	宁波—舟山	5.89	11.5
2	深圳	1 877	15.5	上海	5.19	10.1
3	宁波—舟山	1 241	10.3	天津	3.75	7.3
4	广州	1 161	9.6	广州	3.54	6.9
5	青岛	1 088	9.0	青岛	3.14	6.1
6	天津	958	7.9	大连	2.82	5.5
7	厦门	523	4.3	唐山	2.52	4.9
8	大连	520	4.3	秦皇岛	2.41	4.7
9	连云港	405	3.4	营口	2.20	4.3
10	营口	342	2.8	日照	2.14	4.2

资料来源：作者根据中国交通部公布的数据计算。http://www.moc.gov.cn/。

3.2.2 海峡与运河

在国际大洋航线中最重要的海峡有：英吉利海峡、马六甲海峡、霍尔木兹海峡、直布罗陀海峡、黑海海峡、曼德海峡、朝鲜海峡、台湾海峡、望加锡海峡及龙目海峡等。其中以英吉利海峡、马六甲海峡和霍尔木兹海峡为最繁忙的海峡。最重要的运河有：苏伊士运河和巴拿马运河。

英吉利海峡介于大不列颠岛和欧洲大陆之间，连同东部的多佛尔海峡总长约 600 公里。海峡东窄西宽，东部最窄处仅 28.8 公里，西段则宽达 180 公里。西通大西洋，东北通北海，一般水深至少 25 米。英吉利海峡地处国际海运要冲，是世界上最繁忙的水道，西欧、北欧等的 10 多个国家与世界各国的海运航线几乎全部通过这里。每年通过海峡的船舶达 17.5 万多艘次，货运量 6 亿多吨。由于海峡地处西风带，海水自西向东流入，而海峡恰向西开口呈喇叭形，因而会造成很大的海潮，加上风大雾多，航道狭窄，所以经常发生事故。

马六甲海峡位于马来半岛和苏门答腊岛之间，连接中国南海和安达曼海，是沟通太平洋和印度洋的海上交通要道。海峡长约1 080公里，自东南向西北呈喇叭形。最窄处约37公里，西北口宽可达370公里，水深25—113米，可通行25万吨级大型油轮。海峡地处赤道无风带，风力很小，海流缓慢，潮差较小，海峡底部较为平坦，对航运极为有利。北太平洋沿岸国家与南亚、中东和非洲各国间的航线多经过这里，每年通过海峡的船只约10万艘次。

霍尔木兹海峡在亚洲西南部，是波斯湾出印度洋的咽喉，东连阿曼湾。海峡长约150公里，呈"人"字形。海峡最窄处38.9公里。多年来，每天都有几百艘油轮从波斯湾经此开出，将原油运往日本、西欧和美国等地，在国际航运中占有重要的地位。霍尔木兹海峡也因此成为一条"石油海峡"。

苏伊士运河建于1859—1869年，北起塞得港，南至陶菲克港，全长190.25公里。它是沟通地中海和红海的运河，把大西洋和印度洋连接起来，大大缩短了从欧洲通往印度洋和大西洋沿岸各国的航程，比绕好望角的航线要缩短8 000—14 000公里，而且比较安全。目前，苏伊士运河是最繁忙的国际运河，每年通过运河的船只达2万艘次以上。

巴拿马运河始建于1881年，1914年完工，1920年正式通航。全长81.3公里。它缩短了大西洋与太平洋之间的航程，比绕道麦哲伦海峡近5 000—10 000公里。巴拿马运河为仅次于苏伊士运河的世界第二大通航运河。每年通过运河的船只约1.5万艘次，最大可供6.2万吨级船舶出入。因太平洋水位比加勒比海的水位高，巴拿马运河是水闸式运河，所以通过运河的时间长约15小时。

延伸阅读

假如苏伊士运河航运中断

苏伊士运河航运中断？——没错，作为世界第一贸易大国，作为全世界外贸依存度最高的大国，鉴于欧盟多年来一直是我国最大出口市场，我们需要考虑这种风险，因为这种风险在历史上已经不止一次发生过，目前正在再次日渐浮现。

苏伊士运河是全世界运量最大、最重要的人工通航运河，全球14%的贸易量要通过这条水道进行，但令人担忧的是，这条如此重要的航道不是位于安全地带，而是位于动荡的中东，这就决定了它自从问世之初就时刻面临多方角力和航运被人为中断的风险。即使不考虑二战之前苏伊士运河航道数次中断的历史，二战之后，苏伊士运河航运中断也不止一次，最长的一次中断近8年之久。

经过1948年5月至1949年7月的第一次中东战争，新生的以色列赢得了战争，却失去了和平，埃及虽然与以色列签署了正式停战协定，但不准以色列使用运河，也不准所有与以色列有贸易往来的船只通过。

在1956—1957年苏伊士运河战争中，苏伊士运河再度关闭。

1967年6月的"六日战争"之后，苏伊士运河成为埃及和以色列对峙的前沿阵地而彻底关闭多年，直至1975年方才重新开放，1979年《以色列—埃及和平协定》才保证了苏伊士运河向包括以色列在内的世界各国船舶全面开放。在这段长达8年之久的苏伊士航道中断期间,欧洲与印度洋沿岸、东亚的海路贸易只能取道好望角,绕行整个非洲大陆,耗费时间和运费大大增长,也刺激了航运业界为降低成本而订购超级巨轮。

今天,苏伊士运河全面重开已有32年。埃及政府表现得无比珍视这个最大财源,除了不断改进导航管理体制、设备以及运河沿岸地区供水供电能力之外,还大举疏浚、拓宽运河航道,对运河防卫也分外看重。然而,席卷西亚北非阿拉伯世界的政治动荡给运河的安全投下了日益浓重的阴影,时至今日,我们已经无法忽视苏伊士运河航运中断的风险。君不见,穆巴拉克下台已经9个多月,原定的11月28日议会选举日也日益临近,埃及却再次爆发了大规模游行示威,成千上万示威者与防暴警察对峙,石块、橡皮子弹横飞,催泪瓦斯气味呛人……景象一如"二月革命"之时,已造成近2 000人受伤,30多人死亡。

而且,在中东,除了埃及局势的动荡多半还将持续相当一段时间以外,新的政治风险正在叙利亚、以色列与巴勒斯坦,特别是伊朗急速积累。

有鉴于此,我们的企业界有必要对2010年开通的渝新欧铁路运输线给予更多的关注。这条运输线始于重庆,途经新疆,穿越哈萨克斯坦、俄罗斯、白俄罗斯,最终到达德国,全程将近12 000公里。在这条线路上运行定起运港/终点港、定路径、定运行时间、定运行费用和货物运输内容的"五定班列",由中国铁路、德国铁路、俄铁、哈铁、白俄罗斯铁路和重庆交通运输公司"五国六方"合组的集装箱运输公司管理营运。自2010年投入运行以来,实践结果表明,重庆出口货物走这条运输线路到欧洲市场,运输时间比海运减少20多天,每个集装箱运费节省288美元。在持续运营中若能解决好中哈边境拥堵、优化运行线路、投入高速列车等问题,其节省时间与运费的效益将更加突出。我国政府当然会努力维护苏伊士航运正常通行,但倘若埃及及其周边地区秩序失控,我们的出口企业届时除了需要探索好望角海路运输之外,还需要考虑渝新欧铁路运输线这条陆地新通道。未雨绸缪,愿我国企业界思之!

资料来源:梅新育:《上海商报》,2011年11月25日。

3.2.3 海运航线

世界各地水域,在港湾、潮流、风向、水深及地球球面距离等自然条件的限制下,可供船舶航行的一定路径,称为航路。海上运输承运人在许多不同的航路中,根据主客观的条件,为达到最大的经济效益所选定的营运航路被统称为航线。

1. 形成航线的因素

(1) 安全因素。

安全因素是指船舶航行的路线须考虑到自然界的种种现象,如风向、波浪、潮汐、水流、暗礁及流冰等。

(2) 货运因素。

货运因素是指该航线沿途货运量的多寡。货运量多,航行的船舶就多,也必定是繁忙的航线。

(3) 港口因素。

港口因素是指船舶途经和停靠的港口水深是否适宜、气候是否良好、航道是否宽阔、有无较好的存储装卸设备、便利的内陆交通条件、低廉的港口使用费和充足的燃料供应等。

(4) 技术因素。

技术因素是指船舶航行时从技术上考虑选择最经济和最快速的航线航行。

除上述因素外,国际政治形势的变化,有关国家的经济政策、航运政策等也会对航线的选择和形成产生一定的影响。航线选择得好坏,直接关系到航运业的经济效益。

2. 海上航线的分类

经过长期的海洋货物运输实践,目前国际海洋货物运输已经形成一些相对固定的航行线路,这些航线可以按照不同的分类方式分成不同的类别。

(1) 按照船舶经营方式区分,有定期航线和不定期航线。

① 定期航线,是指使用固定的船舶,以固定的船期,航行固定的航线,靠泊固定的港口,以相对固定的运价经营客货运输的远洋航运事业。定期航线的经营,以航线上各港口能有持续和比较稳定的往返货源为先决条件,所以定期航线又称班轮航线。

② 不定期航线,与定期航线相对而言,是指使用不固定的船舶,以不固定的船期,行驶不固定的航线,靠泊不固定的港口,以租船市场的运价,经营大宗、低价货物业务为主的航线。

(2) 按照航程远近,可分为远洋航线、近洋航线和沿海航线。

① 远洋航线(ocean shipping line)是指使用船舶或其他水运工具跨越大洋的运输航线。如我国各港口跨越大洋航行至欧洲、非洲、美洲和大洋洲等处所进行的航运路线。

② 近洋航线(near-sea shipping line)是指本国各港至邻近国家港口间的海上运输航线。我国习惯上是指我国各港东至日本海,西至马六甲海峡,南至印度尼西亚沿海,北至鄂霍次克海的各海港间的航线。

③ 沿海航线(coastal shipping line)是指本国沿海各港口间的海上运输路线。如大连至青岛,天津至上海的航线。国际贸易货物运输主要是通过远洋运输来完成的。

(3) 按航运地理范围分,可分为太平洋航线、大西洋航线、印度洋航线与北冰洋航线。

国际大洋航线是指贯通一个或数个大洋的航线,它包括太平洋航线、大西洋航线、印度洋航线、北冰洋航线,以及通过巴拿马运河或苏伊士运河连接两大洋的航线等,如由我国各港出发跨越大洋航行至欧洲、非洲、美洲和大洋洲等的航线。目前国际大洋航线密如蛛网,其中主要有以下几条:

① 太平洋航线(Pacific Shipping Line)主要是指连接太平洋西岸的亚洲、大洋洲与东岸的美洲之间的航线,是横跨北太平洋的航线和东亚、东南亚与大洋洲之间的运输航线。太平洋航线除承担太平洋沿岸附近地区的货物运输外,还连接北美大西洋沿岸、墨西哥湾

沿岸各港及通往美国中西部的内陆联合运输，是目前世界上最繁忙的航线。

太平洋航线具体包括：远东—北美西海岸各港航线，远东—加勒比海、北美东海岸各港航线，远东—南美西海岸航线，远东—澳、新航线，澳、新—北美东西海岸航线。

② 大西洋航线(atlantic shipping line)指连接大西洋东岸的欧洲、非洲与西岸的美洲之间的航线。大西洋航线以美国东海岸为中心，由北美东海岸、五大湖—西北欧、地中海之间的航线组成，所经过的海域除了北大西洋和南大西洋外，还包括了地中海、黑海、波罗的海等海域。大西洋是世界上海运量最大的海洋，其航运最发达，港口众多，货物吞吐量和周转量分别占世界的40%和45%左右，居世界海洋运输的首位。其中，北大西洋航线沟通了经济发达的西欧与北美，通过一些河道还可深入许多发达国家的经济腹地，运输量巨大，是世界航运业中最繁忙的航线。

大西洋航线具体包括：西北欧—北美东海岸各港航线，西北欧、北美东岸—加勒比海各港航线，西北欧、北美东岸—地中海、苏伊士运河去东方航线，西北欧、地中海—南美东海岸航线，西北欧、北美大西洋岸—好望角、东方航线。

③ 印度洋航线(indian ocean shipping line)主要指横贯印度洋东西的大洋航线和通达波斯湾沿岸产油国的航线。航线以石油运输线为主，包括三条重要的油运线，此外也有不少是大型货物的跨洋运输，过往的航线众多，在世界航运中起着“海洋走廊”的作用。

该航线可分为：波斯湾—好望角—西欧、北美航线，波斯湾—东南亚—日本航线，波斯湾—苏伊士运河—地中海—西欧、北美航线。

④ 北冰洋航线(arctic shipping line)。由于北冰洋系欧、亚、北美三洲的顶点，为联系三大洲的捷径，是从北太平洋到北大西洋最近的路线，但大部分区域被冰雪覆盖，尤其是冬季基本不能通航。鉴于特殊的地理位置，目前，北冰洋已开辟的航线有从摩尔曼斯克经巴伦支海、喀拉海、拉普捷夫海、东西伯利亚海、楚科奇海、白令海峡至俄国远东港口的季节性航海线，以及从摩尔曼斯克直达斯瓦巴德群岛、冰岛的雷克雅未克和英国的伦敦等航线。随着航海技术的进一步发展、北冰洋地区经济的开发，北冰洋航线也将会有更大的发展。

(4) 按货物流向划分的主要航线。

当前，国际海上航运的货物主要是集装箱货物和大宗货物，大宗货物主要是指石油、煤炭、铁矿石、铝土矿、磷灰石和谷物。国际海运航运承担着世界贸易总量80%的运输任务，其中大部分是大宗货物运输，约占国际海运航运总量的80%。按货物流向划分，世界主要航线有：集装箱航线、石油航线、铁矿石航线、谷物航线、煤炭航线、铝土矿航线和磷灰石航线。

① 集装箱航线。世界集装箱运输的主要区域是北美、西欧、远东(包括东南亚)和澳大利亚，这些地区经济发达程度高，适箱货物丰富，连接这四个贸易区的航线的集装箱货运量很高。目前，国际班轮航线的集装箱运输，就是以这些地区的航线为中心发展起来的，其中规模最大的号称世界集装箱三大主干航线的是：泛太平洋航线(亚洲远东地区—北美)，跨大西洋航线(北美—欧洲、地中海)，欧地航线(亚洲远东地区—欧洲、地中海)。

目前，世界主要班轮航线已实行集装箱化。北美、西欧、远东(包括东南亚)和澳大利亚经济发达，制造业发展快，集装箱货源丰富，连接这四个地区的集装箱航线的货运量很大。

除了上述三条主干航线外，世界主要集装箱货物航线还包括：远东—澳大利亚航线，澳、新—北美航线，欧洲、地中海—西非、南非航线。

② 石油航线。海洋石油运输在整个国际航运的运量中占有很重要的地位，全世界石油年运输量十几亿吨。世界上主要的原油产地集中于中东海湾地区、北非地区、西非地区、北海地区、西伯利亚—中亚地区、中国及周边地区、南美加勒比地区及北美地区。需要进口原油的国家和地区主要集中于西北欧、美国和日本。随着经济的发展，中国也将成为世界主要石油进口国家。因此，形成了世界上以下四条主要油运航线。

- 波斯湾—西欧、北美航线，是西欧、北美石油消费区的主要供油航线。该航线通常使用超级油船运输，而且由于水深限制，自波斯湾起航后，超级油船都经莫桑比克海峡，再绕道好望角航行。
- 波斯湾—日本航线，是日本的主要供油航线。使用VLCC型油船运输时，需绕道龙目海峡和望加锡海峡。如果使用20万吨级以内的油船运输则可经过马六甲海峡运抵日本，航程较前者短。
- 波斯湾—西欧航线，主要为西欧供油的航线，部分原油亦运往北美，与上述的波斯湾—西欧、北美航线的主要区别是，经苏伊士运河和地中海，穿直布罗陀海峡抵达西欧和北美，采用25万吨级以内的油船运输。
- 墨西哥—日本航线，是日本的另一条主要供油航线。从墨西哥到日本，一是经巴拿马运河，穿越太平洋抵达日本，由于油船尺度受巴拿马运河尺度限制，油船通常在4万吨级以下；二是从墨西哥的西海岸起航，沿北太平洋抵日本。

③ 铁矿石航线。铁矿石海洋运输量仅次于石油运输。铁矿石主要出口国是澳大利亚、巴西、加拿大、委内瑞拉、印度、瑞典和利比里亚，其中，澳大利亚和巴西是两大铁矿石输出国。主要进口国是日本、中国、德国、美国和英国等。近年来由于中国钢铁工业发展，我国钢铁企业每年进口大量铁矿石。

④ 谷物航线。谷物运输主要是小麦、玉米、大麦和大豆等。美国、加拿大、澳大利亚及阿根廷是世界主要的谷物输出国，谷物进口国主要有日本、中国、南亚和西亚国家以及欧洲等国。

⑤ 煤炭航线。煤炭主要输出国有美国、澳大利亚、波兰、加拿大、俄罗斯和中国，进口国有日本、意大利、法国、北欧诸国、荷兰、比利时、卢森堡等。多数煤炭出口到邻近的亚洲国家。

⑥ 铝土矿航线。铝土矿主要分布于西非的几内亚湾沿岸，拉丁美洲的巴西、牙买加、苏里南和圭亚那，以及澳大利亚和印度尼西亚。澳大利亚是主要的出口国，其次是牙买加和苏里南。美国、日本、俄罗斯和德国为主要进口国。

⑦ 磷灰石航线。生产磷灰石的三大国家是美国、摩洛哥和俄罗斯，其中摩洛哥是最大的磷酸盐出口国。磷灰石和磷酸盐主要从摩洛哥和美国运往欧洲各国。

3. 我国的主要海运航线

(1) 近洋航线。

至亚洲、大洋洲航线，由北向南，共14条。具体为：俄罗斯线，朝、韩线，日本线，中国港澳线，越南线，新马线，菲律宾线，北加里曼丹线，印度尼西亚线，暹罗湾线，孟加拉湾线，斯里兰卡线，波斯湾线，澳大利亚、新西兰线。

① 中国港澳线，到中国香港、澳门地区。

② 新马线，到新加坡、马来西亚的巴生港(PORTKELANG)、槟城(PE-NANG)和马六甲(MALACEA)等港。

③ 暹罗湾线，又可称为越南、柬埔寨、泰国线，到越南海防、柬埔寨的磅逊和泰国的曼谷等港。

④ 科伦坡、孟加拉湾线，到斯里兰卡的科伦坡、缅甸的仰光、孟加拉的吉大港和印度东海岸的加尔各答等港。

⑤ 菲律宾线，到菲律宾的马尼拉港。

⑥ 印度尼西亚线，到爪哇岛的雅加达、三宝垄等。

⑦ 澳大利亚、新西兰线，到澳大利亚的悉尼、墨尔本、布里斯班和新西兰的奥克兰、惠灵顿。

⑧ 巴布亚新几内亚线，到巴布亚新几内亚的莱城、莫尔兹比港等。

⑨ 日本线，到日本九州岛的门司和本州岛神户、大阪、名古屋、横滨和川崎等港口。

⑩ 韩国线，到釜山、仁川等港口。

(2) 远洋航线。

至欧洲、非洲、美洲的航线，共12条。西行的有：红海线，地中海线，罗马尼亚线，阿尔巴尼亚线，西北欧线，东非、南非线，西非线。东行的有：加拿大东岸线，美国东岸线，加拿大西岸线，美国西岸线，中南美线。

① 地中海线。到地中海东部黎巴嫩的贝鲁特、的黎波里，以色列的海法、阿什杜德和叙利亚的拉塔基亚，地中海南部埃及的塞得港、亚历山大，突尼斯的突尼斯和阿尔及利亚的阿尔及尔、奥兰，地中海北部意大利的热那亚，法国的马赛，西班牙的巴塞罗那和塞浦路斯的利马索尔等港。

② 西北欧线。到比利时的安特卫普，荷兰的鹿特丹，德国的汉堡、不来梅，法国的勒弗尔，英国的伦敦、利物浦，丹麦的哥本哈根，挪威的奥斯陆，瑞典的斯德哥尔摩和哥德堡，以及芬兰的赫尔辛基等。

③ 美国、加拿大线。包括加拿大西海岸港口温哥华，美国西岸港口西雅图、波特兰、旧金山、洛杉矶，加拿大东岸港口蒙特利尔、多伦多，美国东岸港口纽约、波士顿、费城、巴尔的摩、波特兰和美国墨西哥湾港口的莫比尔、新奥尔良、休斯敦等港口。美国墨西哥湾各港也属美国东海岸航线。

④ 南美洲西岸线。到秘鲁的卡亚俄和智利的阿里卡、伊基克、瓦尔帕莱索、安托法加斯塔等港。

3.3 国际航空基础设施与航线

3.3.1 国际主要机场

世界著名的国际航空站有：美国芝加哥哈尔机场、英国西斯罗机场、法国戴高乐机场、德国法兰克福机场、荷兰阿姆斯特丹西普霍尔机场、日本成田机场、中国香港启德机场、新加坡樟宜机场等。它们都是当今现代化程度较高的大型国际货运空中枢纽。

目前世界各大洲不少国家的首都和重要城市都建有国际航空站，下面列出部分主要的航空站。亚洲：北京、上海、香港、东京、马尼拉、新加坡、曼谷、仰光、加尔各答、孟买、卡拉奇、德黑兰、贝鲁特。北美洲：华盛顿、纽约、芝加哥、亚特兰大、洛杉矶、旧金山、西雅图、蒙特利尔、温哥华。欧洲：伦敦、巴黎、法兰克福、苏黎世、罗马、维也纳、柏林、哥本哈根、雅典、华沙、莫斯科、布加勒斯特。非洲：开罗、喀土穆、内罗毕、约翰内斯堡、拉各斯、达喀尔、阿尔及尔、布拉柴维尔。拉丁美洲：墨西哥城、加拉加斯、里约热内卢、布宜诺斯艾利斯、圣地亚哥、利马。

3.3.2 国际航空线

(1) 北大西洋航空线。

该航线连接西欧、北美两大经济中心区，是当今世界最繁忙的航空线，主要往返于西欧的巴黎、伦敦、法兰克福和北美的纽约、芝加哥、蒙特利尔等机场。

(2) 北太平洋航线。

该航线连接远东和北美两大经济中心区，是世界又一重要航空线，它由香港、东京和北京等重要国际机场，经过北太平洋上空到达北美西海岸的温哥华、西雅图、旧金山、洛杉矶等重要国际机场，再接北美大陆其他的航空中心。

(3) 西欧—中东—远东航空线。

该航线连接西欧各主要航空港和远东的香港、北京、东京、汉城等重要机场，为西欧与远东两大经济中心区之间的往来航线。

除以上三条最繁忙的国际航线外，重要的航空线还有：北美—澳新航空线，西欧—东南亚—澳新航空线；远东—澳新航空线；北美—南美航空线，西欧—南美航空线。

3.4 国际铁路与大陆桥运输

3.4.1 国际铁路运输干线

1. 西伯利亚大铁路

西伯利亚大铁路东起海参崴，途经哈巴罗夫斯克(伯力)、赤塔、伊尔库茨克、新西伯利亚、鄂木斯克、车里雅宾斯克、萨玛拉，至莫斯科，全长 9 300 多公里。以后又延伸至纳霍德卡。该线东连朝鲜和中国，西接北欧、西欧、中欧各国，南由莫斯科往南可接外高加索诸国、伊朗。并且，可以接中亚诸国。我国与俄罗斯、东欧国家及伊朗之间的贸易，主要经西伯利亚大铁路。

2. 加拿大连接东西两大洋的铁路

(1) 鲁珀特港—埃德蒙顿—温尼伯—魁北克铁路线。

(2) 温哥华—卡尔加里—温尼伯—散德贝—蒙特利尔—圣约翰—哈利法克斯铁路线。

3. 美国连接东西两大洋的铁路

(1) 西雅图—圣保罗—芝加哥—底特律铁路线。

(2) 洛杉矶—堪萨斯城—圣路易斯—辛辛那提—华盛顿—巴尔的摩铁路线。

(3) 洛杉矶—图森—帕索—休斯敦—新奥尔良铁路线。

(4) 旧金山—奥格登—奥马哈—芝加哥—匹兹堡—费城—纽约铁路线。

(5) 中东—欧洲铁路从伊拉克的巴士拉,向西经巴格达,经叙利亚、土耳其,过博斯普鲁斯大桥至伊斯坦布尔,接巴尔干铁路,向西经索菲亚、贝尔格莱德、布达佩斯至维也纳,连接中、西欧的铁路网。

3.4.2 大陆桥运输

1. 大陆桥运输的概念

大陆桥运输(land bridge transport)是指以横贯大陆的铁路或公路运输系统作为中间桥梁,把大陆两端的海洋连接起来的集装箱的连贯运输。人们从地理概念上将"海—陆—海"的陆地部分,形象地比喻为连接两边海洋的一座桥梁,大陆桥的称号则由此而来。实际上,大陆桥运输是以国际标准集装箱为运输单位,通过海、陆不同运输方式,一票到底,实现"门到门"的多式联合运输。由于大陆桥运输的陆运部分多以铁路运输系统来运送,因而又称为国际铁路集装箱运输。

2. 大陆桥运输的历史背景

大陆桥运输是集装箱运输面世以后的产物。1967 年,苏伊士运河封闭,航运中断,而巴拿马运河因运输能力有限而堵塞,远东与欧洲之间的海上货运船舶,不得不绕航非洲好望角或南美合恩角,致使航程和运输时间倍增,加上油价上涨,航运成本骤升。此时正当集装箱运输兴起,大陆桥运输应运而生。1967 年底首次开辟了使用美国大陆桥的运输路线,实现从远东港口至欧洲的货运。这是世界上第一条大陆桥运输线,它将原来全程使用海洋运输的方式更改为"海—陆—海"运输方式。20 世纪 70 年代初,由日本至欧洲的货物又改用西伯利亚铁路过境运输。从日本至英国的货物,自日本装船,运至俄罗斯远东地区港口,转装西伯利亚及欧洲铁路,再装船至英国港口。这条路线就是闻名世界的西伯利亚大陆桥运输线,它的西端延伸至整个欧洲大陆及伊朗、阿富汗等国,东端包括日本、中国内地、韩国在内的整个东南亚地区和北美洲的西海岸。

3. 大陆桥运输的优势

大陆桥运输是以集装箱为媒介,将海运和陆运结合起来、一票到底的多式联合运输。因此,大陆桥运输将多种运输方式的优点融为一体,具体表现为以下几方面。

(1) 缩短运输里程,节省运输时间。

大陆桥运输与海上运输相比,大大缩短了运输里程。以日本至英国的运输为例,日本至英国的海运,有几条海运路线可供通行。西行可经过苏伊士运河,东行可穿过巴拿马运河,也可绕道非洲好望角或者南美合恩角。上述各路线的海运里程折算成公里长度分别为:苏伊士运河航线 20 807 公里;巴拿马运河航线 23 061 公里;好望角航线 27 389 公里;合恩角航线 31 484 公里。而大陆桥运输路线里程为:北美大陆桥 17 831 公里,西伯利亚大陆桥 13 400 公里，新亚欧洲大陆桥 10 837 公里。以上两组数字的对比表明，大陆桥运输线的里程，大大短于海运里程。里程的缩短又明显节省了运输时间。

再以中国天津港至德国汉堡港为例，海上运输距离为 21 175 公里，而大陆桥运输距离仅为 10 155 公里，不及海上运输距离的一半。再从时间看，海上运输一般需 60 天左右，而大陆桥运输只需 35 天左右。

(2) 加快运输速度，降低运输成本。

大陆桥运输尽管中途须转换运输工具，但在换装作业中，集装箱装卸效率高，加之铁路运输速度快，时间准确，使货运速度加快，相应地又降低了运输成本。

(3) 保证货运质量，节省包装费用。

大陆桥运输充分体现了集装箱运输的优越性。集装箱运输有利于保证货运质量，减少货损货差。利用大陆桥运输方式，在转换不同运输工具时，只对集装箱进行装卸，无须搬动箱内货物。另外，集装箱本身坚固耐用、强度大，能很好地保护货物，装入集装箱的货物不必再做运输包装，因此又节省了包装费用。

(4) 简化货运手续，利于资金周转。

在"门到门"运输方式下，发货人只需将货物交给总承运人(或多式联运经营人)，办理一次托运，无须费时费力，即可取得货运单据，货物的全程运输则由总承运人负责。大陆桥运输同海上运输相比，可提前结汇，有利于发货人的资金周转。

4. 国际主要大陆桥运输线

(1) 西伯利亚大陆桥。

西伯利亚大陆桥(SLB)也称为第一欧亚大陆桥，是指使用国际标准集装箱，将货物由远东海运到俄罗斯东部港口，再经跨越欧亚大陆的西伯利亚铁路运至波罗的海沿岸如爱沙尼亚的塔林或拉脱维亚的里加等港口，然后再采用铁路、公路或海运运到欧洲各地的国际多式联运的运输线路。西伯利亚大陆桥利用俄罗斯西伯利亚铁路作为陆地桥梁，把太平洋远东地区与波罗的海和黑海沿岸以及西欧大西洋口岸连接起来。

西伯利亚大陆桥于 1971 年由原全苏对外贸易运输公司确立，是目前世界上最长的一条陆桥运输线，它大大缩短了从日本、远东、东南亚及大洋洲到欧洲的运输距离，并因此而节省了运输时间和成本。经路桥从荷兰鹿特丹到原苏联海参崴港或与此毗邻的纳霍德卡港，全长有 13 000 公里，比经苏伊士运河至鹿特丹的运程整整缩短了 7 300 公里。目前经过西伯利亚往返于欧亚之间的大陆桥运输路线主要有三种：

① 铁/铁路线。由日本、中国香港等地用船把货箱运至俄罗斯的纳霍德卡和东方港，再用火车经西伯利亚铁路运至白俄罗斯西部边境站，然后继续运至欧洲和伊朗或相反方向。

② 铁/海路线。由日本等地用船把货箱运至俄罗斯的纳霍德卡和东方港，再经西伯利亚铁路运至波罗的海的圣彼得堡、里加、塔琳和黑海的日丹诺夫、伊里切夫斯克，再装船运至北欧、西欧、巴尔干地区港口，最终运交收货人。

③ 铁/卡路线。由日本等地用船把货箱运至俄罗斯的纳霍德卡和东方港，再用火车经西伯利亚铁路运至白俄罗斯西部边境站布列斯特附近的维索科里多夫斯克，再用卡车

把货运至德国、瑞士、奥地利等国。

20 世纪 70 年代初以来,西伯利亚大陆桥运输发展很快。目前,它已成为远东地区往返西欧之间的一条重要运输线路。日本是利用此条大陆桥的最大雇主。自 20 世纪 70 年代中期至 80 年代中期,该大陆桥运输的货运量每年都在 10 万个标准箱以上。为了缓和运力紧张状况,原苏联又建成了第二条西伯利亚铁路。我国从 1980 年开办大陆桥运输业务以来,以上这三种路线均已采用。但主要还是铁/铁路线,即从中国内地各站把货运至中俄边境满洲里—后贝加尔,进入俄罗斯;或运至中蒙边境站二连—扎门乌德进入蒙古,经蒙俄边境站苏赫巴托尔/纳乌斯基进入俄罗斯,再经西伯利亚铁路运至俄罗斯西部边境站,转经欧洲铁路运至欧洲各地或从俄罗斯运至伊朗。我国大陆桥运输的具体业务上,根据欧洲各国收发货箱的不同地点,铁/铁路线共有 5 条,利用原苏联西部 5 个边境站,即朱尔法、温格内、乔普、布列斯特和鲁瑞卡,分别往返于伊朗、东欧、西欧和北欧等地。但是,西伯利亚大陆桥也存在一些问题:如运输能力易受冬季严寒影响,港口有数月冰封期;货运量西向大于东向约 2 倍,来回运量不平衡;运力仍很紧张,铁路设施陈旧。随着新欧亚大陆桥的正式营运,西伯利亚大陆桥的地位将有所下降。

(2) 新欧亚大陆桥。

新欧亚大陆桥(eurasia bridge)又称第二欧亚大陆桥。东起我国的连云港,经津浦、京山、京沪、京广、广深、京九等线路进入陇海线,途经我国的阿拉山口国境站进入哈萨克斯坦,最终与中东地区的黑海、波罗的海、地中海以及大西洋沿岸的各港口相连接,西至荷兰鹿特丹,全长 10 837 公里,实现了“海—陆—海”运输的国际大通道。

新欧亚大陆桥为亚欧开展国际多式联运提供了一条便捷的国际通道。远东至西欧,经新欧亚大陆桥比经苏伊士运河的全程海运航线缩短运距 8 000 公里,比通过巴拿马运河缩短运距 11 000 公里。与西伯利亚大陆桥相比,新欧亚大陆桥的优势明显,陆上距离缩短 3 345 公里,主要货源地扩大到东亚、东南亚和中亚、西亚各国和地区。远东至中亚、中近东,经新欧亚大陆桥比经西伯利亚大陆桥缩短运距 2 700—3 300 公里。该陆桥运输线的开通将有助于缓解西伯利亚大陆桥运力紧张的状况。如何利用和发挥这个优势,为客户提供更好的运输服务,是我们面临的共同课题。

1990 年 9 月 11 日,北疆铁路与土西铁路接轨,1992 年 9 月,新欧亚大陆桥的正式通车,标志着连接欧、亚两洲的第二条大陆桥运输线正式开通。该大陆桥两端辐射范围广,东端的中国从北至南沿海各港口货物都可上桥。美国太平洋口岸、日本、韩国和东南亚各港口的货物运输,如使用新欧亚大陆桥,其运输距离短于西伯利亚大陆桥。新欧亚大陆桥西端触及的范围囊括整个欧洲及中亚各国。

(3) 北美大陆桥。

北美大陆桥是指利用北美的铁路从远东到欧洲的“海—陆—海”联运,它是世界上历史最悠久、影响最大、服务范围最广的陆桥运输线。该陆桥运输包括美国大陆桥运输和加拿大大陆桥运输。

① 美国大陆桥,是北美大陆桥的组成部分,是最早开辟的从远东至欧洲水陆联运线路中的第一条大陆桥。美国大陆桥有两条线路:一是从美国西部太平洋的洛杉矶、西雅

图、旧金山等港口上桥，通过铁路横贯至美国东部大西洋的纽约、巴尔的摩等港口转海运，铁路全长 3 200 公里；另一路径是从美国西部太平洋港口上桥，通过铁路至南部墨西哥湾的休斯敦、新奥尔良等港口转海运，铁路全长为 500—1 000 公里。北美大陆桥于 1971 年底由经营远东/欧洲航线的船公司和铁路承运人联合开办"海—陆—海"多式联运线，后来美国的几家班轮公司也投入运营。目前主要有四个集团经营远东经美国大陆桥至欧洲的国际多式联运业务，这些集团均以经营人的身份，签发多式联运单证，对全程运输负责。由于美国东部港口和铁路运输拥挤，货物到达后往往很难及时卸装，抵消了大陆桥运输所节省的时间。目前，美国大陆桥运输基本上陷于停顿状态。不过，在大陆桥运输过程中，形成了小陆桥和微型陆桥的运输方式，这两种运输方式发展很快。

美国小陆桥(U. S. mini-land bridge)运输为"海—陆"或"陆—海"形式。如远东至美国东部大西洋沿岸或美国南部墨西哥湾沿岸的货运，可由远东装船运至美国西海岸转装铁路(公路)专列运至东部大西洋或南部墨西哥湾沿岸，然后改装内陆运输运至目的地。

美国微型陆桥(U. S. micro-land bridge)只用了部分陆桥，因此又称半陆桥运输(semi-land bridge transport)。如远东至美国内陆城市的货物，改用微型陆桥运输，则货物装船运至美国西部太平洋岸，换装铁路(公路)集装箱专列可直接运至美国内陆城市。微型陆桥比小陆桥优越性更大，既缩短了时间，又节省了运费，因此近年来发展迅速，也为中国企业所采用。

② 加拿大大陆桥运输线起自加拿大太平洋沿岸的温哥华，终结于接近大西洋沿岸的蒙特利尔，开通于 1979 年。从日本海运至温哥华或西雅图港口后，换装并利用加拿大铁路横跨北美大陆至蒙特利尔，再换装海运至欧洲各港。由于种种原因，同美国大陆桥一样，加拿大大陆桥也处于停顿状态。

5. 我国开展大陆桥运输的情况

我国的大陆桥运输始于 1980 年。当时由于海湾战争，船舶进出波斯湾非常困难，加之港口拥挤，运、保费用高等原因，造成我国对伊朗进出口货物运输的困难。中国对外贸易运输总公司于是开辟了西伯利亚大陆桥运输线，试运中、伊之间的进出口货物。试运行深受广大货主的欢迎。随后，中外运与原苏联正式签订过境原苏段集装箱运输协议，而过境西欧则委托欧洲货运代理，办理大陆桥运输事宜。目前，我国利用西伯利亚大陆桥和新欧亚大陆桥可办理我国与欧、亚大陆许多国家之间的进出口货物运输。我国利用西伯利亚大陆桥和新欧亚大陆桥的运输主要有"铁—铁"、"铁—海"和"铁—卡"三种方式。"铁—铁"运输路线是：从中国内地各站运至满洲里、二连或阿拉山口，过境俄罗斯、蒙古或哈萨克斯坦国境站，运至俄罗斯及独联体国家西部国境站，再转欧洲铁路至欧洲各地，或通过独联体国家运至伊朗；"铁—海"运输路线是从中国内地各站运至满洲里、二连或阿拉山口，过境俄罗斯、蒙古或哈萨克斯坦，运至俄罗斯及独联体国家的波罗的海港口(圣彼得堡、塔琳、里加)或黑海港口(日丹诺夫)，再转船至欧洲各主要港口；"铁—卡"运输路线是：从中国内地各站运至满洲里、二连或阿拉山口，过境俄罗斯及独联体国家国境站，运至俄罗斯或独联体国家的维索科里多夫斯克、库什卡、捷尔梅兹，转汽车运至西欧或阿富汗。

3.5 国际管道运输

世界管道运输网分布很不均匀，主要集中在北美和欧洲，美国和原苏联的管道运输最为发达。1993 年，美国有输油管道 31.93 万公里，原油运输量达 9 亿多吨，周转量达到 8 299 亿吨公里，约占国内货物总周转量的 20%。世界管道技术以美国最为先进。原苏联的管道建设也发展很快。1950 年时，原苏联共有管道 7 700 公里，此后即以每年 6 000—7 000 公里的速度递增。目前，独联体各国的管道总长度约 20 多万公里(包括输油管道 8 万多公里)。除美国和独联体国家外，加拿大、西欧、中东等国家和地区的管道网也很发达。加拿大有输油管道 3.5 万公里，管道把落基山东麓产油区与消费区连接起来，并和美国的管道网连通。

西欧的北海油田新建了一批高压大口径管道，管道长度现已超过 1 万公里，成为世界上油气管道建设的热点地区之一。中东地区的输油管道最初主要为自伊拉克、沙特阿拉伯至叙利亚、黎巴嫩地中海港口的管线，由于受战争等因素的影响，在 20 世纪 80 年代初全部关闭。另外，伊拉克于 1977 年新建了以土耳其杰伊汉港为重点的新管线，年输油量达 5 000 万吨，成为向西欧供应石油的中东原油管道。沙特阿拉伯也于 1981 年建成了自波斯湾横越国境中部至红海岸延布港的输油系统，年输油量达 9 000 多万吨。目前，中东地区正在建设由伊朗经巴基斯坦至印度的输气管道。

思考题：

1. 国际物流仓储的主要功能是什么？
2. 国际海上航线主要分为哪些类别？
3. 形成海运航线的主要影响因素是什么？
4. 收集相关资料，对比巴拿马运河与苏伊士运河的经营状况。

第4章 国际海洋货物运输

本章关键词

班轮运输 liner shipping
租船运输 charter shipping
班轮公会 liner conference
海运单 SWB Bill of Ladding
航运联盟 shipping alliance

4.1 海运基础知识

4.1.1 船舶知识

船舶是国际海洋货物运输中最重要的运输工具,因而需要了解船舶的构造、类别等各方面的知识。

1. 船舶构造

船舶是海洋运输的工具。各类船舶结构大同小异,其主要部分包括以下几方面。

(1) 船壳(shell)。

船壳即船的外壳,是将多块钢板铆钉或电焊结合而成的,包括龙骨翼板、弯曲外板及上舷外板三部分。

(2) 船架(frame)。

船架是指为支撑船壳所用各种材料的总称,分为纵材和横材两部分。纵材包括龙骨、底骨和边骨,横材包括肋骨、船梁和舱壁。

(3) 甲板(deck)。

甲板是铺在船梁上的钢板,将船体分隔成上、中、下层。大型船甲板数可多至六七层,作用是加固船体结构和便于分层配载及装货。

(4) 船舱(holds and tanks)。

船舱是指甲板以下的各种用途空间,包括船首舱、船尾舱、货舱、机器舱和锅炉舱等。

(5) 船面建筑(super structure)。

船面建筑是指主甲板上面的建筑,供船员工作起居及存放船具。包括船首房、船尾房及船桥。

2. 船舶吨位

船舶吨位(ship's tonnage)是船舶大小的计量单位,可分为重量吨位和容积吨位两种。

(1) 重量吨位。

船舶的重量吨位(weight tonnage)可分为排水量吨位和载重吨位两种。排水量吨位(displacement tonnage)是船舶在水中所排开水的吨数,也是船舶自身重量的吨数。排水量吨位可以用来计算船舶的载重吨;在造船时,依据排水量吨位可知该船的重量。载重吨位(dead weight tonnage, DWT)表示船舶在营运中能够使用的载重能力。船舶载重吨位可用于对货物的统计,作为期租船月租金计算的依据,表示船舶的载运能力,也可用作新船造价及旧船售价的计算单位。

(2) 容积吨位。

船舶的容积吨位(registered tonnage)是表示船舶容积的单位,又称注册吨,是各海运国家为船舶注册而规定的一种以吨为计算的单位,以100立方英尺或2.83立方米为一注册吨。容积吨又可分为容积总吨和容积净吨两种。容积总吨(gross registered tonnage, GRT)又称注册总吨,是指船舱内及甲板上所有关闭的场所的内部空间(或体积)的总和。容积总吨的用途很广,它可以用于国家对船队的统计,表明船舶的大小,用于船舶登记,用于政府确定对航运业的补贴或造船津贴,用于计算保险费用、造船费用以及船舶的赔偿等。容积净吨(net registered tonnage, NRT)又称注册净吨,是指从容积总吨中扣除那些不供营业用的空间后所剩余的吨位,也就是船舶可以用来装载货物的容积折合成的吨数。容积净吨主要用于船舶的报关、结关,作为船舶向港口缴纳的各种税收和费用的依据,作为船舶通过运河时缴纳运河费的依据。

3. 船舶载重线

船舶载重线(ship's load line)是指船舶满载时的最大吃水线。它是绘制在船舷左右两侧、船舶中央的标志,表明船舶入水部分的限度。船级社或船舶检验局根据船舶的用材结构、船型、适航性和抗沉性等因素,以及船舶航行的区域及季节变化等制定船舶载重线标志。为了保障航行的船舶、船上承载的财产和人身安全,各国政府普遍认同这一做法,并用法律加以约束。

4. 船籍和船旗

船籍(ship's nationality)指船舶的国籍。船舶所有人向本国或外国有关管理船舶的行政部门办理所有权登记,取得本国或登记国国籍证书后才能取得船舶的国籍。

船旗(ship's flag)是指商船在航行中悬挂其所属国的国旗。船旗是船舶国籍的标志。按国际法规定,船舶是船旗国浮动的领土,无论在公海或在他国海域航行,均需悬挂船籍国国旗。船舶有义务遵守船籍国法律的规定并享受船籍国法律的保护。

方便旗船(flag of convenience)是指在外国登记、悬挂外国国旗并在国际市场上进行营运的船舶。方便旗船在二战后迅速增加,挂方便旗的船舶主要属于一些海运较发达的国家和地区,如美国、希腊、日本、中国香港和韩国的船东。他们将船舶转移到外国进行登记,以图逃避国家重税和军事征用,自由制定运价不受政府管制,自由处理船舶与运用外汇,自由雇用外国船员以支付较低工资,降低船舶标准以节省修理费用,降低营运成本以增强竞争力等。而公开允许外国船舶在本国登记的所谓"开放登记"(Open Register)国家,主要有巴拿马、塞浦路斯、新加坡、巴哈马及百慕大等国家和地区。开放登记可为登记国增加外汇收入。

5. 船级

船级(ship's classification)是表示船舶技术状态的一种指标。在国际航运界,凡注册总吨在 100 吨以上的海运船舶,必须在某船级社或船舶检验机构监督之下进行监造。在船舶开始建造之前,船舶各部分的规格须经船级社或船舶检验机构批准。每艘船建造完毕,由船级社或船舶检验局对船体、船上机器设备、吃水标志等项目和性能进行鉴定,发给船级证书。证书有效期一般为 4 年,期满后需重新予以鉴定。

船舶入级可保证船舶航行安全,有利于国家对船舶进行技术监督,便于租船人和托运人选择适当的船只,以满足进出口货物运输的需要,也便于保险公司决定船、货的保险费用。世界上比较著名的船级社有:英国劳埃德船级社(Lloyd's Register' of Shipping)、德国劳埃德船级社(Germanischer Lloyd)、挪威船级社(Norske Veritas)、法国船级局(Bureau Veritas)、日本海事协会(Nippon Kaiji Kyokai)、美国航运局(American Bureau of shipping)以及中国船级社等。

船级证书除了记载船舶的主要技术性能外,还绘制出相应的船级符号。各国船级社对船级符号的规定不同。中国船级社的船级符号为"＊ZC";英国劳埃德船级社的船级符号为"LR";标志"100AI"和"100A"表示该船的船体和机器设备是根据劳氏规范和规定建造的,"I"表示船舶的装备如船锚、锚链和绳索等处于良好和有效的状态。

6. 航速

航速(ship's speed)以"节"表示。船舶的航速依船型不同而不同,其中干散货船和油轮的航速较慢,一般为 13 节至 17 节;集装箱船的航速较快,目前最快的集装箱船航速可达 24.5 节。客船的航速也较快。

7. 船舶文件

船舶文件(ship's documents)是证明船舶所有权、性能、技术状况和营运必备条件的各种文件的总称。船舶必须通过法律登记和技术鉴定并获得这类有关正式证书后,才能参与营运。国际航行船舶的船舶文件主要包括船舶国籍证书(certificate of nationality)、船舶所有权证书(certificate of ownership)、船舶船级证书(certificate of classification)、船舶吨位证书(tonnage certificate)、船舶载重线证书(certificate of load line)、船员名册(crew list)、航行日志(log book)等。此外,还有轮机日志、卫生日志和无线电日志等。根据我国现行规定,进出口船舶必须向港务管理机关(港监)呈验上述所有文件。

4.1.2 船舶种类

船舶的分类方法很多,按船载货物不同可分为干货船和液货船两大类。

1. 干货船

按船舶结构、设备特征和主要运送的货物，干货船又可以分成：

(1) 杂货船。

杂货船(general cargo ship)也称件杂货船，主要用于运输各种包装货和裸装的普通货物。杂货船一般定期行驶于货运繁忙的航线，以装运零星件杂货为主要业务。货船的吨位、大小视航线、港口及货源而不同。船上一般设有多层甲板，防止堆垛过高对底层货物造成损坏。同时设有多个货舱，适应不同货物载运要求，舱口备有吊杆或起重机，方便货物的装卸。

(2) 散货船。

散货船(bulk cargo ship)或称干散货船，是专门运输粉末状、颗粒状、块状(如煤炭、谷物、矿砂等)无包装的大宗散货的船舶。根据所运货物的种类不同，散货船又分为运煤船、运粮船、矿石船等。散货船按尺寸大小可以主要分为 6 种级别：小型散货船、轻便型散货船、灵便型散货船、巴拿马型散货船、好望角型散货船与超大型散货船。

国际航运业一般将载重量低于 1 万载重吨的散货船定义为小型(small)散货船，其中微型散货船(mini-bulkers)的载重量一般为 500—2 500 载重吨，只有一个货仓，常用于内河运输。轻便型(handysize)散货船与灵便型(handymax)散货船都是通用型散货船，这两类货船占 1 万吨载重量级别以上散货船数量的比重达到 71%，其中轻便型散货船载重量 1 万—3.5 万载重吨，灵便型散货船载重量 3.5—5.9 万载重吨。典型的灵便型散货船长 150—200 米，载重量 5.2—5.8 万载重吨，有 5 个货仓(hold)和 4 个吊机(crane)。巴拿马型(panamax)散货船受到巴拿马运河水闸的限制，是可以通过巴拿马运河最大尺寸的散货船，载重量 6 万—8 万载重吨。目前可以通过巴拿马运河船舶的最大尺寸为宽 32.31 米，长 294.13 米，吃水 12.04 米。好望角型(capesize)散货船由于尺寸过大，无法通过苏伊士运河或者巴拿马运河，只能绕道好望角或者合恩角进行远洋航行。好望角型散货船的载重量超过 8 万载重吨，其最重要的特征是专业化，93%的好望角型散货船用于运输铁矿石和煤炭。超大型(very large)散货船也可作为好望角型船的一种，其载重量超过 20 万载重吨，一般常用于运输铁矿石。

(3) 集装箱船。

集装箱船(container ship)也称吊装式集装箱船，大多利用岸上的起吊设备对集装箱进行垂直装卸。集装箱船又可分为部分集装箱船、可变换的集装箱船和全集装箱船。

部分集装箱船(partial container ship)，只在船舶的特定部位设集装箱专用舱位，其他舱位仍装普通件杂货物。

可变换的集装箱船(convertible container ship)，其货舱内的集装箱结构是可拆卸式。既可以装运集装箱，也可随时改装运送普通杂货。

全集装箱船(full container ship)，指专门用于装运集装箱货物的船舶，是当前航运市场的主力军。除开放注册国家外，法国、美国、丹麦、英国、荷兰等国家有世界上最大的集装箱船队。全集装箱船一般为单甲板，舱口有垂直导轨，集装箱可沿导轨放下。船舱内设置隔栅式货架，以固定集装箱，防止运输途中出现集装箱前、后、左、右方向的移动，保障航行安全。甲板上,也设置固定集装箱的特殊结构,随船型不同可堆放多层集装箱。由于集装箱船一般利用码头上的装卸桥完成装卸作业,因此多数不配备装卸设备。

随着船舶大型化趋势,集装箱船也经历了近半个世纪不断庞大的过程。当前最新建造的大型集装箱船已经进入了第六代,世界最大的马士基航运公司(Maersk Line)于2006年建造的Emma Maersk集装箱船,长397.7米,宽56.4米,最高载箱量达到15 200 TEU,是目前世界上最大的集装箱船。

(4) 冷藏船。

冷藏船(refrigerated ship)指专门用于运送需要冷冻易腐货物的船舶。冷藏船的船上装有制冷系统,设有多个货舱,各舱之间封闭、独立,舱壁、舱门都使用隔热材料以维持舱内的温度,因此同一艘船的不同货舱可装载不同温度要求的货物,提高了船舶的利用率。冷藏船一般吨位较小,通常在几百吨到几千吨。

(5) 木材船。

木材船(timber ship)是专门用以运输木材或原木的货船。船舶的舱口大,舱内无梁柱或任何妨碍装卸的设备,船舱和甲板都可以装载木材。

(6) 滚装/滚卸船。

滚装/滚卸船(roll on/roll off ship, RO/RO)指专门用于运送汽车和集装箱的专用船舶。运输集装箱货物时,集装箱连同底盘车作为一个装运单元参加运输过程,在拖车的协助下完成装卸过程。船舱内多层甲板之间用斜坡道或升降平台相连接,便于车辆的通行。这种船最大的特点是灵活,不依赖码头装卸设备,一般在船侧或船首、尾设有桥板连接码头。装卸时,汽车或集装箱拖车直接开进或开出船舱,装卸速度极快,大大提高了船舶的使用频率。但滚装船的载运量通常较小,一般在3 000—26 000吨。

(7) 载驳船。

载驳船又称子母船,主要特点是首先将货物装在驳船上,然后将驳船置于大船指定位置。常见的有拉希式载驳船和西比式载驳船。与滚装船类似,载驳船的装卸效率也较高,而且装卸时不受港口水深限制,不需要占用码头泊位,特别适合于河海联运的情况。

(8) 多用途船。

多用途船(multi-purpose vessel)指具有多种装运功能的船舶。按照货物对船舶性能和设备的不同要求分为:以载运集装箱为主的多用途船,以运输超重、超长货物为主的多用途船,兼运集装箱和超大货物的多用途船和兼运集装箱、超大货物和滚装货物的多用途船。

2. 液货船

液货船(liquid cargo ship)指用于运送散装液态货物的船舶,主要包括油轮和液化气船。

(1) 油轮。

油轮(oil tanker)指专门用于运送原油及成品油的船舶。油轮内部一般被分为数个贮油舱,它们之间有油管相连接,并有专门的油泵和油管与岸上设施相连接,便于装卸货物。为减少液体流动的特征对船舶平稳性造成的不利影响,这些货舱多数采用纵向结构。

油轮按尺寸大小可分为6类:1万—6万载重吨的是成品油轮(product tanker),6万—8万载重吨的是巴拿马型(panamax)油轮,8万—12万载重吨的是阿芙拉型(aframax)油轮,

12万—20万载重吨的是苏伊士型(suezmax)油轮,20万—32万载重吨的是超级油轮(very large crude carrier, VLCC),32万—55万吨的是超级巨型油轮(ultra large crude carrier, ULCC)。ULCC是世界上载重能力最强的船舶,日本1980年改装的"海洋巨人"号油轮载重量达到56万载重吨。近年,随着我国能源需求的不断增长,对石油及石油产品的进口不断攀升,我国油轮船队的规模也在不断加大。

(2) 液化气船。

液化气船(liquified gas carrier)是专门装运液化气体的船舶。根据所载运货物的不同,又分为液化天然气船和液化石油气船。液化天然气船(liquified natural gas carrier, LNG)按船舶货舱的结构不同有独立储罐式和膜式两种。独立储罐式将柱形、球形等储罐置于船内。而膜式液化天然气船采用双层船壳,内壳作为液化天然气的舱壁,内附镍合金钢的膜,可起到防止液态天然气泄漏的作用。液化石油气船(liquified petroleum gas carrier, LPG)按气体液化的方法分为压力式、半低温半压力式和低温式三种。压力式液化石油气船通过高压储罐在高压下维持石油气的液态性质,而后两种船要借助舱内的低温对石油气进行液化处理。液化气船的大小通常用货舱的容积表示,一般的液化气船6万—13万立方米。

4.1.3 航运公司

航运公司也可称为船公司,是国际海洋货物运输的主要当事人。在国际航运业中,马士基航运、地中海航运、法国达飞轮船等都是著名的船公司,主导着国际船运市场(参见表4.1)。截至2011年1月15日,全球集装箱船队总运力达到14 809 845 TEU,其中,马士基航运船队运力达到2 148 598 TEU,占全球总运力的14.5%。地中海航运船队运力达到1 881 976 TEU,占全球总运力的12.7%。由中远集运、川崎汽船、阳明海运和韩进海运组成的全球海运联盟(CKYH)运力达到1 672 230 TEU,占全球总运力的11.3%。由赫伯罗特、日本邮船、东方海外、马来西亚国际航运组成的"伟大联盟"运力达到1 407 661 TEU,占全球总运力的9.5%。由美国总统轮船、现代商船和商船三井组成的新世界联营体船队运力达到1 270 700 TEU,占全球总运力的8.6%。法国达飞轮船船队运力达到1 208 763 TEU,占全球总运力的8.2%;长荣海运船队运力达到613 097 TEU,占全球总运力的4.1%;太平船务运力达到261 828 TEU,相当于全球总运力的1.8%。

表4.1 全球二十大班轮公司排名表

排名	船运公司	TEU总计	艘数总计	自有船舶TEU	自有船舶艘数	租赁船舶TEU	租赁船舶艘数	订造船舶TEU	订造船舶艘数
1	马士基海陆	2 503 497	655	1 178 482	218	1 325 015	437	538 110	50
2	地中海航运	2 068 001	478	985 687	206	1 082 314	272	535 646	47
3	法国达飞轮船	1 352 810	403	506 140	94	846 670	309	70 070	8

（续表）

排名	船运公司	TEU总计	艘数总计	自有船舶TEU	自有船舶艘数	租赁船舶TEU	租赁船舶艘数	订造船舶TEU	订造船舶艘数
4	中远集运	644 410	146	348 005	95	296 405	51	244 168	32
5	赫伯罗特	639 870	146	283 786	61	356 084	85	132 000	10
6	长荣海运	615 400	167	330 167	88	285 233	79	308 000	35
7	美国总统轮船	607 031	146	169 547	45	437 484	101	300 880	29
8	中海集运	528 116	148	329 938	77	198 178	71	159 822	19
9	韩进海运	482 151	102	220 895	37	261 256	65	243 864	30
10	商船三井	436 124	100	215 352	36	220 772	64	109 620	11
11	东方海外	412 760	88	281 432	46	131 328	42	132 576	12
12	日本邮船	412 169	104	308 175	58	103 994	46	61 908	6
13	汉堡航运	405 685	116	207 401	48	198 284	68	196 788	31
14	南美船运	388 609	86	52 221	11	336 388	75	36 000	4
15	阳明海运	346 981	84	206 965	48	140 016	36	89 038	14
16	川崎汽船	342 834	80	109 132	21	233 702	59	45 200	5
17	以星航运	328 315	94	158 129	34	170 186	60	153 216	13
18	现代商船	295 249	61	100 646	17	194 603	44	156 075	15
19	太平船务	269 411	143	161 819	93	107 592	50	78 400	22
20	阿拉伯轮船	231 533	55	126 696	28	104 837	27	104 800	8

资料来源：Alphaliner，2011 年 11 月 25 日数据。

4.2 海洋货物运输的特点

4.2.1 国际海洋货物运输的优势

1. 运力大

海洋货物运输与航空运输或陆上运输等其他运输方式相比，运输能力几乎不受限制。一方面，船舶货舱容积大，可载运体积庞大的货物；另一方面，船舶载重量大，目前世界上最大的超巨型油轮的载重量已超过 70 万吨，新一代集装箱的箱位已超过 8 000 TEU，铁矿石船载重量达 35 万吨。

2. 成本低

由于海洋货物运输的航道主要利用的是天然水域，除了建设港口和购置船舶外，水域航道几乎不需投资。此外，海洋货物运输还能节约能源，加上海运运载量大，运程较远，这些因素致使海洋运输的单位成本较低。海洋运输的单位成本约为铁路运输的1/5,公路运输的1/10,航空运输的1/30。

3. 适货性强

由于船舶运量大,基本上适合各种货物的运输,如超重货物、石油天然气等液态货物等。

4.2.2 国际海洋货物运输的劣势

1. 速度慢

由于大型船舶体积大、水阻力高,航速一般较低。海洋货物运输的速度较慢,加上水路货物运输的运输距离长,因此海上货物运输时间也长。

2. 风险高

在海上货物运输中,由于船舶经常是长时间在远离海岸的海洋上航行,也由于海洋环境复杂、气象多变,随时都有可能遭遇到狂风巨浪、暴雨、雷电、海啸、浮冰等人力不可抗衡的海洋自然灾害的袭击。加之近年来一些海域海盗出没频繁,致使船舶遭遇危险的机会增加。同时,国际海上货运船舶一旦遭遇海上危险后,给船舶和货物所造成的损失可能是十分巨大和惊人的。因为一艘远洋运输船舶的吨位往往较大,一次载运的货物数量之多也是任何其他运输工具都无法比拟的。另外,海运船舶遭遇危险后,除了可见的船货损失外,还可能出现巨额的费用支出。例如,大型油轮遭遇事故后,除了油轮本身和所载运的货油损失外,还会因货油流入海洋造成海洋环境的污染,其后果和损失更是惊人。

3. 不能提供"门到门"服务

海洋货物运输受自然条件的影响很大,如航道和一些港口受季节影响较大,冬季结冰,枯水期水位变低,难以保证全年通航,因此海洋货物运输的安全性和准确性相对较差。另外,海洋货物运输受到航道和港口的限制,可及性差,一般需要陆路运输方式的配合,或者通过国际多式联运的方式完成货物的运输。

4.2.3 海上货物运输的国际性

尽管同属于水上运输方式,但与国内沿海运输和江河运输所不同的是,国际海上货物运输是跨国间的货物运输,因此在运输的经营、运价的起伏等方面表现为对国际海运市场的较强依存性,而且无论是适用的法律,还是使用的运输单证都具有国际统一性特点。

1. 对国际海运市场的依存性

毫无疑问,一个国家的国际海运船舶会承担本国进出口货物的运输,但也会进入国际海运市场开展第三国的运输。而国际海运市场中汇集有许多船舶经营人,他们之间的竞争非常激烈。在国际海运市场上,对运力的供给与需求的平衡关系左右着运价和租金水平的变动,任何个别的船舶经营人都不能对市场的运价和租金水平的变化给予很大的影响。相反,个别船舶经营人的经营活动都要适应国际海运市场的变化。一国的货主或国际货运代理人通常会选择本国的船公司作为海上货物运输的承运人。但是,当其他国家的船公司能够提供更为合适的运输服务时，货主就会选择非本国的船公司作为海上货物运输的承运人。

2. 主要货运单证的国际通用性

国际海上货物运输中所使用的货运单证繁多，其作用各不相同，各个国家、港口或船公司所使用的货运单证并不完全一致。但是，因为国际海上货运船舶航行于不同国家的港口之间，作为划分各方责任和业务联系主要依据的货运单证，应能适用于不同国家和港口各个有关方面的要求。在单证的内容和编制方法上，不但要符合本国法令的规定和业务需要，而且也必须适应国际公约或有关国家和港口的法令或习惯要求，使之能为各关系方所承认和接受。所以，就一些主要的货运单证而言，在名称、作用和记载内容上大多是大同小异，可以在国际上通用。

3. 海上运输适用法规的国际统一性

国际海上货物运输从事的是国际贸易的货物运输，是国际间的货物运输，在运输中经常会发生各种事故或争议。这些问题的发生不一定是在本国的水域范围内，争议的各方也可能分属不同的国家。因此，在处理这些问题时，就需要一系列统一的国际公约来解决。为此，世界各国海运界一直都在谋求制定能为各国所承认的国际海运公约，并在这方面已取得了很大的成果。

4.3 班轮运输

班轮运输(liner shipping)，也称定期船运输，是指班轮公司将船舶按事先制定的船期表(liner schedule)，在特定航线的各既定挂靠港口之间，经常地为非特定的众多货主提供规则的、反复的货物运输服务(transport service)，并按运价本(tariff)或协议运价的规定计收运费的一种营运方式。

4.3.1 班轮运输的特点

1. 无需签订运输合同

在杂货班轮运输中，通常是在货物装船后由承运人或其代理人签发提单，在集装箱班轮运输中，除通常由承运人或其代理人签发提单外，还可以根据需要签发海运单：这些单证上记有详细的有关承运人、托运人或收货人的责任以及权利和义务的条款。

2. 不同运输方式下货物交接地点不同

在杂货班轮运输中，除非订有协议可允许托运人在船边交货和收货人在船边提货外，通常承运人是在装货港指定的码头仓库接收货物，并在卸货港的码头或仓库向收货人交付货物；在集装箱班轮运输中，通常承运人是在装货港集装箱堆场接收货物，并在卸货港集装箱堆场交付货物。拼箱货则由集拼经营人在装货港集装箱货运站接受货物，并在卸货港集装箱货运站交付货物。

3. 承运人负责包括装货、卸货和理舱在内的作业和费用

在杂货班轮运输中，班轮公司通常不负担仓库至船边或船边至仓库搬运作业的费用；

在集装箱班轮运输中，由于运输条款通常为CY/CY(堆场—堆场)，所以班轮公司理应负担堆场至船边或船边至堆场搬运作业的费用。

4. 不计算滞期费和速遣费

承运人与货主之间不规定装卸时间，也不计算滞期费和速遣费。在堆场或货运站交接货物的情况下，会约定交接时间，而不规定装卸船时间；在船边交货或提取货物时，也仅约定托运人或收货人需按照船舶的装卸速度交货或提取货物。

4.3.2 班轮船期表

班轮船期表(liner schedule)是班轮运输营运组织工作中的一项重要内容。班轮公司制定并公布班轮船期表有多方面的作用。首先是为了招揽航线途经港口的货载，既满足货主的需要，又体现海运服务的质量；其次是有利于船舶、港口和货物及时衔接，以便船舶有可能在挂靠港口的短暂时间内取得尽可能高的工作效率；再次是有利于提高船公司航线经营的计划质量。

班轮船期表的主要内容包括：航线、船名、航次编号、始发港、中途港、终点港的港名，到达和驶离各港的时间，其他有关的注意事项等。

4.3.3 班轮运输关系人

班轮运输中，通常会涉及班轮公司、船舶代理人、无船(公共)承运人、海洋货运代理人、托运人和收货人等有关货物运输的关系人。

1. 班轮公司

班轮公司是指运用自己拥有或者自己经营的船舶，提供国际港口之间班轮运输服务，并依据法律规定设立的船舶运输企业。班轮公司应拥有自己的船期表、运价本、提单或其他运输单据。根据各国的管理规定，班轮公司通常应有船舶直接挂靠该国的港口。班轮公司有时也被称为远洋公共承运人(ocean common carrier)。

在从事国际货代业务的实践中，国际海洋货运代理人应了解有关班轮公司的情况，以便在必要时从中选择适当的承运人。世界上集装箱班轮公司有很多，并且大的班轮公司都已进入了中国海运市场。

2. 船舶代理人

船舶代理人是指接受船舶所有人、船舶经营人或者船舶承租人的委托，为船舶所有人、船舶经营人或者船舶承租人的船舶及其所载货物或集装箱提供办理船舶进出港口手续、安排港口作业、接受订舱、代签提单、代收运费等服务，并依据法律规定设立的船舶运输辅助性企业。由于国际船舶代理行业具有一定独特的性质，所以各国在国际船舶代理行业大多制定有比较特别的规定。

中国最大的国际船舶代理公司是成立于1953年的中国外轮代理公司。20世纪80年代末中外运船务代理公司成立，成为第二家从事国际船舶代理业务的国际船舶代理公司。现在，在我国对外开放的港口都有多家国际船舶代理公司。实践中，国际货运代理人经常会与船舶代理人有业务联系。

3. 无船承运人

无船承运人(non-vessel operating common carrier),也称无船公共承运人,是指以承运人身份接受托运人的货载,签发自己的提单或者其他运输单证,向托运人收取运费,通过班轮运输公司完成国际海洋货物运输,承担承运人责任,并依据法律规定设立的提供国际海洋货物运输服务的企业。

根据《中华人民共和国国际海运条例》的规定,在中国境内经营无船承运业务,应当在中国境内依法设立企业法人;经营无船承运业务,应当办理提单登记,并缴纳保证金;无船承运人应有自己的运价本。无船承运人可以与班轮公司订立协议运价以从中获得利益。但是,无船承运人不能从班轮公司那里获得佣金。国际货运代理企业在满足了市场准入条件后,可以成为无船承运人。

4. 海洋货运代理人

海洋货运代理人,也称远洋货运代理人(ocean freight forwarder),是指接受货主的委托,代表货主的利益,为货主办理有关国际海洋货物运输相关事宜,并依据法律规定设立的提供国际海洋货物运输代理服务的企业。

海洋货运代理人除可以从货主那里获得代理服务报酬外,因其为班轮公司提供货载,所以还应从班轮公司那里获得奖励,即通常所说的"佣金"。但是,根据各国的管理规定(如果有的话),国际海洋货运代理人通常无法与班轮公司签订协议运价或 S. C. 。

4.3.4 班轮公会与海运联盟

1. 班轮公会

班轮公会是在同一航线上相互竞争的有关班轮公司之间,为了摆脱和限制航线竞争而形成的一种联合经营的垄断性组织,是航运卡特尔在班轮市场内最常见的组织形式。班轮公会的成员由不同国家的船公司所组成,因此,这种航运卡特尔组织具有国际性质。班轮公会是所在航线上的垄断组织,对航线市场能施加垄断力量。由于班轮公会的存在,班轮运输市场是由属于垄断市场结构的各航线市场组成的。

班轮公会成立的目的主要是开展两方面的业务:一方面是为了限制和调节班轮公会内部会员相互间竞争的业务活动,主要工作有协定费率、统一安排营运、统筹分配收入、统一经营等;另一方面是为了防止或对付来自公会外部的竞争,以达到垄断航线货载的目的,主要制定相应措施,如忠诚协议、延期回扣制、合同费率制、联运协议等。

随着航运市场发展,特别是班轮集装箱化使服务质量差别缩小,船公司单独介入航线运输并提供高附加值的服务已成为可能,班轮市场垄断的局面日渐削弱。许多国家纷纷制定对公会不利的法律政策,如美国《1998 年航运改革法》规定公会不得限制成员独立签订服务协议的权利等。随着班轮公会的日渐衰落,各种方式的海运航运联盟不断发展壮大。

2. 航运联盟

航运联盟是指班轮公司之间在运输服务领域航线和挂靠港口互补、船期协调、舱位互租。以及在运输辅助服务领域则信息互享、共建共用码头和堆场、共用内陆物流体系而结成的各种联盟。由于国际海洋货物运输中存在着明显的垄断竞争市场格局，各大航运公司之间在班轮公会逐渐退出历史舞台的背景下，积极开展航运联盟以强化在国际海运市场中的垄断地位。船公司之间建立航运联盟的方式有多种，其中按照联盟合作程度的深度，可以分为：仓位互换、船舶共享协定、联合经营航线和战略联盟等。

(1) 仓位租用。

仓位租用的方式较为灵活，各船公司之间可以依据相互签署的仓位互换协议，可以解决在固定航线上，旺季时仓位短缺和淡季时仓位过剩的问题，而在合同期满则双方可重新与其他合作方签署仓位租用协议。

(2) 仓位互换。

仓位互换(liner exchange/swap)是多家合作伙伴在多条航线上互相交换舱位以达到最大利用率的目标。其作用就是利用航线优势互补，最大化舱位利用率。这种合作关系比仓位租用更加紧密。比如A船公司在A线实力占据绝对优势，而B船公司也有货物在A线上，但是投入船舶进入A线营运无法获得利润，这种情况下就会采用舱位互换的模式和A公司合作。

(3) 船舶共享协议。

船舶共享协议(vessel sharing agreement，V. S. A.)，一般是由两个航运公司达成的协议，据此双方制定利用双方船舶的共同计划，目的是减少因某特定航线运输能力过剩而引起的相互竞争。

(4) 联合经营航线。

同一航线上的船公司通过共同分担营运成本以及货源信息等方面展开更加紧密的战略合作。

延伸阅读

航运联盟步入相对稳定期

当前，航运联盟进入了一个相对稳定的时期。国际上最主要的三大联盟，分别是由中远集运、韩进海运、阳明海运和川崎汽船组成的CKYH联盟；由赫伯罗特、东方海外和日本邮船组成的伟大联盟；以及由美国总统轮船、商船三井和现代商船组成的新世界联盟。目前，CKYH联盟的运力排名第一。

1. 规模经济使成本降低

(1) 规模经济。

在班轮运输中，船东很容易从相互合作中产生规模经济，从而获得利益。船东通过舱位互租，可以经营较大吨位的船舶，提高边际成本利用率；也可以进行资本联合，购买更大吨位的集装箱船，降低船舶的单位购买成本。

(2) 减少资本成本。

对于班轮运输这种资本密集型产业，资源共享的好处是不言而喻的。一方面，通过联盟，承运人可以减少船舶的数量，降低由于购置船舶带来的资本风险；另一方面，与其他承运人签订码头堆场共用协议，可以提高码头及堆场利用率，有效回收部分成本，避免在航运淡季资源闲置的损失。

2. 航运联盟增强了联盟内船公司的竞争力

(1) 增加开船频率。

增加开船频率是指，通过在某一航线上的联盟，船东只需提供联盟前一半的运力，便可以使双方的发船频率提高一倍，这大大提高了承运人的竞争力。同时对广大货主来说，能有更多的船期满足需要。

(2) 扩大服务范围。

班轮船东可以通过航运联盟扩大服务范围，开发新市场。联盟成员相互利用对方长期建立起来的市场网络、廉价劳动力以及各种资源，在新航线上取得优势。

(3) 重新分配过剩资源。

承运人通常会面临运力过剩的问题，原因是多方面的。比如季节因素、承运人的战略转移，或者在市场低迷时，承运人希望缩减运力规模，减小风险。航运联盟使得成员在不同的目标航线上交换运力，重新分配过剩资源。

(4) 减少行业壁垒。

众所周知，集装箱运力基本处于过剩状态。一个新的市场进入者或者一个想要扩大自己已有运力的船东必须考虑市场的供求状况，避免超出市场能力造成运价下跌。联盟帮助承运人分享资源或运力，减少船东购买新船的意愿。

(5) 减少运价波动。

尽管多年来协议运价一直遭到托运人的不断抗议，但由于航运产业资本密集型、投资回报低的特点，一直在各国政府立法中享有一定的豁免权，因此，在班轮运输的各条航线上，协议运价仍然普遍存在。

与班轮公会严格制定共同的运价相比，航运联盟在价格政策上较为柔和，它们通过各种形式的联盟减少竞争。当联盟成员提供无差异的服务时，通常也会减少彼此的运价差异。

3. 航运联盟的合作形式

班轮运输的航运联盟可以分为三种形式：营运联盟、财务联盟以及物流联盟。

(1) 营运联盟。

营运联盟的形式多种多样，如共同经营船舶、互租船舶、互换或共享舱位。这类联盟的主要目标是提高服务水平，减少资本投资。不需追加大笔投资就能大幅提高服务水平，联盟成员不需要制定共同目标，只需符合各自的长远规划即可。

营运联盟是航运联盟的最主要的组成部分，主要分为箱位购买、箱位互换、运力共享和设施共享。对于参与联盟的船东，保持本公司决策的独立性是十分重要的。在营运联盟中，每种营运联盟形式的优劣势各不相同。

(2) 财务联盟。

参与财务联盟的承运人有一致的目标，那就是保持市场稳定。联盟成员一般拥有一定的市场份额，其前身便是班轮公会。现在的财务联盟还控制自身的运输能力，避免运力过大，造成市场供过于求的局面。可以说，保持运价稳定是这类联盟成立的核心因素。航运联盟中的财务联盟是比较深层次的联盟，参与者有着长期的合作基础。

① 费率协议。运价协议是限制价格竞争、维护运费稳定的最主要的手段。虽然运价波动有时也可使班轮承运人获利，但从长远来看，运价稳定比短期获利更为重要。承运人可以通过联盟从协议价格中获益，规避来自市场运价波动的风险。但加入财务联盟往往导致独立承运人自主地位的部分丧失。

② 资本联盟。船东在资本方面进行联盟，一般用于购买船舶和码头建设。对于航运业这种资本密集型的行业，通过资本联盟建设基础设施可以减少投入，降低风险。如今这种联盟已经十分普遍，如马士基、中远集运、达飞轮船共同参与厦门海沧码头建设；中外运长航集团与阳明海运投资长明码头。船东通过资本联盟购置新船的优势在于，承运人可以配置更大吨位的船舶，以提高竞争力，同时由于规模经济的作用，又可以降低边际成本。

(3) 物流联盟。

自集装箱化以来，托运人对承运人最重要的两点需求便是开班的频率和集港的方便程度。在“门到门”物流理念十分普及的今天，承运人的责任已经从出口商的交货直至进口商工厂而非传统的海运部分，这就导致了承运人需要在物流领域进行大量投资，从而产生了物流联盟。

① 集装箱共享。集装箱是班轮运输的核心部分，集装箱的操作费用占了营运费用的主要部分。它不仅包括购买或者租箱成本、维护及修理费用，还包括空箱调运的成本。对于去程与回程运量不平衡的运输，空箱调运的费用不可避免。高额的空箱调用费用是促使班轮船东加入联盟、共用集装箱的动因。船东认识到，他们花费时间和金钱运回的多余的箱子很可能正是其他船东需要的。集装箱的合作也有多种形式：空箱租入、空箱出租、转租、空箱互换。承运人往往会优先选择转租或互换。

② 信息共享。共享物流信息系统，可以提高操作效率，提高决策反应速度。信息系统共享分为内部办公系统共享和外部网络共享两种。外部包括共享供应链上游如集卡、铁路运输、码头，甚至托运人、报关机构的办公通道，以及托运人箱子跟踪的系统。信息共享是促进航运联盟高效运作的必要保障，但也有可能导致信息资源损失，商业机密泄露，增加经营风险。如果出于保护自身利益而保护信息，又会使信息不对称问题突出，继而增加联盟的运行风险。

4. 航运联盟的稳定措施

(1) 减少成员数量。

减少联盟成员的组成数量是增加联盟稳定性的主要措施之一。两个规模相当的承运人组成的联盟，较为容易平衡内部竞争，到达均衡，同时缩短了决策时间，能对外部环境的变化快速做出反应。如果联盟成员数量较多，但其中1—2个成员的规模较大，可以左右联盟决策，也可以组成稳定的航运联盟。

(2) 成员角色差异化。

每个联盟成员都有自己的核心竞争力，而联盟并非简单的合并资源，而是发挥各自的核心竞争力，达到一种人人受益的均衡状态。在这个过程中，成员对于联盟的贡献大不相同。根据成员对组织的贡献程度分配决策权利和利润，使贡献大的成员拥有更多的话语权，可以提高联盟效率，维持联盟的稳定性。

(3) 选择适当形式。

航运联盟有多种形式，各种形式有不同的针对性。如营运联盟和物流联盟不要求参与成员有相同的长期目标，只是通过资源共享达到降低成本，提高自身服务水平的目的。而财务联盟通常要求成员建立长期稳定的合作关系。承运人根据自身的经营特点和中长期规划选择合适的联盟形式，有助于联盟的稳定性。

(4) 平衡内部合作与竞争。

航运联盟并非处处合作，其内部也存在竞争和利润分割等一系列的竞争问题，过分的内部竞争将导致联盟的失败。竞合观念认为“创造价值是一个合作过程，而攫取价值自然要通过竞争，这一过程不能孤军奋战，必须相互依靠”。所以，竞争与合作并非绝对对立。在联盟中，把握竞争的程度，维持自身稳定，对于航运联盟的稳定性尤为重要。

(5) 建立风险防范机制。

航运联盟的风险因素众多，有信任风险、信息共享与沟通风险和协调风险等。要建立风险防范机制，协调联盟的长期战略目标。实际上，由于大多数参与联盟的公司仍努力保持各自的独立性，不可能要求联盟成员的各方面目标完全一致，要确保战略联盟的有效运行，就要通过机制进行协调，寻求解决冲突的途径。航运联盟中参与者的多方信任是合作的关键因素，在保持合作关系长期稳定中起重要作用。建立风险机制，定期举行高层对话，共同决策，是提高航运联盟稳定性的有效措施。

资料来源：高源：上海航运交易所《航运交易公报》，2011 年 8 月 26 日。

4.3.5 班轮运费

1. 班轮运价、运费与运价本

(1) 运价。

运价(freight rate)是指承运每单位货物而付出的运输劳动的价格，是运输产品价值的货币表现形式。班轮运价具有相对稳定性，即在一定时期内保持不变。贸易合同中如运输条款规定为“班轮条件”，其含义是货物以班轮方式承运，船方负担装卸费用，不计算滞期费和速遣费，并签发班轮提单。

(2) 运费。

运费(freight)是指海洋承运人根据运输合同完成货物运输后从托运人那里取得的报

酬。班轮运费也就是班轮公司为运输单位货物所消耗的人力、物力以及为运输货物所支付给各方的费用,它是班轮承运人为承运货物收取的报酬,班轮运费等于班轮运价与运量的乘积;运费的单价或费率就是运价。

(3) 运价本。

运价本(tariff)又称费率本或运价表,是船公司承运货物向托运方据以收取运费的费率表的汇总。运价本一般主要由说明及有关规定、商品分级表、航线费率表和附加费率表四部分构成。承运人有时会在提单中列入有关运价本的条款,用以说明承运人的运价本的作用。因为提单的正面和背面条款虽已很多,但却是固定格式,因而不可能经常改变。同时,运输合同下各项费用的收取,结算的依据还会与具体港口的特殊要求相对应,并随市场的变化而变化。所以,承运人会用运价本的形式对此做出规定。货运代理人应充分注意承运人运价本的内容和变化。

按运价制定形式不同,运价本可以分为等级费率本和列名费率本。

① 等级费率本。

等级费率本中的运价是按商品等级来确定的。这种运价是按照货物负担运费能力的定价原则,首先根据货物价格,将货物划分为若干等级;之后确定不同等级的货物在不同航线或港口间的不同等级的运价。同一等级的商品在同一航线或港口间运输时,适用相同的运价。这种运价表附有"商品分级表"(scale of commodity classification)。在计算运费时,首先根据商品的名称在"商品分级表"中查找出该商品所属等级,再从该商品的运输航线或运抵港口的"航线等级费率表"中查找该级商品的费率。商品分类部分按其英文字母顺序排列,在每一商品后面注明商品等级。费率表部分按航线划分,制定每一航线与商品等级相对应的集装箱和杂货费率。随着集装箱运输的发展,货物等级差别越来越小,现在几个等级货物的运价基本或完全相同,商品的分类也趋于简单。

② 列名费率本。

列名费率本,也称单项费率运价本,其中的运价是根据商品名称来确定的。对各种不同货物在不同航线上逐一确定的运价称为单项费率运价。在商品运价表中,每一个商品后面都注明了商品编号,费率部分则按照编号列出每一编号商品的不同目的地费率。这种运价本虽然每种货物的运价都很明确具体,但因查阅量太大,且容易造成商品名称的遗漏,使用起来不方便。因此,目前大部分班轮公司使用的都是等级费率本。

2. 基本港和非基本港

基本港(base port)是指港口设备较好,货运量较大,班轮公司按期挂靠的港口。按国际航运习惯,运往基本港的货物,均按基本费率收取运费。非基本港口(non-base port)指班轮公司不常挂靠的港口,去该港口的货物要加收附加费。

3. 班轮运费的支付

根据贸易条款的不同,班轮运费的支付方式分为预付运费和到付运费。

(1) 预付运费。

预付运费(freight prepaid)是指在签发提单前即须支付全部运费。在国际贸易中,一般都采用CIF或CFR价格条件,在签发提单前由卖方在装货港支付运费以便于交易双方尽早结汇。在预付运费的情况下，运费应该按照货物装船时的重量或尺码计算。预付运费对货主而言要承担运费损失的风险，大多班轮公司在提单和合同条款中，不但规定运费预付，而且还记明即使本船或货物在整个运输过程中任何一阶段沉没或灭失，承运人仍要全额收取运费，任何情况下都不退还。为规避风险，通常货主将已付运费追加到货物的货价中，一并向保险公司投保货物运输险。

(2) 到付运费。

到付运费(freight collected)是指货物运到目的港后，在交付货物前付清运费。对于到付运费的情况，承运人要承担一定风险，如果货物灭失，再追收运费，实际上是很困难的。为规避风险，承运人除了可将应收的到付运费作为可保利益向保险公司投保外，通常还可以在提单条款或合同条款中附加类似“收货人拒付运费或其他费用时，应由托运人支付”的条款。另外，在提单和合同条款中还应有留置权的规定。

4. 班轮运费的构成

(1) 基本运费。

基本运费(basic freight)是指货物在预定航线的各基本港口之间进行运输所规定的运价，该运价称为基本运价或称基本费率(base rate)。它是构成全程运费的主要部分，是计收班轮运输基本运费的基础。

(2) 附加运费。

为了保持在一定时期内基本费率的稳定，又能正确反映出各港的各种货物的航运成本，班轮公司在基本费率之外，又规定了各种附加运费(surcharges)。

班轮运费中的附加费的名目繁多，其中包括：超长或超重附加费、选择卸货港附加费、变更卸货港附加费、燃油附加费、港口拥挤附加费、绕航附加费、转船附加费和直航附加费，等等。

① 超重附加费(heavy lift additional)。一件货物毛重超过运价表中规定的重量即为超重货。我国的轮船公司规定每件货物不得超过5吨。如超过限额，则按每吨加收一定的超重附加费。

② 超长附加费(long length additional)。一件货物的长度超过运价表中规定的长度即为超长货。我国规定为12米，如超过则按每米加收超长附加费。如一件货物既超重又超长，则按高者计收。如需转船，则每转一次，加收一次超重或超长附加费。这类货物在托运时，如有条件最好能拆装，将一大件拆装为几小件便可节省运费。如不能拆装，应在托运时在托运单上注明货物的重量或尺码及其他应注意的事项，以便承运人在装卸时加以注意，以防造成货损。

③ 转船附加费(transhipment additional)。凡运往非基本港口且需转船运往目的港口的货物，需加收转船附加费，其中包括中转费和二程运费。但有的轮船公司不收转船附加费，而分别另收中转费和二程运费。中转费和二程运费连同一程运费叫做“三道价”。

④ 燃油附加费(bunker adjustment factor, BAF)。在燃油价格上涨时，轮船公司便按基本运价的一定百分比加收附加费，或按每一吨运费加收。

⑤ 直航附加费(direct additional)。运往非基本港口的货物达到一定数量(如“中远”

规定近洋直航须达到2 000吨，远洋直航须达到5 000吨)，轮船公司才肯安排直航，因直航附加费较转船附加费低。

⑥ 港口附加费(port additional)。有些港口由于设备条件差或装卸效率低，轮船公司便加收附加费以弥补其因船舶靠港时间延长所造成的损失，一般按基本运价的百分比收取。

⑦ 港口拥挤附加费(port congestion surcharge)。有些港口由于压港压船，以致停泊时间较长，一般按基本运价收取附加费。通常此项费用较大，遇有这种费用，卖方应设法让买方负担。

⑧ 选港附加费(optional additional)。托运时因不能确定卸货港口，只能预先提出两个或两个以上(最多不得超过三个)的港口作为选卸港。但所选港口必须是班轮的基本港口，货主应在货船到达第一选卸港之前24小时或48小时(各轮船公司规定不一)通知船方最后确定的卸港，否则船方有权将货物卸在所选港口中的任何一个港口。

⑨ 变更卸货港附加费(alteration of destination additional)。货主要求改变原定卸货港口，如有关当局(海关)准许、船方又同意时便要加收此项附加费。如因倒舱困难或使船舶停留时间过长，船方也可拒绝。此项费用应由买方负担。

⑩ 绕航附加费(deviation surcharge)。当正常航道不能通行，需绕道才能将货物运至目的港时，轮船公司便要加收此项费用。

⑪ 货币贬值附加费(currency adjustment factor, CAF)。当运价表中规定的计费货币贬值时，轮船公司为弥补其损失便按基本运价加收一定百分比的货币贬值附加费。

除上述各种附加费外，还有一些附加费须由船、货双方临时议定，如洗舱费(cleaning charge)、熏蒸费(fumigation charge)、冰冻费(ice surcharge)等。

5. 计费标准

班轮运费的计费标准(freight basis)又称计算标准，是指计算运费时使用的计费单位。在班轮运费计收中，通常会涉及一些基本的概念，包括：运费吨、起码运费等。

运费吨(freight ton)是计算运费的一种特定的计费单位。通常取货物重量和体积中相对值较大的为计费吨数。

起码运费(minimum rate)也称起码提单，是指以一份提单为单位最少收取的运费。通常承运人为维护自身的最基本收益，对小批量货物收取起码运费，以补偿其在最基本的装卸、整理和运输等操作过程中的成本支出。承运人收取起码运费后就不再收取其他附加运费。

在班轮运输中，主要使用的计费标准是按容积或重量计算运费。但对于贵重商品，则按照货物价格的某一百分比计算运费；而对于车辆等这类商品，通常会按照个数或件数来计费；对于大宗低价的货物，托运人和承运人会按照临时议定的费率来计收运费。承运人制定的运价表中具体规定了不同商品的计费标准，并使用航运界通用的符号来表示这些计费标准：

(1) 按货物的毛重计收。

在运价表中以“W”字母表示，即英文“weight”的缩写。一般以每1吨为计算单位，吨以下取 2 位小数，也有按长吨或短吨来计算。

(2) 按货物的体积计收。

在运价表中以“M”字母表示，即英文“measurement”的缩写。一般以 1 立方米为计算单位，也有按 40 立方英尺为 1 尺码吨计算。

(3) 按货物的毛重或体积计收。

在运价表中以“W/M”字母表示，以其较高者计收运费。按惯例，凡 1 重量吨货物的体积超过 1 立方米或 40 立方英尺的，即按体积收费；反之，1 重量吨货物的体积不足 1 立方米或 40 立方英尺的，按毛重计收，如机器、零件或小五金工具常按此办法计收。

(4) 按货物的价格计收运费。

又称从价费，在运价表中以“Ad. Val”或“A. V”表示，即“Ad Valorem”的缩写。一般按商品 FOB 价格的一定百分比计算运费。

(5) 按货物重量或体积或价值三者中选最高的一种计收。

在运价表中以“W/M”或“Ad. Val”表示。也有按货物重量或体积计收，然后再加收一定百分比的从价运费。在运价表中以“W/M. PLUS Ad. Val”表示。

(6) 按货物的件数计收。

如车辆按“每辆”(per unit)计收，活牲畜如牛、羊等按“每头”(per head)计收。

(7) 大宗低值货物按议价计算运费。

如粮食、豆类、煤炭、矿砂等。在订舱时，由托运人和船公司临时洽商议定。议价运费通常比按等级计算运费低廉。

6. 班轮运费的计算

(1) 运费计算公式。

根据班轮运费计算标准的不同，运费计算公式也不相同。通常，杂货班轮运费的计算公式为：

$$总运费 = 基本运费 + \sum 附加费$$

① 班轮运费按照货物的体积或重量标准计算，在没有任何附加费的情况下，班轮运费计算公式为：

$$F = f \times Q$$

式中，F 为总运费，f 为基本费率，Q 为货运量。

② 班轮运费按照货物的体积或重量标准计算，在有附加费且附加费按基本费率的百分比收取的情况下，运费的计算公式为：

$$F = f \times Q \times (1 + S1 + S2 + \cdots + So)$$

式中，$S1 + S2 + \cdots + So$ 为各项附加费的百分比。

③ 班轮运费按照货物的体积或重量标准计算，在各项附加费按绝对数收取的情况下，运费的计算公式为：

$$F = f \times Q + (S1 + S2 + \cdots + So) \times Q$$

式中：$S1 + S2 + \cdots + So$ 为各种附加费的绝对数。

④ 班轮运费按照货物的 FOB 价格标准计算，运费的计算公式为：

$$\text{F} = (\text{Ad. Val.})\text{PFOB}$$

式中，Ad. Val. 为从价费率，PFOB 为商品的 FOB 价格。因为从价运费是按照货物的 FOB 价格的某一百分比计算的。但是，一些贸易合同可能以 CIF 价格或 CFR 价格成交。因此，我们需要先将 CFR 或 CIF 价格换算成 FOB 价格，然后再计算出从价运费。CFR 与 FOB 的价格换算公式为：

$$\text{PCFR} = \text{PFOB} + \text{F} = \text{PFOB} + (\text{Ad. Val.}) \quad \text{PFOB} = (1 + \text{Ad. Val.})\text{PFOB}$$

因此：

$$\text{PFOB} = \frac{\text{PCFR}}{1 + \text{Ad. Val.}}$$

按照一般贸易习惯，CFR 价格是以 CIF 价格的 99%计算的，因此，可以得出 CIF 与 FOB 的价格换算公式为：

$$\text{PFOB} = \frac{0.99\text{PCIF}}{1 + \text{Ad. Val.}}$$

4.4 租船运输

4.4.1 租船运输概述

租船运输(shipping by chartering)是相对于班轮运输的另外一种海洋运输方式，既没有固定的船期，也没有固定的航线和挂靠的港口。因此，在租船运输方式下，船期、航线及港口都按租船人和船东双方签订的租船合同规定的条款来明确。根据租船合同，船东将船舶出租给租船人使用，以完成特定的货运任务，并按双方在租船合同中约定的租金率来收取租金。

1. 租船运输相关概念

(1) 租船运输。

租船运输(carriage of goods by chartering)又称为不定期船运输，是指船舶所有人为了赚取运费，把船舶按照事先商定的条件，租给租船人，租船人支付租金，以完成特定的海洋货运任务。我国大宗货物的进出口通常采用租船运输方式。

(2) 承租人(charterer)。

承租人是指货物所有人，是租用船舶的一方，因此被称为承租人或租船人，有时也称为租家。

(3) 船东(ship owner)。

租船运输的经营人既可能是将自有船舶用于租船运输的船舶所有人，也可能是将以定期租船或光船租船形式租用的船舶再次用于租船运输的船舶经营人，前者被称作船东，后者被称为二船东。

(4) 租船经纪人。

帮助双方公布信息、选择合同相对方及订立合同的中介人被称为租船经纪人(chartering broker)。他们熟悉租船市场行情，精通租船业务，同时由于他们掌握市场动态，作为当事双方的桥梁与纽带，在为委托人提供市场信息、资信调查及其他信息咨询服务、促成合同顺利签订、减少委托人事务上的繁琐手续，以及为当事双方调解纠纷等方面所起到的积极作用。

(5) 租约。

承租双方所签订的租船合同被称为租约(charter party, C/P)。

(6) 标准租船合同范本。

承租双方在谈判时所参照的范本，在租船实务中被称为标准租船合同范本(standard charter party form)。

2. 租船运输的特点

租船运输主要具有如下几方面特点：定航线，不定船期；租船运输适宜大宗散装货物；租金或运费是根据租船市场行情来决定的；装卸费的分担根据租船合同商定的条款决定何方支付；一般通过船东的经纪人和租船人的代理人洽谈交租业务；各种租船方式均有相应的标准合同格式；租船合同条款由船东和租船人双方自由商定；租船合同中涉及法律的条款较少，大多数为技术性的条款。

4.4.2 租船运输的经营方式

1. 航次租船

(1) 航次租船的概念。

航次租船(voyage charter)，又称航程租船或程租船，是以航程为基础的一种租船方式，适用于运输单一的大宗货物。由船舶所有人负责提供一艘船舶在指定的港口之间进行一个航次或几个航次的运输。船方按照合同中规定的条件(船名、受载日期、装卸时间等)按时到装货港口装货，运往卸货港。在程租情况下，船、租双方的责任与权利以合同规定的条件为准。通常租船人除负担运费、滞期费和交付货物外，其他一切与船舶营运相关费用均由船东负责。所以，这种租船方式对租方来说简单易行，在国际上应用较为普遍。

(2) 航次租船的特点。

① 船舶的营运调度由船舶所有人负责，船舶的燃料费、物料费、修理费、港口费、淡水费等营运费用也由船舶所有人负担。承租人只承担及时供货和支付运费等相关费用的责任。

② 船舶所有人负责配备船员，负担船员的工资、伙食费。

③ 航次租船的“租金”通常称为运费，运费按货物的数量及双方商定的费率计收。

④ 在租船合同中需要明确货物的装卸费用和责任由船舶所有人或承租人负担。

⑤ 在租船合同中需要写明装卸时间、装卸率、滞期费和速遣费等。

(3) 航次租船的形式。

① 单航次租船(single voyage charter),指船舶所有人与承租人双方约定,只需完成一个单程航次的租船。船舶所有人负责将指定的货物从一个港口运往另一个港口,货物运到目的港卸货完毕后,船舶所有人的合同义务即告结束。单航次租船是航次租船的基本形式,也是对运输市场费率波动最为敏感的租船形式。

② 往返航次租船(return voyage charter),指船舶所有人与承租人双方约定一个往返航次的租船。同一艘船舶在完成一个单航次后,紧接着在原卸货港或其附近港口装货,运回原装货港或其附近港口卸货后,航次租船才告完成,船舶所有人的合同义务才能结束。由于对一个承租人来说,不大可能既有去程货载,又有回程货载,所以这种租船形式比较少。但在一个货主有去程货载,另一个有回程货载时,两个货主可能联合起来向船舶所有人按往返航次洽租船舶,船舶所有人往往在运费方面给承租人以一定的优惠。

③ 连续单航次或连续往返航次租船(consecutive single voyage charter/consecutive return voyage charter),亦称连续航次租船,指船舶所有人与承租人双方约定连续完成几个单航次或几个往返航次的租船。在这种情况下,同一艘船舶在同方向、同航线上连续完成规定的两个或两个以上的单航次或往返航次运输后,连续航次租船才告结束。连续航次租船可以每个单航次各订一个租船合同,也可以只订一个包括各个单航次或往返航次的租船合同,但合同中须订明船舶第一个航次的受载日期和连续的航次数。在连续单航次租船中,在不影响下一航次的受载期的情况下,船舶可以承揽回程货载。

④ 包运租船(contract of affreightment, COA),是指船东向承租人提供一定吨位的运力,在确定的港口之间,按事先约定的时间、航次周期和每航次较为均等的运量,完成合同规定的全部货运量的租船方式。即在规定的时间内,用若干条船运完包运合同规定的货物数量。

包运租船是在连续单航次程租船的运营方式基础上发展而来的,与连续单航次程租船相比,一方面,包运租船不要求由一艘固定的船舶完成运输,船东在指定船舶上享有较大的自由;另一方面,包运租船并不要求船舶一个接一个航次地完成运输,而是规定一个较长的时间,只要满足包运租船合同对航次的要求,在这段时间内,船东可以灵活安排运输,在对于两个航次之间,船东完全有权自由安排一些额外的运输。

对船舶所有人来说,包运租船的货运量大,在较长时间内能保证船舶有比较充足的货源,使运费收益有较稳定的保障。船舶所有人可灵活对运力进行安排,在保证合同规定完成货运任务的前提下,只要船舶所有人对船舶的调度管理得当,就有可能利用中间航次的空余时间装运其他货载,从而获得额外的收益。另外,对承运人来说,包运租船不但能在较长的时间内满足货物对运输的需要,而且在很大程度上能摆脱因租船市场行情的变动而受到的影响,不必担心有无运力将货物运往目的地的问题。

2. 定期租船

(1) 定期租船的概念。

定期租船(time charter)简称期租船,就是由船舶出租人将船舶租给租船人使用一定期限,在期限内由租船人自行调度和经营管理。在这个期限内,承租人可以利用船舶的运载能力来安排运输货物；也可以从事班轮运输，以补充暂时的运力不足；可以以航次租船方式承揽第三者的货物，以取得运费收入；还可以在租期内将船舶转租，以谋取租金差额的收益。

（2）定期租船的特点。

① 承租人在租期内拥有使用船舶运输的权利，负责船舶的调度和营运，既可运输自己的货物，也可承揽他人货物赚取运费，承担船舶运营风险，负担船舶的燃料费、运河通行费等船舶营运的可变费用。船舶所有人则负担船舶的折旧费、维修保养费、船用物料费、润滑油费、船舶保险费和船舶维持费。

② 船长由船舶所有人任命，船员也由船舶所有人配备，并负担他们的工资和给养，但船长应听从承租人的指挥，否则承租人有权要求船舶所有人将其撤换。

③ 租金率的确定以船舶的装载能力为基础，结合市场行情等因素洽谈。有些合同规定租金率为每天每载重吨 x 美元，或每天租金率为 x 美元。每半个月或每 30 天预付租金一次。

④ 船东与租方在签订租期较长的合同中常订有"自动递增条款"，即租金率会随船东成本的变动而增加。

⑤ 定期租船中有一种特殊方式为航次期租（TCT），又称日租租船。其特点是没有明确的租期期限，而只确定特定的航次。这种方式以完成一个航次运输为目的，按完成该航次的日数和合同约定的日租金率计算支付租金。该方式减少了船东因各种原因所造成的航次时间延长所带来的船期损失，而将风险转嫁给了承租人。其租期时间以完成一个航次为限，合同格式一般采用期租格式。

3. 光船租船

（1）光船租船的概念。

光船租船（bare boat charter）又称船壳租船。光租方式下，船东不承担与船舶营运管理相关的任何责任和费用，由租方配备船员，并负责船舶的维护保养等一切相关事宜。船东仅拥有船舶财产所有权，在租期内收取租金。光船租船是一种财产租赁方式，不具有运输承揽性质，如同房主将空房出租给房客一样。

（2）光船租船的特点。

① 船舶所有人只提供一艘空船，不负责船舶运输，承租人承担船舶的全部固定及变动费用。

② 全部船员由承租人配备并负担船员的工资及伙食费，船长及船员须听从承租人的指挥。

③ 承租人负责船舶的经营及营运调度工作，并承担在租期内的时间损失，即承租人不能"停租"。

④ 租金按船舶的装载能力、租期及商定的租金率计算。

⑤ 在租船合同中应说明由船舶所有人或由承租人负担船舶保险费。

光船租船方式在租船运输中较少使用。通常船东不愿将光船交给租方，大多数情况下，是在船东想卖船，而买方又无力一次付清价款的情况下才采取这一方式，然后等租方分期付足价款后，便转移船舶的所有权。

4.4.3 航次租船运费

航次租船费率的制定是离不开对航次租船成本估算的，航次租船成本就是航运企业为提供运输服务所需要支出的一切费用的总和。

1. 影响航次租船费率估算的因素

影响航次租船费率估算的主要因素就是一艘船舶的航次运输成本，船舶的航次运输成本包括的内容较多，结构复杂。一般认为应包括：船舶的资本成本、航次营运成本和航次变动成本。在我国又把航次营运成本和航次变动成本分别称为固定成本和变动成本。航次运输成本对于租船运输方式而言，是确定其运费和租金的基本因素。

在光船租船当中，船舶所有人需要负担船舶的资本成本，其余费用均是由承租人予以支付的；在期租船和航次期租当中，船舶所有人需要负担船舶的资本成本和营运成本；在航次租船和包运租船当中，除了装卸费用是按照租船合同的规定进行支付以外，所有的费用都是由船舶所有人进行支付的。

2. 航次租船费率估算方法

航次租船费率估算简称航次估算，就是船舶经营者根据各待选航次的货运量、运费率、航线以及船舶本身的有关资料估算整个航次的收入、成本、每天净收益以及其他经济指标。它可以用来在航次发生前或尚未结束之前预示航次营运经济效益，故可用于航次计划方案的比较和优化。

(1) 航次估算所需的资料。

航次估算所需的资料包括：船舶资料、货载信息、港口资料、航线资料以及上航次结束港等数据。其中，船舶资料包括：船名、建造时间、船级、舱室结构和数目、机舱位置、夏季和冬季载重线的总载重量、船舶载重标尺、散装和包装舱容、船舶载重在满载和轻载的情况下的技术速度、每天消耗的燃油、船舶常定重量、船舶每天的经营费用、船舶每天的资本成本以及企业管理费用分摊等。

货载信息是由承租人在谈判租约过程中提供给船舶所有人的，主要包括：航次的货物数量、允许船方选择的货物数量变化范围、货物种类、积载因数、装卸港口、装卸货物时间和除外条件、货物装卸费用分摊条款、运费率、佣金以及租船合同范本等。

港口资料包括：港口名称、限制水深、港口使费、装卸效率、港口拥挤情况以及燃油价格等。

航线资料包括港口间距离、所经航区以及可使用的载重线、所经运河以及运河使费。

(2) 航次估算的具体步骤。

航次估算的起止时间应该与航次时间的规定基本一致，即自上一航次的终点港卸空后至本航次终点港卸空所载货物时止。因此在航次估算中，如果上航次卸货港与本航次的装货港不是同一个港口时，是要包括这两个港口之间的空航航段的。航次估算的具体步骤如下：

① 计算航次时间。航次时间是由船舶航行时间和停泊时间加总而来的，其中，航行

时间又可以分为重载航行时间和空载航行时间。求航行时间时可以采用航行距离除以对应的平均航速，在港停泊时间主要包括装卸时间和加油、加水以及待泊和节假日等时间。

② 计算航次的燃油消耗。燃油消耗量也可以分为两部分，即航行中的燃油消耗量和停泊时间的燃油消耗量。其计算方法主要是，用航行天燃油消耗定额和停泊天燃油消耗定额分别乘以航行天数和停泊天数。此外，如果有柴油消耗，计算方法与燃油消耗相同。

③ 航次载货量及运费收入计算。影响航次载货量的因素主要包括承租人能够提供的货物数量以及货物的积载因数、船舶的载货能力、航区载重线利用情况、港口和航道吃水限制以及航线距离和加油港的选择等。一旦航次的载重量确定了，那么航次的运费收入就等于航次载重量乘以初步商定的运费率，此外，再减去需要支付给租船经纪人的佣金。

④ 航次费用估算。由于航次费用是随着不同的航次而变化的，因此对于燃料费、港口使费、装卸费、运河费、额外保险费以及其他的费用都需要进行估算。

⑤ 盈利性分析。通过上述计算，已经确定了航次时间、载货量和航次成本，再结合运费率和每天营运成本等数据，就可以计算出航次估算盈利的评价指标——每天净收益。

航次总收入 = 预计的运费率 × 航次货运量 + 滞期费 + 亏舱费

航次净收入 = 航次总收入 − 佣金

航次毛收益 = 航次净收入 − 航次费用

每天毛收益 = 航次毛收入 / 航次时间

每天净收益 = 每天毛收益 − 每天经营费用 − 每天管理费用分摊

4.5 海运单证

4.5.1 提单

提单(bill of lading, B/L)也称海运提单，是货物的承运人或其代理人收到货物后签发给托运人的一种单据。提单说明了货物运输有关当事人，如承运人、托运人和收货人之间的权利与义务，它是各项货运单据中最重要的单据。

1. 提单的作用

(1) 货物收据的作用。

从提单的发展史看，提单首先是作为货物收据出现的。承运人通过向托运人签发提单，来证明承运人已收到了并开始占有提单载明的货物。

① 提单作为货物收据的法律意义。提单作为货物收据，记载了托运货物的名称、数量或重量、体积及货物表面状况。它的法律效力是，承运人应当保证运输期间妥善、谨慎地履行管理货物义务，并在目的港按照提单的记载向收货人交付货物。

② 提单作为货物收据的证据效力。不同时期的立法对提单作为货物收据的证据效力规定不同。《海牙规则》规定，提单是承运人收到货物的初步证据(prima facie evidence)，即提单的证据效力不是绝对的。如果事后承运人有证据证明提单记载的货物与实际不符，提

单记载可被推翻。在这种法律制度下,可转让提单持有者的利益无法得到有效保障,因为提单的流通转让所依赖的完全是提单的表面记载。

为改变这种状况,《维斯比规则》及《汉堡规则》将提单的证据效力确定为绝对证据(conclusive evidence),承运人对提单记载的相反举证不可对抗提单持有人。对于发货人,承运人可以举证推翻提单记载,但对托运人以外的提单持有人,提单就是装运货物的绝对证据,承运人有绝对义务按照提单记载的内容向收货人交付货物。如果发生货物品种不符,数量短少,包装或货物损坏,承运人需负赔偿责任。在这种绝对责任制度下,承运人签发提单时应保证提单记载与实际相符,在运输过程中应谨慎、妥善保管货物,以便在卸货港按照提单记载交付货物。

对于由发货人提供而船东不知晓的某些提单记载,《海牙规则》及一些国家法律规定,发货人应对提供情况的真实性负责。根据英国《1992 年海洋货物运输法》关于发货人提单下的权利和义务随着提单的转让一并转让给了提单持有人的规定,发货人的上述责任就转到了提单持有人身上,即提单受让人需对提单记载不真实负责。这与提单绝对证据效力的规定存在着矛盾。考虑到承运人在接收货物时的谨慎核查责任及对无辜提单持有人的保护,从英国司法实践看,只有在托运人隐瞒危险品详情而造成货物损坏时,提单持有人才与托运人负连带责任,而与承运人无关。对其他与提单记载不符的交付,承运人仍需承担责任。

(2) 物权凭证作用。

① 提单物权凭证的解释。物权法中的物权是指自然人、法人直接支配特定物的权利,包括所有权、用益物权和担保物权。所有权包括占有、使用、收益、处分的权利。所有权是一种最充分的权利,是一种绝对的权利。提单的物权凭证指的是,提单持有人对提单下货物的推定占有权或所有权。具有物权功能的提单仅指可转让的提单,即指示提单和不记名提单。

在运输合同下,当事人更多的是关心货物的推定占有权。持有提单,就可以推定持有人有权占有货物;提单持有人出示了提单,承运人就应当向其交付货物,而无需考察提单持有人是否拥有货物所有权。在货物买卖合同下,当事人更多的是关心货物的所有权。卖方在没有收到对价以前,通过控制提单可以控制货物所有权;买方在给付了对价取得提单之后,就取得了货物的所有权。

应当注意的是,即使是买卖合同下转让提单,也并不一定意味着转让了货物所有权。持有提单,也并不一定意味着持有人拥有货物所有权,但持有人一定拥有货物占有权。例如,在非付款交单(信用证下的议付与托收下的付款交单即时的对价给付)支付方式下,如果卖方先行交出了提单,但没有收到对价,卖方仍然对货物拥有所有权;或者说,即使买方取得了货物占有权,但仍然没有所有权。再如,银行持有提单,也只是拥有货物的占有权而无所有权。如果开证申请人不履行付款赎单义务,开证行对占有的货物也不具有处置权,其需要履行必要法定程序,由法院拍卖货物。所以说,货物所有权的拥有和转让需要依据民法有关规定确定,不是提单法调整的范畴。

② 提单物权凭证的法律规定。提单的物权凭证功能也是在国际贸易发展过程中,通

过商人习惯进而通过立法赋予的。我国《海商法》第71条规定的“提单中载明的向记名人交付货物，或者按照指示人的指示交付货物，或者向提单持有人交付货物的条款，构成承运人据以交付货物的保证”。尽管有人称其为提单的“提货凭证”功能，但将记名提单也包括在内似乎不妥。上述解释或规定都是针对提单物权凭证作用的。在此作用下，提单合法转让，等于货物合法转让。

③ 提单转让的基本形式。提单的转让有两种基本形式。一种是货物所有权的转让，买方付清了货款，卖方将提单背书转让给买方，买方凭此向船方提取货物，就属于这种转让。另一种是货物占有权转让，卖方将代表货物占有权的提单质押给银行，向其贷款，或在议付时对提单做不记名背书转让给议付银行，就属于第二种转让。第二种情形下转让的是货物占有权，而不是货物所有权。

提单在转让过程中其代表的货物所有权和占有权有时是相分离的。从提单的转让流程看，当国际贸易中采用银行信用证结算方式时，发货人从承运人取得提单后首先将其背书转让给银行，议付银行在议付后再将提单转交给开证行，开证行在收货人付清货款后再将提单转让给收货人，收货人(提单受让人)可以将该提单继续在商人之间转让，或到银行质押取得货款。其中，提单在商人之间转让的多数是货物所有权，包括开证银行向收货人的转让，但发货人向银行的转让，只是转让货物的占有权，而货物所有权继续控制在发货人手中。进行这种区分的必要性在于：其一，卖方在买方付清货款前可以继续控制货物所有权；其二，银行不必卷入商业合同关系中；其三，在托收、寄售等贸易方式下，可让买方先以提单提取货物转售，但卖方声明保留货物所有权。这样，买方转卖的货款就必须归还卖方。

④ 提单转让与其他票据转让的区别。提单转让过程中，各关系人所承担的责任与一般的可流通票据不同，可流通票据的法律关系只存在于债权人和债务人之间；流通票据是有价证券，可以多次进行转让，所有背书人均负连带责任。提单也可多次转让，但一经合法转让，背书人不负连带责任，最后受让人只能向提单最初签发人——承运人主张提单权利。提单转让在时间上也是有限制的，即从提单签发之时起到货物交付时止。另外，全套提单中的一份提取了货物后，其余各份均告失效。货物到达目的港后的一定时间内，提单持有人必须办理提货手续，否则货物会被当作无主货处理。收货人提货后，或货物被依法处理后，提单也就失去效力，而失去效力的提单是不允许再转让的。非法获得的提单也不具有合法转让权利。

⑤ 关于无单放货。可转让提单的物权凭证特性，要求承运人在目的港必须向提单持有人交付货物。如果承运人向提单持有人以外的人交付货物，从提单合同上说是违约行为，从剥夺他人物权角度说是侵权行为，因此承运人必须对此承担全部责任。

航运实务中由于提单周转时间长于货物运输时间，或由于买卖双方发生争议提单尚未转让，造成船舶抵达目的港后，提单仍未到达收货人手中，迫使收货人凭提单副本加上保函向承运人提货。这种承运人凭上述单证交付货物行为在业务中被称为“无单放货”。由于无单放货行为剥夺了提单持有人的货物占有权或所有权，既违约又违法，因而会招致提单持有人的起诉，承运人应当避免这种做法。为避免船期损失，船东可以通过在运输合同中明确规定由于等待正本提单造成的船期损失由承租人负责，或在保留货物占有权的前提下将货卸进保税仓库的方法来解决。根据某些国家法律，在记名提单下，船东在验明收货人身份与提单记名人一致后，可无正本提单放货，但收货人应出具收货证明。但在我国现行法律下，这种做法仍为违法行为。

(3) 运输合同作用。

① 提单运输合同作用的含义。海洋货物运输合同是关于货物运输法律关系中，合同双方权利义务、责任期间、责任限制、责任豁免、法律运用等主要内容的协议。提单的运输合同作用的含义是，提单表明了承运人与货方就提单货物运输所需履行的基本义务和赔偿责任。根据有关法律，提单运输合同关系有两种情况：第一种是建立在承运人和托运人之间的，第二种是在提单转让后建立在承运人和提单持有人之间的。

② 承运人与托运人的提单合同关系。

在第一种情况下，提单的运输合同作用在不同的运输形式下表现形式不同，因此导致人们对此认识不同。英国提单法承认提单具有运输合同的作用，我国法律界对此持有不同观点，以提单是运输合同的观点占上风，这一观点体现在《海商法》关于提单的定义中。事实上，由于运输方式的不同和提单流转程序及关系人的复杂性，提单运输合同作用与一般意义上的合同相比具有特殊性。

在租船运输方式下，当承租人为发货人时(如在CFR、CIF条件下)，承运人与承租人(发货人或称实际托运人)的权利义务由租船合同约定，这时提单对于实际托运人而言不具有运输合同作用；当承租人为贸易合同的买方时(如FOB贸易条件下)，提单对于实际托运人而言则具有特殊的运输合同属性。这种特殊的合同关系体现在，实际托运人成为提单合同的关系人，提单有关条款约束实际托运人和承运人，各国相关法律也对此作了强制性规定。例如，在买卖合同下发生买方拒收货物或拒付货款时，货物所有权仍在发货人手中。如果承运人违反提单运输义务造成货物灭失或损坏，或者承运人无单放货时，实际托运人可依据提单运输合同追究承运人责任；同时，实际托运人也必须在托运货物时，向承运人履行一定的义务。

在班轮运输方式下，提单是运输合同的重要组成部分。单从合同成立角度看，订舱单就是班轮运输合同。但如从业务实际考察，订舱单的内容非常简单，它只载明了货物资料和船名、装卸港口等几项内容。关于船期，则体现在班轮时间表中；关于运价，体现在班轮运价表中；关于合同双方的权利义务、责任期间、免责事项、法律适用等主要问题，则印在班轮提单中。船期表、运价表、提单是公开给所有发货人的，他们知道或应该知道其中的内容。因此，从完整的合同看，订舱单、船期表、运价表、提单共同构成班轮运输合同，其中提单是最重要的组成部分，因此有人将其称为格式合同，订舱单只是表明运输合同关系确定的时间。所以，英国提单法中才有“提单所表明的运输合同”、“提单所包含的运输合同”之说。

③ 承运人与提单持有人的提单合同关系。在第二种情况下，即提单转让之后，不论在什么运输方式下，提单都是约束承运人与提单持有人的运输合同。将并非运输合同签约人的提单持有人变为提单合同的一方当事人是法律所强制规定的。我国《海商法》第

78条“承运人同收货人、提单持有人之间的权利、义务关系，依据提单的规定确定”的规定也源于同一思想。正是由于提单的运输合同属性，提单持有人才有权向承运人提出交付货物的要求(当然在物权凭证下他也有权这样做)，在货物灭失、损坏或延迟交付时，才有权向承运人要求赔偿，但赔偿要求也要受到提单运输合同中的免责、责任限制、责任期间等规定的限制。

2. 提单的种类

按照记载内容的不同，可将海运提单作多种分类，现将常见的分类表述如下。

(1) 按货物是否已装船划分。

① 已装船提单(on board B/L, shipped B/L)，指通过预先印就或装船批注(on board notation)方式表明货物已经装于具名船只的提单。根据有关法律，货物装船后，应托运人要求，承运人应当签发“已装船提单”。在国际贸易中，一般也都要求卖方提供已装船提单。

② 待运提单(received for shipment B/L)，指承运人在收到货物等待装船时，向托运人签发的提单。这种提单没有表明货物已经装船，更没有装船日期，往往也不注明装运船舶的名称，将来货物能否装运不确定，对提单受让人无保障，因此，买方和银行一般都不接受这种提单。货物装船后，承运人在待运提单上加注装运船名和装船日期及准确装货数量并签字后，待运提单即变为已装船提单。待运提单同收货单一样，都是运输合同的证据，但不是物权凭证。

(2) 按收货人记载方式划分。

① 记名提单(straight B/L)，指在“收货人”栏内填写具体收货人名称的提单。多数国家法律规定，记名提单只能由提单上所记载的收货人提货，不能通过背书转让，除非记名收货人与提单受让人另立转让协议。但少数国家，如日本、韩国的《商法典》规定，即使是记名提单，也可以背书转让。记名提单可避免提单转让可能带来的风险，但也丧失了它的可流通性。在美国等一些国家，记名提单下提取货物时不必出示正本提单，仅凭记名收货人的身份证明即可。但我国《海商法》规定，记名提单下提取货物时也需要出示正本提单，否则承运人要承担无单放货的责任。

② 指示提单(order B/L)，指在“收货人”栏内填写“凭指示”(to order)或“凭某人指示”(to order of ×××)的提单。前者称为不记名指示，此种指示应视为凭托运人指示；后者称为记名指示，承运人应当按照记名人的指示交付货物。不论哪种指示，指示提单可以通过背书的方法转让给他人。

提单背书有“空白背书”(endorsement in blank)和“记名背书”(endorsement in full)两种。前者是指仅由背书人(endorser)在提单的背面签署自己的名字或盖章，而不注明被背书人(endorsee)的名称；后者是指背书人除在提单的背面签字盖章外，还列明被背书人的名称。指示提单在托运人(卖方)未指定收货人之前，卖方仍对货物具有所有权；提单经托运人空白背书后，即成为持有人提单，持有人可以不经背书转让提单；提单经托运人记名背书后，即成为记名提单，此种提单不能再转让。

③ 持有人提单(blank B/L; open B/L; bearer B/L)，也称作不记名提单、空白提单，

是指“收货人”栏填写“持有人”(bearer)的提单。这种提单不需任何背书手续,可以直接凭交付履行转让。

不记名提单的转让虽然极为简便,但如果提单遗失或被窃,风险很大。目前经过银行开出的信用证凭单付款的,或经银行议付的提单,几乎都不采用这种提单。

(3) 按对货物外表状况有无不良批注划分。

① 清洁提单(clean B/L),指未载有承运人对货物外表状况的任何不良批注的提单。通常情况下,收货人和银行都要求卖方必须提交清洁提单。

② 不清洁提单(foul B/L; unclean B/L),指载有承运人对货物外表状况的不良批注的提单。承运人的不良批注包括对散装货或裸装货的外表缺陷的批注和对包装货物包装不良状况的批注。买方和银行一般都不接受不清洁提单,在装船货物存在外表不良状况时,为取得清洁提单,发货人往往出具保函,请求承运人签发清洁提单。这种做法对提单的持有人来说是一种欺骗行为,发货人、承运人都应对其后果负责,而且发货人保函的合法性也是不确定的。因此,凭发货人保函签发清洁提单,承运人将会承担很大的风险。

(4) 按运输方式划分。

① 直达提单(direct B/L),指保证货物在装货港装船后,中途不经过换船而直接运达卸货港的提单。

② 转船提单(transshipment B/L; through B/L),指注明货物将在中途港换装另一船舶运往目的港的提单。根据《海商法》第60条规定,承运人将货物运输或部分运输委托给实际承运人履行的,承运人仍然应当对全部运输负责。承运人与实际承运人都负有赔偿责任的,应当在此项责任范围内负连带责任。但运输合同可以明确规定,承运人对实际承运人掌管货物期间的货物灭失、损坏或延迟交付不负责任。所以,签发全程转船提单的承运人,责任主要有两种:一种是,如无特别规定,须对货物的全程运输负责。对货物的所有人来说,主张提单权利,提出赔偿和诉讼,均以签发全程提单的承运人为对象;另一种是承运人只对自己承担的运输段负责。许多班轮提单都规定:“如有需要,承运人得将货物交由属于承运人或他人的其他船舶,或其他交通工具直接或间接地运往目的港,费用由承运人承担,但风险则由托运人或收货人承担。承运人只对自己的运输路段负责。”对这类规定是否构成上述《海商法》中所指的“明确规定”,在托运人不知实际承运人情况下,承运人能否免除对实际承运人运输期间的责任,存在不确定性,应根据具体情况确定。

③ 联运提单(through B/L),指经两种或两种以上运输方式联合运输的货物,托运人在办理托运手续并缴纳全程运费之后,由第一程承运人所签发的,包括运输全程并能凭之在目的港提取货物的提单。

如同转船提单一样,使用这种提单,货物在运输途中的转换交通工具和交换工作,均由第一程承运人或其代理人负责向下段航程承运人办理,托运人不需自己办理。联运提单和转船提单虽然包括全程运输,但签发提单的承运人或其代理人,一般都在提单条款中规定:只承担货物在他负责运输的一段航程内所发生的损失责任,货物一旦卸离他所有的运输工具,其责任即告终止。

④ 国际多式联运单据(multimodel transport document, MTD),国际多式联运单据,

指国际多式联运形式下，由多式联运经营人签发的覆盖全程运输的具有提单性质的一种单据。

(5) 按照签发人不同划分。

① 船舶所有人提单，指由船舶所有人或其指定人(如船长、船舶代理)签发的提单。此种提单是最传统的，表明船舶所有人作为承运人承担提单合同义务。

② 租船人提单，是指在期租船合同下，期租租船人以自己的名义签发的提单。此种提单下，提单签发人取代了原船东的法律地位，对提单持有人承担承运人责任。

③ 无船承运人提单，指由海洋无船承运人签发的提单。此种提单下，无船承运人作为提单承运人对提单持有人承担提单合同义务。由于无船承运人一般具有国际货运代理资格，故人们常将此种提单称为货运代理提单。事实上，没有取得无船承运人业务资格的货运代理是无权作为承运人签发提单的。集装箱拼箱业务中，也经常使用此种提单。由于提单签发人是集拼经营人，所以又被称为集拼经营人提单。

(6) 特殊提单。

① 倒签提单(back dated B/L; anti-dated B/L)，指记载的货物装船日期早于实际装船日期的提单。判断提单是否被倒签的唯一标准是货物的装船日期是否虚假，而不一定是提单签发日被更改。根据国际商会《关于审核跟单信用证单据的国际银行标准实务》第96条规定："当提单中无特别装船日期标注时，提单的签发日期即视为装船日期；如果提单中载有特别装船日期标注，应以此标注日期作为装船日期。"

倒签提单的目的是为了满足贸易合同或信用证的要求，其特征是提单记载的实际装船完毕日被虚假地提前。由于国际贸易中将提单记载的装船日期视为卖方履行交货义务的日期，提单记载的日期虚假，即为卖方交货日期虚假。虚假的提单会严重危害买方在买卖合同中拒收货物的权利。因此，倒签提单是严重的违法行为，将给承运人带来如下的法律后果：

第一，承运人将丧失赔偿责任限制权利。在提单合同下，承运人根据《海牙规则》或有关提单法律，享有赔偿责任限制权利。我国《海商法》第59条规定："经证明，货物的灭失、损坏或者延迟交付是由于承运人的故意或者明知可能造成损失而轻率地作为或者不作为造成的，承运人不得援用本法第56条或者第57条限制赔偿责任的规定。"可见，承运人主张赔偿责任限制权利是有前提条件的，即在其履行提单合同义务时不应存在过错。承运人倒签提单，明显属故意行为，该行为使其丧失了上述权利。

第二，承运人可能面临不同的赔偿责任。由于倒签提单可以认定为侵权性质，而侵权责任与违约责任在现行法律制度下存在差别，诉权人可能选择有利于自己的诉因提起诉讼，使得承运人面临不同的赔偿责任。例如，在违约诉讼下，承运人可能享受免责或赔偿责任限制，但在侵权责任下，合同法不适用，依据民法的恢复原状的赔偿原则，承运人的赔偿额很可能大于违约责任下的赔偿额。

第三，托运人向承运人出具的保函对收货人无效。托运人请求倒签提单时，一般需向承运人出具保函，保证由此引起承运人的任何损失，由托运人予以赔偿。但是，由于倒签提单属合谋欺骗行为，法律不会支持该保函对收货人的效力，承运人将无法得到保函的保障。

② 预借提单(advance B/L),指在货物尚未装船,或装船尚未完毕情况下,所预先签发的已装船提单。其特征是货物没装船,或没完全装船,但提单却表明货物已装船完毕。托运人要求签发这种提单的目的和法律性质与倒签提单相同。与签发倒签提单相比,承运人签发预借提单,要承担更大的法律风险。

首先,签发预借提单,极有可能增加承运人的赔偿责任。提单有货物收据的作用,它是在货物装船以后,由托运人凭收货单(大副收据,mate's receipt)向船公司或其代理换取的。船公司或其代理签发提单时,如果发现大副收据上载有货物状况的不良批注,就应如实地将此种批注转注到提单上,以此作为日后免除货损责任的证明。但是,在签发预借提单的情况下,由于承运人尚未见到货物,就为托运人签发了清洁的已装船提单,日后货物实际状况与提单记载可能不符,承运人则必将因此承担交货不符的责任。

其次,承运人可能承担货物落空的赔偿责任。即使托运人请求签发预借提单的行为是善意的,但在实践中发货人实际上可能无货可交。例如,在签发了预借提单以后,货物在码头或仓库内发生了灭失或损坏或者被海关退关,发货人又无其他货物可以替代。这样,货物尽管没有装船,收货人却支付了货款,取得了无法兑现的已装船提单,承运人对此需要承担责任。

③ 交换提单(switch B/L),也称转换提单,指应托运人或承租人要求,以原提单为交换条件而签发的,变换了原提单中托运人和/或装货港的另一套提单。其特征是,原提单中的托运人和/或装货港口被变更了,其他内容与原提单严格一致。

签发交换提单的目的主要有以下原因:

第一,装卸两港不允许直接通航。装卸港口不允许直接通航多是政治原因造成的,如两国无外交关系、政治对立、经济制裁等。在这种情况下,装货港签发的提单无法被卸货港的官方所接受。解决这个问题有两种途径:一是采用转口运输,即把货物运到可以接受的转运港,再从该港出口到目的港;二是采用交换提单,即将原提单上的装货港改为可接受的中途港,而货物实际上不转船,船舶甚至可以不挂靠中途港。

第二,实际装货港与贸易合同规定不符。装货港是贸易合同的重要事项,未经买方同意不得擅自更改。但是,贸易实务中卖方在贸易合同签订后可能因货源紧张而改变供货地点,因而改变了原规定的装货港口。这样,在实际装货港签发的提单就无法被买方或银行接受。这个难题可以通过在交换提单中改变实际装货港口的方法来解决。

第三,保护商业秘密。在中间贸易情况下,实际买方和卖方互不认识或互不了解,中间贸易商通过签订背对背合同的方法实现了货物交易,赚取了买卖差价。在这种中间贸易中,保护贸易信息对中间贸易商非常重要。在交换提单中改掉真实的托运人或装货港口,可以防止买方掌握卖方信息。为此,从事中间贸易的中间商需要控制租船权,并要求承运人同意签发交换提单。

第四,规避贸易壁垒。世界多数国家对来自不同国家的商品实行差别税率。如果原装货港口属高额税率对象国,则可以将原提单的装货港口改为低税率对象国的港口。当进口国对某些商品实行国别配额时,如果原提单装货国家的配额用尽,提单项下的货物将被禁止进口。此时,将装货港改为尚有进口配额额度国家的港口则可顺利进口。

签发交换提单时应注意以下问题：

第一，当因装卸港口不允许直航或为绕开进口国贸易壁垒而使用交换提单时，因其性质是违反进口国政府政策的行为，一旦被进口国当局发现会产生严重后果，所以不主张随意使用交换提单。

第二，当因商业目的而不涉及政治问题使用交换提单时，应谨慎处理，除替换托运人和装货港口外，原提单其他记载事项不得作任何更改。

第三，承运人在签发交换提单时，必须收回原提单，以避免两套提单同时存在。这不但可以保护承运人，也可以保护真正货方的利益。

第四，除合同另有规定外，承运人无义务签发交换提单。托运人或承租人要求签发交换提单时，应向承运人提出书面申请并提供可靠的担保，保证承运人因签发交换提单而遭受任何损失时予以赔偿。

④ 分提单(separate B/L)，指应托运人要求将同一装货单下的货物分票，而分别为它们签发的提单。提单被分割后，每份分提单都构成一份独立的合同，每一份分提单的义务不受其他分提单的影响。对同一装货单下的货物进行分票有两种情况：一种是按不同货种、标志、等级分票，这种分票通常不会产生额外费用和责任；另一种是对大票的同种货物分票，理货分票时会产生额外费用和货差责任。所以，对托运人的第二种分票要求，承运人可以拒绝，或由托运人出具保函，承担费用和责任。分票和出具分提单的目的是为了方便货物转售。

⑤ 舱面货提单(on deck B/L)，也称甲板提单，指提单上注明“货装甲板”的提单。通常，货物是不能装于甲板上的，只有以下三种情况才可以将货物装于甲板：第一，承托双方同意的，对此，承运人应得到托运人的书面委托，承运人为自己的利益擅自将货物装于甲板的，即使为此购买舱面货险，也属违反妥善管理货物义务行为，需对其后果承担全部责任，而且不得享受赔偿责任限制；第二，符合航运习惯的，航运业务中，对如原木、锯木、部分桶装货物及其他不怕水湿的货物，习惯上可将它们装于甲板；第三，法律法规规定的物品，如部分危险品。

货物装于甲板时必须在提单上如实记载，标明“货物装于甲板”或类似记载，以便收货人、提单持有人了解货物装运情况，否则，视为承运人违反管理货物义务，托运人与承运人的有关协议将不得对抗提单持有人。

根据有关法律，承运人对正常装于甲板上货物的风险免责，绝大多数提单条款也有类似规定，但这类规定并不解除承运人的妥善、谨慎管理货物的义务。如果货方能够举证证明承运人有管货过失，承运人仍需对因管货过失导致的货物灭失或损坏承担赔偿责任。承运人对甲板货物的妥善、谨慎管理义务主要有：将货物置于适当的位置；对货物实施充分、合理的绑扎和覆盖，航行途中对货物实施检查和紧固(checking & securing)，对遇险货物合理施救等。

⑥ 租船合同提单(charterparty B/L)，指表明合并有租船合同条款的提单。此种提单一般在航次租船形式下使用。请注意：第一，租船合同并入提单，必须在提单中明确表示，例如，注明“某租船合同已合并进本提单”，全球普遍使用的由国际船东协会(BIMCO)编

制的CONGENBILL提单上就印有“与租船合同一起使用”(to be used with charterparty)字样;第二,租船合同并入提单后,其有关条款便成为提单条款不可分割的组成部分,对提单关系人具有约束力;第三,国际商会的“跟单信用证统一惯例”(UCP 600)中规定,“除非信用证另有规定,银行将不接受租船合同提单”。第四,在使用这种提单时,尽可能随附一份租船合同副本。

⑦ 过期提单(stale B/L),是指在贸易结算中向银行交单议付日超过信用证有效期或超过提单签发日21天的提单。请注意:第一,所谓过期提单与航运业务无关,而是指在贸易结算中因为迟期交单导致信用证已丧失效力,该提单在此信用证下已经没有意义,银行将不再接受该提单在此信用证下议付;第二,提单本身无是否过期之说,只有是否失效之说。提单在货物交付给提单持有人之前,总是有效的,一经“兑付”,即凭以提货,提单便失去效力。

3. 提单的内容

班轮提单的内容、条款是由班轮公司经过长期实践总结而编制的。班轮提单与租船合同提单不同,前者有很完整的条款,是班轮运输合同的重要组成部分;而后者的内容及条款通常较为简单,需合并进租船合同才构成完整的提单合同。因此,认真研究、妥善填制班轮提单十分重要。

(1) 提单的正面内容。

① 船名(vessel),从法律意义上说,船名载进提单中即将船舶特定化(ascertained),该船舶被视为约定的船舶。承运人未经托运人同意而更换船舶属违约行为。因此,多数提单背面订有“自由更换船舶”条款,规定当约定船舶因故无法提供时,允许承运人安排替代船舶完成运输任务。但此种情况下承运人有义务保证船舶的适航性和适货性。

② 承运人(carrier),是指与托运人订立海洋货物运输合同的人,不一定是船舶所有人。班轮运输合同的承运人可以是班轮公司、非班轮公司的船舶所有人,也可以是《联合国国际多式联运公约》中所称的无船承运人(non-vessel operating common carrier, NVOCC),亦称契约承运人,需要根据具体情况加以认定,而不能简单根据提单上承运人抬头认定。

一般来说,从事班轮运输业务的承运人都拥有自己的船舶。在接受托运人订舱及装船后,班轮公司向托运人签发提单,该提单上通常印有班轮公司的抬头,由船长或者班轮公司委托的代理人签字。此时,提单上的班轮公司就是承运人。对此,各国法律都有相同的认识。

有时,班轮公司为了调整运力,会期租他人船舶参加班轮运输,但签发提单的承运人抬头仍然是该班轮公司。班轮公司常在提单中订有一条“租赁条款”(demise clause),大意是如果船舶是租来的,该提单合同视为与船舶所有人签订,提单上载明的班轮公司只是船舶所有人的代理人。根据我国法律,这种条款应视为无效,因为海洋货物运输合同是由班轮公司同托运人缔结的,放任班轮公司逃避合同义务,违背法律的基本精神。但是,英国法律却承认“租赁条款”的效力。

随着集装箱班轮业务的发展,孕育出了“契约承运人”,即“无船承运人”。在我国,无船承运人是由国际货运代理人发展而来的。他们根据法律规定，取得无船承运人资格，以承运人身份从事班轮运输业务。这些人多数没有运输船舶，但却以承运人名义向托运人签发自己的提单，该提单被称为"无船承运人提单"(house bill of lading)或"国际货运代理提单"(forwarder's bill of lading)。也有的签发"国际多式联运单据"。根据《联合国国际多式联运公约》规定，无船承运人应当属于"多式联运经营人"，应当以承运人的身份对运输货物承担承运人义务。但是，目前国际货运代理人的提单中，背面的承运人义务条款很不统一，有的规定不承担货物在实际承运人控制期间的灭失或损坏责任；有的规定虽然签发提单，但只承担代理责任；有的规定了低于法律规定的赔偿责任，这给承运人的认定带来困难。

契约承运人的地位应当根据其与托运人签订的运输合同、所签发出的提单条款和有关法律规定进行认定。对于托运人来说，如果无船承运人在与其签订运输合同时，明确双方为代理关系，托运人知道货物将由代理人委托他人实施运输，则双方所签订的合同为代理合同。如果该代理人签发了自己的运输行提单，即使提单上表明了该代理人为承运人，双方的代理关系仍未改变，该代理人仍不能被认定为法律上的承运人，其行为也不能依据《海商法》的规定来规范，只能依据代理关系的法律来调整。当发生海洋货物索赔时，托运人除依据有关代理法律向代理人，即无船承运人索赔外，还可以委托该代理人，或在该代理人不予配合时，根据我国《合同法》有关规定，行使受托人对第三人的权利，向实际承运人索赔。如果订立合同时，双方没有明确代理关系，托运人也不知道货物将被另一承运人运输，货运代理人又签发了自己的提单，该货运代理人应当认定为承运人，依法承担承运人义务。这时，《海商法》应适用，提单中任何违反法律规定的承运人义务减免规定应视为无效。

对于收货人、货运代理人提单持有人来说，除非其知道托运人与运输行为代理关系，否则，对于上述不论哪种情况下签发的提单，只要合法持有，签发该货运代理人提单的人都应被视为承运人，依法承担承运人义务。因为，根据《海商法》的规定，该提单签发人与收货人、提单持有人具有海洋货物运输合同关系。

③ 托运人(shipper)，是班轮运输合同的另一方当事人，应与托运单中的托运人相一致。我国《海商法》第 42 条规定："托运人是指本人或者委托他人以本人名义或委托他人为本人与承运人订立海洋货物运输合同的人。"简言之，托运人就是与承运人订立运输合同的人，称之为契约托运人，例如 CFR、CIF 条件下的卖方，或者 FOB 条件下的买方，或者无船承运人。或者是"本人或者委托他人以本人的名义或者委托他人为本人将货物交给与海洋货物运输合同有关的承运人"，简言之，托运人还可以是将货物交给承运人的人，称之为实际托运人，或称发货人(consigner)，绝大多数情况下，他是买卖合同下的卖方。个别情况下，也可能是买方，例如，买方租船订舱托运。

由于实际托运人和契约托运人在提单法律关系中的权利义务不完全相同，为保护实际托运人的利益，提单中的托运人最好记为实际托运人。当发货人委托代理人托运货物时，也应当以发货人名义托运，以避免提单关系人混乱。

④ 收货人(consignee)，是指在目的港有权提取货物的人。在记名提单下，收货人为

提单中的指定收货人。因为大多数国家法律规定记名提单不得转让，所以，承运人需保证在目的港向提单上的记名收货人交付货物；在指示提单下，如果提单被记名背书，则被背书人就是收货人；如果提单被空白背书，提单持有人就是收货人。如果买方无力或者拒绝付款赎单而银行持有提单，则银行有权向承运人主张货物。根据多数国家法律规定，可转让提单的合法持有人拥有提单合同权利(例如主张货物、索赔货损货差)，同时承担提单合同义务(例如支付运费和其他应付费用等)。但根据英国法律，银行只有在向承运人主张货物时才承担提单合同义务，其他情况下，承运人不得因为银行持有提单而要求银行履行提单合同义务。

⑤ 被通知人(notify party)，指在目的港接收承运人有关货物到达信息的人，通常是收货人的代理人，也可以是贸易合同的买方。提单中的被通知人不是提单合同的当事人，不享受合同权利也不承担合同义务，因此，在无正式委托情况下，承运人不得将货物交付给提单中的被通知人。

我国《海商法》没有明文规定承运人的通知义务，但我国《合同法》第309条规定："承运人知道收货人的，应当及时通知收货人……"据此，提单中载入"被通知人"的目的是为了方便承运人履行通知义务。许多班轮提单中规定："Any mention in this bill of lading of parties to be notified of the arrival of cargo is solely for information of the carrier and failure to give such notification shall not involve the carrier in any liability, nor relieve the merchant of their obligation hereunder."此种规定违背法律规定，应视为无效。

在租船业务中，运输合同通常规定收货人须承担卸货责任和卸货港的滞期费，承运人则必须根据运输合同约定的通知时间和方式履行通知义务，否则，不得起算装卸时间。

另外，虽然我国《海商法》未将"收货人"这一重要资料列入托运人申报义务中，但我国《合同法》已在第304条做出了规定，即"托运人办理货物运输，应当向承运人准确表明收货人的名称或者姓名或者凭指示的收货人……"据此，在可转让的提单中，托运人如未能表明收货人或未能通过其他途径就收货人资料通知承运人，在提单中准确填写"被通知人"就非常重要。

⑥ 装卸港口(loading/discharging ports)，是提单中的重要事项，必须准确填写，提单签发后，未经合同双方同意不得变更。在班轮运输中，遇有货主要求船舶加挂非基本港口的，承运人应谨慎对待，以防对其他货物构成不合理绕航。装卸港口和运输合同的履行地通常会涉及法院的管辖权和法律适用问题。

⑦ 货物描述(cargo description)，包括货物名称、标志、数量、重量、体积以及船长对货物外表状况的批注等。根据有关法律规定，托运人必须准确填写上述内容，否则应当承担由此导致的任何责任。但此种规定并不免除承运人保证对提单持有人按照提单记载交付货物的义务，这是因为，《海牙—维斯比规则》、《汉堡规则》及多数国家的相关法律都规定，提单中记载事项对于提单持有人构成"结论性证据"或称"最终证据"，若提单记载与实际交货情况不符，造成收货人损失的，承运人需要承担责任。

根据上述法律规定，承运人应当对装船货物进行仔细的核对，对货物的外表状况如实批注。提单中印有的诸如"细节由托运人提供"(particulars furnished by shipper)、"据称"

(said to be)或类似条款,不能免除承运人对收货人、提单持有人的责任。承运人接受托运人的保函,不如实地签发清洁提单构成对提单持有人的欺骗,须承担由此产生的一切后果。

⑧ 运费及其他费用。提单中一般只记载运费和其他应付费用的支付方式,此种记载应符合运输合同规定。对运费预付的,提单中只注明"Freight Prepaid"即可,不必注明金额;对在卸货港收取运费的,应在提单中注明"freight collect"或"freight payable at destination",原则上应注明运费金额或以其他方式表明运费金额。应向收货人收取的其他费用,也应在提单中注明。

⑨ 提单的签发。签发人。只有承运人才有权签发提单。船舶所有人、光船租赁人以及代表船舶所有人、光船租赁人的船长是法定的提单签发人。船舶所有人、光船租赁人、船长可以授权船舶代理人、期租租船人或其代理人(租船合同授予的权利)代其签发提单,但代理人应严格按照授权范围签发提单。承运人应对代理人签发提单的后果负责,即使代理人不当签发提单也一样,但承运人承担责任后,可依据代理协议向代理人追偿。

因为提单是一种重要运输单证,未经授权的其他人签发提单是严重的违法行为。通常,未经授权的人签发提单的原因主要有:船长拒绝签发清洁提单,交换提单情况下一程提单尚未到手,买方暂无财力赎单但急于提货,船长拒绝签发倒签提单、预借提单,不法商人诈骗等。因此,承运人在交付货物前,应谨慎审查提单的真实性,在委托他人签发提单的情况下尤其需要注意。鉴于提单的真伪较难识别,提单最好由船长自己签发。

签发时间,涉及两个问题:一是提单的签发日期(issuing date)。国际贸易中将提单的签发日视为卖方的交货日,它是判断卖方是否按期履行交货义务的最重要依据。因此,提单签发日必须与实际装货完毕日一致。提单签发日与事实不符的,不论是倒签还是顺签,都是对提单持有人的欺诈行为。二是提单应何时签发给托运人(time of releasing)。这也涉及两个问题:第一,要不要签发;第二,何时签发给发货人。关于第一个问题,根据法律规定(如我国《海商法》第72条规定),应托运人要求,装货后承运人必须签发提单。承运人以任何理由拒绝签发或扣发提单均属违法行为。关于第二个问题,世界上只有少数国家规定提单应当签发的具体时间,如法国规定,提单最迟应当在货物装船后24小时内签发(1966年第66-1078号令第37条),多数国家规定,提单应当在货物装船后的合理时间内签发。在装运多票货物时,船长应在每一票货物装完后的合理时间内即签发提单,而不能等所有货物装完后再签发。

签发地点。提单通常在装货港签发,但也有的在承运人的办公地点签发。提单的签发地点表明了运输合同的履行地点,涉及法院的管辖权和法律适用问题。

签发份数。很早以前国际航运中就形成一种习惯,为每票货物签发一式数份提单,一般一式三份,一份留给船长,以备在目的港核对;一份留在托运人手中,作为交付货物的证据;一份寄给收货人,用以向船长提取货物。签发多份提单也可以解决在提单的处理、邮寄过程中丢失,收货人无法提货的问题。提单除正本外,还附有若干副本,目的是为有关方面提供货运信息。正本提单正面注有"original"或"negotiable"字样,背面印有提单条款;副本提单正面记载与正本相同但载有"副本"字样,背面为空白。如今的正本提单除注明签发份数外，因转让时一般都要求提供全套正本提单，船长也就不再保留。为防止提单转让中一物多卖，提单中都规定“In witness where of the carrier or his agents has signed Bills of Lading all of this tenor and date, one of which being accomplished, the others to stand void”或类似文句。

更正与换发。当托运人取得提单后发现填制的内容有误、提单遗失或需要中途改变卸货港时，可以要求更正或换发提单。在核对情况真实并收回原提单后，承运人可予以更正或换发。承运人应将提单更正或换发情况通知船长。提单已经转让的，不得更正或换发。另外，当实际托运人没有获得货款的支付时，有权变更提单的记名收货人、被背书人。

⑩ 邻近条款。提单正面一般都印有“... for carriage to the port of discharge or so near there to as the vessel may safely get and lie always afloat ...”这类条款，一般称其为“邻近条款”。

根据有关运输法律，装卸港口一经列名指定，就构成承运人的一项承诺，船舶必须驶往列名港口卸货，除非发生不可抗力事件或英美法中的“合同受阻”事件(frustration)。所以，虽然邻近条款中使用了“or”这一词句，表面上看承运人可以选择在邻近港口卸货，但实际上承运人首先应当选择在列名港口卸货。只有当列名港口发生阻碍事件(hindrance)使船舶无法安全进入列名港口，承运人才有权选择到合理的邻近港口卸货。

对于什么情况才构成“阻碍事件”没有严格的界限，应根据合理原则确定。判断时应考虑延误的时间长短、花费的费用多少、临近港口的距离等因素。从英国的判例看，严重的阻碍事件已构成“合同受阻”的，如战争、持续的罢工等，未构成“合同受阻”的一些严重事件也允许承运人选择邻近港口。例如，短期的阻碍，如几天的航道堵塞、半个月的等候大潮都不算是严重阻碍事件，港口拥挤造成的较长时间等待更属于商业风险，但江河里的港口遇到枯水期需等候几个月船舶才有足够水深进港，便是严重阻碍事件(但不一定构成合同受阻)，允许承运人选择邻近港口卸货。因此，承运人在依赖邻近条款时，应充分考虑各种因素，避免滥用权利。

(2) 提单的背面条款。

① 背面条款概述。班轮提单的背面条款规定了承运人与货方(merchants)的权利义务、责任期间、责任限制、责任免除、法律适用、法律管辖和特殊货物运输等内容，是班轮运输合同的重要组成部分。

班轮提单背面条款的订立与租船合同相比有其特殊性。按照法律基本原则，本来合同条款是合同双方在自愿、平等基础上达成意思一致的具体体现。但班轮提单条款却是由承运人单方面拟制，印制成格式提单合同，然后“强迫”货方接受。

数百年来，提单条款一直是由班轮公司制定的，这种方式从未有过根本改变，提单作为国际贸易和国际货物运输中重要单证的地位也从未因此而发生根本改变。提单合同条款制定的单边性被广大货方所接受主要有以下几个原因：第一，班轮承运人面对众多货主这一特性决定了班轮提单条款制定的单边性。第二，提单条款需要符合有关法律规定，有关提单的国际公约和国家有关法律都规定了承运人的基本义务，提单如果存在免除或降低承运人基本义务的条款会被视为无效。第三，在日益激烈的市场竞争中，承运人在制定提单条款时，不得不考虑提单条款的公正性和可接受性。第四，提单条款具有公开性，可视为托运人知道其内容。从长期角度看，货方在托运货物前都可轻易地取得提单样本，尽管托运人没有参与提单条款的制定，但对其内容是了解的，如果托运人认为某些条款不能接受，理论上讲可以要求承运人修改，或拒绝与其达成运输合同。因此，从总体上说，提单条款制定的单边性并不一定破坏提单合同的公正性。

② 管辖权条款。管辖权在诉讼法中是指法院受理案件和审理案件的权限。国际货物运输同其他国际商务活动一样，在解决争议时法律适用上常常发生冲突，这是因为各国的法律规定存在差异。一项租约免责条款在英国法下被视为有效，在荷兰法下就可能被视为无效。因此，解决争议时适用哪国法律会涉及当事人的利益。为避免在适用法律问题上的冲突，一般国际性商务合同都订有管辖权条款。

关于管辖权，有关提单的法律中没有规定，需要根据民法或合同法的规定来解释。基本的解释原则是：提单中有规定的，以提单规定为准；提单中无规定的，按承运人主营业地法、装卸港口地法、发货人主营业地法来考虑，视哪一因素具有"更密切联系"。为更稳定管辖权，提单中一般都明确规定法院管辖权及法律适用，如英国船公司的提单一般都规定英国法院管辖，中远公司的提单规定中国法院管辖，而国际性格式提单，如 CONGEN-BILL 则规定承运人主要营运地法院管辖。

由于国际航运中存在着期租、船舶管理公司等复杂问题，即使提单中规定了"由承运人主要营业地法律及法院管辖"，仍有争议之处。例如，马士基船公司是世界上著名的大船公司，主要营业地在丹麦，期租了一条船，由船长授权签发提单，提单中有一条"DEMISE CLAUSE"，表示马士基只是代理人，而承运人是原船东。该船东是圣文森特公司，由香港公司管理，哪国的法院对其有管辖权呢？处理这类问题的基本原则就是要找出与案件"更具有密切联系"的营业地，即实际处理船舶日常业务地，以该地法律为准，并由当地法院管辖。

③ 首要条款。指合同中指明受某一国际公约或国内法制约的条款。提单中的首要条款一般都规定本提单合并进《海牙规则》、《海牙—维斯比规则》、《美国 1936 年海洋货物运输法》等国际公约或国家法律。首要条款的意义在于，合并进这些国际公约或法律后，提单下关于承运人和货方的权利义务及责任豁免、责任限制等都以这些法律为准，提单其他条款与首要条款中法律规定相冲突的，以首要条款中的法律规定为准。非公约缔约国或其国内法无此类规定的，视其自愿接受这些法律规定。

④ 承运人的责任与豁免。这些条款基本上是按照首要条款中规定的国内法或国际公约制定的。

⑤ 承运人责任期间。对于杂货运输，实行"钩至钩"责任制度，即承运人责任从货物装上船时起到货物卸下船时止。对于集装箱运输，承运人的责任期间从收到货物时起到交出货物时止。

⑥ 包装和标志。此条主要规定托运人应妥善包装货物，正确、清晰标识货物的义务。

⑦ 自由转运、换船、转船条款。该条款一般规定，如有必要，承运人可任意用自己的船舶、他人的船舶，或经铁路及其他运输工具，将货物直接或间接运往目的港。转船、驳

运、卸岸、仓储、重装的费用由承运人承担，但风险由托运人承担，承运人只对自己完成的那部分运输承担责任。该条款表面上赋予承运人很大的自由，但如果承运人依据该条款行事，违反了与托运人的事先约定，或者违反了有关提单的国际公约或国内法的规定，此条款亦当视为无效。

⑧ 托运人误述条款。此条款是约束托运人的，要求其对货物的种类、数量、重量、尺码申报要准确，否则造成的损失及责任应由托运人承担。

⑨ 承运人赔偿责任限制条款。该条款通常将承运人的单位赔偿责任限制在一定额度之内，超过部分免除赔偿责任，但如果规定的赔偿责任限制低于法律强制规定的，当属无效。

⑩ 危险品、违禁品。本条款要求托运人在托运危险品时应向承运人如实声明，并按照国际海事组织的《国际海运危险货物规则》要求，在货物外包装上做好标记，出具商品检验证书及运输说明等。如果托运人未履行上述义务，承运人在发现存在危险时，有权卸下或抛弃货物；如果托运违禁品，托运人承担由此产生的全部责任和费用。

⑪ 共同海损及“新杰森条款”。此条款规定了共同海损理算规则及理算地。“新杰森条款”规定了在由承运人航行疏忽造成的共同海损事故中，承运人不仅可以免责，而且可以要求其他受益方参加共同海损分摊；承运人其他船舶参与救助的，可以像第三人一样获得救助报酬。“新杰森条款”是专门针对美国法律而订立的，只有美国法律不允许船东在存在航行疏忽情况下要求分摊共同海损。

⑫ 留置权条款。该条款规定了在托运人、收货人未付清运费、滞期费、亏舱费及共同海损分摊时，承运人有权留置并处理货物，变卖所得不足时，仍有权索赔差额部分。

⑬ 甲板货。由于海牙规则不适用于甲板货，故提单中专门订立此条款，规定承运人对甲板货物灭失及损坏免责，但此条规定并不免除承运人对甲板货的妥善照料职责。

⑭ 互有责任碰撞条款。该条款规定，在发生两船互有责任碰撞时，如果他船在赔偿了本船货主后向本船索赔此项赔偿，本船货主应将此项赔偿转还本船。

除上述条款外，提单背面还规定有战争条款、罢工条款、冰冻条款等。

4. 有关提单的国际公约

由于海运提单的利益相关方经常属于不同国籍，提单的签发地和目的港也经常分处于不同国家，一旦发生有关提单的争议，就会产生相关的法律问题。因此，涉及海运提单的有关各方都努力寻求统一的国际法规和公约。目前已经生效并对提单做出规定的主要有《海牙规则》、《维斯比规则》和《汉堡规则》三项国际公约。

(1)《海牙规则》。

为统一限制承运人滥用权利的立法，国际法协会所属的海洋法委员会于1921年5月在荷兰首都海牙召开会议，制定提单规则，并于1924年8月25日在布鲁塞尔召开的有26个国家代表出席的外交会议上，通过了《关于统一提单若干法律规定的国际公约》(International Convention for the Unification of Certain Rules of Law Relating to Bill of Lading)，简称《海牙规则》。《海牙规则》于1931年6月2日起生效，现参加国有80多个。英国在1924年将其转化为国内法，即《1924年海洋货物运输法》(Carriage of Goods by Sea

Act, COGSA),美国没有加入该公约,其相关立法是《哈特法》和《1936 年海洋货物运输法》。我国也没有加入该公约,但在《海商法》中部分地采纳了该公约的有关规定。

(2)《维斯比规则》。

随着国际政治、经济形势的变化和运输形式的发展,《海牙规则》的某些规定越发显得适应不了形势的需要。在第三世界国家的强烈要求下,国际海事委员会决定对《海牙规则》进行修改。1968 年 2 月 23 日在布鲁塞尔召开的有 53 个国家参加的第 12 届海洋法外交会议上,通过了《修订统一提单若干法律规定的国际公约的议定书》(Protocol to Amend the International Convention for the Unification of Certain Rules of Law Relating to Bill of Lading),简称《布鲁塞尔议定书》。因国际海事委员会 1963 年在瑞典的哥特兰岛区首府维斯比城讨论并签署该议定书草案,故此议定书又称为《维斯比规则》,经该议定书修订后的《海牙规则》称为《海牙—维斯比规则》。

(3)《汉堡规则》。

对于《海牙规则》和《维斯比规则》实行的承运人部分过错原则,很多发展中国家和代表货主利益的发达国家,如美国、加拿大、法国、澳大利亚等表示不满,要求建立船货双方平等分担海洋货物运输风险制度。为此,联合国国际贸易法委员会组织制定了《1978 年联合国海洋货物运输公约》(United Nations Convention on the Carriage of Goods by Sea),并于 1978 年 3 月 6 日在德国汉堡召开的联合国海洋货物运输会议上通过,故该公约也被称为《汉堡规则》。

4.5.2 海运单

1. 海运单的概念

海运单(sea way bill, SWB)又称运单(way bill),是证明国际海洋货物运输合同和货物由承运人接管或装船,以及承运人保证将货物交给指定收货人的不可流通的运输单证。

海运单是为了适应海洋运输的快速发展而产生的。海运实践中,由于船舶速度较快、装卸效率提高,尤其是航程较短时,常常出现船舶到达目的港时收货人尚未收到提单,因而无法换取提货单提货的现象。即使承运人同意凭保函提货,收货人也要为此支付高额的担保金和利息。承运人也常常面临凭收货人保函放货后,出现正本提单持有人请求货物,因而承担错误交货的责任。此外,海运诈骗者常利用提单的流转过程作案。海运单正是为解决这些问题而产生的。

2. 海运单的属性

海运单具有货物收据和运输合同证明的属性,这一点与传统提单相同,不同的是,海运单不具有物权凭证的属性。因此,收货人提取货物时一般无须出具海运单,只提供身份证明即可。非法得到海运单也不能凭以提取货物,因此没有遗失或被盗使货主利益受到损害的风险。海运单也不具有流通性,这使得运输途中的货物不能转卖。所以,海运单适用于货主无途中转卖货物意图的情形。

3. 海运单的格式与内容

因为除不具有物权凭证属性外,海运单的其他属性与传统提单是一样的,所以,海运单在形式上与传统提单也大致相同，有正面记载事项和背面条款。

海运单的正面注有“不可流通”字样，记载托运人和收货人或通知方的名称和地址、船名、装卸港口、货物标志、品种、数量和包装、运费及其他费用，以及海运单的签发时间、地点和签发人等事项。

海运单的背面一般都订有货方的定义、承运人责任与义务、责任期间和免责事项、货物的装卸与交付、运费及其他费用、留置权、共同海损、新杰森条款、双方互有责任碰撞条款、首要条款、法律适用和仲裁条款等。

4. 海运单的流转程序

同提单一样，海运单也是在承运人接管货物或货物装船后，应托运人要求由承运人或船长或船长授权的代理人代表承运人签发的。在凭信用证结算时，托运人在议付时需将海运单交给银行。承运人或其在装货港的代理人通过电子通信手段，将海运单的内容传送给目的港承运人的代理人。船舶抵达目的港时，承运人目的港的代理人向收货人或通知人发出到货通知。收货人凭到货通知和身份证明到目的港的承运人代理人处领取提货单，在码头仓库或船边提货。

5. 有关海运单的统一规则

由于海运单与提单有着本质上的不同，有关提单的国际公约和其他相关法律在用于海运单时会产生一系列法律问题。1990 年 6 月在巴黎举行的国际海事委员会第 34 届大会一致通过了《国际海事委员会海运单统一规则》(CMI Uniform Rules for Sea Waybills)，试图解决和统一海运单的相关法律问题。该规则是一个民间规则，不具有法律效力，只有在合同双方协议采用时才适用。

该规则主要在下面三个方面做了统一规定。

(1) 传统提单法律的适用。

尽管《海牙规则》和《海牙—维斯比规则》的规定只适用于提单或类似物权凭证所包括的运输合同，该统一规则强制规定，《海牙规则》和《海牙—维斯比规则》或有关国内法适用于海运单。

(2) 收货人主张货物的权利。在《海牙规则》下，由于提单是物权凭证，提单持有人可以向承运人主张货物，并在货物灭失或损坏时向承运人要求赔偿。但是，海运单自始至终不在收货人手中，收货人凭什么向承运人主张权利，对此，“统一规则”强制规定，托运人不仅为其自身利益，同时作为收货人的代理人同承运人订立运输合同。因此，收货人也是运输合同的当事人，因而有权向承运人主张权利。

(3) 托运人(指实际托运人，即卖方)对货物的控制权。在海运单下，只有托运人才有权就货物的交付向承运人发出指令。因此，托运人可以在运输途中或在目的港交货之前，变更收货人。

4.5.3 电子提单

1. 电子提单的概念

电子提单(electronic bill of lading)是指通过电子传送的有关海洋货物运输合同的数

据(data)。与传统提单不同,电子提单不再是纸面运输单据,而是一系列按特定规则组成的电子数据,这些数据由电子计算机及网络进行传送。

由于电子提单采用电子计算机和电子通信技术,传输速度很快,可以有效地解决提单比船舶晚到目的港的问题。电子提单以密码进行传输,能有效地防止航运单证欺诈。但是,电子提单是个新生事物,目前尚未普及使用。

2. 电子提单的流转程序

电子提单的流转是通过电子数据交换(electronic data interchange, EDI)实现的。电子提单的流转首先需将承运人、承运人的代理人、托运人、收货人和银行等与提单流转各有关方面的电子计算机连成网络。电子计算机将货物运输合同中的数字、文字、条款等,按特定的规则转换为电讯(electronic message),通过电子通信设备,从一台计算机传送至另一台计算机。电子提单的具体流转程序是:

(1) 托运人通过订舱电讯向承运人订舱。

(2) 承运人如同意接受订舱,向托运人发送电讯确认运输合同条款。

(3) 托运人按照承运人要求,将货物交给承运人或其代理人。承运人或其代理人收到货物后,向托运人发送收货电讯,其内容包括:托运人名称、货物说明、货物外表状况、收货时间与地点、船名、航次、装卸港口,以及此后与托运人进行通信的密码。托运人一经确认,对货物具有支配权。

(4) 承运人在货物装船后,发送电讯通知托运人,并按托运人提供的电子通信地址抄送银行。

(5) 托运人根据信用证到银行议付结汇后,发送电讯通知承运人,货物的支配权即转至银行,承运人便销毁与托运人的通信密码,并向银行确认和提供给银行一个新的密码。

(6) 收货人向银行支付货款后,取得对货物的支配权。银行向承运人发送电讯,通知货物支配权已转移至收货人,承运人随即销毁与银行的通信密码。

(7) 承运人向收货人发送电讯,确认控制着货物,并将货物的说明、船舶的情况等通知收货人,由收货人加以确认。

(8) 承运人向目的港代理人发送电讯,说明货物和船舶情况以及收货人的名称,令其在货物到达之前电讯通知收货人到货情况。

(9) 收货人根据到货通知电讯,凭其身份证明,到承运人的代理人处获取提货单提货。

3.《国际海事委员会电子提单规则》

鉴于电子提单是新生事物,为规范使用,国际海事委员会于1990年6月在巴黎举行第34届大会,通过了《国际海事委员会电子提单规则》。同《国际海事委员会海运单统一规则》一样,该规则是一个民间规则,没有强制力,需经运输合同双方协议适用才有效力。该规则试图解决以下主要问题。

(1) 运输合同条款的确定。

为避免电子提单中对提单合同条款数据传送的繁琐,该规则规定,在电子提单数据传送过程中,可以规定特定的运输合同条款,并将这些条款视为合同的不可分割的组成部分，而不必对这些条款进行传送，但这种特定的运输合同条款必须是合同双方都知道、理解和接受的。

(2) 传统提单法律的适用。

因为《海牙规则》等传统提单法律所调整的法律关系中没有包括电子提单，所以，电子提单是否应当接受上述法律的调整是一个新的问题。该规则明确规定，传统的提单法律适用于电子提单，从而解决了电子提单的法律适用问题。

(3) 货物权利。

提单项下的货物权利主要包括对承运人的货物请求权利、指定或变更收货人权利、向承运人下达交货指示的权利以及向承运人索赔货物灭失或损坏的权利。这些权利主要来自传统提单的物权凭证属性。就物权凭证功能而言，电子提单与传统提单一样，具有传统提单的流通功能。

(4) 电子提单的书面形式。

传统提单具有书面形式，作为运输合同，它可以满足法律上对运输合同的书面要求。但电子提单的传递是通过电子网络的数据传递，对于是否能满足法律的一般要求，对此，该规则规定，承运人、托运人及其他有关方，应将计算机储存的，并可在计算机屏幕上用人类语言显示，或已由计算机打印出来的电子数据，视为书面形式。合同双方对合同的确认也可以通过电子数据实现，因此也应视为电子提单经过双方签署。

思考题：

1. 集装箱船与油轮的类型主要有哪些？
2. 何谓班轮运输？班轮运输有哪些特点？
3. 班轮运费的计算标准有哪些？
4. 何谓租船运输？租船运输有哪些具体方式？
5. 航次租船的具体步骤有哪些？
6. 海运提单的主要内容与作用是什么？

第5章 国际航空货物运输

本章关键词

班机运输 scheduled airline
包机运输 chartered carrier
集中托运 consolidation
航空快递 air express
航空货运单 air way bill
航空运价 air freight

5.1 国际航空运输概述

5.1.1 国际航空运输的发展

采用商业飞机运输货物的商业活动称为航空货物运输。国际航空货物运输(International Air Cargo Transportation)简称国际航空运输,是超越国界的现代化的航空货物运输。它是目前国际上安全迅速的一种运输方式。最初的飞机运输仅用于运输邮件。第一次世界大战结束后,一些欧美国家开始使用飞机运输人员、邮件和货物。随着航空工业的发展,专门用于运输的飞机相继出现,20世纪30年代初期,美国生产的CD—3型运输机得到较为广泛的应用。在一些国家和地区也初步形成了航线网。同时,工业发达的国家开始研制多台发动机的大型单翼全金属结构的运输机,进行远程、越洋飞行的尝试。第二次世界大战中,喷气技术开始在航空领域应用,远程轰炸机和军用运输机在战争中得到很大发展。二战结束后,在战争中发展起来的航空技术转入民用,定期航线网在全世界逐步展开,航空运输开始作为一种国际贸易的货物运输方式出现。20世纪50年代初,大型民用运输机陆续问世。60年代,航空运输进入现代化的国际航空运输时代。目前,国际航空运输已发展成为一个规模庞大的行业。以世界各国主要都市为起讫点的世界航空网已遍及各大洲。

我国的航空运输事业在新中国成立之前发展缓慢。在1929—1949年的20年时间里,航空运输的总周转量只有2亿吨公里。新中国成立以后,航空运输事业得到较快的发展。截至2006年底,我国定期航班航线总数达1 336条,其中,国内航线1 068条(其中至香港、澳门航线43条),通航全国140个城市;国际航线268条,通航42个国家的91个城市。2007年,我国境内民用航空定期航班通航机场148个(不含香港和澳门)。定期航班通航城市146个。民航行业2007年全年完成运输货物总周转量365.3亿吨公里、旅客周转量2 791.7亿人公里、旅客运输量1.9亿人次、货物周转量116.4亿吨公里、货邮运输量401.9万吨。2020年,我国航空运输货物总周转量将达到1 500亿吨公里以上,旅客运输量7.7亿人次,货邮运输量1 600万吨。①

5.1.2 国际航空货物运输的特点和作用

国际航空货物运输有其自身的优势,自飞机诞生以后,航空货运的发展极为迅速。航空货运同其他运输方式相比有着鲜明的特点,这些特点同其他运输方式相比有优势也有劣势。

1. 运送速度快

由于航空货运所使用的运送工具是飞机,常见的喷气式飞机的飞行时速为每小时600公里到每小时800公里,比其他交通工具要快得多。航空线路不受地面条件限制,一般可在两点间直线飞行,航程比地面短得多,而且运程越远,快速的特点就越显著。航空货运的这个特点适应了一些特种货物的需求,例如鲜活易腐的货物,由于货物本身的性质导致这类货物对运输时间的要求很高,因此只有采用航空运输。另外,在信息化社会,需要企业对市场的变化做出非常及时的反应,企业不仅仅要考虑生产成本,时间成本也是成本中的重要因素,抢占市场对企业来说至关重要。

2. 破损率低、安全性好

由于采用航空运输的货物本身价值比较高,与其他运输方式相比,航空货运的地面操作流程环节比较严格,这就使货物破损的情况大大减少,在运输过程中也不易破损,因此在整个航空货物运输环节中的破损率低、安全性较好。这种特点使得一些本来不适合航空运输的货物,如:体积大、重量比较重的机械设备、仪器等,为了保证货物不受损不得不采取航空运输。

3. 可节省包装、保险、利息等费用

虽然航空运输的运价比较高,但是由于航空运输的便捷性和快速性,商品在途时间短,周转速度快,可以降低仓储费、保险费和利息支出等。另一方面产品的流通速度加快,也加快资金的周转速度,可大大增加资金的利用率。再加上航空运输保管制度的完善,货损少,包装较其他运输方式可以简化,包装费也会适当降低。

4. 不易受地面条件的影响,可深入内陆地区

航空运输利用天空这一自然通道,不受地面条件的限制。对于地面条件恶劣、交通不便的内陆地区非常合适,有利于当地资源的出口,促进当地经济的发展。航空运输使本地与世界相连,对外的辐射面广,而且航空运输相比较公路运输与铁路运输占用土地少,对寸土寸金、地域狭小的地区发展对外交通无疑是十分适合的。

---

① 数据来源:《2007/2008中国航空运输发展报告》,中国民航局。

5. 运价较高

由于航空货运技术要求高、运输成本大等原因，使得它的运价比其他运输方式要高。因此，对于货物价值比较低、时间要求不严格的货物，通常在考虑运输成本问题的基础上就会选择其他运输方式。

6. 载量有限

由于飞机本身的载重和容积的限制，通常航空货运量相对于其他运输方式（比如海运）要小得多，B747—400型飞机是当今世界上载重最大的民用全货机，其最大载重量是115吨，相对于海运几万吨、几十万吨的载重量而言相差很大。

7. 易受天气的影响

航空货物运输受天气的影响非常大，如遇到大雨、大风、大雾等恶劣天气，航班就不能保证准时发出，这对航空货物运输造成的影响就比较大。尤其对于鲜活货物，超出一定的时间就会降低价值甚至失去价值。

5.1.3 国际航空货物运输组织

目前，世界上有多个国际性航空组织，具有较大影响的主要有两个：一个是国际民用航空组织，另一个是国际航空运输协会。

1. 国际民用航空组织

国际民用航空组织（International Civil Aviation Organization，ICAO）是各国政府之间组成的国际航空运输机构。成立于1947年4月4日，于1947年5月13日正式成为联合国的一个专门机构，总部设在加拿大的蒙特利尔，最高权力机关至少三年举行一次全体成员大会，常设机构是理事会。我国于1974年正式加入该组织，也是理事国之一。

ICAO是负责国际航空运输技术、航行及法规方面的机构。它所通过的文件具有法律效应，各成员必须严格遵守。

2. 国际航空运输协会

国际航空运输协会（International Air Transport Association，IATA）是全世界航空公司中最大的一个国际性民间组织。于1945年4月在古巴哈瓦那成立，总部设在加拿大蒙特利尔。分别在比利时的布鲁塞尔、肯尼亚的内罗毕、智利的圣地亚哥、约旦的安曼、中国北京、新加坡、美国华盛顿等设有地区办事处，前身是六家航空公司参加的国际航空交通协会（International Air Traffic Association）。

IATA由经营国际定期或不定期航班的航空公司参加。它的会员有两种：正式会员（经营国际定期客运航班的航空公司）和准会员（不经营国际定期客运航班的航空公司）。协会会员所属国家必须是有资格参加ICAO的国家。IATA的活动一般分为行业协会活动和运价协调活动两大类。它的主要任务是：制定国际航空客货运输价格、运载规则和运输手续，协助航空运输企业间的财务结算，执行ICAO制定的国际标准和程序。

5.2 国际航空运输的经营方式

5.2.1 班机运输

1. 班机运输的定义

班机运输(scheduled airline)是指根据班期时刻表,按照规定的航线,定机型、定日期、定时刻的客、货、邮航空运输。班机运输一般有固定的航线,固定的始发站、途经站和目的站,是民航运输生产活动的基本形式。飞机由始发站起飞按照规定航线经过经停站作运输生产飞行,称为航班。班机运输按照业务的对象不同,可分为客运航班运输和货运航班运输。

一般的航空公司通常都使用客货混合型飞机(combination carrier)开设正常的客运航班,一方面搭载旅客,一方面又运送小批量货物;但一些规模较大的航空公司在一些航线上也开辟有使用全货机(all cargo carrier)运输的定期货运航班,只负责承揽货物运输。

2. 班机运输的特点

(1) 由于班机运输固定航线,固定停靠港和定期开航,因此国际货物流通多使用班机运输方式,能安全迅速地到达世界上各通航地点。

(2) 便利收、发货人确切掌握货物起运和到达的时间,这对市场上急需的商品、鲜活易腐货物以及贵重商品的运送非常有利。

(3) 班机运输一般是客货混载,因此,舱位有限,不能使大批量的货物及时出运,往往需要分期分批运输,这是班机运输不足之处。

5.2.2 包机运输

包机运输(chartered carrier)是指包用民航飞机,在民航固定航线上或者非固定航线上飞行,用以载运旅客、货物或客货兼载的航空运输。包机运输的优点包括:可以解决班机舱位不足的矛盾;货物全部由包机运出,节省时间和多次发货的手续;弥补没有直达航班的不足,且不用中转;减少货损、货差或丢失的现象;在空运旺季缓解航班紧张状况,等等。按运输方式划分,包机运输可分为整架包机和部分包机两种形式。

(1) 整架包机。

整架包机即包租整架飞机,指航空公司按照与租机人事先约定的条件及费用,将整架飞机租给包机人,从一个或几个航空港装运货物至目的地。

包机人一般要在货物装运前一个月与航空公司联系,以便航空公司安排运载和向起降机场及有关政府部门申请、办理过境或入境的有关手续。

包机的费用一次一议,随国际市场供求情况而变化。原则上包机运费是按每一飞行公里固定费率核收,并按每一飞行公里费用的80%收取空放费。因此,大批量货物使用包机时,均要争取来回程都有货载,这样费用比较低。只使用单程,运费比较高。

(2) 部分包机。

部分包机是由几家航空货运公司或发货人联合包租一架飞机,或者由航空公司把一架飞机的舱位分别分给几家航空货运公司装载货物。尽管部分包机有固定时间表，但往往会因某些原因不能按时起飞。

另外，各国政府为了保护本国航空公司利益，常对从事包机业务的外国航空公司实行各种限制。如包机的活动范围比较狭窄，降落地点受到限制。需降落非指定地点外的其他地点时，一定要向当地政府有关部门申请，同意后才能降落（如申请入境、通过领空和降落地点）。

除了上述的包机（整架包机）和包舱（部分包机）业务，当前航空货运中也经常采取包板运输业务，是指由托运人在一定时间内包用承运人一定航线或航班上一定数量的集装箱或集装板来运输货物，一般由托运人负责集装箱或集装板货物的包装盒分解作业，此外，包板货物通常只用于直达航班。

5.2.3 集中托运

1. 集中托运的含义

集中托运(consolidation)是指集中托运人将若干票单独发运的、发往同一方向的货物集中起来作为一票货，填写一份主运单发运到同一到达站，由集中托运人委托到达站当地的代理人收货、报关，并按集中托运人签发的航空分运单分拨给各实际收货人的一种运输方式。这种运输方式在国际航空货物运输界使用比较普遍，也是航空货运代理公司的主要业务之一和获利手段。

2. 集中托运的特点

(1) 节省运费。

航空货运公司的集中托运运价一般都低于航空协会的运价，可以为发货人节省费用。

(2) 提供方便。

将货物集中托运，可使货物到达航空公司到达地点以外的地方，延伸了航空公司的服务，方便了货主。

(3) 提早结汇。

将货物交于航空货运代理后，即可取得货物分运单，发货人可持分运单到银行尽早办理结汇。

3. 集中托运所受限制

(1) 根据航空公司的规定，集中托运只适合办理普通货物，对于等级运价的货物，如：贵重物品、活动物、危险品、外交信贷、文物等不能采用这种形式。

(2) 采用集中托运的运输方式，货物的出运时间不能确定，所以鲜活易腐货物、市场上急需的货物或其他对时间要求高的货物不适于采用这种运输方式。

(3) 只有目的地相同或临近，才能办理集中托运。例如，运往美国和日本的货物就不能一起办理集中托运。

(4) 那些可以享受航空公司优惠运价的货物，如书本等，如果采用集中托运方式，则无法享受到集中托运运费的优惠。

集中托运方式已在世界范围内普遍开展，形成较完善、有效的服务系统，为促进国际贸易发展和国际科技文化交流起了良好的作用。集中托运成为我国进出口货物的主要运输方式之一。

5.2.4 航空快递

1. 航空快递的含义

航空快递是指具有独立法人资格的企业将进出境货物从发货人所在地通过自身或代理网络运达收件人的一种快速运输方式。航空快递业务又称为航空急件传送，是目前国际航空运输中最快捷的运输方式。它不同于航空邮寄和航空货运，一般由一个专门经营该项业务的公司(通常为航空货运代理公司或航空速递公司)和航空公司合作，派专人以最快的速度在货主、机场、用户之间运输和交接货物。该项业务是在国际上两个空运代理公司之间通过航空公司进行的。特别适用于急需的药品、医疗器械、贵重物品、图纸资料、货样及单证等的传送。

2. 国际航空快递的主要形式

(1) "门到门"服务(door to door)。

发件人需要发货时打电话给快递公司，快递公司接到电话后，立即派人到发件人处取件。快递公司将发运的快件根据不同的目的地进行分拣、整理、核对、制单、报关。利用最近的航班，通过航空公司(或快递公司自己的班机)将快件运往世界各地。发件地的快递公司用电传、e-mail或传真等形式将所发运快件有关信息(航空货运单及运单号、件数、重量等内容)通告中转站或目的站的快递公司。快件到达中转站或目的地机场后由中转站或日的港的快递公司负责小理清关手续、提货手续，并将快件及时送到收货人手中，之后将快件派送信息及时反馈到发件地的快递公司。

(2) 门到机场服务(door to airport)。

运输服务职能到达收件人所在城市或附近的机场。快件到达目的地机场后，当地快递公司及时将到货信息告知收件人，收件人可自己办理清关手续，也可委托原快递公司或其他代理公司办理清关手续，但需要额外缴纳清关代理费用。采用这种运输方式的多是价值较高，或是目的地海关当局有特殊规定的货物或物品。

(3) 专人派送(courier on board)。

这种方式是指发件的快递公司指派专人携带快件在最短的时间内，采用最快捷的交通方式，将快件送到收件人手里。

比较上述三种快递方式，第一种方式是最方便、最简单，也是使用最为普遍的；第二种方式在时间上由于采用普通货运形式，简化了发件人的手续，但是需要收货人安排机场的清关、提货手续；第三种方式是一种特殊的服务，费用也较高，一般使用较少。

3. 航空快递的特点

航空快递与普通航空货物运输相比，其基本程序和需要办理的手续相同，所需要的运输单据和报关单证也基本一样，且都要向航空公司办理托运；都要与收、发货人及承运人办理交货接货手续；都要提供相应的报关单证向海关办理进、出口报关手续。

但是航空快递作为一项专门的业务而独立存在，亦具有其他运输方式所不能取代的特点。与普通航空货运业务、国际邮政业务相比，航空快递具有以下的特点：

(1) 快递公司有完善的快递网络。

快递公司之所以可以快速地把顾客所托运的货物送到目的地，取决于其完善的服务网络，快速高效的资源整合。从服务层次看，航空快递因设有专人负责，减少了内部交接环节，缩短了衔接时间，因此其运送速度快于普通航空货物运输和邮递业务。

(2) 以收运文件和小包裹为主。

从运送范围来看，航空快递以收运文件和小包裹为主。快递公司对收件有最大重量和最大体积的限制。普通航空货运则以收运进出口贸易货物为主，并且规定每件货物的最小体积和最小重量。国际邮政业务则以运送私人信函为主要业务范围，要求货物的体积、重量比航空快件要小。航空快递、普通航空货运、国际邮政业务三者业务范围之间有一定交叉，但各自又有自己的主导业务。

(3) 特殊的运输单据。

POD(poof of delivery)是航空快递业务中重要的单据，它由多联组成(各快递公司的POD有所不同)，但一般都包括：发货人联、随货同行联、财务结算联、收货人应收联等，其上印有编号及条形码。POD类似于航空货运中的分运单，但比航空分运单的用途更为广泛。

(4) 高度的信息化控制。

航空快件在整个运输过程中都处于电脑的监控之下，其在运输过程中的中转、收货等信息都将输入电脑，这些信息可以及时反馈到发货人，让发货人、收货人都放心。

(5) 服务质量较高，费用也较高。

航空快递自诞生之日起就强调快速的服务。一般洲际快件运送在1—5天内完成；地区内部只要1—3天，这是其他运输服务难以比拟的。此外，在航空快递形式下，快件运送自始至终是在同一公司内部完成，各分公司操作规程相同，服务标准也基本相同，而且同一公司内部信息交流方便，对客户的高价值、易破损货物的保护也会更加妥帖，所以运输的安全性、可靠性也更好，相应的运费也更高。

5.3 国际航空货运单证

5.3.1 托运书

1. 托运书的基本概念

根据《华沙公约》第5条第1款和第5款规定，货运单应由托运人填写，也可由承运人或其代理人代为填写。实践中，货运单是由承运人或其代理人代为填制的。因此，作为填开货运单的依据——托运书，应由托运人自己填写，而且托运人必须在上面签字或盖章。

托运书(shipper's letter of instruction, SLI)是托运人用于委托承运人或其代理人填开航空货运单的一种单证，其上列有填制货运单所需各项内容，并应印有授权于承运人或其代理人代其在货运单上签字的文字说明。

托运书的内容与货运单基本相似，但它的缮制要求却不如货运单严格。

2. 托运书的内容

(1) 托运人(shipper's name and address)。

填列托运人的全称、街名、城市名称、国家名称及便于联系的电话、电传或传真号码。

(2) 收货人(consignee's name and address)。

填列收货人的全称、街名、城市名称、国家名称(特别是在不同国家内有相同城市名称时，更应注意填上国名)以及电话号、电传号或传真号，本栏内不得填写"to order"或"to order of the shipper"等字样，因为航空货运单不能转让。

(3) 始发站机场(airport of departure)。

填写始发站机场的全称。

(4) 目的地机场(airport of destination)。

填写目的地机场(机场名称不明确时，可填城市名称)，如果某一城市名称用于一个以上国家时，应加上国名。

(5) 要求的路线/申请订舱(requested routing/requested booking)。

本栏用于航空公司安排运输路线时使用，但如果托运人有特别要求时，也可填入本栏。

(6) 供运输用的声明价值(declared value for carriage)。

填列供运输用的声明价值金额，该价值即为承运人赔偿责任的限额。承运人按有关规定向托运人收取声明价值费。但如果所交运的货物毛重每千克不超过20美元(或等值货币)，无需填写声明价值金额，可在本栏内填入"NVD"(no valuc dcclarcd，未声明价值)，如本栏空着未填写时，承运人或其代理人可视为货物未声明价值。

(7) 供海关用的声明价值(declared value for customs)。

国际货物通常要受到目的站海关的检查，海关根据此栏所填数额征税。

(8) 保险金额(insurance amount requested)。

中国民航各空运企业暂未开展国际航空运输代保险业务，本栏可空着不填。

(9) 处理事项(handling information)。

填列附加的处理要求。例如，另请通知(also notify)，除填收货人姓名外，如托运人还希望在货物到达的同时通知他人，应另填写通知人的全名和地址，外包装上的标记，操作要求，如易碎、向上等。

(10) 货运单所附文件(documentation to accompany air waybill)。

填列随附在货运单上运往目的地的文件，应填上所附文件的名称。例如，托运人所托运的动物证明书(shipper's certification for live animals)。

(11) 件数和包装方式(number and kind of packages)。

填列该批货物的总件数，并注明其包装方法。例如，包裹(package)、盒(case)、板条箱(crate)、袋(bag)、卷(roll)等。如货物没有包装时，就注明为散装。

(12) 实际毛重(actual gross weight)。

本栏内的重量应由承运人或其代理人在称重后填入。如托运人已填上重量，承运人或其代理人必须进行复核。

(13) 运价类别(rate class)。

它是指所适用的运价、协议价、杂费、服务费。

(14) 计费重量(chargeable weight)。

本栏内的计费重量应由承运人或其代理人在量过货物的尺寸(以厘米为单位)后,由承运人或其代理人算出计费重量后填入,如托运人已经填上,承运人或其代理人必须进行复核。

(15) 费率(rate/charge)。

本栏可空着不填。

(16) 货物的品名及数量(包括尺寸或体积,natured and quantity of goods, Incl. dimensions or volume)。

本栏填列货物的品名和数量(包括尺寸或体积)。若一票货物包括多种物品时,托运人应分别申报货物的品名,填写品名时不能使用“样品”、“部件”等这类比较笼统的名称。货物中的每一项均须分开填写,并尽量填写详细,如“9 筒 35 毫米的曝光动画胶片”、“新闻短片(美国制)”等,本栏所填写内容应与出口报关发票、进出口许可证上列明的货物相符。危险品应填写适用的准确名称及标贴的级别。

(17) 托运人签字(signature of shipper)。

托运人必须在本栏内签字。

(18) 日期(date)。

本栏填托运人或其代理人交货的日期。

3. 托运书的审核

在接受托运人委托后、单证操作前,由货运代理公司的指定人员对托运书进行审核,或称为合同评审。审核的主要内容有价格和航班日期等。目前,航空公司大部分采取自由销售方式。每家航空公司、每条航线、每个航班,甚至每个目的港均有优惠运价,这种运价会因货源、淡旺季经常调整,而且各航空公司之间的优惠运价也不尽相同,有时候更换航班,运价也随之更换。

货运单上显示的运价虽然与托运书上的运价有联系,但相互之间有很大区别。货运单上显示的是 TACT 上公布的适用运价和费率,托运书上显示的是航空公司优惠运价加上杂费和服务费或使用协议价格。托运书的价格审核就是判断其价格是否能被接受,预定航班是否可行。审核人员必须在托运书上签名和写上日期以示确认。

5.3.2 航空货运单

1. 航空货运单的概念

航空货物运单即航空货运单,是由托运人或者以托运人的名义填制,托运人和承运人之间在承运人的航线上运输货物所订立的运输合同。航空货运单由承运人定制,托运人在托运货物时要按照承运人的要求进行填制。航空货运单既可用于单一种类的货物运输,也可用于不同种类货物的集合运输;既可用于单程货物运输,也可用于联程货物运输。

2. 航空货运单的构成

目前国际上使用的航空货运单少的有9联,多的有14联。我国国际航空货运单一般由3联正本、6联副本和3联额外副本共12联组成。

正本单证具有同等的法律效力,副本单证仅是为了运输使用方便。航空货运单的3份正本中第一份注明“交承运人”,由托运人签字、盖章;第二份注明“交货人”,由托运人和承运人签字、盖章;第三份由承运人在接受货物后签字、盖章,交给托运人,作为托运货物及货物预付运费时运费的收据,同时也是托运人与承运人之间签订的具有法律效力的运输文件。

3. 航空货运单的种类

(1) 航空公司货运单和中性货运单。

这是根据是否印有承运人标志来划分的。航空公司货运单是指印有出票航空公司(issuing carrier)标志(航徽、代码等)的航空货运单。中性货运单(neutral air waybill)是指无承运人任何标志、供代理人使用的航空货运单。

(2) 航空主运单和航空分运单。

这是根据航空货运单签发人的不同来划分的。

① 航空主运单(master air waybill, MAWB)。航空主运单是由航空运输公司签发的航空货运单,是航空公司和航空货运代理公司之间订立的运输合同,是航空运输公司据以办理货物运输和交付的依据,每一批航空运输货物都有自己相对应的航空主运单。

② 航空分运单(house air waybill, HAWB)。航空分运单又称“小运单”,是航空货运代理公司在办理集中托运业务时签发的航空货运单。在集中托运的情况下,航空货运代理公司把从各个托运人那里收到的各小批量货物集中办理托运。代理公司为方便工作,就另发给委托人自己签发的分运单,即航空分运单。

航空主运单是航空运输公司与航空货运代理公司之间签订的货物运输合同,合同双方为集中托运人和航空运输公司。而航空分运单是航空货运代理公司与托运人之间的货物运输合同,合同双方分别为货主和航空货运代理公司,货主与航空运输公司没有直接的契约关系。在起运地由航空货运代理公司将货物交付航空运输公司,在目的地再由航空货运代理公司或其代理从航空运输公司处提取货物,然后转交给收货人。航空分运单具有与航空主运单相同的法律效力,只是由航空货运代理公司承担货物的全程运输责任。

4. 航空货运单的填开责任

根据《华沙公约》、《海牙议定书》的有关规定,航空货运单应由托运人填写,因此托运人对航空货运单所填各项内容的正确性、完备性应负责任。如果航空货运单所填的内容不正确、不完整,致使承运人或其他人遭受损失,托运人要承担责任。不论航空货运单是托运人填开的,还是承运人或其代理人代为填开的,托运人都应承担责任。航空货运单需由托运人签字或承运人代理人代替承运人签字,以此证明托运人接受航空货运单正本背面的契约条件和承运人的运输条件。

5. 航空货运单的性质和作用

航空货运单是航空货物运输合同订立和运输的条件,以及承运人接受货物的初步证据。航空货运单上关于货物的重量、尺寸、包装和包装件数的说明具有初步证据的效力。

除经过承运人和托运人当面查对，并在航空货运单上注明经过查对或者已书写关于货物的外表情况的说明外，航空货运单上关于货物的数量、体积和情况的说明不能构成不利于承运人的证据。虽然《海牙议定书》明确规定不限制填发可以流通的航空货运单，但目前使用的航空货运单在右上端都普遍印有“not negotiable”（不可转让）字样，其目的是仅将航空货运单作为货物航空运输的凭证，并限制签发可以转让的航空货运单。因此，航空货运单与可以转让的指示提单和不记名提单不同。目前，任何 IATA 成员都不允许印制可以转让的航空货运单，货运单上的“not negotiable”（不可转让）字样不可以被删去或篡改。

航空货运单是航空货物运输合同当事人所使用的最重要的货运文件，其作用归纳如下：

(1) 航空货运单是发货人与航空运输承运人之间缔结的运输合同，必须由双方当事人共同签署后方能生效。与海运提单不同，航空货运单不仅证明航空运输合同的存在，而且航空货运单本身就是发货人与航空运输承运人之间缔结的货物运输合同，并在货物到达目的地交付给货运单上所记载的收货人后失效。

(2) 航空货运单是承运人或其代理人签发的收到货物的证明即货物收据。在发货人将货物交给承运人或其代理人后，承运人或其代理人就会将航空货运单中的“发货人联”交给发货人，作为已经接收货物的证明。在承运人没有另外注明的情况下，航空货运单即是承运人收到货物并在良好条件下装运的证明。

(3) 航空货运单是承运人交付货物和收货人核收货物的依据。其正本一式三份，每份都印有背面条款，第一份为蓝色，交发货人保存，是承运人或其代理人接收货物的依据；第二份为绿色，由承运人留存，作为内部记账凭证；最后一份为粉红色，随货同行，在货物到达目的地，交付给收货人时作为核收货物的依据。此外，航空货运单还有多于六份的副本。其中黄色副本是提货收据，由收货人在提货时签字后留存在到达站备查；其余的副本均为白色，分别给代理人、第一、二、三承运人和目的港有关业务之用。

(4) 航空货运单的正本可作为承运人的记账凭证，是承运人据以核收运费的账单。航空货运单分别记载着属于收货人所负担的费用和代理费用，并详细列明费用的种类、金额，因此可作为运费账单和发票。

(5) 航空货运单是货物出口时的报关单证之一，也是货物到达目的地机场进行进口报关时海关放行检查时的基本依据。

(6) 航空货运单是承运人承办保险或发货人要求承运人代办保险时的保险证书。办完保险的航空货运单称为红色航空货运单。

6. 货运单的有效期

航空货运单自填制完毕、托运人或其代理人和承运人或者其代理双方签字后开始生效；货物运到目的地，收货人提取货物并在货运单交付联（或提货通知单）上签收认可后，货运单作为运输凭证，其有效期即告终止。但作为运输合同的法律依据，航空货运单的有效期应至自民用航空器到达目的地点、应当到达目的地点或者运输终止之日起两年内有效。

5.4 国际航空运输运价与运费

5.4.1 国际航空运输区划

在国际航空运输中与运费有关的各项规章制度以及运费水平都是由国际航空运输协会统一协调、制定的。国际航空运输协会在制定运价规章及其有关规定的过程中，考虑到世界上各个不同国家和地区的社会经济、贸易水平等情况，将世界各地划分为三个区域，即通常所说的航协区(IATA Traffic Conference Areas)，每个航协区内又分成几个亚区。航空公司按国际航空运输协会所制定的三个区域的费率收取国际航空货物运费。

1. 一区(TC1)

包括北美、中美、南美、格陵兰、百慕大和夏威夷群岛。

2. 二区(TC2)

由整个欧洲大陆(包括俄罗斯的欧洲部分)及毗邻岛屿，冰岛、亚速尔群岛，非洲大陆和毗邻岛屿，亚洲的伊朗及伊朗以西地区组成。本区也是和我们所熟知的政治地理区划差异最多的一个区，主要有三个亚区：

(1) 非洲区：含非洲大多数国家及地区，但北部非洲的摩洛哥、阿尔及利亚、突尼斯、埃及和苏丹不包括在内。

(2) 欧洲区：包括欧洲国家和摩洛哥、阿尔及利亚、突尼斯三个非洲国家和土耳其(既包括欧洲部分，也包括亚洲部分)。俄罗斯仅包括其欧洲部分。

(3) 中东区：包括巴林、塞浦路斯、埃及、伊朗、伊拉克、以色列、约旦、科威特、黎巴嫩、阿曼、卡塔尔、沙特阿拉伯、苏丹、叙利亚、阿拉伯联合酋长国、也门等。

3. 三区(TC3)

由整个亚洲大陆及毗邻岛屿(已包括在二区的部分除外)，澳大利亚、新西兰及毗邻岛屿，太平洋岛屿(已包括在一区的部分除外)组成。其中包括：

(1) 南亚次大陆区：包括阿富汗、印度、巴基斯坦、斯里兰卡等南亚国家。

(2) 东南亚区：包括中国(含港、澳、台)、东南亚诸国、蒙古、俄罗斯亚洲部分及土库曼斯坦等独联体国家、密克罗尼西亚等群岛地区。

(3) 西南太平洋洲区：包括澳大利亚、新西兰、所罗门群岛等。

(4) 日本、朝鲜区：仅含日本和朝鲜。

5.4.2 航空货运重量计费方式

(1) 重货。

重货(high density cargo)是指那些每 6 000 立方厘米或每 366 立方英寸重量超过 1 千克或者每 166 立方英寸重量超过 1 磅的货物。重货的计费重量就是它的毛重。

如果货物的毛重以千克表示，计费重量的最小单位是 0.5 千克。当重量不足 0.5 千克时，按 0.5 千克计算；超过 0.5 千克不足 1 千克时按 1 千克计算。如果货物的毛重以磅表示，当货物不足1磅时，按1磅计算。

(2) 轻货。

轻货(low density cargo)或轻泡货物是指那些每6 000立方厘米或每366立方英寸重量不足1千克或者每166立方英寸重量不足1磅的货物。

轻泡货物以它的体积重量(volume weight)作为计费重量，计算方法是：

① 不考虑货物的几何形状分别量出货物的最长、最宽、最高的部分，单位为厘米或英寸，测量数值的尾数四舍五入。

② 将货物的长、宽、高相乘得出货物的体积。

③ 将体积折合成公斤或磅，即根据所使用不同的度量单位分别用体积值除以6 000立方厘米或366立方英寸或166立方英寸。体积重量尾数的处理方法与毛重尾数的处理方法相同。

(3) 多件货物。

在集中托运的情况下，同一运单项下会有多件货物，其中有重货也有轻货，此时货物的计费重量就按照该批货物的总毛重或总体积重量中较高的一个计算。首先，计算这一整批货物总的实际毛重；其次，计算该批货物的总体积，并求出体积重量；最后，比较两个数值，并以高的作为该批货物的计费重量。

5.4.3 航空货运运价

航空货物运输运价按照指定的途径可分为：双边协议运价和多边协议运价。双边协议运价是指根据两国政府签订的通航协议中有关运价条款，由通航的双方航空公司通过磋商，达成协议并报经双方政府、获得批准的运价。多边协议运价是指在某地区内或地区间各有关航空公司通过多边磋商、取得共识，从而指定并报经各有关国家、政府并获得批准的运价。航空货运运价按照公布的形式，可分为公布的直达运价和非公布的直达运价。公布的直达运价包括：普通货物运价、等级货物运价、特种货物运价(指定商品运价)和集装箱货物运价等。非公布的直达运价包括比例运价和分段相加运价。

1. 公布的直达运价

公布的直达运价是指航空公司在运价本上直接注明货物由始发地机场运至目的地机场的航空运输的价格。

(1) 普通货物运价。

普通货物运价(general cargo rates)，又称一般货物运价，是为一般货物制定的，仅适用于计收一般普通货物的运价，是航空货物运输中使用最为广泛的一种运价。任一货物除含有贵重元素之外并按普通货物运价收取运费的货物，称普通货物或一般货物。

通常，各航空公司公布的普通货物运价针对所承运货物数量的不同，规定几个计费重量分界点(breakpoints)。最常见的是45千克分界点，将货物分为45千克以下的货物(该种运价又被称为标准普通货物运价，即normal general cargo rate，或简称N)和45千克以上(含45千克)的货物。另外，根据航线货流量的不同还可以规定100千克、300千克分界点，甚至更多。运价的数额随运输货量的增加而降低，这也是航空运价的显著特点之一。

(2) 等级货物运价。

等级货物运价(class rates or commodity classification rates),是指适用于规定地区或地区间的指定等级的货物的运价。等级货物运价通常是在普通货物运价(GCR)的基础上增加或减少一定百分比所构成的。换言之,等级货物运价实际上就是对某种特定的商品或货物在普通货物运价的基础上进行提价或优惠的价格。等级货物运价大致分为两种:

① 等级运价加价(surcharged rates),用“S”表示,适用商品包括:活动物(live animals),贵重物品(valuable cargo),尸体(human remains)。这些物品的运价是在普通货物运价的基础上增加一定的百分比。

② 等级运价减价(rebates rates),用“R”表示,适用商品包括:报纸、杂志、书籍等出版物(newspaper, magazine, books etc.),作为货物托运的行李(baggage shipped as cargo),这些物品的运价是在普通货物运价的基础上减少一定的百分比。

(3) 特种货物运价。

特种货物运价(specific commodity rates),又称指定商品运价,是指自指定的始发地至指定的目的地而公布的适用于特定商品、特定品名的低于普通货物运价的某些指定商品运价。

特种货物运价是由参加国际航空运输协会的航空公司,根据在一定航线上有经常性特种货物运输的发货人的要求,或者为促进某地区的某种货物的运输,向国际航空运输协会提出申请,经同意后而制定的。制定特种货物运价的主要目的是向发货人提供一个具有竞争性的运价,以便发货人充分使用航空公司的运力。国际航空运输协会公布特种商品运价时,将货物划分为以下各品类:

- 0001 0999 食用动物和植物产品。
- 1000—1999 活动物和非食用动物及植物产品。
- 2000—2999 纺织品、纤维及其制品。
- 3000—3999 金属及其制品,但不包括机械、车辆和电器设备。
- 4000—4999 机械、车辆和电器设备。
- 5000—5999 非金属矿物质及其制品。
- 6000—6999 化工产品及相关产品。
- 7000—7999 纸张、芦苇、橡胶和木材及其制品。
- 8000—8999 科学和专业精密仪器、器械及其零配件。
- 9000—9999 其他货物。

其中,每一组又细分为 10 个小组,每个小组再细分,这样几乎所有的商品都有一个对应的组号,较详细地解释了各种商品。如:

- 7000:纸及纸制品。
- 7010:印刷纸,包括照相纸、感光纸。
- 7021:包装纸。
- 7031:封面纸。
- 7050:棉纸。
- 7105:书、目录、小册子。

● 7107:新闻纸。

特种货物运价是给予在特定的始发站和到达站的航线上运输特种货物的一个特别的运价,公布特种货物运价时,同时公布起码重量。特种货物运价往往低于普通货物的运价。在使用特种货物运价时,首先是确定在货物所要求的航线上有没有适用的特种货物运价;然后决定货物是属于哪一类特种货物,查阅"特种商品分类表",找出所运货物的编号;进而查阅"航空货物运价表"(TACT Rates)上的"货物明细表",选择与货物一致的号码,如果该货物号码有更详细的内容,则选择最合适的细目;最后,根据适用该货物的起码重量,选择合适的特种货物运价。

(4) 起码运费。

起码运费(minimum charges)是航空公司承运一批货物所能接受的最低运费,不论货物的重量或体积大小,在两点之间运输一批货物应收取的最低金额。起码运费的类别代号为"M"。它是航空公司在考虑办理一批货物,即使是一批数量很小的货物,所必然产生的固定费用而制定的。一批货物运费的计算,是使用货物的计费重量乘以所适用的运价,不管使用哪一种运价,所计算出来的运费都不能低于公布的起码运费。当计算出的运费少于起码运费时,则以起码运费计收。

中国民航的起码运费是按货物从始发港到目的港之间的普通货物运价 5 千克运费为基础或根据民航和其他外国航空公司洽谈同意的起码运费率征收的。

(5) 公布的直达运价的使用及特点。

① 除起码运费外,公布的直达运价都以千克或磅为单位。

② 航空运费计算时,如果遇到几种运价均可适用,选择的顺序应首先使用特种货物运价,其次是等级货物运价,最后是普通货物运价。

③ 承运货物的计费重量可以是货物的实际重量或者是体积重量,以高者为准;如果某一运价要求有最低运量,而无论是货物的实际重量还是体积重量都不能达到要求时,以最低运量为计费重量。

④ 如按特种货物运价或等级货物运价或普通货物运价计算的货物的运费少于起码运费,则应按起码运费计收。

⑤ 公布的直达运价是一个机场至另一个机场的运价,而且只适用于单一方向。

⑥ 公布的直达运价仅指基本运费,不包含仓储等附加费。

⑦ 运价的货币单位一般以起运地当地货币单位为准,费率以承运人或其授权的代理人签发航空货运单的时间为准。

⑧ 原则上公布的直达运价与飞机飞行的路线无关,但可能因承运人选择的航路不同而受到影响。

2. 非公布的直达航空货物运价

如果货物的始发地至目的地之间没有公布的直达运价时,可以采用比例运价或分段相加运价的办法,组成最低的全程运价,这些统称为组合非公布直达运价。

(1) 比例运价。

在运价手册上除公布的直达运价外,还公布一种不能单独使用的附加数(add-on

amounts)。当货物的始发地或目的地无公布的直达运价时，可采用比例运价与已知的公布直达运价相加，构成非公布的直达运价。

需要注意的是，在利用比例运价时，普通货物运价的比例运价只能与普通货物运价相加，特种货物运价、集装设备的比例运价也只能与同类型的直达运价相加，不能混用。此外，可以用比例运价加直达运价，也可以用直达运价加比例运价，还可以在计算中使用两个比例运价，但这两个比例运价不可连续使用。

(2) 分段相加运价。

所谓分段相加运价，是指在两地间既没有直达运价也无法利用比例运价时，可以在始发地与目的地之间选择合适的计算点，分别找到始发地至该点、该点至目的地的运价，两段运价相加组成全程的最低运价。

无论是比例运价还是分段相加运价，中间计算点的选择，也就是不同航线的选择将直接关系到计算出来的两地之间的运价，因此承运人允许发货人在正确使用的前提下，以不同计算结果中最低值作为该货适用的航空运价。

5.4.4 航空附加费

1. 声明价值附加费

航空运输的承运人与其他提供服务的行业一样，都向货主承担一定程度的责任。《华沙公约》中规定，对由于承运人自身的疏忽或故意而造成的货物损坏、丢失或延迟等所承担的责任，其最高赔偿金额为每千克货物毛重 20 美元，或 7.675 4 英镑(或每磅 9.07 美元)，或同等价值的当地货币。

如果货物的价值毛重每千克超过 20 美元时，就增加了承运人的责任。在这种情况下，如果发货人要求在发生货损货差时全部赔偿，则发货人在交运货物时，就应向承运人或其代理人声明货物的价值，该价值称为"供运输用的声明价值"，该声明价值为承运人应负责赔偿责任的限额，承运人或其代理根据货物的声明价值向托运人收取一定的费用，该费用就称为声明价值附加费(valuation charges)。一般按超过部分的 0.5%收取，并与航空货物运费一同收取。如果发货人不愿宣布货物的价值，而且进口国的海关也可接受，也可以不办理声明价值，在这种情况下，需在运单的有关栏目中填上"NVD"(no value declared)字样，即表示无声明价值，此种情况下，即使出现更多的损失，承运人的最高赔偿金额每公斤毛重不超过 20 美元。

托运人办理货物的声明价值时，须按整批货物办理，不得办理部分货物的声明价值或整批货物中办理两种不同的声明价值。声明价值附加费的计算方法如下：

$$\text{声明价值附加费} = (\text{整批货物的声明价值} - 20.00\ \text{美元} / \text{千克货物毛重}) \times \text{声明价值附加费费率}$$

声明价值附加费的费率通常为 0.5%。

大多数的航空公司在规定声明价值附加费费率的同时，还要规定声明价值附加费的最低收费标准。如果根据上述公式计算出来的声明价值附加费低于航空公司的最低收费标准，则航空公司也要按照最低收费标准向托运人收取声明价值附加费。需要注意的是，即使在发货人声明价值后，承运人的责任增加了，也都不能代表货物的保险。因此，发货人最好还是将所承运的货物投保全部运输险。

2. 其他附加费

其他附加费包括货到付款服务费(charges collect fee)、货运单费即制单费(air waybill fee)、中转手续费(transit charges)、地面运输费(surface charges)等。一般只有在承运人或航空货运代理人提供服务时才收取。

思考题：

1. 航空货物运输的主要特点是什么?
2. 试比较航空货物运输的不同经营方式的区别。
3. 航空货运单的种类及其不同作用是什么?

第6章 国际陆上货物运输

本章关键词

铁路运输 railway transportation
管道运输 pipeline transportation
公路运费 Highway freight

6.1 国际铁路货物运输

6.1.1 国际铁路货物运输有关规则

各铁路局和国境站以及发、收货人在办理国际铁路货物联运业务时，必须遵守国际铁路货物运输有关规章。国际铁路联运适用的规章，有的适用于铁路和发货人及收货人，有的只适用于铁路，有的(多数)是由参加国铁路共同签订的，有的是某单个铁路局制定的。具体适用的规章如下。

1.《国际铁路货物联运协定》(简称《国际货协》)

它是参加国际铁路货物联运协定的各国铁路和发货人及收货人办理货物联运必须遵守的基本文件。它规定了货物运输条件、运输组织、运输费用计算核收办法以及与发货人及收货人之间的权利与义务等问题。

2.《国际铁路货物联运协定办事细则》(简称《货协细则》)

它具体规定了参加国际货协的铁路及其工作人员在办理联运业务时所必须遵守的铁路内部的办事程序，以及调整各铁路间相互关系的规则。它只适用于铁路的工作人员和铁路之间的关系。

3.《关于统一过境运价规程的协约》

它规定了“统一过境运价规程”(统一货价)的法律地位，关于统一货价的施行、修改、补充等具体事项，还规定了与采用统一货价有关的清算、工作语种等。它只适用于铁路本身。

4.《统一过境运价规程》(简称《统一货价》)

《统一过境运价规程》是《国际货协统一过境运价规程》的简称，规定了过境参加国统一货价的铁路时办理货物运输手续、过境运输费用和杂费的计算、过境铁路里程表、货物品名分等表和货物运费计算表等,对铁路和发、收货人都适用。

5.《国境铁路协定》和《国境铁路会议议定书》

《国境铁路协定》是由两相邻国家签订的,它规定了办理联运货物交接的国境站、车站及货物交接条件和方法、交接列车和机车运行办法及服务方法等问题。根据《国境铁路协定》的规定,两相邻国家铁路定期召开国境铁路会议,对执行协定中的有关问题进行协商,签订《国境铁路会议议定书》,其主要内容为双方铁路之间关于行车组织、旅客运输、货物运输、车辆交接以及其他有关问题。它对铁路和发、收货人都有约束力。

6.《国际旅客联运和国际铁路货物联运车辆使用规则》(简称《车规》)

它主要对铁路车辆部门和国境站适用。

7.《关于国际旅客和货物联运清算规则的协约》和《国际旅客和货物联运清算规则》(简称《清算规则》)

这两个规章都适用于铁路部门。

8. 国际货协附件中的各项规则

(1)《危险货物运输规则》。

它按照货物的危险性质,规定了危险货物的名称、包装办法、重量限制、使用车种、混装限制及其他条件。

(2)《敞车类货车货物装载和加固规则》。

它规定各铁路使用敞车类货车装运联运货物时在装载和加固方面应遵守的技术条件。

此外,附件中还有各种轨距铁路的装载界限,运单格式,表示牌和标记样式,铁路集装箱货物运输规则,铁路联运易腐货物运输规则,铁路联运托盘货物运输规则,不属于铁路的车辆运输规则以及货捆运输规则等。

9. 我国有关的规章和文件

我国有关的规章有《铁路货物运输规程》、《铁路货物运价规则》、《铁路货物装载加固规则》、《危险货物运输规则》,有关的文件有《国际铁路货物联运办法》。

6.1.2 我国通往邻国的铁路干线

我国的国际铁路线及口岸站主要有:

1. 滨洲线

由哈尔滨经大庆、富拉尔基、海拉尔,到达满洲里,全长930余公里,与俄罗斯的外贝加尔接轨。办理国际旅客联运和国际铁路货物联运,以及中俄间联运货物对外交接手续,并进行旅客的出入境检查。

2. 滨绥线

由哈尔滨经尚志、牡丹江到达绥芬河,全长540余公里,和俄罗斯的远东铁路接轨。绥芬河站办理与俄罗斯货物进出口运输。

3. 长图线

西起吉林长春,东至图们,横过图们江与朝鲜铁路相连接,全长527公里。图们站主要办理国际联运进出口货物运输。

4. 梅集线

由梅河口经柳河、通化到集安，全长 210 余公里。通过鸭绿江铁路桥与朝鲜铁路接轨。集安站每天往来中朝客货混合列车。

5. 沈丹线

沈阳经本溪、凤城，到达丹东，跨过鸭绿江，与朝鲜新义州的铁路接轨，全线长 277 公里，丹东站是客货运混合站，办理旅客出入境检查手续。

6. 集二线

由集宁经过察哈尔、苏尼特，到达二连浩特，与蒙古的扎门乌德铁路接轨，全长 333 公里。二连浩特站是北京—乌兰巴托的中间站，俄罗斯以及泰欧国家铁路间联运均在二连浩特站接换和对旅客进行出入境检查。

7. 兰新线

由兰州经酒泉、哈密、乌鲁木齐，奎屯到阿拉山口，出阿拉山口，在阿拉木图与西伯利亚铁路接轨，全长 2 340 余公里。阿拉山口岸站是我国西北地区唯一的铁路口岸，1992 年开办国际旅客营运，在此检查国际列车的出入境。

8. 湘桂线

由衡阳经东安、桂林、柳洲、南宁，到达凭祥市，通过友谊关，到达越南谅山，全长 1 026 公里，是我国通往越南的主要铁路线。凭祥站为客货运混合站。

9. 昆河线

从昆明经宜良、开远到达河口市，全长 469 公里，通过红河桥在老街与越南铁路相接。

我国与上述国家的铁路联运是从 20 世纪 50 年代初开始的。铁路联运为各国开辟了一条对外经济贸易联系的重要渠道，为发展国际贸易创造了有利条件。

6.1.3 国际铁路货物运费

国际铁路货物联运运送费用的计算和核收，必须遵循《国际货协》、《统一货价》和中华人民共和国铁道部《铁路货物运价规则》(简称《国内价规》)的规定。国际铁路货物联运运送费用包括货物运费、押运人乘车费、杂费和其他费用。

1. 运送费用核收的规定

(1) 参加国际货协各铁路间运送费用核收的原则。

① 发送路的运送费用。按发送国国内运价规则以发送国的货币在发站向发货人或根据发送路国内现行规定核收。

② 到达路的运送费用。按到达路的国内运价规则以到达路的货币在到站向收货人或根据到达路国内现行规定核收。

③ 过境路的运送费用。按《统一货价》在发站向发货人或在到站向收货人核收。

波兰、阿尔巴尼亚、阿塞拜疆、格鲁吉亚、乌兹别克斯坦、土库曼斯坦和伊朗等七国虽是国际货协成员国，但没有参加《统一货价》，因此，上述七国的进出口货物经过其他《统一货价》参加国的运送费用及《统一货价》参加国经过上述七国的运送费用的核收均不适用上述规定。

(2) 国际货协参加与非国际货协铁路间运送费用核收的规定。

① 发送路和到达路的运送费用与上述相关项相同。

② 过境路的运送费用,则按下列规定计收。

参加国际货协并实行《统一货价》各过境路的运送费用,在发站向发货人(相反方向运送则在到站向收货人)核收;但办理转发送国家铁路的运送费用,可以在发站向发货人或在到站向收货人核收。

过境非国际货协铁路的运送费用,在到站向收货人(相反方向运送则在发站向发货人)核收。

(3) 通过过境铁路港口站货物运送费用核收的规定。

从参加国际货协并实行《统一货价》的国家,通过另一个实行《统一货价》的过境铁路港口,向其他国家(不论这些国家是否参加统一货价)和相反方向运送货物时,用国际货协票据办理货物运送,只能办理至过境港口站为止或从这个站起开始办理。

从参加国际货协铁路发站至港口站的运送费用,在发站向发货人核收;相反方向运送时,在到站向收货人核收。

在港口站所发生的杂费和其他费用,在任何情况下,都在这些港口车站向收转人核收。

过境铁路的运送费用,按《统一货价》规定计收。

2. 国际铁路货物联运国内段运送费用的计算

根据《国际货协》的规定,我国通过国际铁路联运的进出口货物,其国内段运送费用的核收应按照我国《铁路货物运价规则》进行计算。运费计算的程序及公式如下:

(1) 根据货物运价里程表确定从发站至到站的运价里程。

(2) 根据运单上填写的货物品名查找货物品名检查表,确定适用的运价号。

(3) 根据运价里程和运价号在货物运价率表中查出相应的运价率。

(4) 以《铁路货物运价规则》确定的计费重量与该批货物适用的运价率相乘,算出该批货物的运费。

3. 国际铁路货物联运过境运费的计算

国际铁路货物联运过境运费是按照《统一货价》的规定计算的。其运费计算的程序如下:

(1) 根据运单记载的应通过的国境站,在《统一货价》过境里程表中分别找出货物所通过的各个国家的过境里程。

(2) 根据货物品名,查阅《统一货价》中的通用货物品名表,确定所运货物应适用的运价等级。

(3) 根据货物运价等级和各过境路的运送里程,在《统一货价》中找出符合该批货物的运价率。

(4)《统一货价》对过境货物运费的计算系以慢运整车货物的运费额为基础的(即基本运费额),其他种别的货物运费,则在基本运费额的基础上分别乘以不同的加成率。

6.2 国际公路货物运输

公路运输是现代化运输的主要方式之一，如同铁路和其他运输一样，它在整个运输领域占有重要的地位。在国际贸易货物运输中，公路运输既是一种独立的运输方式，又是连接车站、港口和机场，集、疏运外贸货物的重要手段，更是“门到门”运输不可或缺的一部分。

6.2.1 世界公路发展概况

公路运输始于19世纪末期。第二次世界大战以后，公路运输的发展速度空前，在所有运输方式中，公路运输可谓后来居上。从地理分布上看，欧美的公路运输处于世界领先地位。世界其他地区的公路线路里程，虽不及欧美，但也已初具规模。20世纪50年代，随着比较完善的公路网的建成，美国、日本、西欧等国又致力于高速公路建设，此后更多的国家群起效仿，致使公路运输呈现新的发展局面。

1. 从境内到跨境大力修建高速公路

高速公路是公路运输的高级形式，具有快速、安全、经济、高效等优点，其规模与质量又是衡量一个国家公路交通运输和汽车工业现代化的重要标志。因此，自20世纪20年代开始，一些国家相继推进高速公路的建设。美国是世界上拥有高速公路最多最长的国家，它所拥有的高速公路的里程，几乎占世界总量的一半。欧洲是高速公路最发达的地区，德国和意大利修建高速公路最早，1928年至1932年期间建成通车的从波恩至科隆的高速公路，堪称世界上最早的高速公路。继德国和意大利之后，英国、法国、荷兰、比利时、西班牙、瑞士、奥地利、卢森堡、瑞典、挪威等国也都相继修建高速公路。20世纪70年代以后，许多发展中国家也奋起直追，纷纷修建自己的高速公路。

在西欧，跨越国界的高速公路已形成网络，把各国紧密地连接在一起。在北美自由贸易区内，加拿大、美国和墨西哥也修建了连接三国的高速公路；南美、东南亚、非洲地区也相继建立地区高速公路网络。这些跨越国界高速公路网的建成，将进一步促进地区经济发展和区域经济一体化。

2. 货运汽车大型化、重载化和专业化

在货运方面，大型拖挂车和专用车的广泛运用，有力地提高了运输效率和效益。拖挂车运载量大，油耗省，运输成本低；重载汽车、专用车可提高货运质量，减少货损货差，节省费用，运输效率高。由于它们的这些优势，货运汽车正朝着大型化、重载化和专业化的方向发展。

3. 高新技术广泛应用于公路运输经营管理

近些年来，发达国家十分重视高新技术，尤其是计算机信息技术、自动控制技术和新材料在公路运输经营管理中的应用，这是公路运输的一个重要发展趋势。例如，在以集装箱为媒介的多式联运中，很多国家引进并使用高新技术，依靠计算机管理信息系统，自动管理和控制货物运输的全过程，以便及时跟踪查询运输状况。鉴于卫星定位与通信系统(GPS)定位精度高,报时准确,能提供全天候服务,又不受地理条件限制,最适合于现代汽车运输导航,中国外运汽车运输有限公司引进 GPS,对货物展开在途跟踪查询,以强化车辆和货物的在途管理,有力地提高了运输的效能。

4. 旅客运输快速化、舒适化

高速、安全、舒适,这是公路客运的发展方向。大客车一般在高速公路和高等级的干线公路上行驶,要求具备较高的行驶速度。在强调速度的同时,为了提高客车车身整体的抗撞击强度,各种先进的机、电控制装置及制动系统等得到普遍采用,使大客车的制动性能更佳,保证了客运的安全。此外,运用一些诸如降低震动频率之类的技术手段,又提高了客车的舒适度。

6.2.2 国际公路货物运输公约和协定

为了统一公路运输所使用的单证和承运人的责任,联合国所属欧洲经济委员会负责草拟了《国际公路货物运输合同公约》(CMR),并于 1956 年 5 月 19 日在日内瓦由欧洲 17 个国家参加的会议上一致通过。该公约共有 12 章 51 条,就适用范围、承运人责任、合同的签订与履行、索赔和诉讼以及连续承运人履行合同等等作了较为详细的规定。此外,为了有利于开展集装箱联合运输,使集装箱能原封不动地通过经由国,联合国所属欧洲经济委员会成员国之间于 1956 年缔结了关于集装箱的关税协定,当时参加该协定的签字国有欧洲 21 个国家和欧洲以外的 7 个国家。协定的宗旨是相互间允许集装箱免税过境,在这个协定的基础上,根据欧洲经济委员会倡议,还缔结了《国际公路车辆运输规定》(Transport International Router,TIR)。根据规则规定,对集装箱的公路运输承运人,如持有 TIR 手册,允许由发运地到达目的地,在海关签封下,中途可不受检查、不支付关税,也可不提供押金。这种 TIR 手册是由有关国家政府批准的运输团体发行,这些团体大都是参加国际公路联合会的成员,他们必须保证监督其所属运输企业遵守海关法规和其他规则。协定的正式名称是“根据 TIR 手册进行国际货物运输的有关关税协定”(Customs Convention on the International Transport of Goods under Cover of TIR Carnets)。尽管上述《公约》和协定有地区性限制,但仍不失为当前国家公路运输的重要国际公约和协定,并对今后国际公路运输的发展具有一定影响。

6.2.3 我国内地通往邻国及港、澳地区的公路运输线路及口岸的分布

1. 新疆对外公路运输口岸

新疆与蒙古、哈萨克斯坦、吉尔吉斯斯坦、巴基斯坦、塔吉克斯坦五国边境总计建有 15 个一类口岸。新疆与蒙古的边境口岸 4 个,即老爷庙口岸(哈密地区)、乌拉斯台口岸(昌吉回族自治州)、塔克什肯口岸(阿勒泰地区)和红山嘴口岸(阿勒泰地区)。新疆与哈萨克斯坦的边境口岸 7 个,即阿黑土别克口岸(阿勒泰地区)、吉木乃口岸(阿勒泰地区)、巴克图口岸(塔城地区)、阿拉山口口岸(铁路、公路口岸)、霍尔果斯口岸、都拉塔口岸、木扎尔特口岸。新疆与吉尔吉斯斯坦的边境口岸 2 个,即吐尔尕特口岸、伊尔克什坦口岸。

新疆与巴基斯坦的边境口岸1个，即红其拉甫口岸(喀什地区)。新疆与塔吉克斯坦的边境口岸1个，即卡拉苏口岸(喀什地区)。

2. 对朝鲜公路运输口岸

中朝之间原先仅在我国丹东与朝鲜新义州间偶有少量公路出口货物运输。1987年以来，吉林省开办珲春、图们与朝鲜咸镜北道的地方贸易货物的公路运输。外运总公司与朝鲜于1987年签订了由吉林省的三合、沙坨子口岸经朝鲜的清津港转运货物的协议。

3. 对印度、尼泊尔、不丹的公路运输口岸

主要有西藏南部的亚东、帕里、樟木、普兰等。

4. 对越南地方贸易的主要公路口岸

主要有云南省红河哈尼族彝族自治区的河口和金水河口岸，广西壮族自治区凭祥市的友谊关、平西关、油隘关三个口岸等。

5. 对缅甸公路运输口岸

云南省德宏傣族景颇自治区的畹町口岸是我国对缅甸贸易的主要出口陆运口岸，还可通过该口岸和缅甸公路转运部分与印度的进出口贸易货物。

6. 对香港、澳门地区的公路运输口岸

位于广东省深圳市的文锦渡和香港新界相接，距深圳铁路车站3公里，是内地公路口岸距离铁路进出口通道最近的公路通道。通往香港地区的另两个口岸是位于深圳市东部的沙头角及皇岗。对澳门地区公路运输口岸是位于珠海市南端的拱北。

6.2.4 公路运费的核算

公路运费均以“吨/公里”为计算单位，一般有两种计算标准:一是按货物等级规定基本运费费率，二是以路面等级规定基本运价。凡是一条运输路线包含两种或两种以上的等级公路时，则以实际行驶里程分别计算运价。特殊道路，如山岭、河床、原野地段，则由承托双方另议商定。

公路运费费率分为整车(FCL)和零担(LCL)两种，后者一般比前者高30%—50%。按我国公路运输部门规定，一次托运货物在2.5吨以上的为整车运输，适用整车费率;不满2.5吨的为零担运输，适用零担费率。凡1千克重的货物，体积超过4立方分米的为轻泡货物(或尺码货物)。整车轻泡货物的运费，按装载车辆核定吨位计算;零担轻泡货物，按其长、宽、高计算体积、每4立方分米折合1千克，以千克为计费单位。此外，尚有包车费率，即按车辆使用时间(小时或天)计算。

6.3 国际管道运输

6.3.1 管道运输概念

管道运输(pipeline transport)是管道运输是国际货物运输方式之一，是随着石油生产的发展而产生的。以管道作为运输工具的一种长距离输送液体和气体物资的一种特殊运

输方式，是一种专门由生产地向市场输送石油、煤和化学产品的运输方式。当前管道运输的发展趋势是：管道的口径不断增大，运输能力大幅度提高；管道的运距迅速增加；运输物资由石油、天然气、化工产品等流体逐渐扩展到煤炭、矿石等非流体。凡是在化学上稳定的液体与气体都可以用管道运送，如废水、泥浆、水，甚至啤酒都可以用管道传送，目前管道运输主要用于运送石油与天然气。

现代管道运输始于19世纪中叶，1865年美国宾夕法尼亚州建成第一条原油输送管道。然而管道运输的进一步发展则是从20世纪开始的。随着二战后石油工业的发展，管道建设进入了一个新的阶段，各产油国竞相开始兴建大量石油及油气管道。20世纪60年代开始，输油管道的发展趋于采用大管径、长距离，并逐渐建成成品油输送的管网系统。同时，开始了用管道输送煤浆的尝试。全球的管道运输承担着很大比例的能源物资运输，包括原油、成品油、天然气、油田伴生气、煤浆等。其完成的运量常常大大高于人们的想象。近年来，运输专家也进一步研究管道用于解决散状物料、成件货物、集装物料的运输，以及发展容器式管道输送系统。

6.3.2 管道运输特点

在国际陆上货物运输方式中，管道运输在运输石油、天然气等石化产品方面具有优势。管道运输安全性较高，可以降低石化产品长途运输过程中可能出现的燃烧、爆炸等事故的发生概率；由于是在管道内部封闭流动，货物的损失和损坏率较低；管道运输的可靠性高、维护费用低，且受天气因素影响较小。

管道运输有着独特的优势。管道运输不仅运输量大、连续、迅速、经济、安全、可靠、平稳以及投资少、占地少、费用低，并可实现自动控制。管道运输可省去水运或陆运的中转环节，缩短运输周期，降低运输成本，提高运输效率。管道运输具有运量大、不受气候和地面其他因素限制、可连续作业以及成本低等优点。

1. 管道运输运量大

一条输油管线可以源源不断地完成输送任务。根据其管径的大小不同，每年的运输量可达数百万吨到几千万吨，甚至超过亿吨。大型管道不仅比小型管道运量大，同时大型管道运输更有效率，管道直径越大，运输液体与管道之间的摩擦越低，能耗越小。

2. 管道运输占地少

运输管道通常埋于地下，占用的土地很少。运输管道埋藏于地下的部分占管道总长度的95%以上，因而对于土地的永久性占用很少，分别仅为公路的3%，铁路的10%左右，在交通运输规划系统中，优先考虑管道运输方案，对于节约土地资源，意义重大。

3. 管道运输建设周期短、费用低

管道运输系统的建设周期与相同运量的铁路建设周期相比一般要短1/3以上。中国建设大庆至秦皇岛全长1 152公里的输油管道，仅用了23个月的时间，而若要建设一条同样运输量的铁路，至少需要3年时间。同时，管道建设费用比铁路低60%左右。

天然气管道输送与液化船运的比较。以输送300立方米/年的天然气为例，如建设6 000公里管道投资约120亿美元；建设相同规模(2 000万吨)液化船运厂的投资则需200

亿美元以上;另外,需要容量为12.5万立方米的液化船运船约20艘,一艘12.5万立方米的液化船运船造价在2亿美元以上,总的造船费约40亿美元。仅在投资上,采用液化船运就远高于管道。

4. 管道运输安全可靠、连续性强

由于石油天然气易燃、易爆、易挥发、易泄露,采用管道运输方式,既安全,又可以大大减少挥发损耗,同时由于泄露导致的对空气、水和土壤污染也可大大减少。因此,管道运输能较好地满足运输工程的绿色化要求,此外,由于管道基本埋藏于地下,其运输过程受恶劣多变的气候条件影响小,可以确保运输系统长期稳定地运行。对于油气来说,汽车、火车运输均有很大的危险,国外称之为"活动炸弹",而管道在地下密闭输送,具有较高的安全性。成品油作为易燃易爆的高危险性流体,最佳输送方式应该是管道运输。

5. 管道运输耗能少、成本低

在建设上,与铁路、公路、航空相比,投资要省得多。就石油的管道运输与铁路运输相比,交通运输协会的有关专家曾算过一笔账:沿成品油主要流向建设一条长7 000公里的管道,它所产生的社会综合经济效益,仅降低运输成本、节省动力消耗、减少运输中的损耗3项,每年就可以节约资金数10亿元左右。发达国家采用管道运输石油,每吨千米的能耗不足铁路的1/7,在大量运输时的运输成本与水运接近。因此在无水条件下,采用管道运输是一种最为节能的运输方式。管道运输是一种连续工程,运输系统不存在空载行程,因而系统的运输效率高,管道口径越大,运输距离越远,运输量越大,运输成本就越低。管道运输石油产品比水运费用高,但仍然比铁路运输费用低。以运输石油为例,管道运输与铁路运输的运输成本之比为1∶1.7。

6.3.3 中国的管道运输

管道运输业是中国新兴运输行业,是继铁路、公路、水运、航空运输之后的第五大运输业。中国目前已建成大庆至秦皇岛、胜利油田至南京等多条原油管道运输线。2007年,中国已建油气管道的总长度约6万千米,其中原油管道1.7万千米,成品油管道1.2万千米,天然气管道3.1万千米。2006年底,管道输油(气)能力为66 948万吨/年,其中输油能力57 530万吨/年,输气能力9 418千万立方米/年。中国已逐渐形成了跨区域的油气管网供应格局。随着中国石油企业"走出去"战略的实施,中国石油企业在海外的合作区块和油气产量不断增加,海外份额油田或合作区块的外输原油管道也得到了发展。

延伸阅读:

中俄石油运输管道

中俄石油管道从俄罗斯远东阿穆尔州的斯科沃罗季诺开始,一直延伸到中国东北的大庆市。管道全长999公里,其中927公里在中国境内。设计年输油量1 500万吨,最大年输量3 000万吨。

中俄原油管道几经周折,历时10余年。早在1996年,中俄两国领导人就做出建设决策。两国政府2009年4月签署政府间合作协议，中俄原油管道俄罗斯境内段和中国境内段分别于2009年4月和5月开工建设。2010年9月27日中俄原油管道全线竣工。根据中俄两国间协定，俄罗斯从2011年起将通过该管道向中国每年供应1 500万吨商品油，为期20年，2011年1月日起，中俄石油管道正式运行。

据中国海关统计，2009年中国原油消费达3.88亿吨，其中自产1.89亿吨，进口1.99亿吨，石油对外依存度超过50%。依照目前国际原油价格测算，1 500万吨原油将为中俄两国增加约80亿美元贸易额。

中俄原油管道是中国四大油气资源进口通道之一，其他三条是中哈原油及中亚天然气管道、中缅油气管道、海上通道(船运石油和液化天然气)。

资料来源:《中俄石油管道长近千公里　开阀首日输送4.2万吨》,《新京报》,2011年1月2日。

思考题:

1. 铁路货物运输的国际条约有哪些，具体内容是什么?
2. 公路货物运输的国际条约及其规定是什么?
3. 说明国际铁路货物联运运单的性质和作用。
4. 管道运输与其他货物运输方式的主要差别是什么?

第7章 集装箱运输与国际多式联运

本章关键词

集装箱 Container
集装箱货运站 Container freight station
国际多式联运 international multimodal transport
集装箱堆场 container yard
内陆公共点 OCP
小陆桥运输 MLB
内陆公共点多式联运 IPI

7.1 集装箱运输概述

7.1.1 集装箱运输的优越性

集装箱班轮运输能在短短的二十多年间就基本取代了杂货班轮运输,是由于与传统的杂货运输方式相比具有以下的优越性。

1. 提高装卸效率,减轻劳动强度

集装箱运输扩大了运输单元,规范了单元尺寸,为实现货物的装卸和搬运机械化提供了条件。机械化,乃至自动化的发展明显提高了货物装卸和搬运的效率。例如,在港口普通码头上装卸件杂货船舶,装卸效率一般为 35 t/h,并且需要配备装卸工人约 17 人,而在集装箱专用码头上装卸集装箱,效率可达 50 t/h,按每箱载货 10 t 计,生产效率已达 400—500 t/h,而只需配备 4 名工人,工效提高了几十倍。在提高装卸效率的同时,工人的体力劳动强度大幅度降低,但也提高了对作业人员的知识和技能要求。机械化和自动化作业方式的采用,使工人只需从事一些辅助性的体力劳动工作,肩挑人扛的装卸搬运方式已成为历史。

2. 减少货损货差,提高货物运输的安全与质量

采用件杂货运输方式时,由于在运输和保管过程中货物不易保管,尽管也可采取一些措施,但货损货差情况仍较严重。特别是在运输环节多、品种复杂的情况下,货物的中途转运倒载,货物混票以及被盗事故屡屡发生。采用集装箱运输方式后,由于采用强度较高、水密性较好的箱体对货物进行保护,因此,货物在搬运、装卸和保管过程中不易损坏,不怕受潮,货物途中丢失的可能性大大降低,货物完好率大大提高。

3. 缩短货物在途时间,加快车船的周转

集装箱化给港口和场站的货物装卸、堆码的机械化和自动化创造了条件,标准化的货物单元使装卸搬运动作变得简单和有规律,因此,在作业过程中能充分发挥装卸搬运机械设备的能力,便于实现自动控制的作业过程。机械化和自动化可以大大缩短车船在港站停留时间,加快货物的送达速度。另一方面,由于集装箱运输方式减少了运输中转环节、货物的交接手续简便,提高了运输服务质量。据航运部门统计,一般普通货船在港停留时间约占整个营运时间的56%,而集装箱船舶在港装卸停泊时间可缩短为仅占整个营运时间的22%。

4. 节省货物运输的包装,简化理货手续,推动包装的标准化

集装箱箱体作为一种能反复使用的运输设备,能起到保护货物的作用,可降低货物运输时的包装费用。例如,采用集装箱装运电视机可比原先件杂货物运输方式节省包装费用约50%。又如,中国广东省出口大理石,原先使用木箱包装,每吨需包装费用108元,改用集装箱后,每吨货物节省包装费74元。在运输场站,由于集装箱对环境要求不高,节省了场站在仓库方面的投资。此外,件杂货由于包装单元较小,形状各异,理货核对较为困难。而采用标准集装箱,理货时按整箱清点,可以节省时间,同时也节约了理货费用。随着集装箱作为一种大型标准化运输设备的使用,促使了商品包装进一步标准化。目前,中国的包装标准已接近400个,这些标准大多采用或参照国际标准,并且许多包装标准与集装箱的标准相适应。

5. 减少货物运输费用

除了前述的节省船舶运输费用外,由于采用统一的货物单元,使换装环节设施的效能大大提高,从而降低了装卸成本。同时,采用集装箱方式,货物运输的安全性明显提高,使保险费用有所下降。

6. 有利于组织国际多式联运

随着集装箱作为一种标准运输单元的出现,使各种运输工具的运载尺寸向统一的满足集装箱运输需要的方向发展。任何一种运输方式,如果对于这种趋势熟视无睹将很难融入运输的大系统中去。因此,根据标准化的集装箱设计的各种运输工具,将使运输工具之间的换装衔接变得更加便利。所以,集装箱运输有利于组织多种运输方式的联合运输,促进了运输合理化的发展。

7.1.2 集装箱标准及种类

为了促进集装箱运输业的发展,国际标准化组织制定了集装箱国际标准。联合国也组织有关机构起草了国际集装箱《海关公约》和《安全公约》,对国际集装箱的试验、检查、认可、结构、安全条件、海关手续等进行规定,并于1972年通过了这两个公约。

目前使用的国际集装箱标准规格尺寸主要包括4种箱型，即A型、B型、C型和D型。但实际上，国际上最常使用的标准集装箱主要有两种，一种是C系列中1C箱型，即长、宽、高为20、8、8英尺，另一种是A系列中的1A箱型，即长、宽、高为40、8、8英尺。另外，为了便于计算集装箱数量，通常以1C箱型集装箱作为换算标准箱(twenty-feet equivalent unit，TEU)，并以此作为集装箱船载箱量、港口集装箱吞吐量和集装箱保有量等的计量单位。集装箱有多种类型，用于海上运输的集装箱通常有以下几种：

1. 干货集装箱

干货集装箱(dry cargo container)主要用来装运普通的、无特殊要求的件杂货。一般是密闭式的长方箱体，由钢铁框架和金属板围成，目前使用最多的是这类集装箱。

2. 绝热集装箱

绝热集装箱(insulated container)又被称为冷藏集装箱(reefer container)，主要用来运输冷冻货物和保温货物，箱壁使用热导率低的隔热材料制成，并具有制冷装置。这类集装箱在任何地方都需要向其提供电力。

3. 特种集装箱

特种集装箱(special container)是为运输特殊货物而制作的，种类非常多，主要有以下几种。

(1) 开顶集装箱(open top container)，这种集装箱的顶壁，甚至是侧壁可以开启，以方便货物装卸，主要用来装运重大件货物。顶部可采用帆布覆盖方法将其密闭。

(2) 框架集装箱(frame container)，是一种没有箱顶和侧壁，只有底板和四角角柱的集装箱。可以从上方及侧面进行货物装卸，用于装卸重货和较长货物。

(3) 罐式集装箱(tank container)，其外部有与标准集装箱相同的框架结构，其内部设有罐状容器，主要用来装运散装液体货物。

此外，还有一些其他种类的特殊集装箱，例如动物集装箱、汽车集装箱、服装集装箱、组合式集装箱等用于运输特种货物。但它们的外部形状与标准集装箱基本一致。

7.1.3 集装箱运输的货物

根据是否适合集装箱运输，可将货物分为四种类别。

1. 最适合集装箱化的货物

这类货物本身价值较高，运价也高，其外包装及尺度、重量等均适合装载于集装箱内运输，包括医药品、小型电器、仪器、小五金、纺织品、服装、烟酒、食品等。

2. 较适合集装箱化的货物

这类货物价值较前者低，但其属性适合集装箱运输，包括一些金属制品、纸板、纸浆、皮张、电线等。

3. 临界集装箱化的货物

这类货物价值低，运价也低，使用集装箱运输不大经济，外观尺度也不大适合。但为赶交货期，也可以装于集装箱运输，例如，各种金属锭、短钢管、平板、生铁、小型构件、价值较高的矿产品等。

4. 不适合集装箱化的货物

这类货物由于受本身结构限制或因运输不经济等原因，一般不能采用集装箱运输，例如散煤、焦炭、散矿、大量散粮、废钢铁、机械设备、大型构件、大型卡车等。

据统计，全球货运总量中最适合集运化的货物共 32 种，占货运总量的 57%；较适合集运化的货物共 6 种，占货运总量的 11%；临界货物和不适合集运化货物仅 18 种，占货运总量的 32%。

7.1.4 集装箱货物的交接

1. 集装箱货物的交接形态

在集装箱运输中，货方（发货人、收货人）与承运方货物的交接形态有两种：整箱交接与拼箱交接。

(1) 整箱交接。

整箱交接(full container load, FCL)是指发货人与承运人交接的一个（或多个）装满货物的集装箱。当发货人的货物能装满一个（或多个）集装箱时一般采用整箱交接方式。在整箱交接方式下，发货人自行装箱并办好海关加封等手续，承运人接受的货物是外表状态良好，铅封完整的集装箱。货物运抵目的地时，承运人将集装箱原状交付给收货人，收货人自行将货物从箱中掏出。整箱交接集装箱中的货物，一般只有一个发货人，一个收货人，通常由班轮公司承担整箱货物的运输任务。

(2) 拼箱交接。

拼箱交接(less container load, LCL)是指发货人将各自小量货物交给承运人，由承运人根据流向相同的原则，将这些货物装入同一个集装箱进行运输的交接形式。在拼箱交接形式下，承运人或其代理人从发货人手中接收货物并组织装箱运输，运到目的地交货地点时，承运人或集装箱代理人将货物从箱中掏出，以原来的形态向各收货人交付。在这种交接形态下，每个集装箱的货物有多个发货人和收货人。拼箱货物的交接和装箱要在码头集装箱货运站、内陆货运站、中转站和铁路办理站等地进行。拼箱货物运输承运人要承担运输途中的货损货差。

在货物交接中，有时也会出现这两种交接形态相结合的情况，即承运人以整箱形态接收货物，而以拼箱形态交付货物（即每个货箱中的货物只有一个发货人，但有多个收货人的情况），或者相反（即每个箱中的货物有多个发货人，而只有一个收货人的情况）。

2. 集装箱货物的交接地点

目前，常用的集装箱货物交接地点有三类，即集装箱堆场(CY)、集装箱货运站(CFS)和发货人或收货人的工厂或仓库(Door)。

(1) 集装箱堆场交接(CY 交接)。

集装箱堆场交接包括集装箱码头堆场交接和集装箱内陆堆场交接。

集装箱码头堆场交接，是指发货人将在工厂、仓库装好的集装箱运到装运港集装箱码头堆场，承运人（集装箱运输经营人）或其代理在集装箱码头堆场接收货物，运输责任开始。货物运达卸货港后，承运人在集装箱码头堆场向收货人整箱交付货物，运输责任终止。

集装箱内陆堆场交接，是指在集装箱内陆货站堆场、中转站或办理站的堆场的交接，这种交接方式适用于国际多式联运方式。在内陆CY交接时，货主与多式联运经营人或其代理人在内陆集装箱堆场办理交接手续，货物交接后，由多式联运经营人或其代理人将货物从堆场运到码头堆场。集装箱内陆CY交接也是整箱交接。

(2) 集装箱货运站交接(CFS交接)。

集装箱货运站一般包括集装箱码头的货运站、集装箱内陆货运站、中转站和集装箱办理站。CFS交接一般是拼箱交接，因此它一般意味着发货人自行负责将货物送到集装箱货运站，集装箱经营人或其代理人在CFS以货物的原来形态接收货物并负责安排装箱，然后组织海上运输或陆海联运、陆空联运或海空联运的多式联运。货物运到目的地货运站后，多式联运经营人或其代理人负责拆箱并以货物的原来形态向收货人交付。收货人自行负责提货后的事宜。

(3) 发货人或收货人的工厂或仓库交接(即"门到门"交接)。

发货人或收货人的工厂或仓库交接，是指多式联运经营人或集装箱运输经营人在发货人的工厂或仓库接收货物，在收货人的工厂或仓库交付货物。"门到门"交接的货物都是整箱交接，由发货人或收货人自行装(拆)箱。运输经营人负责自接收货物地点到交付货物地点的全程运输。

3. 集装箱运输中货物的交接方式

根据实际交接地点不同，集装箱货物的交接有多种方式。在不同的交接方式下，集装箱运输经营人与货方承担的责任、义务是不同的。

集装箱货物的交接方式主要有以下几种。

(1) "门到门"(door to door)交接方式。

运输经营人由发货人的工厂或仓库接收货物，负责将货物运至收货人的工厂或仓库交付。在这种交付方式下，货物的交付形态都是整箱交接。

(2) "门至场"(door to CY)交接方式。

运输经营人在发货人的工厂或仓库接收货物，并负责将货物运至卸货码头堆场或其内陆堆场，在CY处向收货人交付。在这种方式下，货物也是整箱交接的。

(3) "门至站"(door to CFS)交接方式。

运输经营人在发货人的工厂或仓库接收货物，并负责将货物运至卸货码头的集装箱货运站或其在内陆地区的货运站，经拆箱后向各收货人交付。在这种交接方式下，运输经营人一般是以整箱形态接受货物，以拼箱形态交付货物。

(4) "场到门"(CY to door)交接方式。

运输经营人在码头堆场或其内陆堆场接收发货人的货物(整箱货)，并负责把货运至收货人的工厂或仓库向收货人交付(整箱货)。

(5) "场至场"(CY to CY)交接方式。

运输经营人在装货港的码头堆场或其内陆堆场接收货物(整箱货)，并负责运至卸货港码头堆场或其内陆堆场，在堆场向收货人交付(整箱货)。

(6) "场至站"(CY to CFS)交接方式。

运输经营人在装货港的码头堆场或其内陆堆场接收货物(整箱货)，并负责运至卸货港码头集装箱货运站或其在内陆的集装箱货运站，一般经拆箱后向收货人交付。

(7) “站至门”(CFS to door)交接方式。

运输经营人在装货港码头的集装箱货运站或内陆的集装箱货运站接收货物(经拼箱后)，负责运至收货人的工厂或仓库交付。在这种交接方式下，运输经营人一般是以拼箱形态接收货物，以整箱形态交付货物。

(8) “站至场”(CFS to CY)交接方式。

运输经营人在装货港码头或其内陆的集装箱货运站接收货物(经拼箱后)，负责运至卸货港码头或内陆堆场交付。在这种方式下货物的交接形态同“站至门”交接方式相同。

(9) “站至站”(CFS to CFS)交接方式。

运输经营人在装货港码头或内陆集装箱货运站接收货物(经拼箱后)，负责运至卸货港码头或其内陆集装箱货运站，(经拆箱后)向收货人交付。在这种方式下，货物的交接形态一般都是拼箱交接。

7.1.5 集装箱货物的装箱

不论货主自行装箱还是集装箱货运站装箱，都应对集装箱进行检查和掌握一般的装箱法，以保证货物运输质量。

1. 集装箱的检查

选定合适的集装箱型号后，在货物装箱前需对集装箱状况进行检查。合格的集装箱应符合下列条件：

● 应符合国际标准，具有合格的检验证书。

● 集装箱的外表良好，没有明显的损伤、变形、破口等。

● 箱门应完好，能 270 度开启，栓锁完好。

● 箱子内部清洁干燥、无异味、无尘污或残留物，衬板、涂料完好。

● 箱子所有焊接部位牢固，封闭好，不漏水、不漏光。

● 附属件的强度、数量满足有关规定和运输需要。

● 箱子本身的机械设备(冷冻、通风)完好，能正常使用。

在使用前应对集装箱进行仔细全面的检查，包括外部、内部、箱门、清洁状况、附属件及设备等。通常发货人(用箱人)和承运人(供箱人)在箱子交接时，共同对箱子进行检查，并以设备交接单(或其他书面形式)确认箱子交接时的状态。

2. 集装箱货物积载方式

为了保证运输质量和运输安全，做好箱内货物的积载工作十分重要。集装箱在运输过程中，以及各环节(装卸、倒运、存储、装拆箱等)的实际操作中，经常会发生振动、碰撞、摇摆等情况。如果积载不当，不仅可能造成货损，还可能引起运输工具、装卸机械的损坏和人身伤亡。集装箱货物积载的一般要求及应注意的事项主要有以下几个方面。

(1) 配载。

配载是指货物在集装箱内的具体装载方法。无论是发货人(整箱交接情况下)还是运输经营人(特别是在拼箱交接情况下)在货物装箱前都要做好配载工作。如箱内只装运一种货物，则配载时应主要考虑货物的比重、单件包装强度、单件形状及尺度与集装箱的安全负荷和总容积的合理关系等因素。如箱内需要装载多种货物时，则应根据各种货物的体积、重量、性质、包装形态及强度、运输要求、货物流向、承载能力、箱子利用率等因素综合考虑做出计划。

(2) 货物的拼箱、装载、堆码。

不同种类的货物拼装在同一箱内时，应根据货物的性质、单件重量、包装形态及强度分区、分层堆放。将包装牢固、重件货物放在箱子底部，包装不牢、轻件货物装在上部。在货物多层堆码时，堆码的层数应根据货物包装强度及箱底承载能力规定(单位面积承重量)来决定。为使下层货物不被压坏以及防止装箱、运输过程中引起的撞击，应适当考虑在各层之间垫入缓冲器材。

货物的装载应严密、整齐。在货区之间、货物与货物之间、货物与箱体之间的空隙，应加适当的隔衬以防止货物的移动、撞击(collide)、沾湿(wet damage)和污损(contaminated)。

货物在箱子内的重量分布应均衡。一般要求沿高度方向重量分布应均衡或下重上轻，沿长度和宽度方向应均衡。如箱子的某一部位，某一端或某一侧负荷过重，易引起吊运过程中箱子倾斜、装卸机械及运输工具(特别是拖车)损毁等事故。

另外，对靠近箱门附近的货物要采取系固措施，以防止开箱和关箱时货物倒塌造成损坏或人身伤亡事故。

(3) 其他应注意事项。

装载箱内的货物总重量不得超过箱子允许的额定载重量。因货物超重而造成的一切损失由装箱人承担。不同种类的货物拼装在同一个箱内时，应保证其物理、化学性质不发生冲突和无气味污染。不同发货人(或收货人)的货物拼箱时，应考虑货物的流向要一致。装箱时使用的隔垫材料和系固材料应清洁、干燥、无虫害。

7.2 集装箱运输主要单证

集装箱运输单证可分为两大类：一是进出口运输单证，二是向口岸各监管部门申报的单证。其中，进出口运输单证主要包括：设备交接单、装箱单、场站收据、集装箱提单、理货报告、集装箱装载清单、集装箱实装船图、货物舱单、运费舱单和交货记录等。向海关、商检、动植物检疫、卫检、港监等口岸监管部门申报所用的相关单证主要包括：报关单、合同副本、信用证副本、商业发票、进出口许可证、产地证明书、免税证明书、商品检验证书、药物/动植物报验单、危险品清单和准运单、危险品包装证书和装箱说明证书等。这些单证中，除了沿用传统件杂货物国际运输中使用的单证(可能格式上有区别)外，新单证主要有：设备交接单、装箱单、场站收据、集装箱提单和交货记录。下面对这些单证的作用和使用作简要说明。

7.2.1 设备交接单

设备交接单(equipment interchange receipt)是集装箱进出港口、场站时用箱人或运箱人与管箱人之间交接集装箱及设备(底盘车、台车、冷藏装置、电机等)的凭证。既是管箱人发放/回收集装箱或用箱人提取/还回集装箱的凭证,也是证明交接时集装箱状态的凭证和划分责任的依据。此单证通常由管箱人(租箱公司、船公司或其他集装箱经营人等)签发给用箱人,用箱人据此向场站领取或送还集装箱或设备。

设备交接单分进场和出场两种。这两种交接单正面内容除个别项目外大致相同,都各有三联,分为管箱单位底联、码头或堆场联和用箱人、运箱人联。设备交接单流转程序为:

- 管箱人或其代理人填制并签发设备交接单(三联,每箱一份)交用箱人。
- 用箱人、运箱人据此单证(三联)到码头或内陆堆场办理提(还)箱手续,堆场经办人(作为管箱人的代理人)核单、签字后,留下码头堆场联与管箱单位底联,将用箱人联退还经营人。双方检验箱体后提走(或还回)集装箱及设备。
- 码头堆场经办人将管箱单位底联退还管箱单位。
- 集装箱还回码头堆场时,双方按单上条款检验箱体状况,如无损坏,设备交接单作用结束。

各类管箱人一般都印制自己的设备交接单,其内容大同小异。设备交接单的背面印有划分管箱人和用箱人之间责任的集装箱使用合同条款。条款的主要内容有:使用集装箱期间的费用、损坏或丢失时责任划分和对第三者造成损坏时的赔偿责任等。

7.2.2 装箱单

装箱单(container load plan, CLP)是记载箱内货物及载情况的单证。此单由装箱人以箱为单位填制、签署。装箱单的作用有以下主要方面:

- 表明箱内货物明细。
- 报关、办理保税运输的单证。
- 货物交接的凭证。
- 编制船舶积载计划的依据。
- 安排拆箱作业的资料。
- 货物索赔的依据。

装箱单的主要内容有:船名、航次、装卸港、收交地点、集装箱号和规格、铅封号、场站收据或提单号、发货人、收货人、通知人及货名、件数、包装种类、标志、号码、重量和尺码等。对危险品还应做出特殊要求说明。

装箱单一般一式数份,分别由货主、货运站、装箱人留存和交船代、海关、港方、理货公司使用,另外还需准备足够份数交船方随货带往卸货港以便交接货物、报关和拆箱等用。制作装箱单时,装箱人负有装箱单内容与箱内货物一致的责任。如需理货公司对整箱货物理货时,装箱人应同理货人员共同制作装箱单。

7.2.3 场站收据

场站收据(dock receipt, D/R)是由承运人签发的证明已收到托运货物,并开始对货物负责的凭证。广义上的场站收据是一套综合性单证，把货物托运单、装货单、大副收据、理货单、配舱回单、运费通知等单证汇成一套，简称为场站收据联单，有利于提高托运效率。

场站收据联单一般是在托运人与承运人达成运输协议后，由船舶代理人交托运人或货代填制，并在承运人委托的码头堆场、集装箱货运站或内陆货运站收到货物后签字生效。货物装船后，托运人或其代理人可凭场站收据向船舶代理人换取已装船提单。

场站收据联单的主要作用主要包括：运输合同和承运人的货物收据，出口货物报关的凭证之一，换取提单的凭证，船公司、港口组织装卸、理货、配载的资料，运费结算的依据。

场站收据联单是集装箱运输专用的出口单证，不同港站使用的格式不尽相同，有5联、7联、10联、12联不等。

在集装箱货物出口托运过程中，场站收据要在多个机构和部门之间流转。在流转过程中涉及的有托运人、货代、船代、海关、堆场、理货公司、船长或大副等。10联格式场站收据流转程序一般如下：

- 托运人(货代)填制后，留下货方留底联给货主，将2—10联送船代签单编号。
- 船代编号后，留下2—4联，并在第5联上加盖确认订舱章及报关章后，将第5—7联退给货代，货运代理人留下第8联，并把第9、10联作为配舱回单送给托运人。
- 报关员携第5—7联报关。
- 海关审核认可后，在第5联装货单上加盖放行章并把单据退给报办人。
- 货运代理人将箱号、封志号、件数等填入第5—7联后，将货物与5—7联在规定时间内　并送到堆场。
- 场站在堆场验收货物，在第5—7联上填入实收箱数、进场日期并加盖场站公章。第5联由场站留底，第6联送交理货员。理货员在装船时将该联交大副，并将经双方签字的第7联即场站收据正本返还货运代理人。

场站收据填制、货物装箱及货物交运时，应注意以下事项：

- 出口货物一般要求在装箱前24小时向海关申报，海关在场站收据上加盖放行章后方可装箱。
- 海关验放时允许场站收据中无箱号，货物装箱后由货代或装箱人正确填写，进场时所有场站收据联单必须填写有箱号、封志号和箱数。
- 场站收据内容如有变更，必须及时通知有关各方，并在24小时内出具书面通知，办理变更手续。
- 承运人委托场站签发场站收据时必须有书面协议。
- 场站只有在海关放行后才能签发场站收据，安排集装箱装船。签发时还必须查验货箱号、封志号、数量是否填写正确。
- CY交接方式下，由托运人对箱内货物准确性负责；CFS交接方式下，则由装箱单位对货物准确性负责。
- 理货人员应根据交接方式在承运人指定的场站和船边理箱，并在有关单证上加批注，提供理货报告和理箱单。

● 托运人的货运代理人、船舶代理人应正确、完整地填写和核对场站收据的各项内容，一般要求用打字机填写。

7.2.4 集装箱提单

1. 集装箱提单的概念

集装箱提单(container B/L)是集装箱运输下的主要运输单证。适用于集装箱运输的提单有两类：一类是“港—港”的海运提单；另一类是“内陆—内陆”的多式联运提单。这两类提单的法律效力和作用与传统提单基本相同。为了适应集装箱运输的需要，其正面内容除传统海运提单内容外，还增加了收货地点、交货地点、交接方式、集装箱号、封志号等内容。由于集装箱货物的交接一般都不在船边，集装箱提单一般是待装船提单。为了与信用证要求(已装船提单)一致，集装箱提单一般增加装船记录栏，以便必要时加上“已装船”批注使之转化为已装船提单。

集装箱提单填制时，应注意在箱数或件数栏内，既要填写集装箱数，又要填写箱内所装货物件数。否则发生灭失、损坏时只能以箱作为一个理赔单位。

集装箱提单签发的地点与集装箱运输中货物交接地点是一致的。一般是托运人在上述地点与集装箱运输经营人或其委托的堆场、货运站的业务人员交接货物后，用场站收据向运输经营人换取提单。各集装箱运输经营人大都有自己的集装箱提单，其内容与格式基本相同。与传统海运提单一样，集装箱提单正面和背面都印有提单条款，而且有相当多的内容与传统海运提单和格式相同，只是为了适应集装箱运输的实际需要，对某些条款的内容作了修改，增加了一些新的条款。

集装箱提单的正面条款中与传统提单的主要区别在于确认条款，即表明承运人是在箱子外表状况良好，铅封号码完整状态下接收、交付货物，并说明该提单是收货待运提单。

2. 集装箱提单与海运提单背面条款的区别

(1) 承运人的责任期限。

由于目前集装箱运输存在“港至港”运输和“门到门”运输两种方式，多数集装箱提单的承运人责任条款中规定了两种责任期限。

在“港至港”运输形式下，规定承运人责任从在装运港接收货物时起，到目的港交货时，或按照当地法律、条例交给有关当局时止。

在“门到门”运输形式下，集装箱运输承运人接货、交货的地点在货主仓库、内陆场站或码头堆场。这与传统海上运输货物交接有很大差别，《海牙规则》对普通提单规定的承运人责任期限已不再适用。这时，承运人负责安排海运前的内陆运输和海运后的内陆运输，其责任期限也延伸为从接收货物开始到交付货物时止。

(2) 舱面(甲板)货选择权条款。

根据传统海上运输法规，只有在根据航海习惯或事先征得货主同意的条件下，承运人才可将货物装在甲板上运输，并应在提单上加注“装载甲板”字样，否则承运人必须承担由此产生的一切损失的赔偿责任，并因此丧失法律、合同规定的承运人的一切抗辩理由、责任限制和免责权。但是，在集装箱运输中，由于船舶结构的特殊性及经济性等要求，有相当一部分集装箱要装载在甲板上运输(全集装箱船满载时约有30%货箱装载在甲板上),而各集装箱在船舶上装载的具体位置,一般是根据船舶配载、积载的需要和货物装卸先后次序等确定的。运输经营人在签发提单时无法确定哪些箱会装在舱内或甲板上,因此集装箱提单中规定了舱面货选择权条款。尽管各公司提单中表述方式不同,但该条款包含的基本内容是相同的,即承运人有权将集装箱货物装载在甲板上运输,而无须征得货方同意和通知货方。集装箱装载在甲板上视为装载在舱内。

(3) 承运人的赔偿责任限制。

各公司的集装箱提单赔偿责任限制条款明确规定了最高赔偿限额,有包括海运(内河)及不包括海运(内河)两种限额。由于各个公司的限额是根据不同的国际公约或国内法规制定的,其额度存在着差别。对集装箱、托盘或类似的装运工具或包装损失的赔偿作如下规定:如提单中已载明工具箱内的货物件数或单位数,则按载明的件数或单位数赔偿,如该工具箱为货主所有,赔偿时也作为一件。

(4) 托运人责任条款。

① 发货人装箱、计数条款(或称不知条款)。在整箱交接情况下,承运人接受的是外表状况良好、铅封完整的集装箱,对箱内所装货物数量、标志等只能根据装箱单得知,即使对其有适当理由怀疑也无适当方法进行检验。为了兼顾提单的流通性和保护承运人的目的,集装箱提单中在如实记载箱内货物详情的同时,背面条款中又保留了发货人装箱、计数条款(或不知条款)。其内容一般为:如本公司承运的集装箱是由发货人或其代理人装箱并加封的,则本提单正面所列内容(有关货物的重量、尺码、件数、标志、数量等)本公司均不知悉。该条款的法律效力与传统提单中不知条款的效力是不同的。

② 铅封完整交货条款。该条款是指承运人在集装箱外表状况良好,铅封完整的情况下收货、交货,就可认为承运人已完成货物运输并解除其所有责任。该条款与发货人装箱、计数或不知条款是有一定联系的,也是限于整箱交接。

③ 货物检查权条款。该条款是指承运人有权但没有义务在掌管货物期间的任何时候,将集装箱开箱检验、核对,如发现货物全部或部分不适于运输,承运人有权对该货物放弃运输或由托运人支付附加费用后继续完成运输,或存放在岸上或水上遮蔽或露天场所,而且这种存放可视为凭提单交货,承运人责任终止。

在该条款下,如果承运人对箱内货物有所怀疑或发现积载不正常时,有启封检查的权利而不必征得托运人同意。但在操作中,对货主自装的集装箱启封检查时一般应征求货主同意,并由货主支付费用。

④ 海关启封检查条款。《国际集装箱海关公约》规定,海关有权对集装箱货物开箱检查。因此集装箱提单一般都规定:如海关当局因检查箱内货物对集装箱启封检查并重新加封,由此而造成或引起的任何货物灭失、损坏及其他后果,承运人概不负责。在实际操作中承运人对这种情况应作详细记录并保留证据以免除责任。

⑤ 发货人对货物内容正确性责任条款。集装箱提单中记载的货物内容,或由发货人填写,或由承运人(或其代理人)根据发货人提供的托运文件(装箱单等)填写。提单一般规定承运人接收货物即可视为发货人已向承运人保证其在集装箱提单中提供的货物内容

(种类、标志、件数、重量、数量等)准确无误。如属于危险货物,还应说明其危险性。如因发货人提供内容不准确或不正当造成货损或其他损害,发货人应对承运人负责,这种责任即使已发生提单转让也不例外。

⑥ 承运人运价说明。由于篇幅限制,集装箱提单上无法将有关集装箱运输的术语、交接方法、计费方法、费率、禁运规定等内容全部列出。各公司一般以承运人运价本形式将这些条款装订成册对外提供。在集装箱提单条款中规定,有关的承运人运价本是提单的组成部分。当提单中载明了运价且与运价本发生矛盾时,以提单记载为准。

7.2.5 交货记录

交货记录是集装箱运输经营人把货物交付给收货人或其代理人时,双方共同签署的证明货物已经交付及货物交付时状况的单证。同时,它也证明承运人对货物的运输责任已告终止。交货记录由到货通知1联、提货单1联、费用账单2联、交货记录1联共5联组成。

交货记录的制作与流转过程如下:

- 集装箱货物抵港前,承运人或其代理人(以下称船代)根据装船港船代寄、传的舱单或提单副本制作交货记录一式五联,并通知收货人货物到达的大致时间。
- 在集装箱卸船、进入堆场并做好交货准备后,由船代向收货人发出到货通知(第1联)。
- 收货人凭正本提单和到货通知联向船代换取提货单等4联(对运费到付的货物应先结清费用),船代在收取费用与核对正本提单后,在提货单上加盖专用章。
- 收货人或其代理人凭提货单、费用账单、交货记录共4联,随同进口货物报关单一起到海关报关,海关核准后在提货单上盖放行章。
- 收货人将上述4联送场站业务员,场站业务员核单后,留下提货单作为放行依据,并在双方检验货物后,填写交货记录并签字盖章。待收货人凭费用账单结清场站费用后,场站业务员将交货记录退还给收货人。
- 收货人凭交货记录提货,提货完毕时,交货记录由收货人签收后交场站留底。

案例分析

□ 集装箱货运站经营人的法律地位

上海一家公司(以下称发货人)出口30万美元的皮鞋,委托集装箱货运站装箱出运,发货人在合同规定的装运期内将皮鞋送货运站,并由货运站在卸车记录上签收后出具仓库收据。该批货出口提单记载CY—CY运输条款、SLAC(由货主装载并计数)、FOB价、由国外收货人买保险。国外收货人在提箱时箱子外表状况良好,关封完整,但打开箱门后一双皮鞋也没有。也许有人会提出,皮鞋没有装箱,怎么会出具装箱单?海关是如何验货放行的？提单又是怎样缮制与签发的？船公司又是怎样装载出运的？收货人向谁提出赔偿要求呢？

处理过程：

1. 收货人向发货人提出赔偿要求

由于出口提单记载“由货主装载并计数”，收货人根据提单记载向发货人索赔，但发货人拒赔，其理由：“尽管提单记载由货主装载并计数，但事实上皮鞋并非由货主自行装载，在皮鞋送货运站后，货运站不仅在卸车记录上签收，而且又出具了仓库收据。仓库收据的出具表明货运站已收到皮鞋，对皮鞋的责任已开始，同时也表明货主责任即告终止。因此，提单记载是没有任何意义的，不具有任何法律效力。此外，提单记载CY—CY运输条款并不能说明整箱交接，因为该批皮鞋由货运站装箱。而且，装载皮鞋的集装箱装船后，船公司已出具提单，更为主要的是，集装箱货物交接下买卖双方风险以货交第一承运人前后划分，由于集装箱运输下承运人的责任是从“接受货开始”，因而随着货交承运人，其贸易风险也转移给了买方。

2. 收货人向承运人提出赔偿要求

当收货人向承运人提出赔偿时，承运人认为：“提单记载的运输条款是CY—CY”，即整箱交接，提单的反面条款也规定：“整箱货交接下，承运人在箱子外表状况良好下，关封完整下接货、交货。”既然收货人在提箱时没有提出异议，则表面承运人已完整交货。承运人进一步说：“至于提单上记载由货主装载并计数，因为对承运人来说是货运站接受的已装载皮鞋的整箱货，事实上并非知道箱内是否装载皮鞋。”提单正面条款内容对提单签发人、提单持有人具有法律效力。

3. 收货人向保险人提赔

当收货人向保险人提赔时，保险人也拒赔，并提出：此种赔偿归属于集装箱整箱货运输下的隐藏损害，即无法确定皮鞋灭失区段和责任方。如收货人向保险人提赔，收货人应向保险人举证说明皮鞋灭失区段、责任方，这样才可保证在保险人赔付后可行驶追赔权，即进行“背对背”赔偿。保险人进一步指出：整箱货隐藏损害同时应具备三个条件：

- 货物灭失或损害发生在保险人责任期限内。
- 货物灭失或损害属保险人承保范围的内容。
- 箱内货名称、数量、标志等装载必须与保单内容记载一致。

收货人在向发货人、承运人、保险人提出索赔而又得不到赔偿后，收货人转向货运站进行提赔，其理由是：装箱过失所致。然而，集装箱货运站表示：收货人与发货人之间有买卖合同关系；发货人与承运人之间有运输合同关系；收货人与保险人之间有保险合同关系，而收货人与货运站之间既无合同关系又无提单关系；装箱过失属货运站管货过失行为，即使赔偿也可享有一定的责任限制，但如按侵权过失，则应按实际损失赔偿。货运站进一步指出：即使由货运站装箱，但也是货主委托行为，货运站是货主的雇佣人员。显然，货运站的观点是错误的，因为：

- 仓库收据的出具表明货运站已收到货主的货物；
- 仓库收据的出具表明货运站对收到的货开始承担责任；

● 货运站在卸车记录上签收,表明双方交接责任已明确转移;

● 装箱单出具则表明皮鞋已装箱。

根据现行的仓储合同规定:"货物进仓库交由保管方后,则表明保管方责任已开始,如保管方在保管货物过程中造成货物灭失或损害则由保管方承担责任。"同时,根据中华人民共和国《国际海上集装箱运输管理规则》规定:"装箱不当造成货物漏装箱应由装箱人承担责任。"由于涉及本案的各当事人均不承担责任,收货人向法院提起诉讼,法院判决:"仓库收据是货运站出具给货主的仓储合同,出具装箱单表明皮鞋已实际装箱。收货人在箱子外表状况良好、关封完整下收货,则表明承运人已完成交货责任,由于箱内并没有装载皮鞋,保险人也没有赔偿事实,因而由货运站承担赔偿责任。"但货运站不服法院判决,提出上诉,但很快撤诉,原来皮鞋在仓库内堆存。

从本案的判定中可看出,集装箱货运经营人的法律地位是非常明显的,他既是货主委托的装箱人,但又是与货主订有仓库合同的一方,承担仓储合同责任,同时又因是装箱人承担装箱过失责任。经过货运站与发货人、收货人协商,货运站除承担皮鞋再出运的所有费用外给予收货人相应补偿而结案。

7.3 集装箱运费

集装箱运输是一种不同于传统件杂货运输的新型运输方式,其运费构成与计收方式也不同。

7.3.1 集装箱运费构成要素

集装箱运输是一种班轮运输形式,其运费也采用运价本形式予以公开。运价本中包括了不同航线的不同类别货物的各种费用收费标准。

集装箱运输将传统的货物交接从港口向内陆延伸,使承运人的责任、费用及风险扩大到内陆港口、货运站、货主的工厂等交接地点,这使得集装箱的价格构成因素有所扩大。总的说来,集装箱运费的构成主要有:海上运费、港口装卸费、内陆运费、内陆港站中转费、拆装箱费、集装箱使用费以及各种承运人加收的附加费等。

7.3.2 主要交接方式下的运费构成

集装箱运输中最经常采用的货物交接方式有"CY to CY"、"CY to CFS"、"CFS to CFS"三种,不同交接方式的运费构成因素是不同的。

1. "CY to CY"交接方式的运费构成

在"CY to CY"交接方式下,货物是以整箱形态进行交接的。装拆箱及运输两端集装箱堆场以外的运输由发货人、收货人自己完成。承运人负责运输两端堆场到堆场之间的一切责任、费用。这时,运费的构成主要有:起运港堆场码头服务费(包括接收货物、堆场存放、搬运至船边装卸桥下的各种费用)、装船费、海上运费(包括各种附加费)、卸船费、卸货港堆场、码头服务费、集装箱使用费等。堆场、码头服务费一般都采用包干形式计收。

2. “CY to CFS”交接方式的运费构成

在“CY to CFS”交接方式下，承运人以整箱形态接收货物，运抵目的港后在 CFS 交付货物。这时，运费构成主要有：装卸两港的堆场和码头服务费、装船费与卸船费、海上运费及附加费、集装箱使用费、目的港 CFS 的拆箱服务费（包括重箱搬运费、拆箱费、货物在 CFS 中的存储费、空箱运回堆场的费用等）。

3. “CFS to CFS”交接方式的运费构成

在“CFS to CFS”交接方式下，货物是以拼箱形态交接的。这时，运费的构成主要有：起运港的装箱服务费、堆场服务费、装船费、海上运费、卸船费、目的港堆场服务费、拆箱服务费及集装箱使用费等。

7.3.3 集装箱运费的计收

1. 拼箱货运费的计收

拼箱货运费的计收类似于传统的件杂货，即采用按承运人运价本规定的 W/M 费率计算基本运费，然后加收集装箱运输的有关费用，如 CFS 拼箱服务费、各种附加费等。

拼箱货运费表中通常将货物分成一般货物、半危险货物、危险货物、冷藏货物四个类别，并分别规定 W/M 费率。计费时，不足 1 吨货物按 1 吨计算。由于竞争原因，运费也可议价。

2. 整箱货运费的计收

整箱货运输大多采用包箱费率（box rate）计收。包箱费率也称“均一费率”（freight all kinds，FAK），是目前整箱货运输中较为常见的定价方法。这种费率以每集装箱为计算单位，各航运公司按不同的箱型制定不同航线的包干运价，其中包括了海上运费和装船费及卸船费。包箱费率可分为两类：一类是货物包箱费率，另一类是均一包箱费率。前者是按照货物类别和等级规定不同的包箱费率，后者是不论货物类别（危险品和冷藏货除外）只按箱型规定不同的包箱费率。后者对货主有吸引力。

3. 附加费

同传统的件杂货班轮运输相似，集装箱运价中也收取附加费。例如，变更目的港附加费、重件附加费（由 CFS 装箱时）、港口附加费、燃油附加费、季节附加费（peak season surcharge）、码头操作费（terminal handling charge，THC）等。这些名目繁多的附加费是集装箱运费的重要组成部分。

7.4 国际多式联运概述

7.4.1 国际多式联运的概念

国际多式联运，是以集装箱为媒介，将海上运输、铁路运输、公路运输、航空运输等四种运输方式中的两种或两种以上方式加以组合而形成的连贯的、“门到门”的货物运输。按照这种运输方式，承托双方只需办理一次托运，一票到底，由承运人负全程责任。国际多式联运一改海、铁、公、空等单一运输方式不连贯的传统做法。

《联合国国际多式联运公约》以及我国交通部和铁道部共同颁布的《国际集装箱多式联运管理规则》给国际多式联运下的定义为:“国际多式联运是按照多式联运合同,以至少两种不同的运输方式,由多式联运经营人将货物从一国境内接管货物的地点运至另一国境内指定交付货物的地点。”

根据以上定义,多式联运必须具备以下条件:

- 具有一份多式联运合同,明确规定多式联运经营人(承运人)和托运人之间的权利、义务、责任、豁免的合同关系和多式联运的性质。
- 使用一份全程多式联运单据,证明多式联运合同已经成立、多式联运经营人已经接管货物并负责按照合同条款交付货物。
- 至少两种不同运输方式的连贯运输。这是确定一票货运是否属于多式联运的最重要的特征。为履行单一方式运输合同而进行的货物接送,则不应视为多式联运。如航空运输中从仓库到机场的这种陆空组合则不属于多式联运。
- 国际的货物运输。
- 由一个多式联运经营人对全程运输负总的责任。
- 执行全程单一运费费率。多式联运经营人在对货主负全程运输责任的基础上,还需制定一个货物从发运地至目的地的全程单一费率,并以包干形式一次向货主收取。

7.4.2 国际多式联运的优点

1. 手续简便

国际多式联运从根本上简化了单一运输方式中的种种繁杂手续,货主只需办理一次委托,支付一笔费用,取得一张全程运输单证即可实现全程运输。在运输过程中,假如出现问题,货主只需同总承运人即多式联运经营人交涉即可。

2. 货运安全

多式联运是以集装箱为运输单位,虽经多段运输和多次装卸,无需倒载箱中货物,保证了货物安全。

3. 运送迅速

由于集装箱自身的标准化和规格化,以及集装箱装卸和转换过程中高度机械化,国际多式联运运输成本大大降低,运输时间明显缩短。

4. 包装节省

货物使用集装箱装载,简化了外包装,使发货人节省了包装费用。由此货价降低,又使收货人从中得利。

5. 收汇提早

货物装上第一程运输工具后,发货人即可取得联合运输单据,并凭此向银行办理收汇手续。而过去在单一运输方式下,只有等货物装船后才能取得装运单据,然后再去办理结汇。

6. 运输合理

多式联运经营人在业务实践中积累了丰富的经验，建立了合理的、经济的联运路线。货主向联运经营人托运，即可利用经过选择和多次试验建立起来的联运路线，组织合理运输，缩短运输里程和运送时间，降低运输成本，增强货物在国际市场上的竞争能力。

当前国际贸易竞争日趋激烈，航运技术日新月异，国际多式联运把各种不同的运输方式连贯起来，提供了实现"门到门"运输的条件。它具有安全、迅速、简便、节省费用、准确等优点，深受国际贸易界的欢迎，发展前景十分广阔。

7.4.3 国际多式联运的组织形式

1. 海陆联运

这是国际多式联运的一种形式。其做法是，以海运为主，由海上货物运输公司签发联运提单，与航线两端的内陆运输部门开展联运业务。

2. 陆桥运输

陆桥运输是国际多式联运最主要的一种运输方式，它采用集装箱专用列车或卡车，将大陆两端的海洋连接起来，实行连贯运输。目前，国际上的陆桥运输分为大陆桥、小陆桥和微桥运输几种类型。在欧亚大陆的一些国家，陆桥运输又分为"铁—海"、"铁—铁"和"铁—卡"几种方式。

3. 海空联运

海空联运开始于20世纪60年代。当时由远东地区运往美国东海岸和内陆地区的货物，先海运至美国西部口岸，再航运至目的地。采用这种运输方式，运输时间比全程海运时间节省，运输费用又比全程空运低廉。目前，由远东至欧洲、中南美、中近东及非洲的货物运输，多采用这种海空联运方式。

7.5 国际多式联运单据

7.5.1 国际多式联运单据的定义与内容

国际多式联运单据(international multimodal transport document)是区别国际多式联运与其他运输方式的主要特征之一。使用国际多式联运单据，货物在不同的运输方式、不同的运输工具之间转换时，不必经过重新分类、核对、检查、开箱、装箱等操作，保证了国际多式联运的一次托运、一张单据、一次付费、一次保险的手续简洁性，既方便了货主，又便于多式联运经营人对全程运输进行控制。然而，在没有可适用的公约的情况下，并不存在国际上认可的作为多式联运单据的合法单证。现在在多式联运中使用的单证是通过订立合同产生的。近年来，大多数单证都并入了三种国际规范之一而趋于一定的标准化。在上述规则的基础上，国际组织如BIMCO和FIATA确定了多种联运单据的格式，例如BIMCO制定的Combidoc，FIATA制定的联运提单FBL，以及UNCTAD制定的Multidoc。根据《联合国国际货物多式联运公约》，国际多式联运单据被定义为:"证明多式联运合同以及证明多式联运经营人接管货物并负责按照合同条款交付货物的单据。"作为多式联运各当事人进行业务活动的凭证,多式联运单据应记载的主要内容有以下几个方面:

- 货物品类、识别货物所必需的主要标志,如属危险货物,其危险特性的明确声明、包数或件数、尺寸、货物的毛重或以其他方式表示的数量等。
- 货物外表状况。
- 多式联运经营人的名称和主要营业所。
- 托运人名称。
- 如经托运人指定收货人,收货人的名称。
- 多式联运经营人接管货物的地点和日期。
- 交货地点。
- 如经双方明确协议,在交付地点交货的日期或期间。
- 表示该多式联运单据为可转让或不可转让的声明。
- 多式联运单据的签发地点和日期。
- 如经双方明确协议,每种运输方式的运费;或者应由收货人支付的运费,包括用以支付的货币币种;或者关于运费由收货人支付的其他说明。
- 如在签发多式联运单据时已经确知,预期经过的路线、运输方式和转运地点。
- 多式联运经营人或其授权人的签字。
- 在不违背单证签发国法律的情况下,视实际情况需要增加的有关项目等。

一份有效的多式联运单据并不要求涵盖上述每项内容,只要不影响多式联运各当事人之间的利益划分和货物运输的情况,缺少某项内容仍然有效。多式联运单据通常由托运人填写,或者由多式联运经营人或其代理人或代表根据托运人提供的有关托运文件制成。这样,当多式联运经营人接管货物时,他有理由认为托运人已向其保证在多式联运单据中提供的货物品类、标志、件数、尺码、数量等情况准确无误。如果货物在全程运输中发生的损坏、灭失等损失是由于托运人在多式联运单据中提供的信息不准确或不真实造成的,该损失应由托运人负责赔偿;如果该损失是由多式联运经营人在多式联运单据中漏列了相关内容,或列入不实的信息引起的,则是多式联运经营人的责任,赔偿时不能享受赔偿责任限制,需按货物的实际损失金额赔付。

7.5.2 多式联运单据的种类

多式联运单据与联运提单相仿,所以在实践中一般被称为多式联运提单。多式联运提单的种类是按是否可转让而分为可转让提单和不可转让提单。可转让提单又分为按指示交付或向持票人交付两类。不可转让提单一般为记名提单。

1. 指示提单

指示提单是指在正面收货人一栏中载明"有某人指示"或"指示"字样的多式联运提单。此类提单需要指示人背书后才能转让。如果指示人不做任何背书,则意味着指示人保留对货物的所有权,只有指示人本人才有提货权。

2. 不记名提单

不记名提单又称空白提单，是指在正面收货人一栏不写明具体收货人或指示人，通常只注明“持有人”或“交持有人”字样。不记名提单的转让不需要背书，因此这类提单具有很强的流通性，但也给货物买卖双方带来很大的风险，在实践中很少使用。

3. 记名提单

记名提单是指提单正面收货人一栏中载明特定的收货人的提单。此类提单不能转让流通，因此实践中使用较少，仅在贵重物品、个人赠送品、展览品等货物运输中使用。

7.5.3 多式联运单据的签发

通常，在多式联运经营人或其代理人或代表接管货物时，凭收到货物的收据向托运人签发多式联运单据，单据的正、副本份数和是否可转让，均以托运人的要求而定。如果签发可转让的多式联运单据，应在收货人一栏列明按指示交付或向持票人交付，并且若正本单据在一份以上，则单据签发人需在每份正本单据中注明正本单据的份数，对于所签发的任何副本，都应注明“不可转让”字样。如果签发不可转让的多式联运单据，则签发人需在多式联运单据的收货人一栏内，载明收货人的具体名称，并标明“不可转让”字样。多式联运经营人只要按正本单据中的一份完成交货后，其余的正本单据自动失效，而副本单据没有法律效力，仅为了方便业务的需要而使用。

国际多式联运有效地实现了“门到门”服务，所运货物的交接地点从传统的港口或边境延伸到集装箱堆场、货运站，乃至发货人、收货人的工厂或仓库。集装箱货物在国际多式联运下，多式联运经营人收到货物的时间、地点有时不在装船港，而在集装箱码头堆场、集装箱货运站，或者发货人工厂、仓库的门，从而，从接收货物到货物实际装船有一待装期。在这种情况下，提单包括：发货人工厂、仓库接受货物后签发的提单；集装箱货运站接收货物后签发的提单，习惯为拼箱货；集装箱码头堆场接收货物后签发的提单，习惯为整箱货。

为了适应便于多式联运的托运人采用信用证形式结汇，国际商会《跟单信用证统一惯例》相应的规定如下：如果信用证要求提供至少包括两种不同的运输方式（多式联运）的运输单据，除非信用证另有规定，银行将接受下述单据：

- 表面注明承运人名称或多式联运经营人的名称并且由承运人、多式联运经营人、船长或他们的具名代理或代表签字或以其他方式证实。
- 注明货物已发运、接受监管或装船者。
- 即使信用证禁止转运，银行也将接受标明可能转运或将转运的多式联运单据，只要同一多式联运单据包括全程运输。

因此，采用多式联运，托运人不必等到货物装上运输工具启运，只要将货物置于多式联运经营人或其代理人或代表的处置之下，就可获得多式联运单据，并能据以结汇。

多式联运单据需由多式联运经营人或其授权人签字，在不违背单据签发国法律规定的情况下，多式联运单据可以手签、手签笔迹复印、打透花字、盖章，或用其他任何机器或电子仪器打印。

7.5.4 多式联运单据的保留和证据效力

多式联运单据中的保留，是指多式联运经营人或其代理人或代表在接受货物时，知道或有合理的根据怀疑多式联运单据所列货物的品种、主要标志、包数或件数、重量或数量等事项没有准确地表明实际接管的货物的状况，或者没有适当的方法进行核对，则多式联运经营人或其代理人或代表可以在多式联运单据中批注，注明怀疑不符的事项及怀疑理由等。如果多式联运经营人或其代理人或代表未在多式联运单据中对货物的外表状况加以批注，则应视为他已在多式联运单据上注明货物的外表状况良好。未作保留的多式联运单据一经签发，就具有以下效力：

- 单据所载明的多式联运经营人接管货物的初步证据，但多式联运经营人可以举证推翻。
- 可转让的多式联运单据如果已经转让给包括收货人在内的第三方，并且该第三方信赖单据所载明的货物状况，则该单据是多式联运经营人与善意的第三方之间的最终证据，多式联运经营人提出的反证不予接受。

多式联运经营人或其代表或代理在多式联运单据上作了保留性的批注后，该单据就丧失了作为初步证据和最终证据的效力，因为对发货人来说，该单据已不能作为多式联运经营人收到单据所列货物的证据。而对收货人或其他善意的第三方来说，通常不会接受有批注的单据。可见，多式联运单据中所列事项的准确、真实与否，对单据的效力有直接的影响。因此，有关当事人应在缮制单据时格外注意。

7.5.5 我国出口到美国的多式联运业务

目前，美国是我国第一大贸易伙伴，从我国运往美国内地的货物相当部分采用海铁联运或国际多式联运方式。

1. 内陆公共点运输

(1) 内陆公共点运输的含义。

内陆公共点运输(overland common point, OCP)是指采用两种运输方式将卸在美国西海岸的货物通过铁路运送到美国的内陆公共点地区，并且可以享受优惠运价。

所谓的内陆公共点指美国内陆区域，是以落基山脉为界，即除紧临太平洋的美国西部九个州以外，其以东地区均为适用 OCP 的地区范围，这个范围很广，约占美国全国 2/3 的地区。OCP 的运输过程就是出口到美国的货物海运到美国西部港口(旧金山、西雅图)卸货，再通过陆路交通(主要是铁路)向东运至指定的内陆地点。

OCP 运输是一种特殊的国际运输方式。虽然由海运、陆运两种运输形式来完成，但它并不是也不属于国际多式联运。国际多式联运是由一个承运人负责的自始至终的全程运输，而 OCP 运输的海运、陆运段分别由两个承运人签发单据，运输与责任风险也是分段负责。因此，它并不符合国际多式联运的含义，但它确实是一种国际多式的联营运输。

(2) OCP 运输的要求。

① OCP 运输下的集装箱货物，卖方(发货人)承担的责任、费用终止在美国西海岸港

口,货物卸船后,由收货人委托中转商持正本提单向船公司提货,并负责运抵收货人指定地点。

② 收货人在收到货物单证10天内,必须申请进口保税运输,以保证将货物最终运抵交货地。如不按时提出申请,货物即转至保税仓库,从而产生各项费用。避免这些费用支出的做法是收货人或其代理人办理由铁路公司代办运输至内陆公共点的保税申请手续。

③ OCP运输的集装箱货物,在买卖合同和信用证栏内应加注“OCP运输”字样,在签发提单时,其签发要求与买卖合同、信用证要求相符。

④ OCP运输的集装箱货物,如使用某一船公司美国航线专用提单时,因该提单栏内只有“卸货港”、“最终交货地”两栏内容,在国内港口装船运往美国使用OCP运输方式而签发某一船公司专用提单时,目的港一栏内应注明“LOSANGELES OCP”。

⑤ 凡运往内陆公共点的集装箱货物,应在卸船45天内由收货人向铁路提供证明,如陆上运输单证、转运单、海关转运申请单等。如未在规定时间内提供上述单证或证明,货主则失去铁路给予的优惠运价。

⑥ OCP运输不是真正的多式联运,尽管全程运输使用海陆两种运输方式,但海、陆运输区段各自签单,海、陆区段运费各自计收,海、陆区段的运输责任各自划分,因此不具备多式联运一张单证、统一责任的要求。

2. 小陆桥运输

(1) 小陆桥运输的含义。

小陆桥运输(min land bridge, MLB)是使用海上运输方式将集装箱货物先运至日本港口,再转运至美国西海岸港口,卸船后交由铁路运抵美国东岸港口或加勒比海港口区域。

(2) MLB运输的要求。

① 小陆桥运输是完整的多式联运,由运输经营人签发全程联运提单,并收取全程运费,对全程运输承担责任。

② 小陆桥运输下的集装箱货物,其提单制作应分别注明卸船港和交货地。

③ 小陆桥运输下的到岸价集装箱货物,卖方(发货人)承担的责任、费用终止于最终交货地。

④ 小陆桥运输下的集装箱货物,运费计收应根据运输经营人在美注册的运价本收运费,原则上无任何形式的运费回扣,除非运输经营人与货主之间定有服务合同(service contract),即在一定时间内提供一定货运量后,货主可享有一个较低运价。

⑤ 在按服务合同收运费,而货物托运人是无船承运人时,小陆桥运输的集装箱货物应出具两套提单,一套是无船承运人签发给货主的HOUSE—B/L,另一套则是船公司签发给无船承运人的MEMO—B/L,前者给货主用于结汇,后者供无船承运人在美国的代理凭其向船公司提货。

3. 内陆公共点多式联运

(1) IPI运输的含义。

内陆公共点多式联运(interior point intermodal, IPI)是指使用联运提单,经美国西海岸和美国湾沿海港口，利用集装箱拖车或铁路运输将货物运至美国内陆城市。

(2) IPI运输的要求。

MLB运输下的集装箱货物，其抵达区域是美国东海岸和加勒比海区域，而IPI运输方式则将集装箱货物运抵内陆主要城市。两者的运输方式、运输途径、运输经营人的责任和风险则完全相同。但与OCP运输相比较，IPI是完整的多式联运，而OCP运输则不是完整的多式联运。

① 在IPI运输方式下，其提单缮制时应写明卸货港和交货地。

② 运输经营人承担的责任从接收货物时起至交付货物时止，即对全程运输负责。

③ IPI运输方式下的集装箱货物，在到岸价的情况下，卖方(发货人)承担的责任、费用终止最终交货地。

④ IPI运输尽管使用两种不同运输方式，但使用同一张货运提单，并收取全程运费。

思考题：

1. 集装箱货运中的交接方式有哪些?
2. 试比较普通海运提单与集装箱提单条款的异同。
3. 国际多式联运经营人的责任是什么?

第三篇

国际物流服务

第8章 国际货物运输保险

本章关键词

自然灾害 natural calamity
意外事故 fortuitous auident
全部损失 total loss
部分损失 partial loss
单独海损 particular average
施救费用 sue and labour expenses
一切险 all risk
仓至仓条款 warehouse to warehouse clause

8.1 保险的基本原则

保险是社会经济发展到一定阶段的产物。在世界很多国家中，特别是经济发达国家，保险已经成为国民经济中的重要组成部分，而国际货物运输保险则又是国际物流业务流程中不可缺少的重要环节。本章主要介绍国际货物运输保险业务中的一些基本知识和具体操作技能。从事国际货物运输保险实际业务工作，首先应该对有关保险的基础理论和基础知识有所了解。

保险的基本原则(basic principles of insurance)是投保人(被保险人)和保险人(保险公司)签订保险合同、履行各自义务，以及办理索赔和理赔工作所必须遵守的基本原则。与国际物流有密切关系的保险基本原则主要有可保利益原则、最大诚信原则、补偿原则、代位追偿权原则及近因原则。

8.1.1 最大诚信原则

最大诚信原则(utmost good faith)作为海上货物运输保险合同的基本原则不仅贯穿于订立合同之前或之时，而且贯穿于履行合同的全过程。它不仅要求被保险人应尽最大诚信，也要求保险人尽最大诚信。依据该原则，保险合同当事人均须分别履行以下有关义务。

1. 如实告知

被保险人应于订立合同之前将其所知道的一切重要情况告诉保险人，“重要情况”指被保险人知道或在通常业务中应当知道的有关影响保险人据以确定保险费率或者确定是否同意承保的情况。保险人知道或在通常业务中应当知道的情况,保险人没有询问的,被保险人无需告知。关于被保险人违反告知义务的后果,各国有两种立法例,一是保险人有权解除合同,二是保险合同无效。

我国的规定是:在被保险人故意违反告知义务时,保险人有权解约,对解约前发生的损失不负赔偿责任,并不退还保险费;在非故意(即过失)的情况下,保险人既可以解约,也可以要求相应增加保险费,保险人若解约的,对解约前发生的损失应负赔偿责任,但未告知的情况对保险事故的发生有严重影响的,保险人对解约前发生的损失不负赔偿责任,但得退还保险费。

2. 履行保证

保证即约定保证是指被保险人允诺某项作为或不作为,或者满足某项条件,或者确定某项事实的存在或不存在。保证可分为明示保证和默示保证。明示保证是必须在保险合同或保险单的参考文件中载明的保证,如船名保证、开航日期保证等。被保险人如果违反了明示保证,保险人可根据情况加收保险费而继续履行合同或解除合同。默示保证是不在合同中载明的,但已为合同双方所熟知的事实,订立合同时,双方均默认有关保证的存在。例如船舶适航保证等。被保险人违反默示保证,将使合同无法履行,保险人即可解除合同。

3. 依法经营

保险公司除须依法成立和接受有关部门的监督外,更重要的是必须严格依法经营。依法经营是保险公司遵守最大诚信原则的具体体现。

4. 明确说明

即指保险人对其责任免除事项应向被保险人明确说明,未明确说明的,该条款不产生效力。

8.1.2 近因原则

近因原则(proximate cause)即损失的主要原因,是确定某项原因与损失具有最直接的因果关系的标准,是确定保险人对保险标的损失是否负保险责任以及负何种保险责任的一条重要原则。保险中的近因是指造成损失的最主要的、最有效的、最有影响的原因。近因不一定是指时间上或空间上最接近损失的原因。所以近因原则是指保险人只对承保风险与保险标的损失之间有直接因果关系的损失负赔偿责任,而对不是由保单承保风险造成的损失,不承担赔偿责任。它对保险理赔工作中的判定责任、履行义务和减少争议都具有重要的意义。

例如,包装食品在运输中受海水浸湿,外包装受潮后导致食品发生霉变损失,该食品投保了水渍险。这时食品损失由两个原因造成,一个是承保范围内的海水浸湿,另一个是承保范围外的霉变。因为前者直接导致了后者,故前者是食品损失的近因,而它在承保范围内,故保险公司应该赔偿。

再如,战争期间,一批货物在码头仓库待运时适逢敌机轰炸,引起仓库火灾使该批货物受损。被保险人对该批货物投保了一切险。这时货损由两个原因造成:一个是承保范围外的战争,另一个是承保范围内的火灾。前者直接导致后者,故前者是近因,而它不在承保范围内,所以保险公司可以拒赔。

8.1.3 可保利益原则

可保利益原则(insurable interest)指被保险人对保险标的所具有的某种合法的利害关系。

被保险人必须对保险标的具有可保利益,其损失才能得到赔偿。在其他保险中,投保人或被保险人在合同生效时必须具有可保利益,但在海上货物运输保险合同中,则允许在保险合同订立时,被保险人可以不具有可保利益,但在货物出险时,被保险人必须具有可保利益才能获得赔偿。因为货运保险单是可以背书转让的,在保险合同订立时,保险单的最后持有者可能还没有取得对其所购货物的所有利益。可保利益可以表现为现有利益、期待利益或责任利益。

8.1.4 损失补偿原则

损失补偿原则(losses compensating)指在保险事故发生而使被保险人遭受损失时,保险人必须在责任范围内对被保险人所受的实际损失进行补偿。包括以下内容:

1. 及时赔偿

及时赔偿的前提是被保险人及时通知保险人并提供全部证据和材料,否则,保险人可以不负赔偿责任。如果保险人未能在法定期限内履行赔付义务,除支付赔偿金外,还应当赔偿被保险人因此受到的损失。

2. 全部赔偿

全部赔偿是指对被保险人因保险事故造成的损失的全部赔偿,不包括被保险人为防止或减少损失而支付的必要的合理费用。

3. 赔偿实际损失

由于保险合同是一种补偿性合同,因此,被保险人获得的保险赔偿当然不得超过其实际损失。全部赔偿与赔偿实际损失虽然都以保险金额为限,但前者强调的是“不得少赔”,而后者则强调“不得多赔”,因为少赔与多赔都与赔偿原则不相吻合。所以,保险人只有按全部赔偿和赔偿实际损失原则给予赔偿,才能真正使被保险人恢复到损失发生前的经济状况。因此,在不足额保险的情况下,保险人按比例赔偿,在发生超额保险和重复保险的情况下,保险人只赔偿实际损失。

8.1.5 代位追偿权原则

根据保险的赔偿原则,保险是对被保险人遭受的实际损失进行补偿。当保险标的发生了保险承保责任范围内的灾害事故,而这一保险事故又是由保险人和被保险人以外的第三者承担责任时,为了防止被保险人在取得保险赔款后,又重复从第三者责任方取得赔偿,获得额外利益,在保险赔偿原则的基础上又产生了代位追偿权原则,其目的就是限制被保险人获得双重补偿。

代位追偿权原则(right of subrogation)是指保险人在赔付被保险人之后被保险人应把保险标的损失的权利转让给保险人使保险人取代被保险人地位以被保险人的名义向第三者进行追偿。由于国际物流货物运输保险一般都是定值保险,保险人已按保险金额赔付,保险人行使代位追偿所得多少已同被保险人无关,即使追偿所得超过原赔偿金额超过部分仍归保险人所有。

保险标的的损失要构成代位追偿,需具备以下两个条件:第一,损失必须是第三者因疏忽或过失产生的侵权行为或违约行为造成的,而且第三者对这种损失,根据法律的规定或双方在合同中的约定负有赔偿责任;第二,第三者的这种损害或违约又是保险合同中的保险责任。如果第三者的损害或违约行为不属于保险承保责任范围,就构不成保险上的代位追偿的条件。

在货运保险业务中经常出现代位追偿的情况,例如,卖方以 CIF 条件向美国出口 1 000 包坯布,我方按合同规定加一成投保一切险。货在海运途中因舱内食用水管系一废漏水管,致使该批坯布中的 30 包浸有水渍。由于卖方已为坯布投保了一切险,收货人随即凭保单向保险公司提出索赔申请。保险公司通过调查,发现船方在运输过程上存在过失。因此,在赔付被保险人之后保险公司有权以被保险人的名义要求船方对该损失进行赔偿。

8.2 国际海洋货物运输保险的保障范围

国际海洋运输保险简称海运保险(marine cargo insurance),是指以海运货物或船舶等作为保险标的,将货物和船舶在海洋运输过程中可能遭受的风险、损失及费用作为保障范围的一种保险。海运保险属于财产保险的范畴,是国际货物运输中最重要的一种保险。

由于国际海洋运输面临着特殊的风险,如海上的台风、海啸等不可抗拒的自然灾害,触礁、搁浅等意外事故及海盗和船员的不法行为等灾难,因此不可避免地会遭受一些损失,为了把损失降到最低限度还要发生一些费用。因此,海运货物保险的承保范围(insurance cover)主要包括风险、损失及费用。

8.2.1 风险

由于风险的不同性质,并不是所有风险都可以由保险人承保。可以由保险人承保的风险称为可保风险(insurable risks)。可保风险是一种纯粹风险而非投机性的风险,风险的发生必须是偶然的、意外的,风险导致的损失是可用货币衡量的,风险必须使大量标的均有遭受损失的可能性,以及风险导致的损失应该是重大的。随着经济发展和技术水平的提高,保险人资金积累增多以及保险水平的提高,加上再保险的逐步完善,可保风险的范围在不断扩大。

海洋货物运输保险保障的风险可以分为两大类,即海上风险和外来风险。其中海上风险分为自然灾害和意外事故，外来风险分为一般外来风险和特殊外来风险。如图8.1所示。

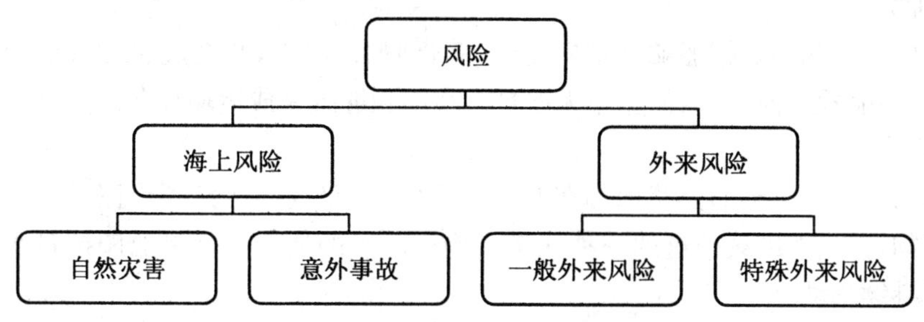

图8.1 海洋货物运输的风险构成

1. 海上风险

海上风险(perils of the sea)又称海难，是指船舶或货物在海上运输过程中所遇到的自然灾害和意外事件。

(1) 自然灾害。

自然灾害(natural calamities)是指不以人的意志为转移的自然界的力量所引起的灾害，如恶劣气候、雷电、海啸、地震、火山爆发、洪水等。

① 恶劣气候。

恶劣气候(heavy weather)一般是指因海上暴风雨、台风、飓风、大浪等自然现象引起船舶颠簸、倾斜而造成的船体破裂、船上机器设备损坏，或使货物浸水、散包、破碎、冲走等原因造成的损失。

② 雷电。

海上风险中的雷电(lighting)是指船舶、货物因被雷电击中而直接造成的损失，或者由于雷电击中引起火灾而致的损失。

③ 海啸。

海啸(tsunami)是指由于海底地震或者海上风暴引起海水剧烈震荡而产生巨大波浪，致使货物和船舶受损或灭失。

④ 地震。

地震(earthquake)是地球内部变动引起的地壳震动。陆上发生的地震可能会影响在港口停泊的货船，而地震发生在海底时，往往引起海水震动，致使船舶顷刻间倾覆、沉没，后果严重。

⑤ 火山爆发。

火山爆发(volcanic eruption)是指由于火山运动，火山口喷发出的固体、液体及有毒气体造成的船舶和货物损失。海底的火山爆发也会引起海啸，从而导致船货受损。

⑥ 洪水。

洪水(flood)通常指山洪暴发、江河泛滥、潮水涌岸及倒灌等灾害造成航行中或者停泊于沿海的船舶及其所载货物受到浸泡、淹没、冲散等损失。

(2) 意外事故。

海上风险中的意外事故(fortuitous accident)是由偶然的或非意料中的意外原因所造

成的事故，如船舶搁浅、触礁、沉没、碰撞、火灾、爆炸等。

① 搁浅。

搁浅(stranding)是指船舶在事先无法预料到的情况下，与海底、浅滩、堤岸或其他障碍物接触，并搁置一段时间，使船舶无法自由移动和继续完成运输任务。

② 触礁。

触礁(striking a reef)是指船舶在航行过程中，船身或船底意外地擦过水中的岩礁或其他障碍物，但仍能继续前进的一种状态。构成触礁的前提条件是船舶接触水中的障碍物后仍能继续移动。

③ 沉没。

沉没(sinking)是指船体全部或大部分已经没入水面以下，大大超过船舶的吃水线，船舶已经失去继续航行能力，由此造成货物损失或者航程无法完成。如果船体只是部分进水，但仍能继续航行，则不视作沉没。

④ 碰撞。

碰撞(collision)是指船舶与其他船舶或其他固定、流动的固态物猛力接触。例如，船舶与冰山、桥梁、码头、灯标等相撞。如果船舶的损失是由于路过船只击起的波浪造成，或者在港口内修理时发生挤擦或碰撞事故，则不属于碰撞的承保风险范围。

⑤ 火灾。

火灾(fire)是指船舶或者货物被烧毁、烧焦、烧裂、烟熏，以及因救火搬移货物、消防灌水等导致的水渍或其他损失。

⑥ 爆炸。

爆炸(explosion)是指船舶设备发生爆炸或者船载货物因外部条件的变化产生如化学反应而引起的爆炸。

2. 外来风险

外来风险(extraneous risks)是指除自然灾害和意外事故以外的其他风险，但不包括由货物自身缺陷造成的必然损失。外来风险可分为一般外来风险和特殊外来风险两类。

(1) 一般外来风险。

一般外来风险是指由于一般外来原因所造成的风险，主要包括：偷窃、渗漏、短量、碰损、钩损、生锈、淡水雨淋、受热受潮等。

① 偷窃(theft)，是海洋货物运输中可能遇到的外来风险之一，可以分为三种形式：

盗窃(pilferage)，是指当盗窃者个人发现了偷盗的机会时盗窃船载货物的行为，这种行为没有事先的计划，是偶然发生的行为。

有组织的偷窃(organized theft)，是事先已经做好偷窃计划，偷窃整只船舶或者部分船载货物的偷窃行为，偷窃的目标经常是高价值的货物。

系统化偷窃(system's theft)，是指应用信息系统，改变、替换或者删除文件，达到获取一批海运货物的目的。这种偷窃方式需要掌握公司内部信息，或者能够进入公司的计算机系统。

② 渗漏(leakage)，是指流质或者半流质的货物在运输过程中因容器损坏而引起

的损失。

③ 短量(shortage in weight),是指货物在运输途中或运抵目的地时,发现包装内或散装货物重量短少的风险。

④ 碰损(clashing),是指金属和金属制品等货物在运输途中因震动、颠簸、碰撞、受压等原因造成的变形。

⑤ 钩损(hook damage),主要是指袋装或捆装货物在装卸、搬运过程中因使用手钩、吊钩而致使包装或货物的损坏。

⑥ 生锈(rusting),是指金属或金属制品等货物在装运时无生锈现象,但在运输过程中因氧化等原因发生的锈损。

⑦ 淡水雨淋(fresh and rain water damage),是指由于淡水、雨水以及冰雪融化造成货物的水渍。

⑧ 受潮受热(sweating and heating),是指由于气温变化或船上通风设备失灵使船舱内水蒸气凝结,造成舱内货物发潮、发热的风险。

(2) 特殊外来风险。

特殊外来风险是指战争、种族冲突或一国的军事、政治、国家政策法令和行政措施等的变化,如战争、罢工、交货不到、被拒绝进口或没收等。

① 战争风险(war risks),是指由于战争、敌对行为以及由此引起的捕获、扣留等引起的货物损失。

② 罢工风险(strikes risks),是指由于罢工者或参加民众斗争的人员的行动所造成的货物损失。

③ 拒收风险(rejection risks),是指货物由于在进口港被进口国政府或有关当局拒绝进口或没收的风险。

8.2.2 海上损失

在海洋货物运输过程中,由于海上风险和外来风险所造成船舶或货物的损失,成为海上损失。在海洋运输货物保险业务中,海上损失可按图 8.2 进行分类。

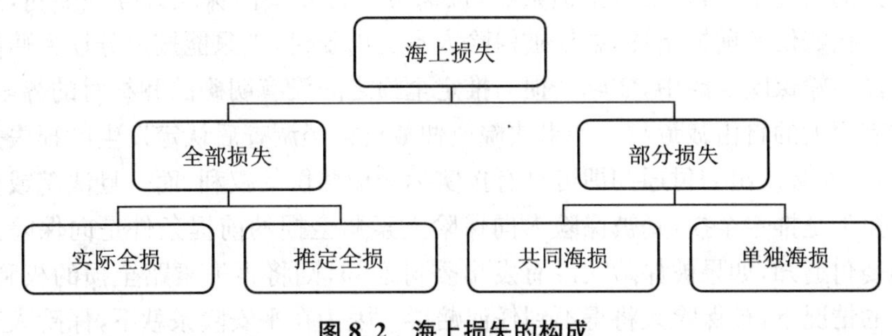

图 8.2 海上损失的构成

1. 全部损失

全部损失(total loss)简称全损,是指运输途中的整批货物或不可分割的一批货物的全部损失或等同于全部损失。全损有实际全损和推定全损之分。

(1) 实际全损。

实际全损(actual total loss)又称绝对全损，是指被保险标的实体已经完全灭失。我国《海商法》第 245 条规定：保险标的发生保险事故后灭失，或者受到严重损害后完全失去原有形体、效用，或者不能再归被保险人所拥有的，为实际全损。由此可见，实际全损的表现形式包括：保险标的的完全灭失，如船舶沉入海底无法打捞、货物被大火全部烧毁或被海水溶解等；保险标的完全丧失原有的效用、形体、用途和价值，如保险标的因发生化学反应变成废品，尽管实体仍然存在，但已经丧失了原有的性质和用途，可以定为实际全损；被保险人失去对保险标的的所有权，并无法挽回，如船舶被海盗劫走，保险标的虽然还存在，但不再归被保险人所有，也是实际全损的一种形式；载货船舶失踪达到一定期限仍无音讯，也可定义为实际全损。

(2) 推定全损。

推定全损(constructive total loss)也称为商业全损，是指货物在海上运输途中遭遇承保风险后，虽未达到完全灭失的状态，但是进行施救、整理和恢复原状所需的费用，或者再加上续运至目的地的费用总和估计要超过货物在目的地的完好状态的价值。我国《海商法》第 246 条规定：船舶发生保险事故后，认为实际全损不可避免，或者为避免发生实际全损所需支付的费用超过保险价值的，为推定全损。

如果发生推定全损，被保险人可以要求保险人按部分损失赔偿，也可要求按全损赔偿。如果要求按全损赔付，被保险人必须向保险人发出委付通知。所谓委付(abandonment)，是指被保险人表示愿意将保险标的物的全部权利和义务转移给保险人，并要求保险人按全损赔偿的行为。委付必须经保险人同意接受后才能生效。

(3) 实际全损与推定全损的主要区别。

① 实际全损是指保险标的的实体的完全灭失；而推定全损则侧重于从货物价值方面考虑保险标的的恢复和修理是否合算，尤其是损失无法修复的情况下，保险标的的完全灭失将不可避免。

② 在实际全损的情况下，被保险人可以要求保险人按照全部损失承担赔偿责任；而在推定全损的情况下，若以推定全损索赔，被保险人首先要向保险人办理委付，这是保险人对推定全损赔偿的前提条件，如果被保险人不提出委付，则只能按部分损失赔偿。

在海洋运输保险实践中，实际全损与推定全损之间没有明确的和绝对的界限，法院或仲裁机构有很大的自由裁量权。如果法院或仲裁机构经调查后认定发生的损失是实际全损，被保险人不必发出委付通知即可享有按实际全损赔偿的权利；而一旦法院或仲裁机构事后认定损失是推定全损，则被保险人向保险人索赔全损的前提条件是向保险人发出保险标的的委付通知，如果被保险人没有发出委付通知，则将丧失索赔全损的权利，尤其是在平安险的情况下，被保险人将得不到任何赔偿。因为在平安险条款下，保险人对自然灾害导致的货物的部分损失是不予赔偿的。

2. 部分损失

部分损失(partial loss)简称分损，是指保险标的没有达到全部损失的程度，是保险标的的部分损毁或灭失。部分损失又可分为共同海损与单独海损两种类型。

(1) 共同海损。

共同海损(general average)是指载货船舶在海运途中遇到危及船、货的共同危险,船方为了维护船舶和货物的共同安全或使航程得以继续完成,有意并且合理地采取措施,导致船舶、货物或运费的某些特殊牺牲或支出的特殊费用。共同海损牺牲和费用应由船舶、货物和运费三方共同按最后获救的价值的比例分摊,称为共同海损分摊。

① 共同海损成立的要件主要包括以下四方面:

第一,船舶、货物和其他财产必须遭遇共同危险。危险必须是船货共同面临的,因此空载航行的船舶和卸货完毕后的船舶遭遇海难,就不存在共同海损。而且,共同危险必须是实际存在的而不是臆测的。船长考虑不周,贸然采取措施,但事后证明没有共同危险存在,船方应负过失责任,而不能以共同海损论处。

第二,海上危险必须是真实的。所谓真实的危险,是指危险必须是客观存在的,仅仅是主观臆测的危险不会造成共同海损。

第三,措施必须是有意的和合理的。措施必须是有意的,是指船方在遇到海难时,主动采取行动以避免船货的共同危险。例如,舱内着火,引水灌舱,使未着火的包件带来湿损,就属共同海损。采取的措施必须是合理的,是指以最小的损失来避免最大的灾难。因采取的措施不合理而造成的损失,其不合理的部分不能得到共同海损的补偿。

第四,共同海损的损失是必须的和直接的。共同海损措施是以牺牲较小利益保全较大利益为特征。被牺牲的利益必须是共同海损措施直接造成的,而且是特殊的、异常的。所谓"直接的",是指损失必须是共同海损行为直接造成的,间接损失,如船期损失、滞期损失、市价跌落等,都不能算作共同海损损失。"特殊的"是指损失必须是非正常的。正常航行中需要做出的开支,不得算作共同海损。

② 共同海损的范围。

- 共同海损牺牲。

共同海损牺牲是指为了抢救船货等而造成的船货和其他财产的合理损失。包括:抛弃货物的损失;为扑灭船上火灾而造成的损失;割弃残损部分的损失;自愿搁浅所致的损失;机器和锅炉损害的损失;作为燃料烧掉的船用材料和物料;卸货等过程中造成的损失,货物、燃料或物料在操作起卸、重装或积载过程中遭受的损失,在而且仅在这些作业的费用已分别列为共同海损时,才能作为共同海损受偿。

- 共同海损费用包括:救助报酬(不论是否依据救助合同给付的,只要救助活动是为了共同安全进行的,便应列入共同海损受偿);搁浅船舶减载费用;在避难港等处的费用;代替费用;垫款手续费和共同海损利息。

③ 共同海损的理算。

- 共同海损的理算的概念。

共同海损事故发生后,采取合理措施所引起的共同海损牺牲和支付的共同海损费用,由全体受益方共同分摊。为此,需要确定作为共同海损受到补偿的牺牲和费用的项目及金额,应参加分摊的受益方及其分摊价值,各受益方的分摊额以及最后应付的金额和结算办法，编制理算书等。这一系列调查研究和审计核算工作，称为共同海损理算，确定各受益方的分摊金额。

● 理算的法律依据。

共同海损理算应该依据合同约定的理算规则进行。当前，国际上最广为接受的一个理算规则是约克—安特卫普规则。这虽然只是一个民间规则而不是国际公约，但由于其悠久的历史和广泛的接受性，在统一和协调各国的理算工作方面起着积极作用。合同没有约定理算规则的，共同海损理算应该依据理算地的法律进行。

● 分摊请求权的时效。

根据我国海商法，有关共同海损分摊的请求权，时效期间为 1 年，自理算结束之日起计算。

● 共同海损损失金额的确定。

共同海损损失包括共同海损牺牲和费用。其中，共同海损牺牲的金额分别按以下规定计算。

船舶的共同海损牺牲：船舶的牺牲分部分损失和全损两种。部分损失时，按照实际支付的修理费、减除合理的以新换旧的扣减额计算。船舶尚未修理的，按照牺牲造成的合理贬值计算，但是不得超过估计的修理费。全损时，按照船舶在完好状态下的估计价值，减除不属于共同海损损坏的估计的修理费和该船舶受损后的价值的余额计算。

货物的共同海损牺牲：货物的牺牲分灭失和损坏两种情况。货物灭失的，按照货物在装船时的价值保险费加运费，减除由于牺牲无需支付运费计算。货物损坏的，在就损坏程度达成协议前售出的，按照货物在装船时的价值加保险费加运费。与出售货物净得的差额计算。

运费的共同海损牺牲：按照货物遭受牺牲造成的运费的损失金额，减除为取得这笔运费本应支付，但是由于牺牲无需支付的营运费用计算。

④ 共同海损分摊价值的确定。

船舶共同海损分摊价值是指按照船舶在航程终止时的完好价值，减除不属于共同海损的损失金额计算，或者按照船舶在航程终止时的实际价值，加上共同海损牺牲的金额计算。

货物共同海损分摊价值，按照货物在装船时的价值加保险费加运费，减除不属于共同海损的损失金额和承运人承担风险的运费计算。货物在抵达目的港以前售出的，按照出售净得金额，加上共同海损牺牲的金额计算。

运费分摊价值，按照承运人承担风险并于航程终止时有权收取的运费，减除为取得该项运费而在共同海损事故发生后，为完成本航程所支付营运费用，加上共同海损牺牲的金额计算。

以上每一项分摊价值都要加上共同海损牺牲的金额，是因为共海损牺牲中的一部分将要从其他各受益方那里得到补偿，因此也有部分价值因为共同海损行为而得到保全，从而也应计算在共同海损分摊价值之内。

⑤ 共同海损分摊金额的计算。

共同海损应当由受益方按照各自的分摊价值的比例分摊。各受益方的分摊金额计算分两步。首先,计算出一个共同海损损失率。这应该以共同海损损失总金额除以共同海损分摊价值总额得出。然后以各受益方的分摊价值金额分别乘以共同海损损失率,得出各受益方应分摊的共同海损金额。

(2) 单独海损。

单独海损(particular average)是指保险标的受损后未达到全损程度,并且只有单独一方利益受损,这种损失由该保险标的所有者单独负担。

构成单独海损的条件包括:必须是保险标的物本身的损失,必须是意外的、偶然的或其他承保危险所直接导致的损失,必须是船方、货方或其他利益单方面所遭受的损失。

在保险实务中,不同的保险条款对单独海损赔偿的规定不同,主要有以下几种方式。

① 对单独海损绝对不予赔偿。这种规定常见于海上船舶保险合同,即船舶全损险条款。

② 除某些特定危险所造成的单独海损以外,对单独海损不赔偿。例如,中国人民保险公司(PICC)海洋货物运输保险条款中的"平安险"条款以及英国伦敦保险协会 ICC(C)的规定就属于这种情况。

③ 对单独海损予以赔偿,但对未达到约定的百分比的单独海损不予赔偿,对已达到约定百分比的单独海损全部予以赔偿。一些国家的海上保险水渍险条款对单独海损的赔偿规定属于这种情况。

④ 对单独海损予以赔偿,但没有超过约定金额的单独海损不予赔偿,即保险人只对超过约定金额部分的单独海损给予赔偿。

⑤ 无条件对单独海损予以赔偿,如中国人民保险公司海洋货物运输保险中的一切险条款。

(3) 共同海损与单独海损的区别。

① 损失发生的原因不同。共同海损是人为的有意采取的措施造成的损失,而单独海损则是由自然灾害或意外事故直接导致的损失。

② 损失的构成不同。共同海损既包括货物牺牲,也包括因采取共同海损救助措施引起的费用损失;单独海损仅指货物本身的损失,不包括费用项目。

③ 涉及的利益方不同。共同海损是船货各方的共同遭受的损失,而单独海损则只涉及损失方个人的利益。

④ 损失的承担方式不同。共同海损应由受益方按比例分摊,如果共同海损的受益方投保了运输货物保险或船舶保险,则保险人对受益方应承担的分摊金额予以赔偿;单独海损的损失则由受损方自己承担,如果损失涉及第三责任方的过失,则有过失方负责赔偿,如果受损方投保了海上保险,则其损失由保险人按保险条款规定给予赔偿。

8.2.3 费用

海洋货物运输保险承保的费用是指保险标的发生保险事故后,为减少货物的实际损失而支出的合理费用,保险人可以根据保险条款做出相应赔偿。这些费用包括以下三种。

1. 施救费用

施救费用(sue and labour expenses)是指在保险标的在遭遇保险责任范围内的灾害

事故时，被保险人或其代理人、雇佣人员或保险单证受让人等为了避免或减少保险标的损失，采取各种抢救或防护措施而产生的费用。施救费用的赔偿实践中，要注意以下几方面问题：

(1) 施救费用的赔偿可以在单独的保险金额内进行。

有关施救费用的保险条款是海上保险合同之外的补充合同，保险人按照补充合同的规定，在原保险责任的基础上独立承保了施救费用的发生。只要在保险标的因保险事故发生全损的同时，又出现施救费用的损失，保险人均应予以赔偿。

例如，船舶已投保定值保险，保额为1 500万元，船舶在航行途中遭遇恶劣气候沉没，被保险人在抢救船舶过程中支付了50万元的费用，那么保险人按实际全损赔付被保险人1 500万元之后，仍需赔偿被保险人为抢救保险标的而支付的50万元费用，即保险人应赔偿的金额总计为1 550万元。然而，如果船舶投保的是不足额保险时，保险人对施救费用的赔偿按比例减少。例如货物的保险价值是2 000万元，被保险人只投保1 000万元，则保险人只赔偿施救费用的50%。

(2) 施救费用的支出必须是合理的和必要的。

保险人对于不合理的施救费用和不属于防止或减少保险损失而支出的费用不予赔偿。例如，船舶发生搁浅事故，船方将货物卸下后，不再用该船继续运输至目的地，而改用其他运输方式运送货物。如果这笔运输费用比用船舶运输费用低，则可视为合理，保险人予以赔偿；反之，保险人只负责赔偿原来运输方式转运所需的费用，对超过该项费用的部分不予赔偿。

(3) 施救费用严格限于为了防止或减少保险事故发生带来的损失所采取的措施而发生的费用。

如果采取的行动是为了避免或减少非由本保险承保风险所造成的损失，发生的费用不得作为施救费用向保险人索赔。

(4) 施救费用的赔偿不考虑措施是否成功，只要措施得当，费用支出合理，即便施救措施不成功，没有达到施救的目的，保险人也对施救费用负责。

2. 救助费用

救助费用(salvage charges)是指保险标的物遇到灾害事故时，由保险人和被保险人以外的第三者采取救助行为而向其支付的费用。救助费用主要分为一般救助和雇佣救助，保险人对这两种救助方式产生的费用均予以赔偿。

3. 特别费用

特别费用(particular charges)是指运输工具遭遇海难后，在中途港或避难港卸货、重装及续运货物产生的费用，包括恢复费用和续运费用等。保险人可以根据保险条款对特别费用进行单独赔偿。

4. 额外费用

额外费用(extra fee)是指为了证明损失索赔成立而支付的费用。例如：检验费用、拍卖受损货物的销售费用、公证费用、勘察费用、海损理算师费用等与索赔有关的费用。额外费用一般只有在索赔成立时，保险人才负责赔偿责任。如果保险合同双方对某些额外费用事先另有约定，如船舶搁浅后检查船底的费用，不论有无损失发生，保险人都要予以赔偿。此外，在索赔成立时，被保险人不能将额外费用算在保险标的金额之内，以达到或超过规定的免赔额水平从而要求索赔。

8.3 国际海洋货物运输保险条款

国际海洋货物运输过程中会遇到风险、遭受损失及产生费用，为此需要对所运货物进行投保。由于不同的投保人其所运送的货物不同，载货船舶航经路线和港口不同，运输的季节不同等原因，货物所遇到的风险损失也不相同。投保人在投保时就会选择不同的险别、不同的条款进行投保。按照保险人承担的保险责任不同，海洋货物运输保险条款可分为不同的险别。保险险别(insurance coverage)是保险公司承保责任大小，被保险人缴付保险费多少的依据。投保人(applicant)在投保时，必须首先确定投保的险别。海洋货物运输保险的险别一般分为三类，即基本险、附加险和专门险。基本险是指可以独立投保的险种。如中国人民保险公司保险条款中的平安险、水渍险和一切险，英国伦敦保险协会保险条款中的 ICC(A)、ICC(B)、和 ICC(C)等。附加险是指在投保了基本险的基础上附加承保的险种，附加险不能单独投保，必须是在投保了基本险的情况下才可以投保，如恶意损害险。专门险是指对于有些特殊货物，由于其属性不同于一般货物，需要有针对其特点的专门条款来承保。专门保险可以单独承保，不必附属于基本险项下，如海上运输冷藏货物保险、海上运输散装桐油保险，各种协会专门险条款等。

在我国的国际物流实务中，一般都采用中国保险条款(CIC)。但也可应对方的要求，使用国际上通用的伦敦保险协会条款(ICC)或对方国家的条款。据统计，目前 ICC 在全世界内约有三分之二的国家使用。因此，本节除了介绍中国人民保险公司的海运货物保险条款外，也对英国伦敦保险协会的货物条款进行介绍。

8.3.1 中国海洋货物运输保险条款

我国目前使用的海洋货物运输保险条款是中国人民保险公司(PICC)1981 年 1 月 1 日修订的“海洋运输货物保险条款”(Ocean Marine Cargo Clauses)。中国人民保险公司海洋货物运输条款主要包括：责任范围、除外责任、保险期限、被保险人的义务和索赔期限等五项内容。

1. 基本险险别

基本险是海洋货物运输保险的必选险种，包括一般货物险和特别货物险两类。一般货物险分为平安险、水渍险和一切险三种，特别货物险分为散装桐油险和冷藏货物险两种。在基本险的基础上，投保人也可以根据实际情况选择附加险投保，但没有基本险的保险合同无效。下面重点介绍基本险中的平安险、水渍险和一切险。

(1) 平安险。

平安险(free from particular average, F. P. A.)这一名称在我国保险行业中沿用甚久，其英文原意是指“单独海损不负责赔偿”。国际保险界将单独海损解释为部分损失，因此，原来的平安险保障范围只赔偿全部损失。但在长期保险实践的过程中，人们对平安险的责任范围进行了补充和修订，当前平安险的责任范围已经超出原来只赔全损的限制，保险人对于特定意外事故，如搁浅、触礁、沉没、焚毁等意外事故导致的单独海损也予以承保。PICC 平安险承保的责任范围主要包括以下八个方面：

① 被保险货物在运输过程中，由于恶劣气候、雷电、海啸、地震、洪水等自然灾害，造成整批货物的实际全损或推定全损。“整批货物”是指在一份保险单证下的全部货物。

② 由于运输工具遭遇搁浅、触礁、沉没、互撞、与流冰或其他物体碰撞以及失火、爆炸等意外事故造成被保险货物的全部损失或部分损失。“运输工具”是指船舶，但不限于海轮，还包括驳船和内河船只。

③ 只要运输工具已经发生搁浅、触礁、沉没、焚毁等意外事故，不论这个事故发生之前或者之后曾在海上遭恶劣气候、雷电、海啸等自然灾害所造成被保险货物的部分损失。

④ 在装卸转船过程中，被保险货物一件或数件落海所造成的全部损失或部分损失。

⑤ 被保险人对遭受保险责任范围内危险的货物采取抢救、防止或减少损失的各种措施而支付的合理的施救费用。但保险公司承担费用的限额不能超过这批承保货物的保险金额。施救费用可以在赔款金额以外的一个保险金额限度内承担。

⑥ 运输工具遭自然或灾害或意外事故，需要在中途的港口或者在避难港口停靠，因而引起的卸货、装货、存仓以及运送货物所产生的特别费用。“特别费用”也称“续运费用”，如果海洋运输中途中止，需要换船续运货物至目的地所发生的费用，应视作施救费用，由保险人负责赔偿。

⑦ 发生共同海损所引起的牺牲、分摊和救助费用。

共同海损包括共同海损牺牲和共同海损费用两部分，PICC 海洋货物运输保险条款没有明确规定保险人应对货物的共同海损牺牲先予赔偿，但在保险实务中，保险人仍然对货物的共同海损牺牲先予赔付，而不是等待完成共同海损理算。而对共同海损牺牲要求分摊的权利，应在保险人进行赔付之后，由被保险人转向保险人享有。救助费用的赔付以海上财产安全获救为前提条件，共同海损的赔付以获救船舶货物应安全抵达目的地为前提条件。因此并非所有的救助费用可以作为共同海损费用而要求各受益方分摊。

⑧ 运输合同中订有“船舶互撞责任条款”(both to blame collision clause)的，保险人负责赔偿货主应偿还船方的费用。

平安险一般适用于低价值、粗糙、无包装的大宗货物，如木材、矿砂、废钢材等的海洋运输。

(2) 水渍险。

水渍险(with particular average，WA 或 WPA)在我国海运保险业沿用已久，原意是“负责单独海损”。从字面理解水渍险可能对其承保内容产生误解，事实上水渍险不仅仅是对货物遭受的水渍负赔偿责任，也不仅仅对单独海损负责赔偿。水渍险的责任范围除了包括上列平安险的各项责任外，还负责被保险货物由于恶劣气候、雷电、海啸、地震、洪水等自然灾害所造成的部分损失。水渍险一般适用于不易损坏或不受生锈影响使用的货物，如五金电料、旧汽车、机械、机床、散装金属原料等。

案例分析

一、基本险案例

某公司以CIF条件出口一批货物共2 000箱,已投保水渍险。货到目的港收货人凭“已装船清洁提单”提货时发现下列情况:(1)200箱被海水浸泡过;(2)50箱被雨水淋湿;(3)10箱包装完好,但箱内货物短少;(4)5箱欠交。上述损失属何方责任?

二、分析

(1) 由保险公司负责。这是由于自然灾害造成的部分损失,属于水渍险的责任范围。按照CIF条款,买方应联系卖方投保的保险公司办理理赔事宜。

(2) 由船方负责。因为这是船方保管货物不善造成的,需要买方与船方进行沟通。

(3) 由卖方负责。因为箱内货物短少,而包装完好,这说明货物短少是由于原装箱时少装,卖方理应负责。

(4) 由船公司负责。因为船公司签发了已装船清洁提单,很明显货物短少是船公司的责任。

(3) 一切险。

一切险(all risks)是海洋货物运输保险中承保范围最大的一种基本险别,因而保险费率也最高。但一切险并非对运输过程中的一切风险所造成的损失都负赔偿责任。一切险的责任范围除包括上列“平安险”和“水渍险”的所有责任外,还包括货物在运输过程中,因各种外来原因所造成被保险货物的全损或部分损失,除对某些运输途耗的货物,经保险公司与被保险人双约定在保险单上载明的免赔率外,保险公司都给予赔偿。其中,外来原因引起的外来风险通常是:偷窃提货不着险、淡水雨淋险、短量险、混杂玷污险、渗漏险、碰撞破碎险、串味险、受潮受热险、够损险、包装破裂险、锈损险,等等。为适应投保人对这些外来风险寻求保险的需求,保险人设立了一系列附加险。

从三种基本险别的责任范围来看,平安保险范围最小,它对自然灾害造成的全部损失和意外事故造成的全部和部分损失负赔偿责任。水渍险的范围责任比平安险的责任范围大,凡因自然灾害和意外事故所造成的全部和部分损失,保险公司均负责赔偿。一切险的责任范围是三种基本险别中最大的一种,它除包括平安险、水渍险的责任范围外,还包括被保险货物在运输过程中,由于一般外来风险所造成的全部或部分损失,如货物被盗窃、钩损、碰损、受潮、受热、淡水雨淋、短量、包装破裂和提货不当,等等。由此可见,一切险是平安险和水渍险加一般附加险的总和。在一切险中,保险人承保平安险和水渍险的各项损失和费用,同时负责被保险货物由于外来原因导致的全损或部分损失。

2. 附加险别

附加险是对基本险的补充和扩大。在海运保险业中,投保人除了投保货物的上述基本险别外,还可根据货物的特点和实际需要,酌情再选择若干附加险别。目前,中国人民保险公司《海洋运输货物保险条款》中的附加险有一般附加险和特殊附加险两种类别。

(1) 一般附加险。

一般附加险所承保的是由于一般外来风险所造成的全部或部分损失。一般附加险不能作为一个单独的项目投保,而只能在投保平安险或水渍险的基础上,根据货物的特性和需要加保一种或若干种一般附加险。一般附加险的种类主要包括:

① 偷窃提货不着险(theft, pilferage and non delivery, t. p. n. d.)。保险有效期内,保险货物被偷走或窃走,以及货物运抵目的地以后,整件未交的损失,由保险公司负责赔偿。

② 淡水雨淋险(fresh water rain damage, f. w. r. d.)。货物在运输中,由于淡水、雨水以至雪溶所造成的损失,保险公司都应负责赔偿。淡水包括船上淡水舱、水管漏水以及汗等。

③ 短量险(risk of shortage)。负责保险货物数量短少和重量的损失。通常包装货物的短少,保险公司必须要查清外装包是否发生异常现象,如破口、破袋、扯缝等。

④ 混杂、玷污险(risk of intermixture & contamination)。保险货物在运输过程中,混进了杂质所造成的损坏。例如,矿石等混进了泥土、草屑等,因而使质量受到影响。此外保险货物因为和其他物质接触而被玷污,例如,布匹、食物、服装等被油类或带色的物质污染因而引起的经济损失。

⑤ 渗漏险(risk of leakage)。流质、半流质的液体物质和油类物质,在运输过程中因为容器损坏而引起的渗漏损换。如以液体装存的湿肠衣,因为液体渗漏而使肠发生腐烂。变质等损失,均由保险公司负责赔偿。

⑥ 碰损、破碎险(risk of clash & breakage)。碰损主要是对金属、木质等货物来说的,破碎则主要是对易碎性物质来说的。前者是指在运输途中,因为受到震动、颠簸、挤压而造成货物本身的损失;后者是在运输途中由于装卸野蛮、粗鲁、运输工具的颠震造成货物本身的破裂、断碎的损失。

⑦ 串味险(risk of odor)。例如,茶叶、香料、药材等在运输途中受到一起堆储的樟脑等异味的影响使品质受到损失。

⑧ 受热、受潮险(damage caused by heating & sweating)。例如,船舶在航行途行途中,由于气温骤变,或者因为船上通风设备失灵等使舱内水汽凝结、发潮、发热引起货物的损失。

⑨ 钩损险(hook damage)。保险货物在装卸过程中因为使用手钩、吊钩等工具所造成的损失,例如粮食包装袋因吊钩钩坏而造成粮食外漏所造成的损失,保险公司应予赔偿。

⑩ 包装破裂险(loss for damage by breakage of packing)。因为包装破裂造成物资的短少、玷污等损失。此外,对于因保险货物运输过程中货运安全需要而产生的候补包装、调换包装所支付的费用,保险公司也应负责。

⑪ 锈损险(risk of rust)。保险公司负责保险货物在运输过程中因为生锈造成的损失。不过这种生锈必须在保险期内发生,如原装时就已生锈,保险公司不负责任。

上述 11 种附加险,不能独立承保,它必须附属于基本险别中,即只有在投保了基本险别以后，投保人才允许投保附加险。在投保“一切险”后，上述一般附加险均包括在内。

(2) 特殊附加险。

特殊附加险属于附加险类，但不属于一切险的范围之内。它与政治、国家行政管理规章所引起的风险相关。目前中国人民保险公司承保的特别附加险别主要有：

① 战争险。

战争险(war risk)负责赔偿包括：直接由于战争、类似战争行为和敌对行为、武装行为或海盗行为所致的损失，以及由此所引起的捕获拘留、扣留、禁止、扣押所造成的损失，各种常规武器(包括水雷、鱼雷、炸弹)所致的损失，以及由上述责任范围而引起的共同海损的牺牲，分摊和救助费用。不负责赔偿包括：使用原子或热核武器造成的损失。

战争险的保险责任起讫是以水上危险为限，即自货物在起运港装上海轮或驳船时开始，直到目的港卸离海轮或驳船为止。如果不卸离海轮或驳船，则从海轮到达目的港的当日午夜起算满 15 天，保险责任自行终止。如在中途港转船，不论货物是否在当地卸货，保险责任以海轮到达该港或卸货地点的当日午夜起算满 15 天为止，再装上续运海轮时恢复有效。

② 罢工险。

罢工险(strikes risk)赔偿的范围包括：被保险货物由于罢工工人被迫停工或参加工潮暴动等因人员的行动或任何人的恶意行为所造成的直接损失和上述行动或行为所引起的共同海损的牺牲，分摊和救助费用负责。不赔偿的范围包括：罢工期间由于劳动力短缺或不能使用劳动力所造成的被保险货物的损失，因罢工引起的动力或燃料缺乏使冷藏机停止工作所致的冷藏货物的损失，无劳动力搬运货物，使货物堆积在码头淋湿受损。

罢工险对保险责任起讫的规定与其他海运货物保险险别一样采取“仓至仓”条款。按国际保险业惯例，已投保战争险后另加保罢工险，不另增收保险费，如仅要求加保罢工险，则按战争险费率收费。

③ 黄曲霉素险(aflatoxin risk)。对被保险货物因所含黄曲霉素超过进口国的限制标准被拒绝进口，没收或强制改变用途而遭受的损失负责赔偿。

④ 货物不到险(failure to delivery risks)。对不论由于任何原因，从被保险货物装上船舶时开始，不能在预定抵达目的地的日期起 6 个月内交货的，负责按全损赔偿。

⑤ 舱面险。对被保险货物存放舱面时，除按保险单所载条款外，还包括被抛弃或被风浪冲击落水在内的损失。

⑥ 进口关税险(import duty risk)。当被保险货物遭受保险责任范围以内的损失，而被保险人仍须按完好货物价值完税时，保险公司对损失部分货物的进口关税负责赔偿。

⑦ 拒收险。对被保险货物在进口港被进口国的政府或有关当局拒绝进口或没收，按货物的保险价值负责赔偿。

⑧ 货物到香港地区或澳门地区存仓火险责任扩展条款。被保险货物运抵目的地香港地区(包括九龙在内)或澳门地区卸离运输工具后，如直接存放于保单载明的过户银行所指定的仓库，本保险对存仓火险的责任至银行收回押款解除货物的权益为止，或运输险责任终止时起满 30 天为止。

3. 除外责任

所谓保险的除外责任是指保险人明确规定不予承保的损失和费用。保险人对于下列损失不负责赔偿：

(1) 被保险人的故意行为或过失所造成的损失。

(2) 属于发货人的责任所引起的损失。

(3) 在保险责任开始前，被保险货物已存在的品质不良或数量短差所造成的损失。

(4) 被保险货物的自然损耗，本质缺陷，特性以及市价跌落、运输延迟所引起的损失和费用。

(5) 属于战争险和罢工险条款所规定的责任范围和除外责任。

4. 保险责任的起讫

保险责任的起讫主要采用“仓至仓”条款，即保险责任自被保险货物运离保险单所载明的起运地仓库或储存处所开始，包括正常运输中的海上、陆上、内河和驳船运输在内，直至该项货物运抵保险单所载明的目的地收货人的最后仓库或储存处所或被保险人用作分配分派或非正常运输的其他的储备处所为止。

此外，保险人可以要求扩展保险期，例如，对某些内陆国家出口货物，如在港口卸货转运内陆，无法按保险条款规定的保险期内到达目的地，即可申请扩展。经保险公司出具凭证予以延长，每日加收一定保险费。

案例分析

2010 年 5 月 20 日，我国甲电力有限公司从欧洲进口一批发电机组及配套设备，委托我国乙货运代理公司负责全程运输。乙货运代理公司以托运人的身份向海运承运人订舱，装卸港口分别为汉堡港和上海港。货物从欧洲港口起运前，甲电力有限公司向我国丙财产保险股份有限公司投保海洋货物运输一切险，保险单上起运港和目的港分别为汉堡港和上海港。6 月 9 日，在发电设备被海运至我国上海港口后，乙货运代理公司又转委托中国丁运输有限公司将其运至甲电力有限公司在苏州的工地，并向其支付陆运运费。发电设备在公路运输途中，从丁运输有限公司的车上侧移跌落地面，严重受损。

(1) 甲公司的货损应向谁索赔，为什么？

(2) 丁运输有限公司是否要承担责任，为什么？

(3) 保险公司是否承担责任，为什么？

分析：

(1) 应向乙货代公司进行索赔。因为乙货代公司负责全程运输。是多式联运经营人的身份，应对全程运输负责。

(2) 丁运输有限公司应该承担责任。丁运输有限公司是路运的承运人，发电设备是在其陆运过程中，货物从车上侧移跌落地面产生的损失，故应由其负责。

(3) 保险公司责任已经终了,不负责任。因为保险单上保险公司承保的范围是:起运港和目的港分别为汉堡港和上海港,并不是货物最终卸货地苏州的工地上。尽管保险公司承保海洋货物运输一切险是“仓至仓”条款,但此处的仓是指卸货码头的仓库,即卸货港上海的仓库,并不是甲电力有限公司在苏州的工地。

8.3.2 英国伦敦保险协会(ICC)海运货物保险条款

在世界海运保险中,英国是一个历史悠久和业务比较发达的国家。长期以来,它所制订的各种保险规章制度,包括海运保险单格式和保险条款,对世界海运保险业有着广泛的影响。目前,世界上有很多国家在海上保险业务中直接采用了英国伦敦保险协会所制订的“协会货物条款”(Institute Cargo Clauses, 简称 ICC),或者在制订本国保险条款时参考或部分地采用上述条款。

1. 1982 年协会货物保险条款的种类

ICC(1982)的海运货物保险条款主要有六种:

- 协会货物条款(A): Institute Cargo Clauses(A), ICC(A)
- 协会货物条款(B): Instiute Cargo Clauses(B), ICC(B)
- 协会货物条款(C): Instiute Cargo Clauses(C), ICC(C)
- 协会战争险条款(货物):(Instiute War Clauses—Cargo)
- 协会罢工险条款(货物):(Instiute Strikes Clauses—Cargo)
- 恶意损害险条款:(Malicious Damage Clauses)

1982 年协会保险条款中的 ICC(A)、ICC(B)、ICC(C)三种险别都有独立完整的结构,对承保风险及除外责任均有明确规定,因而都可以单独投保。战争险和罢工险也具有独立完整的结构,如征得保险公司同意,必要时才可作为独立的险别投保。唯有恶意损害险属于附加险别,故其条款内容比较简单。

2. 1982 年协会货物保险条款的承保范围

1982 年协会货物条款 ICC(A)、ICC(B)、ICC(C)的承保责任范围是由三个条款构成的,它们是,承保风险条款、共同海损条款和船舶互撞责任条款。

(1) 风险条款。

为了便于理解,我们将 ICC(A)、ICC(B)及 ICC(C)三种险别中保险人承保的风险列表进行比较,如表 8.3 所示。

表 8.3 ICC(A)、ICC(B)、ICC(C)承保风险对照表

承 保 风 险	ICC(A)	ICC(B)	ICC(C)
(1) 火灾、爆炸	√	√	√
(2) 船舶、驳船的触礁、搁浅、沉没、倾覆	√	√	√
(3) 陆上运输工具的倾覆或出轨	√	√	√
(4) 船舶、驳船或运输工具同除水以外的任何外界物	√	√	√
(5) 在避难港卸货	√	√	√

（续表）

承保风险	ICC(A)	ICC(B)	ICC(C)
(6) 地震、火山爆发或雷电	√	√	√
(7) 共同海损牺牲	√	√	√
(8) 共同海损分摊和救助费用	√	√	√
(9) 运输合同订有“船舶互撞责任”条款，根据该条款的规定应由货方还船方的损失	√	√	√
(10) 投弃	√	√	√
(11) 浪击落海	√	√	
(12) 海水、湖水或河水进入船舶、驳船、运输工具、集装箱大型海运箱或贮存处所	√	√	
(13) 货物在船舶或驳船装卸时落海或跌落造成任何整件的全损	√	√	
(14) 由于被保险人以外的其他人（如船长、船员等）的故意违法行为所造成的损失或费用	√		
(15) 海盗行为	√		
(16) 由于一般外来原因所造成的损失	√		

注：“√”代表承保风险，(13)项即“吊索损害”，(14)项即“恶意损害”。

(2) 共同海损条款。

ICC(1982)各险别条款中关于共同海损条款(general average clause)的规定是完全相同的，共同海损条款的具体内容是：本保险承保共同海损和救助费用，其理算与确定应依据海上货物运输合同和/或准据法及习惯。该项共同海损和救助费用的产生，应为避免任何原因所造成的或与之有关的损失所引起的，但本保险规定的不保风险和除外责任引起的除外。

根据共同海损条款的规定，货物在海上运输途中发生的共同海损牺牲，共同海损费用、共同海损分摊以及救助费用，只要是保单承保风险造成的，或为了避免保单承保风险而产生的，保险公司均给予赔偿。

(3) 船舶互撞责任条款。

这一条款也称互有过失碰撞责任条款。ICC(1982)各险别条款中关于船舶互撞责任条款(both to blame collision clause)的规定是完全相同的。船舶互撞责任条款的具体内容是：“本保险扩大对被保险人的赔偿范围，根据运输契约的船舶互撞责任条款的规定，应由被保险人承担的比例责任，被为保险单项下应予赔偿的损失。如果船舶所有人根据上述条款提出任何索赔要求，被保险人同意通知保险人，保险有权自负费用为被保险人就此项索赔进行辩护。”

① 构成船舶碰撞的条件包括：

- 两艘或两艘以上的船舶之间必须发生实际接触或冲撞。
- 接触或冲撞的结果必须有损害事实发生。

② 碰撞损失和碰撞责任损失包括：

- 碰撞损失，是指因船舶碰撞造成的船体和船上所载货物的损失。

- 碰撞责任损失，是指有过失的船舶对遭受碰撞损失的船舶依法应承担的损失赔偿责任。碰撞责任损失又分为对被撞船舶的损失责任和对货物的损失责任。

两艘船舶发生碰撞因碰撞原因不同将造成不同的损失。对于有过失的一方而言，碰撞即造成碰撞损失，又造成碰撞责任损失。即过失一方不但要承担碰撞造成的自身船舶的损失，还要承担因碰撞造成的被撞船舶和船上货物的损失；对于无过失的一方而言碰撞只造成碰撞损失，而不产生碰撞责任损失。

协会货物条款承保范围中的"船舶互撞责任条款"有两层意思，保险人承保这项责任一方面是为了对被保险人(货主)提供更加全面的保险保障，另一方面也是为了保障保险人的利益。这个条款规定如果载货承运人依据运输契约中的"船舶互撞责任条款"向本船货主(被保险人)提出偿还要求，被保险人必须及时通知保险人，以便保险人自付费用，以被保险人的名义对承运人的索赔进行抗辩。

3. 1982年协会货物保险条款的除外责任

为了明确保险人承保的责任，为了方便合同当事人，1982年的协会货物条款将除外责任分为四大类：一般除外责任，不适航不适货除外责任、战争险除外责任和罢工险除外责任。

(1) 一般除外责任。

一般除外责任(general exclusions clause)包括以下各项：

① 因被保险人的故意违法行为所致的灭失、损害或费用。

② 保险标的正常的漏损、重量或容量的正常减少或自然损耗。

③ 由于保险标的包装或准备不充分或不适当引起的灭失、损害或费用。

④ 由于保险标的固有缺陷或性质而导致的灭失、损害或费用。

⑤ 尽管迟延是由承保风险造成的，以迟延为近因的灭失、损害或费用。

⑥ 由船舶所有人、管理人、租船人或经营人的破产或不履行债务造成的灭失、损害或费用。

⑦ 由于任何人(们)的恶意行为而导致的保险标的全部或部分的损害或破坏。

⑧ 因使用任何原子或核子裂变或聚变或其他的同类反应，或由于使用放射能或放射性物质的武器而产生的灭失、损害和费用。

(2) 不适航与不适货除外责任。

不适航与不适货除外责任(un-seaworthiness and unfitness exclusion clause)包括以下两项：

① 保险货物在装船时，如被保险人或其雇佣人员已经知道船舶不适航，以及船舶、驳船、运输工具、集装箱或起重运货车的不适货，则由不适航与不适货而造成保险货物的灭失、损害或费用，保险人不负赔偿责任。

② 只要被保险人或雇佣人员知道船舶等运输工具的不适航、不适货，则保险人对因违反船舶适航性及适货性的默示保证造成的货物损失不承担赔偿责任。

(3) 战争险除外责任条款。

战争险除外责任条款(war exclusion clause)中的各项责任均为协会战争险条款承保的风险责任，鉴于有协会战争险条款承保战争风险，因此，将战争险承保的各项责任列为标准条款即ICC(A)、ICC(B)、ICC(C)的除外责任。

(4) 罢工险除外责任条款。

罢工险除外责任条款(strikes exclusion clause)中的各项责任均为协会罢工险条款承保的风险责任,鉴于有协会罢工险条款承保罢工风险,因此,将罢工险承保的各项责任列为标准条款的除外责任。

4. 1982年协会货物保险条款的保险期限

ICC(A)、ICC(B)、ICC(C)三个条款有关保险期限的规定是完全相同的,主要反映在"运输条款"、"运输契约终止条款"及"航程变更条款"三个条款之中。

(1) 运输条款。

运输条款(transit clause)的保险期限主要是由"仓至仓"条款和"扩展责任条款"构成的。

① 仓至仓条款。

在正常运输情况下,保险责任期限采用仓至仓条款(warehouse to warehouse clause)。基本内容是:保险人对被保险货物所承担的保险责任,是从货物运离保险单所载明的起运地发货人仓库或储存处所开始运输时生效,包括正常运输过程中的海上、陆上、内河和驳船运输在内,直至该项货物运到保险单所载明的目的港(地)收货人的最后仓库或储存处所,或被保险人用作分配、分派或非正常运输的其他储存处所为止;如未抵达上述仓库或储存所,则以被保险货物在最后的卸载港全部卸离海轮后满60天为止;如在上述60天内将被保险货物转运到非保险单所载明的目的地时,则于货物开始转运时终止。

② 扩展责任条款。

在海上运输过程中,如果出现被保险人所不能控制的意外情况,保险期间将按下列规定办理。当出现由于被保险人无法控制的运输延迟、绕道、被迫卸货、重行装载、转载或承运人运用运输契约赋予的权限作任何航海上的变更时,在被保险人及时将获知的情况通知保险人并加缴保险费情况下,保险人可继续承担责任。

按照国际海上保险的惯例,载货船舶在运输途中发生的上述非正常运输情况,改变了保险承担的货物运输风险,保险人完全有权利解除保险人承担的货物运输风险,保险人完全有权利解除保险合同的。但为了保护被保险人的利益,保险人在被保险人履行了规定的义务的前提下,仍然向被保险人提供合同规定的保险责任。因此,这个条款被称为扩展责任条款。

(2) 运输契约终止条款。

运输契约终止条款(termination of contract of carriage clause)主要规定:由于被保险人无法控制的原因,被保险货物在运抵保险单载明的目的地之前,运输契约即在其他港口或处所终止,则在被保险人立即通知保险人并在必要时加缴一定保险费的条件下,保险继续有效,直到货物在这个卸载港口或处所送交之时为止。但最长时间以不超过货到达该港口或处所满60天。

(3) 航程变更条款。

航程变更条款(change of voyage clause)主要规定:在保险责任开始之后,如果被保险人要求变更保险单所载明的目的地,则在立即通知保险人并另行确定保险费及保险条件的情况下，保险继续有效。

5. 协会货物战争险和罢工险条款

(1) 协会货物战争险的承保范围。

① 战争、内战、革命、叛乱、造反，或由上述原因而引起的内乱，或交战国的或针对交战国的任何敌对行为造成保险货物的损失。

② 由于上述承保风险引起的捕获、拘留、扣留及其后果，或任何有关企图造成保险货物的损失。

③ 遗弃的水雷、鱼雷、炸弹或其他遗弃的战争武器造成的保险货物的损失。

④ 为避免或与避免上述承保风险有关的行动所引起的共同海损和救助费用。

(2) 协会货物战争险的除外责任。

协会货物战争险的除外责任除以下两点以外，其余各项同ICC(A)的除外责任基本上是相同的。

① 在一般除外责任中增加了“航程挫折条款”。承保航程的丧失和挫折是指载货船舶由于某种原因必须改变航线或不能继续驶往原定的目的港。

② 对原子武器等所致灭失或损害，规定由于敌对行为使用原子武器等以致灭失或损害不负赔偿责任。

(3) 协会货物战争险的保险期限。

按照海洋运输条款(transit clause)规定，保险人承担的货运保险期限为“仓至仓”条款。货物在陆地上发生的与航海有关的风险和损失也包括在保险承保责任的范围之内。然而战争风险不同于海洋运输保险的承保风险，将战争险的承保范围限定在水域上，而不再对陆上发生的战争风险承担责任。

协会货物战争险条款关于保险期限的具体规定如下：

① 正常运输情况下的“水上危险”条款。

负责自保险货物被装上船舶时开始，到保险货物的全部或其一部分在最终的卸货港卸离海轮时为止，若保险货物不卸离轮船，则本保险的责任期限从船舶到达最终卸载港之日午夜12时起算满15天为限。

② 中途转运的情况。

如果货物在中途港卸下，改由其他船舶或飞机续运，可在加缴一定保险费的条件下(需要时)，保险责任展延到船舶抵达中途港口或避难港当日午夜开始计算满15天终止。

③ 驳船驳运的情况。

对于在装货港码头与海轮之间，以及在海轮与卸货港码头之间需经驳船转运的货物，保险人仅对已装在驳船上的，由于驳船触及水雷或遗弃的鱼雷而导致的货物损失负赔偿责任。除非另有协议，保险人对从海轮上卸入驳船的货物的承保期限为60天。这一条的规定要特别注意，我国的条款对这种情况下的保险时间仍规定为15天。

(4) 协会货物罢工险条款。

① 协会货物罢工险的承保范围包括：

- 罢工者、被迫停工工人或参与工潮、暴动，或民变人员所致的货物的灭失或损害。

- 任何恐怖主义者或任何出于政治目的采取行动的人的直接行为引起的保险货物的灭失或损害。
- 为避免或避免上述承保风险有关的行动所引起的共同海损和救助费用。

② 协会货物罢工险的除外责任包括：

- 协会货物罢工险的除外责任除以下两点以外其余各项同 ICC(A)的除外责任基本上是相同的。
- 因罢工等产生的各种劳动力不足、缺乏，以及供给的阻塞所引起的货物灭失、损害或费用，不予承保。
- 因罢工所支出的各种必需的追加费用，如装卸费用、保管费等罢工险不予承保。

③ 罢工险的责任期限。

罢工险的保险责任期限同海洋货运保险关于责任期限的规定相同，采用仓至仓条款。

(5) 协会恶意损害险条款

协会恶意损害险条款(institute malicious damage clause)是 1982 年协会货物条款中唯一的附加险别。它承保的责任具体如下：

- 因任何人(们)的恶意行为而造成保险货物的全部或一部分的有意损害或破坏。
- 由于破坏行为或故意破坏行为造成的保险货物的灭失或损害。

对恶意损害条款承保的责任，只有 ICC(A)的承保责任中包知了此项风险，而 ICC(B)及 ICC(C)的承保风险中不包括此项风险。因此，投保 ICC(B)或 ICC(C)的投保人可以通过加保恶意损害险获得此项风险的保障。

协会恶意损害险同协会罢工险在承保责任上是不同的，罢工险承保的风险是恐怖主义者或有组织、有政治动机的人员的故意行为造成的保险货物的损毁或灭失。

(6) 协会专门险条款。

在伦敦保险市场，人们把 1982 年生效的 ICC(A)、ICC(B)、ICC(C)等条款称为标准条款，而将按照国际商品类别制定的各种货物运输条款称为协会专门险条款。这些条款是按商品的类别划分的，是各类商品专用的条款。协会专门险条款有：协会煤炭条款(institute coal clauses)，协会散装石油条款(institute bulk oil clauses)，协会生橡胶条款[液状生橡胶除外，institute natural rubber clauses(excluding liquid latex)]，协会黄麻条款(institute jute clauses)，协会木材贸易条款(institute timber trade federation clauses)，协会冷冻食品条款(institute frozen foods clauses, excluding frozen meat)，协会冷冻肉条款(institute frozen meat clauses)，协会日用品贸易条款(institute commodity trade clauses)。

这些专门险条款具有下列特点：

- 承保有关海上风险的专门险条款，完全依照 1982 年协会货物标准条款的结构而制定，承保战争险及罢工险的专门险条款也同样依照 1982 年 ICC(战争险条款)和 ICC(罢工险条款)的结构而制订。
- 考虑到各类商品的特性，各类专门险条款中关于除外责任的规定较为宽松。

8.3.3 中英海洋货物运输保险条款比较

中国人民保险公司海洋货物运输保险条款(CIC)与英国伦敦保险协会货物运输保险条款(ICC)之间在保险的责任范围、保险责任期限以及索赔条款等方面均存在不同。

1. 保险责任范围的比较

(1) CIC一切险与ICC(A)条款承保范围的比较。

CIC一切险条款采用的是列明风险的方式规定责任范围,而ICC(A)采用的是“一切风险除外责任”的方式规定责任范围。

(2) CIC水渍险与ICC(B)条款承保范围的比较。

① CIC水渍险条款对海水造成的货物损失负责,但对淡水水损原则上按附加险处理;ICC(B)负责承保海水、河水、湖水进入船舶、驳船、集装箱等运输工具所致的货物水损。

② CIC水渍险对浪击落海的损失不负责,浪击落海的责任在特别附加险“舱面险”中负责;ICC(B)对浪击落海负责。

(3) CIC平安险与ICC(C)条款责任范围的比较。

① CIC平安险承保自然灾害所导致的货物的全部损失,虽已明确指出自然灾害造成的部分损失不赔偿,但对在运输工具已经发生意外事故的情况下,货物在此前后又在海上遭受自然灾害所造成的部分损失则赔偿;而ICC的(C)险中对自然灾害和一般性的意外事故均未列入责任范围,即对自然灾害如“地震、火山爆发、雷电”以及一般性的意外事故如“海水、湖水或河水进入船舶、驳船、运输工具、集装箱、大型海运箱或贮存处所”所致的损失(无论是全部损失还是部分损失)都是不予赔偿的。

② CIC平安险负责承保装卸时所造成的一件或数件或整件货物落海而致的全部或部分损失;而ICC(C)险不承保货物装卸(避难港除外)时所造成的损失。

2. 保险责任期限的比较

CIC条款在“责任起讫”与“被保险人义务”等条款中对保险期限做出了一些规定,ICC在运送、运输终止以及航程变更等条款中对保险期限做出了相应规定。CIC在航程变更的规定较为合理,ICC对保险期限的开始和终止的规定比较具体。

3. 索赔条款的比较

(1) 续运费用条款。

ICC保险条款第12条规定,一旦发生航程中途终止的情况,被保险人要迅速通知保险人,并要求其承诺补偿将货物运抵目的地所支出的费用;CIC未对该项费用做出任何规定。

(2) 推定全损条款。

ICC保险条款第13条规定,提醒被保险人,推定全损的构成须按照英国的法律及惯例;CIC条款没有相关规定。

(3) 索赔时效。

ICC条款中对索赔的实效问题没有做出明确规定;而CIC条款则规定了两年的索赔

时效，从被保险货物在最后卸载港全部卸离船舶后开始计算。

8.4 其他货物运输方式下的保险条款

在国际货物运输保险中，除海洋运输之外，其他运输方式如陆上货物运输、航空货物运输、邮包运输等都有相关的保险条款规定。

8.4.1 陆上运输货物保险

陆上运输货物保险(overland transportation cargo insurance)所承保的货物运输工具主要是汽车和火车，根据1981年1月1日修订的《中国人民保险公司陆上运输货物保险条款》，陆上运输货物保险分为"陆运险"(overland transportation risks)和"陆运一切险"(overland transportation all risks)两种基本险别。此外，为适应冷藏运输货物的需要而专设的"陆上运输冷藏货物保险"(overland transportation cargo insurance—"frozen products")是一种专门险，但也有基本险的性质，除负责陆运险所列举的自然灾害和意外事故造成的全部损失或部分损失外，还负责由于冷藏机器或隔温设备在运输途中损坏所造成的被保险货物融化而造成的损失。

附加险方面，海运货物保险中的附加险在陆运货物保险中均适用。此外，陆上运输附加险中海有仅适用于铁路运输的"陆上运输货物战争险"(overland transportation cargo war risk—by train)

1. 陆运险和陆运一切险

(1) 陆运险的责任范围。

被保险货物在运输途中遭受暴风、雷电、地震、洪水等自然灾害，或由于陆上运输工具(主要是指火车、汽车)遭受碰撞、倾覆或出轨。如在驳运过程中，包括驳运工具搁浅、触礁、沉没或由于遭受隧道坍塌、崖崩或火灾、爆炸等意外事故所造成的全部损失或部分损失。保险公司对陆运险的承保范围大至相当于海运险中的"水渍险"。

(2) 陆运一切险的责任范围。

陆运一切险的承保范围大致相当于海运险中的"一切险"。除包括上述陆运险的责任外，保险公司对被保险货物在运输途中由于外来原因造成的短少、短量、偷窃、渗漏、碰损、破碎、钩损、雨淋、生锈、受潮、串味、玷污等全部或部分损失，也负责赔偿。

(3) 保险责任起讫。

保险责任的起讫期限与海洋运输货物保险的"仓至仓"条款基本相同，是从被保险货物运离保险单所载明的启运地发货人的仓库或储存处所开始运输时生效。包括正常陆运和有关水上驳运在内，直至该项货物送交保险单所载明的目的地收货人仓库或储存处所，或被保险人用作分配、分派或非正常运输的其他储存处所为止。但如未运抵上述仓库或储存处所，则以被保险货物到达最后卸载的车站后，保险责任以60天为限。不过，在陆上运输货物保险中，被保险货物保陆运险和陆运一切险外，经过协商还可以加保陆上运输货物保险的附加险，如陆运战争险等。陆运战争险与海运战争险，由于运输工具有其本身的特点，具体责任有一些差别，但就战争险的共同负责范围来说，基本上是一致的。即对直接由于战争、类似战争行为以及武装冲突所导致的人由于捕获、扣留、禁制和扣押等行为引起的损失应负责赔偿。

(4) 被保险人的义务。

被保险人应按照以下规定的应尽义务办理有关事项，如因未履行规定的义务，保险公司对有关损失有权拒绝赔偿。

① 当被保险货物运抵保险单所载目的地以后，被保险人应及时提货，当发现被保险货物遭受任何损失，应即向保险单上所载明的检验、理赔代理申请检验。如发现被保险货物整件短少或有明显残损痕迹，应即向承运人、受托人或有关当局索取货损货差证明，如果货损货差是由于承运人、受托人或其他有关方面的责任所造成，并应以书面方式向他们提出索赔，必要时还需取得延长时效的认证。

② 对遭受承保责任内危险的货物，应迅速采取合理的抢救措施，防止或减少货物损失。

③ 在向保险人索赔时，必须提供下列单证：保险单正本、提单、发票、装箱单、磅码单、货损货差证明、检验报告及索赔清单。如涉及第三者责任还须提供向责任方追偿的有关函电及其他必要单证或文件。

2. 陆上运输冷藏货物保险

陆上运输冷藏货物保险(overland transportation cargo insurance—“frozen products”)是陆上货物运输保险中的一种专门险，其承包范围是：

(1) 被保险货物在运输途中遭受暴风、雷电、洪水、地震等自然灾害，或由于运输工具遭受碰撞、倾覆、出轨、失火、爆炸等意外事故所造成的全部损失或部分损失。

(2) 负责赔偿由于冷藏机器或隔温设备在运输途中损坏所造成的被保险货物因解冻融化而腐败的损失。但因战争、工人罢工或运输延迟而造成的被保险冷藏货物的腐败或损失，以及被保险冷藏货物在保险责任开始时未能保持良好状况，整理、包装不合格或者冷冻不合规格所造成的损失除外。

(3) 被保险人对遭受承保责任内的货物采取抢救、防止或减少货损的措施而支付的合理费用，保险公司也负责赔偿，但以不超过该批被救货物的保险金额为限。

此外，陆上运输冷藏货物保险的保险责任期限也采用“仓至仓”条款，但以被保险货物到达目的地车站后10天为限。

3. 陆上运输货物战争险

陆上运输货物战争险(overland transportation cargo war risk—by Train)是陆上运输货物保险的特殊附加险，只有在投保了陆运险或陆运一切险的基础上才能加保。

加保陆上运输货物战争险后，保险公司负责赔偿在火车运输途中，由于战争、类似战争行为和敌对行为、武装冲突的损失，以及各种常规武器如炸弹、地雷所致的损失。但是，使用原子或热核武器所致的损失和费用，以及执政者、当权者或其他武装集团的扣押、拘留引起的承保运程的丧失和挫折而造成的损失除外。

陆上运输货物战争险的责任期限，自被保险货物装上保险单所载起运地的火车时开始,到保险单所载目的地卸离火车时为止。如果被保险货物不卸离火车,则以火车到达目的地的当日午夜起计算,满 48 小时为止;如果在运输途中转车,不论货物在当地卸载与否,保险责任以火车到达该中途站的当日午夜起计算满 10 天为止,如果货物在此期限内重新装车续运,则保险责任恢复有效。如果在运输保险单载明的目的地以外的地点终止时,该地则视作保险单所载目的地,保险责任在货物卸离火车时为止,如果不卸离火车,则保险责任以火车达到该地当日午夜起,满 48 小时为止。

8.4.2 航空运输货物保险

航空运输货物保险(air transportation cargo insurance)有两个基本险别:航空运输险和航空一切险。此外还有特殊附加险——航空运输货物战争险。

1. 航空运输险和航空一切险

(1) 航空运输险的责任范围。

① 被保险货物在运输途中遭受雷电、火灾、爆炸或由于飞机遭受恶劣气候或其他危难事故而被抛弃,或由于飞机遭碰撞、倾覆、坠落或失踪意外事故所造成全部或部分损失。

② 被保险人对遭受承保责任内危险的货物采取抢救,防止或减少货损的措施而支付合理费用,但以不超过该批被救货物的保险金额为限。

(2) 航空运输一切险的责任范围。

除包括上列航空运输险责任外,本保险还负责被保险货物由于外来原因所致的全部或部分损失。

(3) 航空运输货物保险的除外责任。

航空运输货物保险对下列损失不负赔偿责任:

① 被保险人的故意行为或过失所造成的损失。

② 属于发货人责任所引起的损失。

③ 保险责任开始前,被保险货物已存在的品质不良或数量短差所造成的损失。

④ 被保险货物的自然损耗、本质缺陷、特性以及市价跌落、运输延迟所引起的损失或费用。

(4) 航空运输货物保险的责任起讫。

① 本保险负“仓至仓”责任,自被保险货物运离保险单所载明的起运地仓库或储存处所开始运输时生效,包括正常运输过程中的运输工具在内,直至该项货物运达保险单所载明目的地收货人的最后仓库或储存处所或被保险人用作分配、分派或非正常运输的其他储存处所为止。如未运抵上述仓库或储存处所,则以被保险货物在最后卸载地卸离飞机后满 30 天为止。如在上述 30 天内被保险的货物需转送到非保险单所载明的目的地时,则以该项货物开始转运时终止。

② 由于被保险人无法控制的运输延迟、绕道、被迫卸货、重行装载、转载或承运人运用运输契约赋予的权限所作的任何航行上的变更或终止运输契约,致使被保险货物运到非保险单所载目的地时,在被保险人及时将获知的情况通知保险人,并在必要时加缴保险费的情况下,本保险仍继续有效,保险责任按下述规定终止:

- 被保险货物如在非保险单所载目的地出售,保险责任至交货时为止。但不论任何情况,均以被保险的货物在卸载地卸离飞机后满30天为止。
- 被保险货物在上述30天期限内继续运往保险单所载原目的地或其他目的地时,保险责任仍按上述规定终止。

(5) 航空运输货物保险人的义务。

被保险人应按照以下规定的应尽义务办理有关事项,如因未履行规定的义务,保险公司对有关损失有权拒绝赔偿。

① 当被保险货物运抵保险单所载目的地以后,被保险人应及时提货,当发现被保险货物遭受任何损失,应即向保险单上所载明的检验、理赔代理人申请检验。如发现被保险货物整件短少或有明显残损痕迹,应即向承运人、受托人或有关当局索取货损货差证明。如果货损货差是由于承运人、受托人或其他有关方面的责任所造成,应以书面方式向他们提出索赔。必要时还须取得延长时效的认证。

② 对遭受承保责任内危险的货物,应迅速采取合理的抢救措施,防止或减少货物损失。

③ 在向保险人索赔时,必须提供下列单证:保险单正本、提单、发票、装箱单、磅码单、货损货差证明、检验报告及索赔清单,如涉及第三者责任,还须提供向责任方赔偿的有关函电及其他必要单证或文件。

(6) 航空运输货物保险的索赔期限。

航空运输货物保险的保险索赔时效,从被保险货物在最后卸载地卸离飞机后起计算,最多不超过两年。

2. 航空运输货物战争险

(1) 航空运输货物战争险(air transportation cargo war risks)的承保范围。

航空运输货物战争险是一种附加险,只有在承保了航空运输险或航空运输一切险的基础上才能加保。

加保航空运输货物战争险后,保险公司负责赔偿在航空运输途中由于战争、敌对行为或武装冲突以及各种常规武器和炸弹所造成的货物损失,但不包括因使用原子或热核武器所造成的损失。

(2) 航空运输货物战争险的责任期限。

航空运输货物战争险的保险责任是自被保险货物装上保险单所载明的起运地的飞机开始,直到卸离保险单所载明的目的地的飞机时为止。如果被保险货物不卸离飞机,则以载货飞机到达目的地的当日午夜起,计算满15天为止。如果被保险货物中途转运,保险责任以飞机到达转运地的当日午夜起计算,满15天为止。如果在此期间内装上续运飞机,则保险责任恢复有效。

8.4.3 邮包保险

以邮包方式将货物发送到目的地可能通过海运,也可能通过陆上或航空运输,或者经过两种或两种以上的运输工具运送。不论通过何种运送工具,凡是以邮包方式将贸易货物运达目的地的保险均属邮包保险。邮包保险按其保险责任分为邮包险(parcel post risks)和邮包一切险(parcel post all risks)两种。前者与海洋运输货物保险水渍险的责任相似,后者与海洋运输货物保险一切险的责任基本相同。

1. 邮包保险的责任范围

(1) 被保险邮包在运输途中由于恶劣气候、雷电、海啸、地震、洪水自然 灾害或由于运输工具遭受搁浅、触礁、沉没、碰撞、倾覆、出轨、坠落、失踪,或由于失火爆炸意外事故所造成的全部或部分损失。

(2) 被保险人对遭受承保责任内危险的货物采取抢救,防止或减少货损的措施而支付的合理费用,但以不超过该批被救货物的保险金额为限。邮包一切险的责任除上述邮包险的各项责任外,还负责被保险邮包在运输途中由于外来原因所致的全部或部分损失。邮包运输货物保险的除外责任和被保险人的义务与海洋运输货物保险相比较,其实质是一致的。其责任起讫为自被保险邮包离开保险单所载起运地点寄件人的处所运往邮局时开始,直至该项邮包运达本保险单所载目的地邮局,自邮局签发到货通知书当日午夜起算满 15 天终止。但是在此期限内邮包一经交至收件人的处所时,保险责任即行终止。

2. 邮包保险的责任起讫

本保险责任自被保险邮包离开保险单所载起运地点寄件人的处所运往邮局时开始生效,直至该项邮包运达本保险单所载目的地邮局,自邮局签发到货通知书当日午夜起算满 15 天终止。但在此期限内邮包一经递交至收件人的处所时,保险责任即行终止。

3. 邮包保险的被保险人义务

被保险人应按照以下规定的应尽义务办理有关事项,如因未履行规定的义务,保险公司对有关损失有权拒绝赔偿。

(1) 当被保险邮包运抵保险单所载明的目的地以后,被保险人应及时提取包裹,当发现被保险邮包遭受任何损失,应即向保险单上所载明的检验、理赔代理人申请检验。如发现被保险邮包整件短少或有明显残损痕迹,应即向邮局索取短、残证明,并应以书面方式提出索赔,必要时还须取得延长时效的认证。

(2) 对遭受承保责任内危险的邮包,应迅速采取合理的抢救措施,防止或减少邮包的损失,被保险人采取此项措施,不应视为放弃委付的表示,本公司采取此项措施,也不得视为接受委付的表示。

(3) 在向保险人索赔时,必须提供下列单证:保险单正本、邮包收据、发票、装箱单、磅码单、货损货差证明、检验报告及索赔清单。如涉及第三者责任,还须提供向责任方追偿的有关函电及其他必要单证或文件。

4. 邮包保险的索赔期限

邮包保险的索赔时效,从被保险邮包递交收件人时起算,最多不超过二年。

8.5 国际货物运输保险实务

在国际物流货物运输中,保险的作用如前所述,其重要性不言而喻,但如何办理货物运输的保险业务实践中则需要考虑以下几个方面的内容：选择合适的保险险别、拟订恰当的保险条款、确定准确的保险金额、履行必要的保险手续和缮制正确的保险单据。

8.5.1 投保

我国出口货物一般采取逐笔投保的办法。按FOB或CFR术语成交的出口货物，卖方无办理投保的义务，但卖方在履行交货之前，货物自仓库到装船这一段时间内，仍承担货物可能遭受意外损失的风险，需要自行安排这段时间内的保险事宜。按CIP或CIP等术语成交的出口货物，卖方负有办理保险的责任，一般应在货物从装运仓库运往码头或车站之前办妥投保手续。我国进口货物大多采用预约保险的办法，各公司或其收货代理人同保险公司事先签有预约保险合同(open cover)。签订合同后，保险公司负有自动承保的责任。

8.5.2 保险金额确定和保险费的计算

1. 保险金额

按照国际保险市场的习惯做法，出口货物的保险金额(insured amount)一般按CIF货价另加10%计算，即保险加成率为10%，是买方进行这笔交易所付的费用和预期利润。保险金额计算的公式是：

$$保险金额 = CIF货值 \times (1 + 加成率)$$

2. 保险费

投保人按约定方式缴纳保险费(premium)是保险合同生效的条件。保险费率(premium rate)是由保险公司根据一定时期、不同种类的货物的赔付率，按不同险别和目的地确定的。保险费则根据保险费率表按保险金计算，计算公式是：

$$保险费 = 保险金额 \times 保险费率$$

在我国出口业务中，CFR和CIF是两种常用的术语。鉴于保险费是按CIF货值为基础的保险额计算的，两种术语价格应按下述方式换算：

$$由CIF换算成CFR价：CFR = CIF \times [1 - 保险费率 \times (1 + 加成率)]$$

$$由CFR换算成CIF价：CIF = CFR/[1 - 保险费率 \times (1 + 加成率)]$$

在进口业务中，按双方签订的预约保险合同承担，保险金额按进口货物的CIF货值计算，不另加减，保费率按“特约费率表”规定的平均费率计算；如果FOB进口货物，则按平均运费率换算为CFR货值后再计算保险金额，其计算公式如下：

$$FOB进口货物：保险金额 = \frac{[FOB价 \times (1 + 平均运费率)]}{(1 - 平均保险费率)}$$

$$CFR进口货物：保险金额 = \frac{CFR价}{(1 - 平均保险费率)}$$

8.5.3 保险单据

国际物流业务中,常用的保险单据主要有两种形式。

1. 保险单

保险单(insurance policy 或 policy)俗称大保单,是保险人和被保险人之间成立保险合同关系的正式凭证,因险别的内容和形式有所不同,海上保险最常用的形式有:船舶保险单、货物保险单、运费保险单、船舶所有人责任保险单等。其内容除载明被保险人、保险标的(如是货物应填明数量及标志)、运输工具、险别、起讫地点、保险期限、保险价值和保险金额等项目外,还附有关保险人责任范围以及保险人和被保险人的权利和义务等方面的详细条款。如当事人双方对保险单上所规定的权利和义务需要增补或删减时,可在保险单上加贴条款或加注字句。保险单是被保险人向保险人索赔或对保险人上诉的正式文件,也是保险人理赔的主要依据。保险单可转让,通常是被保险人向银行进行押汇的单证之一。在 CIF 合同中,保险单是卖方必须向买方提供的单据。

2. 保险凭证

保险凭证(insurance certificate)俗称小保单。是保险人签发给被保险人,证明货物已经投保和保险合同已经生效的文件。证上无保险条款,表明按照本保险人的正式保险单上所载的条款办理。保险凭证具有与保险单同等的效力,但在信用证规定提交保险单时,一般不能以保险单的简化形式。

8.5.4 保险索赔

当被保险人的货物遭受承保责任范围内的风险损失时,被保险人向保险人提出的索赔要求。在国际物流中,如由卖方办理投保,卖方在交货后即将保险单背书转让给买方或收货代理人,当货物抵达目的港(地),发现残损时,买方或收货代理人作为保险单的合法受让人,应就地向保险人或其代理人要求赔偿。中国保险公司为便利我国出口货物运抵国外目的地后及时检验损失,就地给予赔偿,已在 100 多个国家建立了检验或理赔代理机构。至于我国进口货物的检验索赔,则由有关的专业进口公司或其委托的收货代理人在港口或其他收货地点,向当地人民保险公司要求赔偿。被保险人或其代理人向保险人索赔时,应做好下列几项工作。

(1) 当被保险人得知或发现货物已遭受保险责任范围内的损失,应及时通知保险公司,并尽可能保留现场。由保险人会同有关方面进检验,勘察损失程度,调查损失原因,确定损失性质和责任,采取必要的施救措施,并签发联合检验报告。

(2) 当被保险货物运抵目的地,被保险人或其代理人提货时发现货物有明显的受损痕迹、整件短少或散装货物已经残损,应即向理货部门索取残损或短量证明。如货损涉及第三者的责任,则首先应向有关责任方提出索赔或声明保索赔权。在保留向第三者索赔权的条件下,可向保险公司索赔。被保险人在获得保险补偿的同时,须将受损货物的有关权益转让给保险公司,以便保险公司取代被保险人的地位或以被保险人名义向第三者责任方进行追偿。保险人的这种权利,叫做代位追偿权(The Right of Subrogation)。

(3) 采取合理的施救措施。保险货物受损后,被保险人和保险人都有责任采取可能的、合理的施救措施,以防止损失扩大。因抢救、阻止、减少货物损失而支付的合理费用,保险公司负责补偿。被保险人能够施救而不履行施救义务,保险人对于扩大的损失甚至全部损失有权拒赔。

(4) 备妥索赔证据,在规定时效内提出索赔。保险索赔时,通常应提供的证据有:保险单或保险凭证正本,运输单据,商业票和重量单、装箱单,检验报单,残损、短量证明,向承运人等第三者责任方请求赔偿的函电或其证明文件,必要时还需提供海事报告,索赔清单,主要列明索赔的金额及其计算数据,以及有关费用项目和用途等。根据国际保险业的惯例,保险索赔或诉讼的时效为自货物在最后卸货地卸离运输工具时起算,最多不超过两年。

8.5.5 洽商保险条款时应注意的几个问题

应尊重对方的意见和要求。有些国家规定,其进口货物必须有基本保险,这些国家有40多个。如朝鲜、缅甸、印度尼西亚、伊拉克、巴基斯坦、加纳、也门、苏丹、叙利亚、伊朗、墨西哥、阿根廷、巴西、秘鲁、索马里、利比亚、约旦、阿尔及利亚、扎伊尔、尼日利亚、埃塞俄比亚、肯尼亚、冈比亚、刚果、蒙古、罗马尼亚、卢旺达、毛里坦尼亚等。对这些国家的出口,不宜按CIF价格报价成立。

如果国外客户要求我们按伦敦保险协会条款投保,可以接受客户要求,订在合同里。因为英国伦敦保险协会条款在世界货运保险业务中有很大的影响,很多国家的进口货物保险都采用这种条款。

经托收方式收汇的出口业务,成立价应争取用CIF价格条件成交,以减少风险损失。因为在交货后,如货物出现损坏或灭失,买方拒绝赎单,保险公司可以负责赔偿,并向买方追索赔偿。

8.5.6 国际货物运输保险合同的内容

国际运输货物保险合同的内容主要包括下列几项:保险人名称,被保险人名称,保险标的,保险价值,保险金额,保险责任和除外责任,保险期间,保险费。

(1) 国际物流货物运输保险合同的当事人为保险人和被保险人。

(2) 国际物流货物运输保险合同的保险标的主要是货物,包括贸易货物和非贸易的货物。

(3) 保险价值是被保险人投保的财产的实际价值。

(4) 保险金额指保险合同约定的保险人的最高赔偿数额。

(5) 保险责任和除外责任。保险责任是保险人对约定的危险事故造成的损失所承担的赔偿责任。保险人承保的风险可以分为保险单上所列举的风险和附加条款加保的风险两大类,前者为主要险别承保的风险,后者为附加险别承保的风险。

(6) 保险期间,也就是保险责任的期间,保险责任的期间有三种确定方法:以时间来确定,以空间的方法来确定,以空间和时间两方面来对保险期间进行限定的方法。

（7）保险费和保险费率。保险费率是计算保险费的百分率。保险费率有逐个计算和同类计算法之分。

思考题：

1. 何谓委付？构成有效委付需要满足哪些条件？
2. 构成共同海损的条件有哪些？
3. 救助费用与施救费用有哪些区别？
4. 平安险的责任范围有哪些？对于自然灾害造成的损失，平安险是否都予以赔偿？
5. 中国 PICC 基本险别与协会货物条款在承保风险与除外责任方面存在哪些差异？

第9章 国际货运代理业务

本章关键词

国际货运代理 international freight forwarder
国际多式联运合同 international multimodal contract
国际多式联运经营人 multimodal transport operator
货运事故 freight traffic accident

9.1 国际货运代理概述

9.1.1 国际货运代理的概念和性质

1. 国际货运代理的基本概念

“国际货运代理”一词具有两种含义:其一是指国际货运代理人;其二是指国际货运代理行业。国际货运代理行业是随着国际经济贸易的发展、国际运输方式的变革及信息科学技术的进步发展起来的一个相对年轻的行业,在社会产业结构中属于第三产业中的服务行业。国际货运代理人的称谓来自于英文“The Freight Forwarder”,本意就是为他人安排运输的人。目前,国际上对于货运代理人没有一个统一的称谓,有的国家称之为“通关代理人”或“清关代理人”。国际货运代理协会联合会(FIATA)的有关文件将其定义为:“根据客户的指示并为客户的利益而揽取货物运输的人,其本身不是承运人。”

世界各国和各地区都根据各自的需要对“货运代理人”赋予不同的内容和形式各异的解释。目前,对货运代理人的定义基本上可以划分成两大类:一类是仍将货运代理人限定在纯粹代理人的范畴,即货运代理人只能作为代理人以委托人的名义代办货物运输及其相关业务;另一类是突破货运代理人只能作为代理人的界限,允许货运代理人作为独立经营人,开展当事人业务,从而使货运代理人具有多重属性。

根据《中华人民共和国国际货物运输代理业管理规定》(以下简称《货代管理规定》)(1995年)可知,我国对国际货运代理的定义显然属于后一类的。《货代管理规定》第2条规定,“国际货物运输代理,是指接受进出口货物收货人、发货人的委托,以委托人的名义或者以自己的名义,为委托人办理国际货物运输及相关业务并收取服务报酬的行业”。《货代管理规定》对货运代理所下的定义是比较符合我国货运代理业的发展状况的,指出了货运代理可能以委托人的名义,也可能以自己的名义开展相关业务。《中华人民共和国国际货物运输代理业管理规定实施细则(试行)》(1998 年),其中第 2 条第(1)款规定:“国际货物运输代理企业可以作为进出口货物收货人、发货人的代理人,也可以作为独立经营人,从事国际货运代理业务。”

2. 国际货运代理的性质及类型

国际货运代理本质上属于货物运输关系人的代理,是联系发货人、收货人和承运人的货物运输中介人,既代表货方、保护货方的利益,又协调承运人进行承运工作。也就是说,国际货运代理在以发货人和收货人为一方,承运人为另一方的两者之间起着桥梁作用。

基于不同的角度,国际货运代理可划分为不同的类型,按法律特征的不同,国际货运代理可以分为以下三种类型。

(1) 中间人型。

这种类型的货运代理的特点是其经营收入来源为佣金,即作为中间人,根据委托人的指示和要求,向委托人提供订约的机会或进行订约的介绍活动,在成功促成双方达成交易后,有权收取相应的佣金。这种类型的货运代理企业一般规模较小,业务品种较单一,在信息日渐公开化的今天,生存能力和抗风险能力都较差。

(2) 代理人型。

这种类型的货运代理的特点是其经营收入来源为代理费。根据代理人开展业务活动中是否披露委托人身份,可再细分为以下两种类型。

① 披露委托人身份的代理人,即代理人以委托人名义与第三方发生业务关系。传统意义上的代理人即属于此种类型,在英美法系国家,这类代理通常称为直接代理或显名代理。

② 未披露委托人身份的代理人,即代理人以自己名义与第三方发生业务关系。在英美法系国家,这类代理通常称为间接代理或隐名代理;在大陆法系国家,这类代理通常被称为经纪人。在《中华人民共和国合同法》委托合同一章中,吸收了英美法系有关这类代理的相关规定。

(3) 当事人型。

当事人型,也称委托人型或独立经营人型。这种类型的货运代理的特点是其经营收入的来源为运费或仓储费差价,即已突破传统代理人的界限,成为独立经营人,具有了承运人或场站经营人的功能。这种类型的货运代理既有仅局限于某一种运输方式领域,如海运中的无船承运人,也有从事多式运输方式和运输组织的多式联运经营人,以及提供包括货物的运输、保管、装卸、包装、流通所需要的加工、分拨、配送、包装物和废品回收等,提供与之相关的信息服务的物流经营人。

在实际业务中,根据需要与可能,国际货运代理,尤其是大型国际货运代理,总是力图同时兼有中间人、代理人和当事人等多种功能,以便能向委托人提供全方位的服务。因此,现代国际货运代理人大多具有多重角色。

9.1.2 国际货运代理的服务内容和作用

1. 国际货运代理的服务内容

根据《中华人民共和国国际货物运输代理业管理规定》及其实施细则的规定,我国国际货运代理人的服务范围是相当广泛的,至于具体某个国际货运代理人的经营范围,应以其经营许可证上核准的业务范围为准。从各国国际货运代理人业务经营来看,国际货运代理业务范围主要包括以下几个方面:

(1) 以中间人、代理人或当事人身份从事海陆空货物的租船、订舱代理及运输组织等业务。

(2) 以代理人身份从事海陆空进出口货物的报关报检代理及保险等业务。

(3) 以多式联运经营人或无船承运人身份与货主签订多式联运合同,作为当事人必须对全程运输负总的责任,有权签发自己的提单或其他运输单证,向托运人收取运费,通过国际船舶运输经营者来完成国际海上货物运输。

(4) 以第三方物流经营人身份从事物流服务业务。

2. 国际货运代理的具体业务

货运代理人接受委托后可以代办下列部分或者全部业务:货物的监装、监卸;集装箱拼装拆箱;货物的交接、调拨、转运;货物的包装;订舱、仓储;国际多式联运;国际快递(私人信函除外);报关、报检、报验、保险;缮制有关单证,并付运费,结算、交付杂费;代办揽货、燃物料供应等与运输相关的业务;咨询及其他国际货运代理业务。

3. 国际货运代理的作用

国际货运代理通晓国际贸易环节,精通各种运输业务,熟悉有关法律、法规,业务关系广泛,信息来源准确、及时,与各种承运人、仓储经营人、保险人、港口、机场、车站、堆场、银行等相关企业,与海关、检验检疫局、进出口管制等有关政府部门存在着密切的业务关系,不论对于进出口货物的收货人、发货人,还是对于承运人和港口、机场、车站、仓库经营人,都有重要的桥梁和纽带作用。国际货运代理不仅可以促进国际贸易和国际运输事业发展,而且可以为国家创造外汇来源,对于本国国民经济发展和世界经济的全球化都有重要的推动作用。仅对委托人而言,至少可以发挥如下作用:

(1) 组织协调。

国际货运代理历来被称为"运输的设计师"、"门到门"运输的组织者和协调者。凭借其拥有的运输知识及其相关知识,组织运输活动,设计运输路线,选择运输方式和承运人(或货主),协调货主、承运人及其仓储保管人、保险人、银行、港口、机场、车站、堆场经营人和海关、商检、卫检、动植检、进出口管制等有关部门的关系,可以节省委托人的时间,使其减少许多不必要的麻烦,从而专心致力于主营核心业务。

(2) 专业服务。

国际货运代理的本职工作是利用自身专业知识和经验,为委托人提供货物的承揽、交运、拼装、集运、接卸、交付服务,接受委托人的委托,办理货物的保险、海关三检(商检、卫检和动植检)、进出口管制等手续,甚至有时要代理委托人支付、收取运费,垫付税金和其他费用。国际货运代理人通过向委托人提供各种专业服务,可以使委托人不必在自己不够熟悉的业务领域花费更多的心思和精力,使不便或难以依靠自己力量办理的事宜得到恰当、有效的处理,有助于提高委托人的工作效率。

(3) 沟通控制。

国际货运代理拥有广泛的业务关系、发达的服务网络、先进的信息技术手段。可以随时保持货物运输关系之间货物运输关系人与其他有关企业、部门的有效沟通,对货物运输的全过程进行准确跟踪和控制,保证货物安全、及时运抵目的地,顺利办理相关手续,准确送达收货人,并应委托人的要求提供全过程的信息服务及其他相关服务。

(4) 咨询顾问。

国际货运代理可以就货物相关问题向委托人提出明确、具体的咨询意见,协助委托人设计、选择适当的处理方案,避免或减少不必要的风险、周折和浪费。

(5) 降低成本作用。

通过国际货运代理的努力,可以选择货物的最佳运输路线与运输方式以及最佳仓储保管人、装卸作业人和保险人,争取公平、合理的费率,甚至可以通过集运效应使得相关各方受益。从而降低货物运输关系人的业务成本,提高其主营业务效益。

(6) 资金融通。

国际货运代理与货物的运输关系人、仓储保管人、装卸作业人及银行、海关当局相互了解,关系密切,长期合作,彼此信任,国际货运代理人可以代替收、发货人支付有关费用、税金,提前与承运人、仓储保管人、装卸作业人结算有关费用,凭借自己的实力和信誉向承运人、仓储保管人、装卸作业人及银行和海关当局提供费用、税金担保或风险担保,可以帮助委托人融通资金,减少资金占压,提高资金利用效率。

9.1.3 国际货运代理的行业组织及行业管理

1. 国际货运代理相关的行业组织

(1) 国际货运代理协会联合会。

国际货运代理协会联合会(FIATA),以 FIATA 为联合会的标识。协会于 1926 年 5 月 31 日在奥地利的维也纳成立,是一个非政府和非营利性的国际货运代理行业组织,具有广泛的国际影响,总部设在瑞士的苏黎世,在各大洲设有办事处。其中,亚洲和太平洋地区办事处设在印度的孟买。国际货运代理协会联合会的最高权力机构是会员代表大会,下设代表大会主席团,对外代表 FIATA,对内负责 FIATA 的日常管理。国际货运代理协会联合会的会员分为一般会员、团体会员、联系会员和名誉会员四类。联合会拥有来自 86 个国家和地区的 96 个一般会员,分布于 150 个国家和地区的 2 700 多家联系会员。中国对外贸易运输总公司于 1985 年以一般会员的身份正式加入该组织。目前,国际货运代理协会联合会拥有中国国际货运代理协会和台湾地区、香港特别行政区的货运代理协会三个一般会员。国际货运代理协会联合会的宗旨是保障和提高国际货运代理在全球的利益。

(2) 国际航空运输协会。

国际航空运输协会(IATA),英文为"International Air Transport Association",缩写为"IATA"。协会的前身是由6家航空公司组成的国际航空交通协会,1945年改名为国际航空运输协会,总部设在加拿大的蒙特利尔,协会在纽约、巴黎、伦敦和新加坡设有分支机构。协会的最高权力机构为每年召开的全体会议,大会的执行委员主持日常工作。协会成员必须是持有国际民用航空组织成员国政府颁发定期航班许可证的航空公司。

(3) 中国国际货运代理协会。

中国国际货运代理协会(CIFA),英文为"China International Freight Forwarders Association",缩写为"CIFA",成立于2000年9月6日。该协会是中华人民共和国境内注册的国际货运代理企业自愿组成的非营利性质的行业协会,接受商务部的业务指导和民政部的监督管理。

此外,为支持中国货代协会积极开展工作,商务部办公厅2005年3月23日下发文件《关于委托中国国际货运代理协会组织实施货代企业业务备案有关事宜的通知》,决定由中国国际货运代理协会负责国际货运代理企业业务备案的具体组织实施工作。

2. 我国对货运代理的行业管理

根据1995年颁布的《中华人民共和国国际货物运输代理业管理规定》及其实施细则的有关规定,国务院商务主管部门(商务部)是我国国际货运代理业的主管部门,负责对全国国际货运代理业实施监督管理。省、自治区、直辖市、经济特区、计划单列市人民政府商务主管部门在商务部的授权下,负责对本行政区域内的国际货运代理业实施监督管理。

在商务部和地方商务主管部门的监督和指导下,中国国际货运代理协会根据协会章程开展活动,推动会员企业相互协作,监督会员依法经营,规范竞争,维护会员的合法权益,协助政府有关部门加强行业管理,促进行业的健康有序发展。因此,商务部、地方商务主管部门和中国国际货运代理协会都按其职责和权限行使着对国际货运代理业进行管理的职能。

国务院就我国国际货运代理行业的审批等问题做出规定,正式取消了国际货运代理行业原来的市场准入行政审批制度,即取消了政府主管部门对国际货运代理企业经营资格的前置审批。目前,我国国际货运代理行业的市场准入已改为工商注册登记制度。

对于我国的国际货运代理行业而言,市场准入制度采取工商注册登记较以前的行政主管部门审批制度更为合理有效,是关系国际货运代理行业整体发展的重大改革。进一步改善了我国国际货运代理行业的发展环境,同时也对国际货运代理行业如何良性发展提出了新的要求。商务部作为国际货运代理行业的主管部门,在2004年7月1日以前负责货代行业市场准入审批,新制度实施后,货代企业在工商注册登记后,可以在商务部进行备案登记。

市场准入条件的放宽和注册登记资金的减少,也使从事国际货运代理业务的企业及与其打交道的企业风险增加,这就应该要求国际货运代理企业投保责任险。另外,国际货运代理企业只有在成为行业协会的会员以后才能受理货主委托的货运业务,这是一种正常的市场运作模式。所以,成为行业协会的会员应该是国际货运代理企业要求和追求的基本目标。这样,就可以有效发挥行业协会行业自律的作用。行业协会应该研究自身组织和作用等问题，制定符合各方当事人的行业标准、交易条件、行业自律规则，使国际货运代理行业不断健康发展。

9.2 国际海上货运代理业务

9.2.1 班轮运输业务流程

由于班轮运输以非特定的众多货主为服务对象，承运货物的批量小、货主多、停靠港口多、装卸作业频繁、出现货损和货差的情况比较复杂。班轮运输从揽货开始，到交付货物完毕，要经历许多环节，各个环节之间相互制约，相互联系，缺一不可。一般来讲，班轮运输业务操作程序需要经历揽货、订舱、收货装船、卸货、交货等一系列过程。

1. 揽货

揽货是船公司开展业务的第一个环节，也是关键的环节，是指船公司从货主方面争取货源的业务行为。其目的是使自己经营的货船能达到满载或接近满载，以取得最大的收入。揽货对船公司非常重要，它决定着船公司经营的成败。所以，各个船公司都把争取货源放在首位。近年来，船公司和无船承运人不断增多，致使货源的竞争更为激烈，这也促使船公司想方设法地提高服务质量，增加服务项目，便利货主，以争取到货源。船公司揽货的主要方式包括：

(1) 公布班轮航线和船期表。

船公司就自己所经营的班轮航线和船舶抵、离港的时间印成船期表，发给各货主单位，并在各种广告媒介上大量宣传，力求扩大自己的影响，以揽到合适的货源。

(2) 委托代理或建立分支机构。

船公司为开展业务，在船舶挂靠的港口，选择可靠的国际船舶代理公司作为代理机构。选择代理是非常重要的一项工作，因为船公司不可能在所有港口都设有自己的分支机构，需要通过代理公司，来代办所在港口的业务。中国外轮代理总公司是目前我国最大的船舶代理机构，其所属代理公司遍布全国各大中小港口。中国远洋集团总公司设在国外的代理机构亦遍布世界各大港口。

一些班轮公司，往往在航线上的主要港口建立自己的办事处或分支机构。建立办事处或分支机构的目的主要是处理好现场的业务工作，扩大船公司的影响，开拓揽货渠道，监督代理的工作及协调与各方面的关系。

(3) 提高服务质量。

船公司为了多揽货，必须在服务上比同行高出一筹。特别是当今海运市场竞争日趋激烈，船公司日益增多，运输能力往往大于货源需求。各船公司为了提高竞争力，必须在提高服务质量上下工夫。为扩大货源渠道，各大海运公司在各地设立办事处，组建集装箱堆场、运输车队和储运仓库等，更好地为货主服务，以便承揽到更多的货源。

2. 订舱

与船公司揽货相对应，托运人或他的代理人向承运人或其代理申请货物运输，承运人对这种申请给予承诺，即是订舱。订舱的地点可以是航线的始点或终点和船舶途经的口岸。以CIF价格成交的出口货物，应由出口方承担货物的运输，负责租船或订舱，将货物运交国外的进口方，所以订舱多在装货港或货物输出地进行。以FOB价格成交的出口货物，买方应负责租船订舱，订舱地多在货物输入地或卸货港。船公司接受订舱后，要注意以下三个方面：

(1) 做好船舶舱位的分配。

由于班轮航线运输可能要在多个挂靠港装卸货，船公司要根据实际情况，对该航线上的船舶舱位进行预配，并定出限额。各装货港的分支机构或代理机构只能在所分配的船舶舱位范围内承揽货载。遇到特殊情况，分配的舱位不足或过剩时，就要考虑在各装货港之间进行调剂，使舱位得到充分利用。

(2) 注意货物的性质、包装和重量。

接受订舱时，必须注意货物的性质、包装和重量。如装运危险品货物，在积载和保管及中途挂港上有许多限制；装运超长件货物时，常受舱口大小的限制；装运超重件货物时，要考虑船舶和装货港、卸货港设备能力和陆上运输的限重等情况。

(3) 注意装卸港及通过港的相关法规。

国际贸易货物，其装卸港和通过港常分属不同的国家，所适用的法律或港口当局的规章制度和管理办法常有不同。例如，根据装货港国家的法规允许装船的货物，在卸货港国家却禁止卸货。所以在接受订舱时，须特别注意有关国家的法律和港口的规章管理办法，以免出现不必要的问题或纠纷。

3. 装船

(1) 直接装船。

由货主直接将货物送到船边装船的形态被称为直接装船或现装。在班轮运输中件杂货一般都不采用直接装船的形式，但对一些特殊的货物，如危险品、冷冻货、鲜活货、贵重货或者较大的同类货物，则可在事先商定后，由托运人将货物直接送至船边，或使用托运人的驳船将货物送到船边直接装船。

(2) 集中装船。

班轮运输中，为了提高装船效率，减少船舶在港停泊时间，通常都采用集中装船的方式。集中装船是指船公司在各装货港指定装船代理人，在各装货港的指定地点(通常是码头仓库)接收托运人送来的货物，办理交接手续后，将货物集中并按货物的卸货次序进行适当的分类后再装船。这种装船方式又称“仓库收货，集中装船”。

站在托运人的立场上看，把货物交给船公司指定的装船代理人，如同把货物交给船公司一样，交货后的一切风险都应由船公司负担。但根据提单及有关海上运输法规的规定，对班轮件杂货运输，船公司的责任是从本船船边装货时开始的，除非另有约定，即船公司的责任期间并没有前延至仓库收货时。根据船公司和装船代理人之间的特约，在船边装船以前的责任应属于装船代理人。

4. 卸货

卸货是将船舶装运的货物在卸货港从船上卸下，在船边交给收货人或代其收货的人，并办理货物交接手续。船公司在卸货港的代理人根据船舶发来的到港电报,一方面编制有关单证,联系安排泊位和准备办理船舶进口手续,约定装卸公司,等待船舶进港后卸货;另一方面还要把船舶预定到港时间通知收货人,以便收货人及时做好接收货物的准备工作。

(1) 集中卸船。

班轮运输中,通常都采用集中卸货的办法,即由船公司指定的装卸公司作为卸货代理人总揽卸货和接收并向收货人交付货物的工作。船舶到港后,先将货物卸至码头仓库,进行分类后再交付收货人,这种方式又称为“集中卸货,仓库交付”。装卸公司如果兼营货物的进口报关业务,在将货物搬入保税仓库后,应随即附上必要的单证,向海关申请进口报关,经海关查验放行后,再行办理货物交付手续。

船公司的责任,同装货一样,也是以船边为界,即货物脱离本船的吊钩时,船公司的责任即告终止。船公司只负担货物的卸船费用,此后的驳船费、岸上搬运费及仓储保管费等由收货人向装卸公司或卸货代理人支付。

(2) 误卸。

班轮运输中由于同时装运分属不同货主和不同卸货港的货物,有时难免会发生将本应在其他港口卸下的货物卸在本港,或本应在本港卸下的货物遗漏未卸。通常将前者称为溢卸(over landed),后者称为短卸(short landed)。关于因误卸而引起的货物延迟损失或货物的损坏责任问题,一般在提单条款中都有规定。通常规定,因误卸而发生的补送、退运费用由船公司负担,但对因此而造成的延迟交付或货物的损坏,船公司不负赔偿责任。

5. 交付货物

在集装箱班轮运输中,大多采用CY/CY交接方式,而在杂货班轮运输中,实践中多采用“集中卸船,仓库交付”的形式,并且收货人必须在办妥进口手续后,方能提取货物。所以,在班轮运输中,通常是收货人先取得提货单,办理进口手续后,再凭提货单到堆场、仓库等存放货物的现场提取货物。而收货人只有在符合法律规定及航运惯例的前提条件下,方能取得提货单。

在使用提单的情况下收货人必须把提单交回承运人,并且该提单必须经适当正确的背书,否则船公司没有交付货物的义务。另外,收货人还须付清所有应该支付的费用,如到付的运费,共同海损分担费等,否则船公司有权根据提单上的留置权条款的规定,暂时不交付货物,直至收货人付清各项应付的费用;如果收货人拒绝支付应付的各项费用而使货物无法交付时,船公司还可以经卸货港所在地法院批准,对卸下的货物进行拍卖,以拍卖所得价款充抵应收取的费用。因此,货运代理人应及时与收货人联系,取得经正确背书的提单,并付清应该支付的费用,以便换取提货单,并在办理了进口手续后提取货物。

(1) 凭银行保函放货。

在已经签发了提单的情况下,收货人要取得提货的权利,必须以交出提单为前提条件。

然而,有时由于提单邮寄延误,或者作为押汇的跟单票据的提单未到达进口地银行,或者虽然提单已到达进口地银行，而因为汇票的兑现期限的关系，在货物已运抵卸货港的情况下，收货人还无法取得提单，也就无法凭提单来换取提货单提货。此时，按照一般的航运习惯，收货人就会开具由一流银行签署的保证书，以保证书交换提货单后提货。船公司同意凭保证书交付货物是为了能尽快地交货，而且除有意欺诈外，船公司可以根据保证书将因凭保证书交付货物而发生的损失转嫁给收货人或保证银行。但是，由于违反运输合同的义务，船公司对正当的提单持有人仍负有赔偿一切损失责任的风险。因此，船公司会及时要求收货人履行解除担保的责任，即要求收货人在取得提单后及时交给船公司，以恢复正常的交付货物的条件。实践中，船公司要求收货人和银行出具的保证书的形式和措词虽各不相同，但主要内容都包括因不凭提单提货，收货人和保证银行同意下列条件：

- 因不凭提单提取货物，收货人和银行保证赔偿并承担船公司及其雇员和代理人因此承担的一切责任和遭受的一切损失。
- 对船公司或其雇员或其代理人因此被起诉而提供足够的法律费用。
- 对船公司的船舶或财产因此被扣押或羁留或遭到这种威胁而提供所需的保释金或其他担保以解除或阻止上述扣押或羁留，并赔偿船公司由此所遭受的一切损失、损害或费用。
- 收到提单后换回保证书。
- 对于上述保证内容由收货人和银行一起负连带责任。

(2) 选港货的处理。

提单上的卸货港(port of discharge)一栏内有时会记载两个或两个以上货主选择的卸货港名称，这是因为货主在货物装船前尚未确定具体的卸货地点。所以在办理货物托运时提出选择卸货港交付货物的申请，并在船舶开航后提单上所载明的选卸港范围内选定对自己最为方便或最为有利的卸货港，最后在这个港口卸货和交付货物。这种由货主选择卸货港交付的货物称为“选港货”(optional cargo)。

由于为“选港货”签发的提单中的卸货港一栏内已明示了卸货港的范围，如：“Option Kobe/Yokohama”，所以收货人在办理提货手续时，只要交出一份提单即可。但是货主必须在船舶自装货港开航后，抵达第一个选卸港之前的一定时间以前(通常为24小时或48小时)，把决定了的卸货港通知船公司及被选定卸货港船公司的代理人，否则船长有权在任何一个选卸港将货物卸下，并认为船公司已履行了对货物运送的责任。

(3) 卸货港变更。

如果收货人认为有必要将货物改在提单上载明的卸货港以外的其他港口卸货交付，则可以向船公司提出变更卸货港的申请。但是，所变更的卸货港必须是在船舶航次停靠港口范围之内，并且必须在船舶抵达原定卸货港之前或到达变更的卸货港(需提前卸货时)之前提出变更卸货港交付货物的申请。由于变更卸货港交付货物是在提单载明的卸货港以外的其他港口卸货和交付货物，所以收货人必须交出全套提单才能换取提货单提货。而且，在船公司根据积载情况，考虑变更卸货港卸货和交付货物对船舶营运不会产生严重影响，并接受货主变更卸货港的申请后，收货人还应负担因这种变更而发生货物的翻舱、倒载费，装卸费以及因变更卸货港的运费差额和有关手续费等费用。

(4) 电放。

在船公司普遍没有自己的海运单,而又不需要收货人在卸货港以提单换取提货单的情况下,“电放”的做法产生了。“电放”是指在装货港货物装船后,承运人签发提单,托运人再将全套提单交回承运人,并指定收货人,承运人以电讯方式授权其在卸货港的代理人,在收货人不出具提单的情况下,交付货物。由于与传统的做法不同,因此托运人和收货人都要出具保函,但收货人不需要履行解除担保的责任。同时,承运人不能交错货,托运人(卖方)应能收到货款,而收货人(买方)应能提到货物,这是“电放”中各方应注意的问题。

(5) 使用海运单。

在使用海运单的情况下,收货人无须出具海运单,承运人只要将货物交给海运单上所列的收货人,就被视为已经做到了谨慎处理。通常收货人在取得提货单提货之前,应出具海运单副本及自己确实是海运单注明的收货人的证明材料。

9.2.2 租船运输业务流程

在租船市场上,租船一般是通过经纪人进行的。从承租人提出租船要求到最后与船东签订租船合同,大致要经过六个环节。

1. 询租

询租(order, inquiry, enquiry)的目的和作用是让对方知道发盘人的意向和需要的大致情况,因此内容除包括必须让对方知道的项目外,其余应简单扼要。询租可由租船人发出,也可由船东发出。租船人询租的目的是为货物运输寻找合适的船舶。船东询租的目的是为船舶寻找合适货载或租家,其主要内容一般包括:船舶类型、船名、船籍、吨位、航行范围、受载日期、船舶供租的方式等。

(1) 航次租船询租内容包括:租船人全称和地址、货物名称和数量、装货港和卸货港、船舶受载期和解约日、装卸时间、装卸费负担、运费率(有些询租中不报运费率,写明由船东报)、对船舶类型和尺码的特殊要求、租方建议的标准合同范本、佣金等。

(2) 定期租船询租内容包括:租船人全称和地址、船舶吨位和船型、租用船期、交/还船地点、交船日期和解约日、对船舶的特殊要求、租船人建议的标准合同范本(也有由船东在报价时提出)、佣金等。

2. 报盘

船东收到租船人询租后,经过估算或对照其他询租条件,认为可以考虑,便通过经纪人向租船人报盘,报出所能提供的船舶的运费率或租金等条件。报盘(offer)又称发盘。

租船实务中,习惯做法是船东发出意向性报价,尤其当租船人发出的是意向性询价时,意向报价仅提供船舶概况、运费或租金率,以及其他能满足询价中要求的意向。一般不附有应答复的时间限制,又称报虚盘。

若货物买卖已落实询价,船东可以立即报实盘,或因航运市场不景气,船东面临竞争时,为揽货,也应立即报实盘。船东和租船人洽谈租约条款分两步:首先洽谈主要条款,再进一步谈细节。

(1) 航次租船报价主要条款。

包括:船东全称、船名和规范、运费率和运费支付条件、受载期和解约日、装卸港、装卸时间、装卸费负担、滞期/速遣费率、标准合同范本、报价有效时间等。

(2) 定期租船报价主要条款。

包括:船东全称、船名和规范、租船形式、交船及还船地点、交船期和解约日、航行区域、租金率和支付条件、交还船时船上剩油量和价格、其他船东愿作主要条款谈判的条款、合同范本、佣金等。

洽谈主要条款阶段,船东报价或租船人还价的结尾都写有"有待细节",这指谈妥主要条款后继续洽商细节内容。船东所报实盘中都规定答复期限,船东一旦发出报价,在一定期限内不得撤回、变更或限制报价。

(3) 报盘的约束力主要表现在以下两种情况:

① 若船东用口头或电话形式发出报价,并在该口头报价中规定答复期限,在期限之前,船东不得撤回或变更。租船人在规定期限内没作答复,报价无效。若报价没有规定答复期限,租船人在对话当时没立即答复,船东不再受该口头报价的约束。

② 若船东用电传、传真或电报报价,规定了答复期限,该报价在答复期限届满之前对船东有约束力。若没有规定答复期限的,一般在得到受盘所需的期间内该报价对船东有约束力。

3. 还盘

还盘(counter offer)是指对报盘中的实质内容做出修改,并提出自己的不同条件。在还盘时,要仔细审查对方报盘的内容,决定哪些可以接受,哪些不能接受,或要经修改和补充并逐一提出。在还盘中提到的条件都是不同意或否定或修改补充对方报盘中的条件,凡是还盘中没有提到的对方报盘中的条件,都被认为是已接受的条件。

若租船人对船东报盘中的绝大多数条款不能接受,但仍想与船东谈判,可以这样还价:"租船人拒绝船东的报价,但提出实盘如下……"

4. 接受

经报盘、还盘多次的讨价还价,直到最后一次还实盘的全部内容被双方接受(acceptance),就算成交。有效的接受必须在报盘或还盘的时限内且不能附有保留条件,若时限已过,则欲接受的一方必须要求另一方再次确认才能生效。

5. 签订租确认书

签订租确认书(fixture note)应详细列出船舶所有人和承租人在洽租过程中双方承诺的主要条款。一般包括:确认书日期、船名或可替代船舶、双方当事人的名称和地址、货名和数量、装卸货港和装卸船期、装卸费用负担责任、运费或租金及支付方法、有关费用的分担(港口使用费、税收等)、亏舱费计算、所采用标准租船合同、其他特殊约定、双方当事人签字等。

6. 编制、审核、签订正式租船合同

订租确认书是一份简式合同,双方可按照已达成的协议编制、审核并签署正式的租船合同(charter party)。租船合同通常制作正本两份,签署后由船东和承租人双方各持一份存档备用。

9.3 国际航空货运代理业务

9.3.1 国际航空货物出口运输代理业务流程

国际航空货物运输中的一个显著特点是，航空公司一般不直接接受货物委托，而是指定航空货运代理人代其接受货物运输委托。国际货物运输的流程包括两大环节：国际货物运输的进口业务流程和国际货物运输的出口业务流程。航空货物出口运输代理业务流程包括以下环节：揽货→委托代理→审核单证→预配舱、预订舱→接单、制单→接受货物→标记和标签→配舱→订舱→出口报关→出仓单→提、装板箱→签货运单→交接发运→航班跟踪→信息反馈→费用结算。

1. 揽货

揽货，是指航空货运代理公司为争取更多的出口货源，而到各进出口公司和有出口经营权的企业进行推销的活动。揽货时一般需向出口单位介绍本公司的代理业务范围、服务项目以及各项收费标准。航空货运代理公司与出口单位(发货人)就出口货物运输事宜达成协议后，可以向发货人提供中国民航的国际货物托运书作为委托书。委托书由发货人填写并加盖公章，作为委托书和接受委托的依据。对于长期出口货量大的单位，航空货运代理公司一般都与之签订长期的代理协议。

2. 委托代理

委托代理是指托运人委托航空代理人办理出口货物航空运输事宜的行为，委托代理时，托运人必须填写“国际货物托运书”。托运书(shippers letter of instruction)是托运人用于委托承运人或其代理人填开航空货运单的一种表单，表单上列有填制货运单所需各项内容，并应印有授权于承运人或其代理人代其在货运单上签字的文字说明。国际货物托运书是托运人和航空代理人之间的委托合同，是代理人向航空公司办理货物托运的依据，也是填制航空货运单的依据，因此托运人必须正确填写，并由托运人签字盖章。

3. 审核单证

单证应包括：

- 发票、装箱单。发票要加盖公司公章(业务科室、部门章无效)，写明价格术语和货价。
- 托运书。注明运费预付或运费到付，托运人签字处一定要有托运人签名。
- 报关单。注明经营单位注册号、贸易性质、收汇方式，并要求在申报处加盖公章。
- 外汇核销单。在出口单位备注栏内要加盖公司公章。
- 许可证。合同号、出口口岸、贸易国别、有效期，一定要符合要求，并与其他单据相符。
- 商检证。商检证、商检放行单、盖有商检放行章的报关单均可。商检证上应有“海关放行”字样。
- 进料/来料加工核销本。注意本上的合同号是否与发票相符。

- 索赔/返修协议。要求提供正本,要求合同上方外方盖章,外方没章时,可以签字。
- 到付保函。凡到付运费的货物,发货人都应提供到付保函。
- 关封。

4. 预配舱、预定舱

代理人汇总所接受的委托和客户的预报,计算出各航线的件数、重量、体积,按照客户的要求和货物的情况,根据航空公司不同机型对板箱的要求,制订预配舱方案,并对每票货配上运单号。

代理人根据预配舱方案按照航班、日期打印出主运单号、件数、重量、体积,向航空公司预定舱。此时由于货物还未入库,预报的和实际的会有差别,这些须在配舱时进行调整。

5. 接单、制单

接受托运人或其代理人送交的已经审核确认的托运书及报关单证和收货凭证。将电脑中的收货记录与收货凭证核对。制作操作交接单,填上所收到的各种报关单证份数,给每份交接单配一份主运单或分运单。根据交接单、主运单或分运单、报关单证制单。如此时货未到或未全到,则可以按照托运书上的数据填入交接单并注明,等货物到齐后再进行修改。

依据发货人提供的国际货物托运书,填制航空货运单。航空货运单是航空运输中最重要的单据。货运单是否填写准确,直接关系到货物能否及时、准确到达目的地。航空货运单是发货人收结汇主要的有效凭证,因此填写必须准确,严格符合单证一致、单单一致的要求。

航空货运单包括主运单和分运单。如果是直接发给国外收货人的单票托运货物,填开航空货运单即可。如果货物属于以国外航空货运代理人为收货人的集中托运货物,必须先为每票货物填开航空货运代理公司的分运单;然后再填开航空公司的主运单,以便国外代理人对主运单下的各票货物进行分拨。

航空货运代理公司还要制作《空运出口业务日报表》供制作标签用。

6. 接受货物

是指航空货运代理公司把即将发运的货物从发货人手里接过来运送到自己的仓库。接货一般与接单同时进行。接货时应对货物进行过磅和丈量,根据发票、装箱单或送货单清点货物,并核对货物的数量、品名、合同号或唛头等是否与货运单上所列一致。

7. 标记和标签

标记是在货物外包装上有托运人书写的有关事项和记号。标签按作用可以分为识别标签、特种货物标签和操作标签等;按类别可以分为航空公司标签和分标签两种。

航空公司标签是对其承运货物的标志,各航空公司的标签虽然在格式、颜色上有所不同,但内容基本相同。标签上前三位阿拉伯数字代表所承运航空公司的代号,后八位数字是主运单号。

分标签是代理公司出具分标签货物的标志。凡出具分运单的货物都制作分标签,填制分运单号码和货物到达城市或机场的三字代码。一件货物贴一张航空公司标签,有分运单的货物,每件再贴一张标签。

8. 配舱

配舱时，需运出的货物都已经入库，这时需要核对货物的实际件数、重量、体积与托运书上预报的数量是否一致；应注意对预定舱位、板箱的有效利用、合理搭配，按照各航班机型、板箱型号、高度、数量进行配载。同时对于晚到、未到情况以及未能顺利通关放行的货物做出调整，为制作配舱单作准备。实际上，这一过程一直延续到单、货交接给航空公司后才完毕。

9. 订舱

订舱，就是向航空公司申请运输并预订舱位的行为。货物订舱需要根据发货人的要求和货物本身的特点而定。一般来说，大宗货物、紧急物资、鲜活易腐物品、危险物品、贵重物品等，必须预定舱位。非紧急的零散货物，可以不预订舱位。

订舱的具体做法和基本步骤是：接到发货人的发货预报后，领取并填写订舱单，写明货物名称、体积、重量、件数、目的港及要求出运的时间等。中国民航根据实际情况安排航班和舱位。航空货运代理公司订舱时，可依照发货人的要求选择最佳航线和理想的承运人，同时为其争取最低、最合理的运价。订妥舱位后，航空货运代理公司应及时通知发货人备单、备货。

10. 出口报关

出口报关，是指发货人或其代理人在发运货物之前，向出境地海关提出办理出口手续的过程。它的基本程序是：首先，将发货人提供的出口货物报关单的各项内容输入电脑；其次，在通过电脑缮制出的报关单上加盖报关单位的报关专用章；然后，将报关单与有关的发票、装箱单和航空货运单合在一起，并根据需要随附有关的证明文件；报关单证准备齐全后，由持有报关员证的报关员正式向海关申报；海关审核无误后，海关关员即在发运单正本上加盖放行章，同时在出口收汇核销单和出口报关单上加盖放行章，在发货人用于产品退税的单证上加盖验讫章，粘贴防伪标志。

11. 出仓单

配舱方案制订后就可着手编制出仓单。出仓单的主要内容有：制单日期、承运航班的日期、装载板箱形式及数量、货物进仓顺序编号、主运单号、件数、重量、体积、目的地三字代码和备注等。

出口仓库方将出仓单用于出库计划，出库时点数并与装板箱环节交接。装板箱环节将出仓单用于向出口仓库提货。货物的交接环节将出仓单用于制作收货凭证和《国际货物交接清单》的依据。《国际货物交接清单》用于航空公司交接货物。出仓单还可用于外拼箱和报关环节。

12. 提、装板箱

除特殊情况外，目前航空货运大多以“集装箱”、“集装板”形式装运。订妥舱位后，航空公司吨控部门将根据货量发放“航空集装箱、板”凭证，用板箱人凭此向航空公司箱板管理部门领取与订舱货量相应的集装板、集装箱并办理相应的手续。提板、箱时，应领取相应的塑料薄膜和网。对所使用的板、箱要登记、销号。

通常航空货运代理公司将体积为两立方米以下的货物作为小货交与航空公司拼装，

大于两立方米的大宗货或集中托运拼装货，一般均由货运代理自己装板装箱。

13. 签货运单

货运单在盖好海关放行章后还需到航空公司签单，主要是审核运价使用是否正确以及货物的性质是否符合空运，危险品等是否已经办理相应的证明和手续。航空公司的地面代理规定，只有签单确认后才允许单、货交给航空公司。

14. 交接发运

交接时向航空公司交单交货，由航空公司安排航空运输，交单就是将随机单据和应由承运人留存的单据交给航空公司。随机单据包括第二联航空货运单正本、发票、装箱单、原产地证明、品质鉴定书等。交货是把与单据相符的货物交给航空公司。航空公司验收后，在交货签单上确认验收，并将货物存入出口仓库，单据交吨控部门，以备配舱。

15. 航班跟踪

单、货交给航空公司后，航空公司会因种种原因，例如航班取消、延误、故障等，未能按预定时间运出，所以货运代理公司从单、货交给航空公司后就需要对航班及货物进行跟踪。

16. 信息反馈

货运代理公司在整个代理过程中需要将订舱信息、审单及报关信息、仓库收获信息、交运称重信息、航班信息、集中托运及单证信息等及时反馈给客户。

17. 费用结算

费用结算主要涉及同发货人、承运人和国外代理人三方的结算。与发货人结算费用，即向发货人收取航空运费(在运费预付的情况下)，同时收取地面运费以及各种服务费和手续费，或根据发货人提供的账号办理托收。与承运人结算费用，就是向承运人支付航空运费，同时向其收取代理佣金。与国外代理人结算主要涉及付运费和利润分成。到付运费实际上是发货人的航空货运代理公司为收货人垫付的，因此收货人的航空货运代理公司在将货物移交收货人时，应收回到付运费并退还发货人的航空代理公司。同时发货人的航空货运代理公司应将代理佣金的一部分分给收货人的货运代理。这样就形成了代理公司之间的账单来往。

9.3.2 国际航空货物进口运输代理业务流程

国际航空货物进口运输代理业务流程是指货运代理公司对于货物从入境到提取或转运整个流程的各个环节所需办理的手续及准备相关单证的全过程。一般包括以下流程：代理预报→交接单、货→理货与仓储→理单与到货通知→制单→进口报关→收费与发货→送货或转运等。

1. 代理预报

由国外发货人代理公司将运单、航班、品名、重量、件数、实际收货人及其地址、联系电话等内容通过传真或 e-mail 形式发给目的地代理公司，这一过程称为预报。

2. 交接单、货

航空货物入境时，与货物相关的单据(运单、发票和装箱单等)也随机到达。运输工具及货物处于海关监管之下。货物卸机后，将货物存入海关监管库内，同时根据运单上的收货人地址寄发取货通知。若运单上的第一收货人为航空货运代理公司，则把运输单据及与之相关的货物交给航空货运代理公司。交接时要做到单单核对，单货核对，出现问题及时处理。

3. 理货与仓储

代理公司从航空公司接货后，即将货物运进自己的仓库，组织理货及仓储。理货时要注意核对每票件数，检查货物破损情况，如有异常，确属接货时未发现的问题，可向航空公司提出交涉。仓储时，要根据货物的属性和特殊要求进行存储，保证货物安全、不受损。

4. 理单与到货通知

(1) 航空货运代理公司在取得航空货运单后即进行分类整理。

集中托运的货物要在主运单项下拆单。运单的分类标准和方法很多，一般有按航班号理单、按进口代理理单、按货主理单等，究竟如何分类，各公司可根据自己的具体情况而定。但一般说来，集中托运货物和单票货物、运费预付货物和运费到付货物应区分开来。

(2) 到货通知。货物到达目的港后，货运代理人应及早通知货主到货情况，提醒货主配备好有关单证，尽快报关，以减少货主仓储费，避免产生海关滞报金。

5. 制单

制单就是制作“进口货物报关单”。制单的依据是运单、发票及证明货物合法进口的有关批准文件。因此，制单一般在收到用户的回询并获得必备的批文和证明之后方可进行。不需批文和证明的，可直接制单。

完成制单后，将报关单的各项内容输入电脑，打印出报关单(一式三份)。在报关单右下角加盖报关单位的“报关专用章”。然后将报关单连同有关的运单、发票订成一式两份，并随附批准货物进口的证明和文件，由经海关认可的报关员正式报关。

6. 进口报关

进口报关，就是向海关提出办理进口货物手续的过程。报关是进口程序最关键的环节，任何货物都必须在向海关申报并经海关放行后才能提出海关监管场所。报关一般包括初审、审单、征税、验放四个阶段。

在进行报关时应注意报关期限的问题。报关期限是指货物运抵口岸后，收货人或其代理向海关报关的时间限制。海关法规定的进口货物报关期限为：自运输工具进境之日起的 14 日内，超过这一期限报关的，由海关征收滞报金。

7. 收费与发货

办完报关、报检等进口手续后，货主须凭借有海关放行章、检验检疫章的进口提货单到所属监管仓库付费提货。代理公司在发放货物前一般先要收妥费用，费用包括：到付运费及垫付佣金(如果采用的是到付方式)、单证、报关费、仓储费、装卸费、航空公司到港仓储费、动植物检验检疫费等。

8. 送货或转运

出于便捷性的考虑，许多货主或国外发货人要求将进口到达货物由货运代理人报关、垫税、提货后运输到收货人手中。货物无论送到当地还是转运到入境地以外的地区，都得先将货物从海关监管仓库或场所提取出来。提取货物的凭证是海关加盖放行章的正本运单。未经海关放行的货物处于海关监管之下，不能擅自提出监管场所。

货主或其委托人在提取货物时还须结清各种费用，如国际段到付运费、报关费、仓储费、劳务费等。货物出库时，提货人应与仓库保管员仔细检查和核对货物外包装上的合同号、运单号、唛头及件数、重量等与运输单据所列是否一致。若出现单货不符，或货物短少、残损或外包装变形，航空货运代理公司应将航空公司出具的商务事故记录交给货主，如属于航空货运代理公司的责任，由航空货运代理公司出具事故记录。

航空货运代理公司可以接受货主的委托送货上门或办理转运。航空货运代理公司在将货物移交货主时并向其收取货物进口过程中所发生的一切费用。

9.4 国际陆上货运代理业务

9.4.1 国际铁路联运出口货物运输流程

国际铁路联运出口货物运输组织工作主要包括铁路联运出口货物运输计划的编制、货物托运和承运、国境站的交接和出口货物的交付等。

1. 编制出口货物运输计划

国际铁路货物联运出口货物运输计划一般是指月度要车计划，它是对外贸易运输计划的组成部分，体现对外贸易国际铁路货物联运的具体任务，也是日常铁路联运工作的重要依据。国际铁路货物联运月度要车计划采用"双轨(铁路、外贸)上报、双轨下达"的方法，其编制程序如下：

(1) 各省、市、自治区发货单位应按当地铁路部门的规定，填制"国际铁路联运"月度要车计划表，向铁路局(分局、车站)提出下月的要车计划，并在规定的时间内，分别报送当地经贸厅(局)和各主管总公司。

(2) 各铁路局汇总发货单位的要车计划后，上报铁道部；各省、市、自治区经贸厅(局)和各进出口总公司在审核汇总所属单位的计划后，报送商务部。

(3) 商务部汇总审核计划后，与铁道部平衡核定。

(4) 月度要车计划经两部平衡核定，并经有关国家的铁道部门确认后，由商务部将核准的结果通知各地经贸厅(局)和各进出口总公司，各地经贸厅(局)和各进出口总公司再分别转告所属发货单位；各铁路局(分局、车站)将铁道部批准的月度要车计划分别通知发货单位。

凡发送整车货物，均需具备铁路部门批准的月度要车计划和旬度要车计划；零担货物则不必向铁路部门编报月度要车计划，但发货人必须事先向发站办理托运手续。

2. 托运和承运

托运与承运的过程实际就是铁路与发货人之间签订运输合同的过程。

发货人在托运货物时，应向车站提出货物运单，以此作为货物托运的书面申请。车站接到运单后，应进行认真审核。整车货物办理托运，车站应检查是否有批准的月度、旬度货物运输计划和要车计划，检查运单上的各项内容是否正确。如确认可以承运，应予签证。运单上的签证，表示货物应进入车站的日期或装车日期，表示铁路已受理托运。发货人应按签证指定的日期将货物搬入车站或指定的货位，铁路根据运单上的记载查对实货，认为符合《国际货协》和有关规章制度的规定，车站方可接受货物，并开始负保管责任。整车货物一般在装车完毕后，始发站应在运单上加盖承运日期戳，即为承运。

车站受理托运后，发货人应按签证指定的日期将货物搬进货场，送到指定的货位上，经查验、过磅后，即交由铁路保管。当车站将发货人托运的货物，连同货物运单一同接受完毕，在货物运单上加盖承运日期戳时，即表示货物业已承运。铁路对承运后的零担货物负保管、装车和发运的责任。

托运、承运完毕，铁路运单作为运输合同即开始生效。铁路按《国际货协》的规定对货物负保管、装车并运送到指定目的地的一切责任。

3. 货物装车发运

货物办理完托运和承运手续后，接下来是装车发运。货物的装车，应在保证货物和人身安全的前提下，做到快速进行，以缩短装车作业时间，加速周转和货物运送。

货物发出后运输人员要将发货经办人员的姓名、货物名称、数量、要件数、毛重、净重、始发站、到站、经由口岸、运输方式、发货日期、运单号、车号及运费等项目，详细登记在发运货物登记表内，作为原始资料。

如合同有规定，发货后发货人要用电传或传真通知收货人，发货人要及时通知；如规定要上报总公司和当地经贸厅(局、委)的，要及时上报。总之，要做好必要的通知和报告工作。

如果货物发出后，发现单证或单货错误，要及时电告货物经由口岸的外运分支机构，要求代为修正；如发货后需要变更收货人、到站或其他事项的，要及时按规定通知原发站办理变更。

4. 出口货物在国境站的交接

联运货物在装车发运后，紧接着就要考虑在国境站的交接问题。

(1) 国境站有关机构。

在相邻国家铁路的终点，从一国铁路向另一国铁路办理移交或接收货物和车辆的车站称为国境站。我国国境站除设有一般车站应设的机构外，还设有国际联运交接所、海关、国家出入境检验检疫所、边防检查站及中国对外贸易运输(集团)总公司所属的分支机构等单位。

① 国际联运交接所，国际联运交接所简称交接所，是国境站的下属机构。交接所执行下列任务：办理货物、车辆、运送用具的交接和换装；办理各种单据的交接，负责运送票据、商务记录的编制、翻译和交接工作；计算国际铁路联运进口货物运到期限、过境铁路运费和国内各项运杂费用；对货物和票据进行检查，处理和解决货物交接以及车、货、票、证等方面存在的问题。

② 海关，海关代表国家贯彻执行进出口政策、法律、法令，是口岸行使监督管理职权的机关，海关对进出口货物履行报关手续。只有在按规定交验有关单据和证件后，海关才

予以放行。

③ 国家出入境检验检疫所，负责进出口商品检验检疫工作的国家行政管理机关。

④ 边防检查站，是公安部下属的国家公安部队，其职责是执行安全保卫，负责查验出入国境的列车、机车及列车服务人员和随乘人员的进出境证件。

(2) 国际联运出口货物交接的一般程序。

国境站除办理一般车站的事务外，还办理国际铁路联运货物、车辆和列车与邻国铁路的交接，货物的换装或更换轮对，运送票据、文件的翻译及货物运送费用的计算与复核等项工作。出口货物在国境站交接的一般程序是：

① 出口国境站货运调度根据国内前方站列车到达预报，通知交接所和海关做好接车准备。

② 出口货物列车进站后，铁路会同海关接车，并将列车随带的运送票据送交接所处理，货物及列车接受海关的监管和检查。

③ 交接所实行联合办公，由铁路、海关、外运等单位参加，并按照业务分工开展流水作业，协同工作。铁路主要负责整理、翻译运送票据，编制货物和车辆交接单，以此作为向邻国铁路办理货物和车辆交接的原始凭证。外运公司主要负责审核货运单证，纠正出口货物单证差错，处理错发错运事故。海关则根据申报，经查验单、证、货相符，符合国家法令及政策规定，即准予解除监督，验关放行。最后，由双方铁路具体办理货物和车辆的交接手续，并签署交接证件。

以上仅是一般货物的交接过程。对于特殊货物的交接，如鲜活商品、易腐、超重、超限、危险品等货物，则按合同和有关协议的规定，由贸易双方商定具体的交接方法和手续。属贸易双方自行交接的货物，国境站外运公司则以货运代理人的身份参加双方交接。

如果在换装交接过程中需要鉴定货物品质和数量，应由国内发货单位或委托国境站商检所进行检质、检量，必要时邀请双方检验代表复验。外运分公司则按商检部门提供的检验结果，对外签署交接证件。属于需要随车押运的货物，国境站外运分公司应负责两国国境站间的押运工作，并按双方实际交接结果对外签署交接证件，作为货物交接凭证和货款结算的依据。

(3) 联运出口货物的交接方式。

货物交接可分为凭铅封交接和按实物交接两种情况。

① 凭铅封交接的货物，根据铅封的站名、号码或发货人简称进行交接。交接时应检查封印是否有效或丢失，印文内容、字迹是否清晰可辨，同交接单记载是否相符，车辆左、右侧铅封是否一致等，然后由双方铁路凭完整铅封办理货物交接手续。

② 按实物交接可分为只按货物重量、只按货物件数和按货物现状交接三种方式。按货物重量交接的，如中、朝两国铁路间使用敞车、平车和砂石车散装煤、石膏、焦炭、矿石、熟矾土等货物；按货物件数交接的，如中、越两国铁路间用敞车类货车装载每批不超过100件的整车货物；按货物现状交接的，一般是难以查点件数的货物。

在办理货物交接时，交付方必须编制“货物交接单”，没有编制交接单的货物，在国境站不得办理交接。

5. 出口货物的交付

国际联运出口货物到站后,铁路应通知运单中所记载的收货人领取货物。在收货人付清运单中所记载的一切应付运送费用后,铁路必须将货物连同运单交付给收货人。

收货人必须支付运送费用并领取货物。收货人只有在货物因毁损或腐坏而使质量发生变化,以致部分货物或全部货物不能按原用途使用时,才可以拒绝领取货物。收货人领取货物时,应在运行报单上填记货物领取日期,并加盖收货戳记。

9.4.2 国际铁路联运进口货物运输流程

国际铁路联运进口货物的发运工作是由国外发货人根据合同规定向该国铁路车站办理的。根据《国际货协》规定,我国从参加《国际货协》的国家通过铁路联运进口货物,凡国外发货人向其所在国铁路办理托运,一切手续和规定均按《国际货协》和相关国国内规章办理。我国国内有关订货及运输部门对联运进口货物的运输工作,主要包括:联运进口货物在发运前编制运输标志,审核联运进口货物的运输条件,向国境站寄送合同资料,国境站的交接、分拨,进口货物交付给收货人以及运到逾期计算等。

1. 编制联运进口货物的运输标志

运输标志又称唛头(mark),一般印制在货物外包装上,它的作用是为承运人运送货物提供方便,便于识别货物、装卸以及收货人提货。唛头必须绘制清楚醒目,色泽鲜艳,大小适中,印制在货物外包装显著位置。我国规定,联运进口货物在订货工作开始前,由商务部统一编制向国外订货的代号,作为收货人的唛头,各进出口公司必须按照统一规定的收货人唛头对外签订合同。

国际联运进口货物使用标准的收货人唛头后,就可以在订货卡片、合同、运单的"收货人"栏内,用收货人唛头代替收货人实际名称,而不再用文字填写收货人全称及其通信地址,从而既加强了保密性,减少了订货合同和运输过程中的翻译工作,也在很大程度上方便了运输,防止错运事故。使用收货人唛头时,须严格按照商务部统一规定,不得颠倒编排顺序、增加内容或任意编造代号唛头。

2. 审核联运进口货物的运输条件

联运进口货物的运输条件是合同不可缺少的重要内容,因此必须认真审核,使之符合国际联运和国内的有关规章。审核联运进口货物运输条件的内容主要包括:收货人唛头是否正确,商品品名是否准确具体,货物的性质和数量是否符合到站的办理种别,包装是否符合有关规定等。

3. 向国境站寄送合同资料

合同资料是国境站核放货物的重要依据,各进出口公司在贸易合同签字以后,要及时将一份合同中文抄本寄给货物进口口岸的外运分公司。合同资料包括:合同的中文抄本和它的附件、补充书、协议书、变更申请书、更改书和有关确认函电等。

4. 联运进口货物在国境站的交接与分拨

联运进口货物的交接程序与出口货物的交接程序基本相同。其做法是:进口国境站根据邻国国境站货物列车的预报和确报,通知交接所及海关做好到达列车的检查准备工作。进口货物列车到达后，铁路会同海关接车，由双方铁路进行票据交接，然后将车辆交接单及随车带交的货运票据呈交接所，交接所根据交接单办理货物和车辆的现场交接。海关则对货物列车执行实际监管。

我国进口国境站交接所通过内部联合办公，开展单据核放、货物报关和验关工作，然后由铁路负责将货物调往换装线，进行换装作业，并按流向编组向国内发运。

5. 运到逾期

(1) 运到期限。

铁路承运货物后，应在最短期限内将货物运至最终到站，货物从发站至到站所允许的最大限度的运送时间，即为货物运到期限。

货物的运到期限由发送时间、运送期间以及特殊作业时间三部分组成。

① 发送时间。不论慢运、快运，随旅客列车挂运的整车或大吨位集装箱、由货物列车挂运的整车或大吨位集装箱以及零担，一律为一天(昼夜)，由发送路和到达站平分。

② 运送期间。按每一参加运送铁路分别计算。

- 慢运：整车或大吨位集装箱每200运价公里为一天(昼夜)，零担每150运价公里为一天(昼夜)。
- 快运：整车或大吨位集装箱每320运价公里为一天(昼夜)，零担每200运价公里为一天(昼夜)。
- 随旅客列车挂运的整车或大吨位集装箱：每420运价公里为一天(昼夜)。

③ 特殊作业时间。在国境站每次换装或更换轮对，或用轮渡运送车辆，不论慢运、快运、整车或大吨位集装箱、零担以及随旅客列车挂运的整车或大吨位集装箱，一律延长两天(昼夜)。

运送超限货物时，运到期限按算出的整天数延长百分之百。

以上货物运到期限，应从承运货物的次日零时起开始计算，不足一天按一天计算。如承运的货物在发送前需预先保管，运到期限则从货物指定装车的次日零时起开始计算。

在计算运到期限时，下列时间不计算在内：

- 为履行海关和其他规章所需要的滞留时间。
- 非因铁路过失而造成的暂时中断运输的时间。
- 因变更运送契约而发生的滞留时间。
- 因检查而发生的滞留时间(即检查货物同运单记载是否相符，或检查按特定条件运送的货物是否采取了预防措施，而在检查中确实发现不符时)。
- 因牲畜饮水、遛放或兽医检查而造成的站内滞留时间。
- 由于发货人的过失而造成多出重量的卸车、货物或其容器或包装的修整以及倒装或整理货物的装载所需的滞留时间。
- 由于发货人或收货人的过失而发生的其他滞留时间。

(2) 运到逾期。

货物实际运到天数超过规定的运到期限天数，则该批货物运到逾期。如果货物运到逾期，造成逾期的铁路应按该路收取的运费的一定比例，向收货人支付逾期罚款。

逾期罚款的规定及计算方法如下：

$$逾期罚款 = 运费 \times 罚款率$$

逾期百分率＝(实际运送天数－按规定计算运到期限天数)/按规定计算运到期限天数×100%

罚款率按《国际货协》规定为:逾期不超过总运到期限1/10时,为运费的6%;逾期超过总运到期限1/10,但不超过2/10时,为运费的12%;逾期超过总运到期限2/10,但不超过3/10时,为运费的18%;逾期超过总运到期限3/10,但不超过4/10时,为运费的24%;逾期超过总运到期限4/10时,为运费的30%。

9.4.3 国际公路联运代理业务

1. 公路货物运输合同的签订

(1) 公路货物运输合同的确认。

在公路国际货运业务中,运单即是运输合同,运单的签发则是运输合同成立的体现。《国际公路货物运输合同公约》(CMR)中对运单所下的定义是:运单是运输合同,是承运人收到货物的初步证据和交货凭证。

① 公路货物运输合同以签发运单来确认。无运单、运单不正规或运单丢失不影响运输合同的成立及有效性。它对发货人、收货人和承运人都具有法律效力,也是贸易进出口货物通关、交接的重要凭证。

② 发货人根据货物运输的需要与承运人签订定期或一次性运输合同运单均视为运输合同成立的凭证。当待装货物在不同车内或装有不同种类货物或数票货物,发货人或承运人有权要求对使用的每辆车、每种货物或每票货物分别签发运单。

③ 公路货物运输合同自双方当事人签字或盖章时成立。当事人采用信件、数据电文等形式订立合同的,可以要求签订确认书,签订确认书时合同成立。

(2) 国际汽车联运货物运单的组成与内容。

国际汽车联运货物运单为一式三份,都需要发货人和承运人签字或盖章,一份交给发货人;一份随货物同行,作为通关以及交接的凭证;一份由承运人留底。

国际汽车联运货物运单共计22个栏目,填写时要求用钢笔或圆珠笔清楚填写,或者打印,或者盖戳记。1—12栏以及16栏由发货人填写,18栏和20栏由收货人填写,其他由承运人填写。

运单应至少包括下列16项内容：

- 运单的签发日期和地点。
- 发货人的名称和地址。
- 承运人的名称和地址。
- 货物接管地点、日期以及指定的交货地点。
- 收货人的名称和地址。
- 货物品名和包装方法,如属危险货物,应说明其基本性质。

- 货物件数、特征标志和号码。
- 货物毛重或以其他方式表示的量化指标。
- 与运输有关的费用(运费、附加费、关税和从签订合同到交货期间发生费用)。
- 办理海关手续和其他手续所必需的托运人的通知。
- 是否允许转运的说明。
- 发货人负责支付的费用。
- 货物价值。
- 发货人关于货物保险给予承运人的指示。
- 交付承运人的单据清单。
- 运输起止期限。

2. 货物发运的注意事项

首先,发运的货物要和运单记载的内容一致,不得夹带、隐瞒与运单记载不相符的货物。需办理准运或审批、检验手续的货物,发货人应将其交承运人并随货物同行。

其次,货物的包装要符合运输要求,没有约定或者约定不明确的,可以协议补充。对出口货物的包装必须符合出口货物要求,并有中外文对照的标记、唛头。对包装方式不能达成协议的,按通用的方式包装;没有通用方式的,应在足以保证运输、搬运装卸作业安全和货物完好的原则下进行包装。发货人应根据货物性质和运输要求,按国家规定及国际要求正确使用运输标志和包装储运图示标志。

再次,运输过程中需要饲养、照料的动植物、尖端精密产品、稀有珍贵物品、文物等,发货人要派人随车押运。大型特型货物、危险货物、贵重物品是否押运,发货与承运双方要进行协商。除上述货物外,发货人要求押运时,需经承运人同意。

最后,押运人员的姓名以及其他必要的情况应填写在运单上,不能随意换人顶替,押运人员每车1人,免费乘车。有押运人员时,运输途中发生的货损、货差,承运人不负责损失赔偿责任。

3. 货物的承运与交接

(1) 承运。

- 承运人不得超限超载(重货不得超过车辆的额定载重吨位,轻货不得超过车辆额定的有关长、宽、高的装载规定)。
- 运输线路由承运人与发货人共同确定,一旦确认,不得随意更改。如果承运人不按约定路线运输,额外费用由承运人自己承担。
- 运输期限由承运和发货双方共同约定并在运单上注明,承运人必须在规定时限内运达。

(2) 货物的交接。

- 承运人在运输约定货物之前要对货物核对,如果发现货物和运单不符或者可能会给运输带来危险的,不得办理交接手续。
- 货物运达目的地前,承运人要及时通知收货人做好交接准备。如果是运输到国外,则由发货人通知;如果是零担货物,在货到24小时内通知。

- 承运人与发货人之间的交接，如果货物单件包装，则按件交接；如果采用集装箱以及其他有封志的运输方式，按封志交接；如果是散装货，则按磅交接或双方协商的方式交接。
- 货物运达目的地以后，收货人应凭借有效单证接收货物，不得无故拒绝接收，否则承担一切损失。涉外运输如发生上述情况，应由发货人解决并赔偿承运人的损失。
- 货物在交给收货人时，双方对货物的重量或者内容有疑义，均可以提出查验或者复核，费用由责任方承担。

4. 货物的保险与保价运输

货物运输有两种投保方式：货物保险和货物保价运输。采取自愿投保的原则，由发货人自行确定。货物保险由发货人向保险公司投保，也可委托承运人代办。货物保价运输是指按保价货物办理承运手续，在发生货物赔偿时，按发货人声明价格及货物损坏程度予以赔偿的货物运输。发货人按一张运单发运的货物只能选择保价或不保价。发货人选择货物保价运输时，申报的货物价值不得超过货物本身的实际价值，保价运输为全程保价，按一定比例收取保价费。

5. 运输合同的变更与解除

(1) 允许变更和解除的情况。

① 不可抗力因素。

② 因合同当事人一方原因，在合同约定的期限内无法履行运输合同的。

③ 合同当事人一方违约，导致合同不可能或者没有必要履行的。

④ 合同当事人协商同意解除或变更合同的，可以变更或解除；如果是承运人提出的，承运人要退还已经收取的费用。

(2) 发货人提出变更或解除合同。

在货物没有交付收货人之前，发货人可以要求终止运输，返还货物，变更目的地或者要求把货物交给其他收货人，但应当赔偿承运人因此受到的损失。

(3) 不可抗力因素下的变更和解除。

如果因为不可抗力因素，导致货物在运输过程中受阻，发生了装卸、接运、保管等费用，则：

① 所有费用由发货人承担，承运人要退回未完成的运输费用。

② 回运时，回程运费免收。

③ 发货人要求绕道运输，额外费用按实际收取。

④ 货物在受阻地需要存放，保管费用由发货人负担。

(4) 逾期提货。

货物到达目的地后，承运人知道收货人的，应及时通知收货人，收货人逾期提货的，应当支付承运人保管费用。收货人不明或收货人无正当理由拒绝受领货物的，依照我国《合同法》规定，承运人可以提存货物。

9.5 集装箱运输与国际多式联运代理业务

9.5.1 集装箱运输代理业务

1. 集装箱进出口货运代理业务流程

(1) 出口流程。

① 委托代理。

在集装箱运输业务中，发货人一般都委托货运代理人为其办理有关的货运业务。通常由作为委托人的货主提出委托，货运代理人接受委托后双方代理关系建立。

② 订舱。

发货人(或其代理人)应根据贸易合同或信用证条款规定，在货物托运前一定时间内向船公司或其代理人，或者多式联运经营人或其代理人申请订舱。

如船公司或多式联运经营人接受发货人或货代的订舱申请，通常在双方议定船名、航次等信息后，会发给托运人一份订舱确认书，或者在发给货方的场站收据副本(海关联)上盖章表示确认。承运人接受货主委托后便编制订舱清单，然后分送集装箱码头(或内陆港站)堆场、集装箱货运站，据以安排空箱及货物交接。

③ 发放空箱。

除货主使用自备箱外，通常整箱货使用的空箱由发货人或其代理人凭船方签署的提箱单到指定的码头(或内陆港站)的堆场领取空箱，并办理设备交接单手续。拼箱货使用的空箱由双方议定交接货物的集装箱货运站负责领取。

④ 货物装箱。

拼箱货发货人将货物交至集装箱货运站，由货运站根据订舱清单、场站收据和船方的其他指示负责装箱、加封并制作箱单，然后将重箱运至码头堆场；整箱货通常由发货人或发货代理人在发货人的仓库完成装箱、加封并制作箱单，然后将重箱运至码头堆场。

⑤ 货物交接。

整箱货运至码头(或内陆港站)堆场，堆场业务员根据订舱清单、场站收据及装箱单验收货物，在场站收据上签字后退还给发货人。

⑥ 换取提单。

发货人凭签署的场站收据向集装箱运输经营人或其代理人换取提单后，到银行结汇。

⑦ 装船运出。

码头装卸区根据装船计划，将出运的集装箱调整到前方堆场，待船舶到港后装运出口。需要指出的是，如果发货人将货物委托给多式联运经营人运输，在发货人将货物交到多式联运经营人指定的地点后，则视为货物已经交接。多式联运经营人向发货人签发多式联运单据，有的签发运输行提单(house bill of lading)，其性质与多式联运单据等同。发货人可凭多式联运单据或运输行提单议付货款，或以贸易合同规定的其他方式收取货款。集装箱的后续运输事宜则由多式联运经营人安排。

(2) 进口流程。

① 委托代理。

同出口代理流程操作一样，收货人与货运代理人通过订立代理协议明确双方的代理关系。

② 作好卸船准备。

在船舶抵达目的港前，起运港船舶代理人要将有关单证、资料寄(传)给目的港船舶代理人。目的港船舶代理人应及时通知各有关方(港口装卸方、海关、检验检疫机构、堆场、收货人等)做好卸船准备，并应制作交货记录。

③ 卸船拆箱。

一般集装箱从船上卸下后，要先放在码头(或由集装箱运输经营人办理保税手续后继续运至内陆港站)堆场。整箱货可在此交付给收货人或其代理人，拼箱货由堆场转到集装箱货运站，拆箱分拨后准备交付。船舶代理人将交货记录中的到货通知书寄送收货人或其代理人。

④ 收货人付费换单。

收货人接到货运通知单后，在信用证贸易下应及时向银行付清所有应付款项，取得有关单证(正本提单等)，然后凭提单和到货通知书向船舶代理人换取提货单等提货手续。

⑤ 交付货物。

整箱货物交付在集装箱堆场进行，拼箱货交付在集装箱货运站进行。堆场和货运站应凭海关放行的提货单，与收货人或其代理结清有关费用(保管费、再次托运费、滞期费、拆箱费)后交付货物，并由双方签署交货记录。由于整箱货是连同集装箱一起提取的，故整箱货提货时应办理设备交接手续。

⑥ 还箱。

收货人从堆场提取的重箱运到自己的仓库拆箱后，应将空箱尽快运回堆场，凭设备交接单办理还箱手续。

上述说明的货运手续，不一定按顺序进行，有时可以交替进行。

在多式联运方式下，多式联运经营人在卸货港的代理人将以收货人的名义办理上述某些事宜，实际收货人凭多式联运单据或运输行提单到上述地点提取货物。

2. 集装箱货运代理业务流程

(1) 整箱货出口代理流程。

① 货主与货代建立货运代理关系；

② 货代填写托运单证，及时订舱；

③ 订舱后，货代将有关订舱信息通知货主或将“配舱回单”转交货主；

④ 货代申请用箱，取得 EIR 后就可以凭此到空箱堆场提取所需的集装箱；

⑤ 货主“自拉自送”时，先从货代处取得 EIR，然后提取空箱，装箱后制作 CLP，并按要求及时将重箱送到码头堆场，即集中到港区等待装船；

⑥ 货代提空箱至货主指定地点装箱，制作 CLP，然后将重箱“集港”；

⑦ 货主将货物送到货代 CFS，货代提空箱，并在 CFS 装箱，制作 CLP，然后“集港”；

⑧ 货主委托货代代理报关、报检，办妥有关手续后将单证交货代现场；

⑨ 货主也可自行报关,并将单证交货代现场;

⑩ 货代现场将办妥手续后的单证交码头堆场配载;

⑪ 配载部门制定装船计划,经船公司确认后实施装船计划;

⑫ 实践中,在货物装船后可以取得 D/R 正本;

⑬ 货代可以凭 D/R 正本到船方签单部门换取 B/L 或其他单据;

⑭ 货代将 B/L 等单据交货主。

(2) 整箱货进口代理流程。

① 货主(收货人)与货代建立货运代理关系;

② 在买方安排运输的贸易合同 FOB 下,货代办理卸货地订舱(home booking)业务,落实货单齐备即可;

③ 货代缮制货物清单后,向船公司办理订舱手续;

④ 货代通知买卖合同中的卖方(实际发货人)及装货港代理人;

⑤ 船公司安排载货船舶到装货港;

⑥ 实际发货人将货物交给船公司,货物装船后发货人取得有关运输单证;

⑦ 货主之间办理交易手续及单证;

⑧ 货代掌握船舶动态、收集、保管好有关单证;

⑨ 货代及时办理进口货物的单证及相关手续;

⑩ 船抵卸货港卸货,货物入库进场;

⑪ 在办理了货物进口报关等手续后,就可凭提货单到现场提货,特殊情况下可在船边提货;

⑫ 货代安排将货物交收货人,并办理空箱回运到空箱堆场等事宜。

注意:在卖方安排运输的贸易合同下,②—⑦项不需要。

(3) 拼箱货运代理流程。

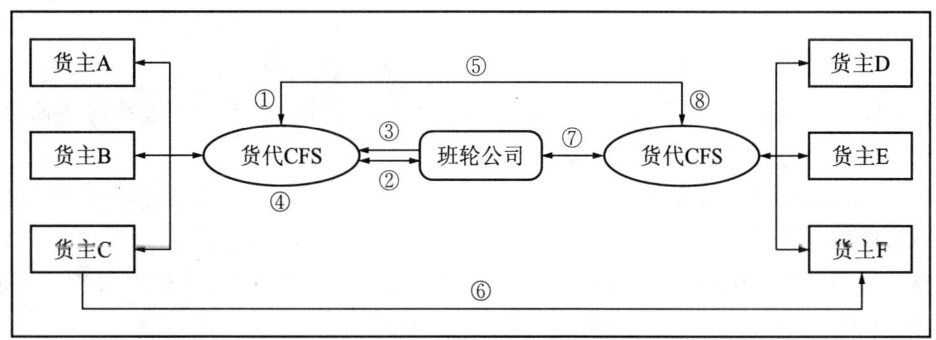

图 9.1 集拼经营人(货代企业)办理集装箱拼箱货的具体操作程序

① A、B、C 等不同货主将不足一个集装箱的货物交集拼经营人;

② 集拼经营人将拼箱货拼装成整箱货后,向班轮公司办理整箱货物运输;

③ 整箱货装船后,班轮公司签发 master B/L 或其他单据给集拼经营人;

④ 集拼经营人在货物装船后也签发自己的子提单(house B/L)给每一个货主;

⑤ 集拼经营人将货物装船及船舶预计抵达卸货港等信息告知其卸货港代理，同时还将班轮公司的 master B/L 及 house B/L 的副本等单据交卸货港代理，以便向班轮公司提货和向收货人交付货物；

⑥ 货主之间办理包括 house B/L 在内的有关单证的交接；

⑦ 集拼经营人在卸货港的代理凭班轮公司的提单等提取整箱货；

⑧ D、E、F 等不同的收货人凭正本的子提单 house B/L 等在货运站提取拼箱货。

如图 9.1 所示，集拼业务的操作比较复杂，先要区别货种，待拼成一个 20 ft 或 40 ft 整箱时，可以向船公司或其代理人订舱。集拼的每票货物各缮制一套托运单(场站收据)，附于一套汇总的托运单(场站收据)上。例如：由五票货物拼成一个整箱，这五票货须分别按其货名、数量、包装、尺码等各自缮制托运单(场站收据)，另外缮制一套总的托运单(场站收据)，货名可做成"集拼货物"(consolidation cargo)，货物的数量、重量和尺码都是五票货的汇总数，目的港一致，提单编号统一，五票货的分提单的编号则是在统一的编号后缀以 A、B、C、D、E 以示区分。货物出运后，船公司或其代理人按总单签一份主提单(master B/L)。该提单的托运人是货运代理，收货人是货运代理在卸货港的代理。货运代理根据海运提单，按五票货的托运单(场站收据)内容签发五份仓至仓子提单(house B/L)，编号按海运提单号，尾部分别缀以 A、B、C、D、E，其内容则与各托运单(场站收据)相一致，分发给各托运单位用以银行结汇。

货运代理须将船公司或其代理签发的海运提单正本连同自签的各子提单副本快递给其卸货港代理，卸货港代理在船到达后，向船方提供海运提单正本，提取该集装箱到自己的集装箱货运站拆箱，通知各收货人持正本子提单前来提货。

目前，大部分拼箱货的业务是由国际货运代理人承办。承办集拼业务的企业必须具备以下条件：具有集装箱货运站(CFS)装箱设施和装箱能力，与国外卸货港有拆箱分运能力的航运或货运企业建有代理关系，政府部门批准有权从事集拼业务并有权签发自己的提单(house B/L)。

从事集拼业务的人有权签发自己的提单，其法律地位相当于无船承运人。办理拼箱业务的货物托运人接受的提单是货运代理人签发的以拼箱货 CFS to CFS 交接方式的 house B/L。货运代理人作为集拼整箱的托运人，从船公司或其代理人处签得整箱货 CY to CY 交接方式的集拼整箱的 master B/L。

3. 整箱出口退关、漏装处理

(1) 整箱出口退关。

整箱出口退关(shut out or draw back)指托运人委托货代办妥整箱出口货运订舱手续后，因种种原因在货物配载装船前终止货物出口的事件。

由于退关后处理手续的繁琐，稍有疏忽即可造成非常被动的货运责任事故，引起额外的费用支出。货代人员在发生退关后，除应弄清情况、分清责任外，当务之急是迅速、妥善地作好善后处理。对委托人提出的退关要求，应采取积极配合的态度，但不宜轻率地做出承诺，因为现场装船时间很紧，情况多变不易控制。另外，货代在处理退关时，除内外各部门、各环节之间电话联系外，还应该作书面通知，从时间界线上划清责任。

整箱退关发生的时段有多种，有尚未提取集装箱空箱即退关的；有已提取空箱但货物尚未装箱即退关的；有已经装箱但尚未送进港区即退关的；有已送进港区但尚未报关完毕即退关的；有已送进港区且已报关完毕但因超配载或船舶吃水等原因退关的。货代要区别不同情况而采取相应的措施。

① 退关货的单证处理。

属于托运人主动提出退关的，货代在接到托运人通知后，须尽快通知船公司或其代理人，注销退关货物的订舱，并通知港区现场理货人员注销场站收据或装货单。在货物报关之前退关的，货代要及时持托运人的报关资料退还托运人；在货物报关之后退关的，货代要及时向海关办理退关手续，将注销的报关单及相关单证(外汇核销单、出口许可证、商检证明、来料或进料登记手册等)尽早取回，退还托运人。

托运人提出退关时集装箱设备交接单尚未领取的，则由船公司或其代理人的现场工作人员予以注销；若已领取交接单但尚未提取空箱的，则货代要及时通知托运人或空箱提箱人及时返还设备交接单。

如果不属于托运人主动提出退关而由于船方、港方或海关手续不完备等各种原因造成退关的，货代在办理以上单证手续前，要先通知托运人说明情况并听取处理意见。

② 退关货的货物处理。

- 通关后，如货物尚未进入港区，货代须分别通知发货人、卡车队、装箱点停止发货、派车及装箱；
- 货物已经进入港区，如退关后不再出运，须向港区申请，结清货物在港区的堆存费用，把货物拉出港区，拆箱后送还发货人；
- 退关后，如准备该船下一航次或原船公司的其他航班随后出运，则暂留港区，待装下一航次或其他航班的船；
- 如换装另一家船公司的船只，因各船公司一般只接受本公司的集装箱，这种情况下，则须将货物拉出港区换装集装箱后再送作业港区。

(2) 整箱出口漏装。

整箱出口漏装是指整箱货物重箱进港报关成功后，因船舶超载、吃水、码头作业等非托运人原因造成货物未装上预先订舱配载船舶的货运事件。在整箱漏装发生后，货代应及时与托运人、船公司或其代理人取得联系，积极沟通和协调各方利益，在取得托运人的书面处理意见后，迅速做出处理。

① 漏装操作。

托运人同意由原船公司或船代将漏装货物安排在同一港区，由下一班船装船出运的，货代负责将盖有海关放行章的场站收据副本联统一交船公司或船代，由其制作整船漏装清单，到海关办理相关货物放行手续。托运人不必重新报关，货物则留在港区等下一班船。一般船公司或船代负担漏装货物在港区的堆存费等相关费用。

② 改配操作。

托运人决定换装其他船公司的船，或原船公司在其他港区码头的另一班船出运的，则货代需及时向海关办理退关手续，将注销的报关单及相关单证尽早取回后退还托运人。

在向港区办理申请手续并缴纳相关费用后，安排将重箱拉出。如果仍装原船公司船出运，则按照重新订舱的程序安排货运。在征得船公司同意的情况下，可以使用原集装箱，不必重新提取空箱进行货物倒箱作业，但集装箱装箱单仍需重新制作。若托运人准备另行安排货运委托事宜，则货代在安排拆箱后将货物交还托运人，并将空箱返还原船公司集装箱堆场。期间产生的费用结算等事宜，则依据船公司或船代和托运人之间的协商结果办理。

9.5.2 国际多式联运代理业务

多式联运经营人在从事多式联运业务时，首先要与托运人签订多式联运合同。然后，在合同约定的时间、地点内将货物置于多式联运经营人或其代理的处置之下，多式联运经营人或其代理签发相应的多式联运单据，托运人将该多式联运单据通过银行或以其他方式传递给收货人以便结汇。同时，多式联运经营人按运输路线安排运输过程，视情况需要，与不同区段的分承运人订立分运合同，并对全程运输进行监督和管理。货物运至目的地后，多式联运经营人或按照多式联运合同，或按照交货地点适用的法律和特定行业惯例，将货物置于收货人支配之下，或将货物交给根据交货地点适用的法律和规章必须向其交付的当局或其他第三方。

1. 国际多式联运经营人

(1) 国际多式联运经营人的含义、性质和类型。

根据《联合国国际货物多式联运公约》，“多式联运经营人是指其本人或通过其代表订立多式联运合同的任何人，他是事主，而不是托运人的代理人或代表或参加多式联运的承运人的代理人或代表，并且负有履行合同的责任。”可见，多式联运经营人是一个独立的法律实体，是本人，而非代理人。这样，货物在整个运输过程中任何区段发生的灭失、损害，多式联运经营人都要以本人的身份负责赔偿。

(2) 国际多式联运经营人的性质。

办理国际多式联运离不开多式联运经营人，多式联运经营人不是发货人的代理人或代表，也不是参加联运的承运人的代理人或代表，而是多式联运的当事人，是一个独立的法律实体。对于货主来说，他是货物的承运人，但对分承运人来说，他又是货物的托运人。他一方面同货主签订多式联运合同，另一方面又与分承运人以托运人身份签订各段运输合同，所以他具有双重身份。在多式联运方式下，根据合同规定，多式联运经营人始终是货物运输的总承运人，对货物负有全程运输的责任。

(3) 多式联运经营人应具备的条件。

由于多式联运经营人同时具有承运人和托运人的双重身份，因此多式联运经营人应具备以下基本条件。

① 多式联运经营人本人或其代理人就多式联运的货物必须与发货人本人或其代理人订立多式联运合同。

② 从发货人本人或其代理人那里接管货物时起即签发多式联运单证，并对接管的货物开始承担责任。

③ 承担多式联运合同规定的运输和其他服务有关的责任，并保证将货物交给多式联

运单证的持有人或单证指定的收货人。

④ 对运输全过程所发生的货物灭失或损害，多式联运经营人应首先对货物受损人负责，并应具有足够的赔偿能力，当然，这种规定并不影响多式联运经营人向造成实际货损的承运人行使追偿的权利。

⑤ 多式联运经营人应具备与多式联运所需要的、相适应的技术能力，以确保自己签发的多式联运单证的流通性。

(4) 国际多式联运经营人的责任范围。

国际多式联运经营人的责任期间是从接受货物时起至交付货物时为止。在此期间内，对货物负全程运输责任，但在责任范围和赔偿限额方面，根据目前国际上的做法，可以分为以下三种类型。

① 统一责任制。

在统一责任制下，多式联运经营人对货主负不分区段运输的统一原则责任。即货物的灭失或损失，包括隐蔽损失(即损失发生的区段不明)，不论发生在哪个区段，多式联运经营人按一个统一原则负责并一律按一个约定的限额赔偿。

② 分段责任制。

分段责任制又称网状责任制，多式联运经营人的责任范围以各区段运输原有责任为限，如海上区段按《海牙规则》，航空区段按《华沙公约》办理。在不适用国际法时，则按相应的国内法办理。赔偿也是分别按各区段的国际法或国内法规定的限额执行，对不明区段货物隐蔽损失，或作为海上区段，按《海牙规则》办理，或按双方约定的原则办理。

③ 修正统一责任制。

修正统一责任制，是介于上述两种责任制之间的责任制，故又称混合责任制。它在责任范围方面与统一责任制相同，而在赔偿限额方面又与分段责任制相同。

2. 国际多式联运的程序

具体而言，国际多式联运的操作，一般可以分为以下几个环节：

(1) 接受委托。

根据货主提出的托运申请，多式联运经营人如果认为自己的运力、运输路线的情况能够满足货主要求的运输服务，则接受货主的委托，在场站收据(副本)上签章，证明接受委托，并确定托运人和多式联运经营人的合同关系。

(2) 集运。

采用多式联运的货物通常以一定的运输单元的形式进行运送，尤以集装箱运输最为普遍。多式联运使用的集装箱一般由多式联运经营人提供。这些集装箱来源可能有三个：一是经营人自己购置使用的集装箱；二是向租箱公司租用的集装箱，这类箱一般在货物的起运地附近提箱而在交付货物地点附近还箱；三是由全程运输中的某一分运人提供，这类箱一般需要多式联运经营人为完成合同运输与该分运人订立分运合同获得使用权。当货主自行装箱时，铅封必须在完成报关手续后进行。

(3) 报关。

进口时，如果在口岸交货，则在口岸报关；如果在内地交货，则在口岸办理海关监管运输(保税运输)手续,加封后运往内地,然后正式办理报关放行手续。出口时,如果从口岸开始联运,则在口岸报关;如果从内地开始,则需要有海关官员在装箱地点监装并办理报关手续。报关时应提供装箱单、场站收据、出口许可证等有关单据和文件。

(4) 保险与索赔。

对货方来说,可办理货物运输险;对多式联运经营人来说,应就多式联运单据规定的责任范围投保货物责任险(cargo indemnity),以及视集装箱为货物投保集装箱保险(container itself insurance)。一旦发生货物损坏、灭失的损失,货主应在规定的期限内向多式联运经营人索赔,并备妥索赔通知书(statement of claim)、多式联运单据副本、权益转让书(subrogation letter)、检验证书(survey report)等单证,有时还要提供商业发票和装箱单等其他单据。多式联运经营人赔偿后,如果损失发生在明确的运输区段,则直接向分承运人索赔;如在保险责任范围内,可向保险公司索赔。实际操作中,货主通常凭其办理的保险先向保险公司索赔,保险公司赔付后,凭权益转让书取得代位追偿权,向多式联运经营人追偿;如果多式联运经营人已投保货物责任险,则在赔付后可向自己投保的保险公司索赔,其中如涉及第三者责任,该保险公司可再向有关责任人追偿。

(5) 订舱。

这里的订舱泛指多式联运经营人要按照运输计划安排洽定各区段的运输工具,与选定的各分承运人订立各区段的分运合同。这是多式联运经营人与各分承运人之间的业务活动,与托运人无关。

(6) 多式联运单据的签发。

多式联运经营人或其代理人或代表接管货物时,凭收到货物的收据向托运人签发多式联运单据,托运人即可据以结汇。

(7) 单证寄送。

货物发运后,多式联运经营人填制发运通知或指示(shipping notification or instruction)给国外的代理,内容包括:发运货物的品名、数量、集装箱号、运载工具名称、装卸港、中转地、交货地、收货人名称、还箱地等;连同多式联运单据副本、有关的分承运单据、装箱单等有关发运单据寄给国外代理,凭以办理接货、交货和转运手续。

(8) 交付货物。

货物运抵目的地后,由目的地的多式联运经营人的代理通知收货人凭多式联运单据提货,经营人或其代理人需按合同规定,收取收货人应付的全部费用,并且在货物交出后收回多式联运单据。

3. 国际多式联运合同

国际多式联运合同,又称混合运输合同,是指用两种以上不同的运输方式将旅客或货物运抵目的地,旅客和托运人支付运输费用的合同。多式联运合同与一般运输合同相比具有以下特点:

(1) 多式联运合同的承运人一般为 2 人以上。虽然多式联运合同涉及多个承运人,但托运人或旅客只需与多式联运经营人签订运输合同。其他分承运人根据多式联运经营人代理自己与托运人或旅客订立的联运合同在自己的运输区段内完成运输任务。

(2) 多式联运合同的运输方式为两种以上。

(3) 旅客或托运人一次性交费并使用同一凭证。旅客或货物由一承运人转至另一承运人时,不需另行交费或办理有关手续。

国际多式联运合同与单一方式下的运输合同有较大区别,不论是从合同涉及的运输方式还是从合同的具体体现形式来看。尽管运输全程被分为多个运输区段,各区段又由不同的分承运人来完成,多式联运合同也不能被看做几个单一的运输合同,必须与单一方式下的运输合同区别对待。

多式联运合同是双务合同。经营人有完成货物全程运输的义务,并有收取运费的权利;而发货人有支付运费的义务,也有完好收取货物,如出现货物损害有向经营人索赔的权利。双方的权利和义务是基于运费的支付,因此它也是有偿的合同。多式联运合同也是非要式的合同。尽管多式联运合同是以多式联运提单来证明的,但提单本身不是运输合同,这与航空、铁路、公路运输合同是运输合同是根本不同的。

9.6 国际货运事故处理

9.6.1 海运事故处理

海上风险存在于货物运输过程中涉及的很多环节,海上货物运输货损事故的发生在所难免。虽然可根据有关合同条款、法律、公约等规定,对所发生的货损事故进行处理。但是在实际处理过程中,受损方与责任方之间往往会发生争议,故处理货损事故首先要明确以下两个关系:

一是国际贸易与国际货物运输的关系。国际运输索赔程序与贸易索赔程序是分开的。货运代理在处理索赔时经常会收到托运人以"收货人在收到货后,发现货损,货物延误故拒付托运部分或全部的货款,或取消今后的订单"等为由,向货运代理提出部分或全部的贸易损失索赔,这实质上是一种贸易风险的转嫁,货运代理应该要求托运人运用"国际贸易法"的法律来保护其自身的利益。即使托运人或收货人合法享有向对方提起贸易索赔的权利,也不应该将运输索赔的解决作为解决贸易问题的前提,并以此向货运代理提出非索赔范围内的要求。两者本不适用同一法律范畴,托运人在货物运输中的权利并不影响有关贸易法规定中的权利,两者可以同时进行,或先行处理贸易索赔。

二是运费的收取与索赔的关系。运费是托运人托运货物时应当支付给承运人或承运代理人的费用,这是事前的行为与责任;而索赔是在货物运输过程中,或货物到达目的地后的事后的行为与权利的要求,托运人将受到国际货物运输中有关规定的合理保护,若托运人以索赔未成未解决为由,拒付货运代理运费是没有依据的。只有对上述关系加以明确,才能够对国际物流中的货损事故进行公正的处理。

1. 海运过程中常见的货损事故成因及认定

海运货损事故主要是指就海上货物运输过程中货物的灭失或损坏。可能的货损事故成因归纳起来有以下九种:

- 未装船前已受损或已存在潜伏的致损因素。
- 装卸作业中受损。
- 受载场所条件不符合要求。
- 船上积载不当。
- 装船后与航途中及卸船前期间保管不当。
- 自然灾害。
- 其他事故殃及。
- 盗窃。
- 其他。

在实际业务操作中，可能出现问题的环节主要分为：陆运到场地、货物在场地装箱、海上运输途中及货物到港后四个阶段，但很大程度上海运货损事故是在最终目的地收货人收货时或收货后才被发现。

当收货人提货时，如发现所提取的货物数量不足、外表状况或货物的品质与提单上记载的情况不符，则应根据提单条款的规定，将货物短缺或损坏的事实有效取证，以此表明提出索赔的要求，如果货物的短缺或残损不明显，也必须是在提取货物后的规定时间（一般规定为 3 天）内，向承运人或其代理人提出索赔通知。

凡船舶在海上遭遇恶劣气候的情况下，为明确货损原因和程度，应该核实航海日志、航方的海事声明或海事报告等有关资料和单证。货运事故发生后，收货人与承运人之间未能通过协商对事故的性质和程度取得一致意见时，则应在共同同意的基础上，指定检验人对所有应检验的项目进行检验，检验人签发的检验报告是确定货损责任的依据。

2. 海上货运事故索赔

海上货运事故索赔主要是指就海运货损事故发生后，货物利益方对承运人提出索赔的行为。海上货运事故发生的原因是复杂的，所以货运事故发生后，首先需要找出事故发生的原因，存在多个原因时，则根据近因原则，确定事故责任人。对由承运人原因造成的事故，还需要考虑哪些责任是他必须承担的，哪些责任是他可以免责的。对发生的货物灭失或损坏，还需要确定损坏程度，对有争议的事故还需要委托公证人进行公正检验。因此，索赔时，受损害方应当根据有关法律规定，按照一定的程序，提供证据，证明事故原因、事故责任和损失的数额。

（1）索赔人。

索赔人应当是遭受损害的货物所有人。由于国际贸易中货物流转程序的复杂性，索赔人可能包括下列不同身份：

① 收货人。

国际海上货物事故索赔人主要是收货人。托运人在将货物装船后，取得了承运人签发的已装船提单，然后将该提单转让给买方，即收货人，使收货人成为货物的所有人，包括可转让提单的最终买受人。根据有关法律规定，提单在转让给收货人后，即构成承运人与提单持有人之间的运输合同。所以在发生由承运人责任造成的货运事故时，收货人就有权依据提单合同向承运人提出索赔。实际上，货运事故索赔最多的是由收货人提出的。

② 托运人。

托运人向承运人的索赔事项包括在货物交给承运人接管后到货物装船时发生的货物灭失或损坏,以及在运输途中发生的承运人责任货运事故。托运人的索赔权利来自两个方面:

第一,托运人作为承租人与承运人签订的租船合同。在发生货物灭失或损坏时,托运人可以依照租船合同索赔损失。

第二,提单合同。当托运人没有转让提单,例如对寄售的货物,托运人欲控制货物并自己控制提单,或者当买方拒收货物,或银行议付时出现不付点,提单被退回托运人,托运人再次成为提单持有人时,在发生货运既是缔约方又是提单所有人时,通常托运人应当根据运输合同的规定进行索赔,因为此时提单等于没有转让。

③ 其他提单持有人。

除上述托运人和收货人外,其他提单持有人也可以成为货运事故的索赔人。例如,银行或因议付和提单,或因融资成为提单质押权人,作为提单持有人向承运人主张货物时,如果提单货物发生灭失或损坏,银行就有权作为提单项下货物的占有权人或质押权人依据提单合同向承运人索赔损失。

④ 无船承运人。

在国际多式联运形式下,无船承运人以承运人身份接受托运人托运后,再以托运人身份与实际承运人签订运输合同。当发生实际承运人责任的货运事故时,无船承运人即可依据运输合同向实际承运人索赔,作为其向实际托运人或收货人赔偿后的追偿。

⑤ 货物保险人。

在发生海上货物事故后,货物被保险人常常直接向保险人提出索赔,然后将货物的索赔权,即代位求偿权,让渡给保险人。保险人在取得代位求偿权后,即有权向承运人索赔。

(2) 索赔程序。

货运事故索赔应按照一定的程序进行,具体来说主要包括以下环节:

① 及时发出损坏通知。

根据有关国际公约和各国法律或合同的规定,在发生海上货物运输事故时,收货人或其他货物索赔人应在规定的时间内向承运人发出货运事故通知书,声明保留货运事故索赔权。如货物索赔人未向承运人发出货物事故通知,货运事故的举证责任就由承运人转到收货人。如果收货人不能举证证明承运人过失,则会在索赔中败诉。

货物索赔人发出货运事故通知是有时间限制的。根据《中华人民共和国海商法》第81条第2款规定:“货物灭失或损坏情况非显而易见的,收货人应当在货物交付的次日起连续7日内,集装箱货物交付的次日起连续15日内提交上述书面通知,否则,按照前款规定处理。货物交付时,收货人已经会同承运人对货物进行联合检查或检验的,无须就所查明的灭失或损坏的情况提交书面报告。”

法律规定事故通知的目的是为了防止收货人不合理延长货物索赔时间,从而保护承运人。并且,如果收货人不做出通知,举证责任将转到索赔人。因为在《海牙规律》制度下,发生了货物灭失或损坏,首先假设承运人有责任,承运人如欲免责,需负举证责任,举证证明货运事故系由承运人可以免责的原因导致的。如果索赔人拖延通知,将不利于承运人举证。但是否做出事故通知与承运人可否免责无关，也就是说，即使索赔人没有做出事故通知，并不影响其索赔权。如果收货人能够举证证明货运事故是由承运人责任造成的，承运人仍应负责赔偿；反之，即使收货人做出了事故通知，也并不说明承运人对货物事故有责任。如果承运人能够举证证明货运事故系由其可免责原因造成的，则承运人无须对货运事故承担责任。但由于海上货物运输的复杂性，不论谁负责举证，举证都是一件困难的事情。因此，收货人为保留承运人的举证责任，还是应该按照法律规定及时发出事故通知。

② 准备索赔文件。

通常，收货人在提出索赔时应出具以下文件：

- 索赔函。索赔函是货物索赔人向承运人提出货物索赔的正式文件，该文件无固定格式，但应包括以下主要内容：索赔人的名称、地址，船名，装卸港口名称和船舶抵达货港的日期，提单号码及提单中的货物描述，货物灭失或损坏的情况，索赔日期、索赔金额及索赔理由。

应当注意的是，索赔人按照法律规定向承运人提出的货运事故通知并不表示已经向承运人提出索赔，只有索赔人向承运人提出索赔申请书时，才表明索赔的正式开始。

- 提单。提单是海上货物索赔中的重要依据。提单作为货物证据，表明承运人收到货物的数量和外表情况；提单作为运输合同，表明了承运人应当承担的责任义务，是处理索赔的重要法律性依据。
- 卸货报告、理货报告、货物溢卸、短卸报告、货物残损单等卸货单证。上述各种单证是对船舶卸下货物的原始记录，由船方和理货人或装卸公司共同做出并会签。如果卸下的货物与提单或船舶载货清单（export cargo manifest）不符，会在此类报告中做出记录，此类单证是货物灭失或损坏的原始记录，所以是货物索赔时的重要依据。
- 货物残损公证检验报告、重理单。当收货人和船方对货物的损坏程度、数量、损坏原因无法做出正确判断或存在争议时，往往需要双方共同指定公正检验机构对残损货物进行检验，确定损坏程度、数量、价值，以及导致货物残损的原因等，并出具“货物残损检验证书”（inspection certificate for damage and shortage）。当船货双方对卸货数量发生争议时，可以对所卸货物重新理货，并出具重理报告。这两种报告也是货物索赔最直接的原始依据。
- 商业发票、装箱单、重量单等。商业发票是由贸易合同中的卖方开给买方的商业票据。它记载了货物的单价和货物总值，是索赔时计算索赔金额的直接原始依据。如果发票中记载的是货物 CIF 价值，索赔金额应当按此价值计算；如果发票是以 FOB、CFR 开具的，计算时还应加上运费或保险费，但索赔人应提供运费或保险费收据，以资证明。装箱单或重量单通常是商业发票的随附单证，用以证明提单项下货物品种和数量的详细情况，因此是提单中货物记载的辅助性证明。

除上述单证外，凡是能够确定货运事故的原因、损失程度、损失金额、货运事故责任的任何文件都应当准备齐全，与上述单证一起提供。

另外，根据《中华人民共和国合同法》的相关规定，索赔人提出的索赔金额除了货物本身损失外，还可以包括因货物灭失或损害所丧失的合理合同利益。提供索赔证据时，应当包括与合同利益有关的证据。

(3) 索赔权利的保全。

① 海事请求保全的概念及目的。

海事请求保全是指对海事请求具有管辖权的法院根据海事请求人的申请，为使其海事权利得以保障，对被申请人的财产或行为所采取的民事强制措施。这些强制性措施通常包括：强迫被申请人提供可信赖的担保，如书面担保、财产担保，扣押义务人的船舶，要求义务人实施某种作为或不作为等。

采取保全措施的目的是保证海事请求人民事权利的顺利实现。例如，在卸货港发生重大货运事故，金额巨大，此时如果不对卸货船舶采取海事请求保全，该货轮一旦离去，收货人索赔可能就非常困难。即使案件得到了胜诉判决，也可能因为义务人经济能力有限(如金额过大，或义务人经济困难)，或者就很难找到(如皮包公司)而无法实现请求人的索赔权利。如果可以依法对当时船舶或有关船舶依法扣押，就可以获得索赔权利的保障，有利于案件的解决。所以，海事请求保全是海事请求人实现其索赔权利的重要的和行之有效的措施，是货物索赔人保全自己的权利，顺利实现索赔的一种手段。保全措施本身不是索赔行为，它只是日后成功取得赔偿的一种保障措施。

② 海上货物运输索赔权利保全的形式。

海上货物运输索赔权利保全是海事请求保全的重要内容之一。根据相关法律和业内惯常做法，对海上运输货物索赔的权利保全可采取担保书和扣押船舶两种形式。

货物赔偿担保书。货物赔偿担保书(letter of guarantee, letter of undertaking)，或赔偿担保函(letter of indemnity, LOI)，是指承运人就其承运货物的灭失或损坏，向收货人提供保证的将按照仲裁机构的裁决或法院的判决做出赔偿的书面文件，担保人一般为银行、船东互保协会、船舶保险人等。当然，具有足够经济力的大公司出具的保函也是可以接受的。担保书应有以下主要内容：受益人、担保责任范围、担保金额、赔偿支付条件、时间和地点及有效期等。

扣押船舶。扣押船舶是海事请求保全的最主要、最典型的形式。船舶不同于一般财产，作为海上运输工具，船舶具有名称、国籍等拟人化的特征。因此，扣押船舶是民事诉讼中的特别海事诉讼制度。国际海事委员会制定的《1952年扣船公约》及《中华人民共和国海事诉讼特别程序法》都对扣船的有关问题做出了特别规定。

(4) 索赔权利的转让。

如果货物已由保险人承保，并且保险人根据保险合同已对出险货物向货物所有人做出了赔偿，根据保险的法律原则，货物所有人应当将其对承运人的索赔权利转让给保险人。保险人在取得代位追偿权后，可以直接向承运人进行索赔。

货物所有人在收到保险人赔偿后，应当向保险人签署“收款及权益转让书”(receipt and subrogation form)，供保险人凭之向承运人索赔。

被保险人在向保险人索赔前不得损害保险人的利益，并应积极协助保险人向责任方索赔。如果因被保险人的不当作为或不作为导致了保险人索赔权利的丧失或损害，保险人有权向被保险人追偿损失。所以，被保险人有义务维护保险人对第三人的索赔权。

保险人在取得代位追偿权后，即可以被保险人的名义向承运人主张赔偿。如果获得的赔偿额大于其向被保险人支付的赔偿额，超出部分应当退还给被保险人。

3. 索赔的受理与审核

索赔的受理与审核系承运人的一项理赔工作。一般来说，国内提赔人往往是通过国外代理提出索赔，由运输货物的承运人受理，承运人在国外的代理无权处理，除非经承运人委托或授权。

(1) 分清责任。

承运人在处理索赔时，首先应分清发生货损的原因和应承担的责任范围。当受损方承运人提出某项具体索赔时，承运人可根据提单中有关承运人的免责条款解除责任。因此，在索赔和理赔过程中，往往会发生举证和反举证。原则上，受损方要想获得赔偿，必须予以举证，而责任方企图免除责任或减少责任，则必须予以反举证和举证。反举证是分清货损责任的重要手段，有时在一个案件中会多次进行，直到最终确定责任。

(2) 审核。

审核是处理货损事故仔细且重要的工作，在从事理赔工作时主要审核的内容有：

- 索赔的提出是否在规定的期限内，如果期限已过，提赔人是否已要求展期。
- 提出索赔所出具的单证是否齐全。
- 单证之间有关内容是否相符，如船名、航次、提单号、货名、品种、检验日期等。
- 货损是否发生在承运人的责任期限内。
- 船方有无海事声明或海事报告。
- 船方是否已在有关单证上签字确认。
- 装卸港的理货计数量是否准确。

(3) 承运人免责或减少责任应出具的主要单证。

承运人对所发生的货损欲解除责任，或意图证明自己并无过失行为，则应出具有关单证以证明对所发生的货损不承担或少承担责任。除前述的收货单、理货计数单，货物溢短单、货物残损单、过驳清单、卸货报告等货运单证外，承运人还应提供：

- 积载检验报告。
- 舱口检验报告。
- 海事声明或海事报告。
- 卸货事故报告。

(4) 索赔金的支付。

通过举证与反举证，虽然已明确了责任，但在赔偿金额上未取得一致意见时，则应根据法院判决或协议支付一定的索赔金。关于确定损失金额的标准，《海牙规则》并没有做出规定，但在实际业务中大多以货物的 CIF 价作为确定赔偿金额的标准。

4. 海运货损事故处理中的注意事项

(1) 有关保函问题。

目前，很多租约都规定船东要签发清洁提单。因此，在有瑕疵的货物上船的情况下，船方往往同意收取托运人保函,签发清洁提单。这种做法尽管在实践中很常见,但仍属违法。船东在赔偿了收货人后,如果托运人不主动履行其在保函中所承诺的义务,则保函难以起到保护船东的作用。依据中国法律,此类保函是欺诈的产物,不具法律效力,其他国家法律基本类同。

因此,如果有可能,船东应拒收有瑕疵货物,争取换货。若有瑕疵的货物已经装上船,应尽量正确地签发提单。如果托运人/租家不同意船方有关货物存在瑕疵的判断,坚持要求船方签发清洁提单,则不能使用通常格式的保函,应签署如下有关货物缺陷的协议,或可使船东处于较有利地位。如有任何疑问,应实时请示公司。

(2) 有关提单的问题。

① 提单应如实批注。对于装前即已存在的货损,如船方在大副收据上做了批注,却没有在提单上加批注,船方不但要面临收货人的索赔,承担赔偿责任,更为严重的是,船方将无法从保赔协会获得补偿,实践中一定要审慎处理。提单应与大副收据内容一致,如与托运人有争议,则托运人须正确出具保函。

② 提单应正确签发。当船长根据租约授权租家或其代理签发提单时,应按照公司推荐的格式签发,避免采纳租家提供的格式,以防止给船方造成损失。

(3) 有关现场处理应注意的问题。

① 谨慎应对各种上船人员。发生货损后,会有各种身份的人登船,包括船方代理、租家代理、货方代理、P&I Club 的通代、检验人、货方的检验人等,船长一定要清楚地了解每个上船人的身份,然后区别对待。而对于非代表船方利益的人员,船长应不告知其任何情况,亦不要允许其接触船上任何文件及设备等。

② 正确详细记录。在处理货损货差索赔时,为免除船方责任,通常需证明船东已恪尽职守使船舶在开航前及当时适航,且尽到了妥善照管货物的义务。船上正确详细的记录是重要证据。例如,对船上设备的检查记录、天气报告、海况照片、通风测温记录等。

9.6.2 空运事故处理

1. 空运货物的不正常运输

货物不正常运输,是指货物在收运及运输过程中由于各方面工作的差错及不规范的操作而造成的货物不正常状况,如多装、少装、多收、少收货物,货物变质,货物损坏等。

2. 空运货损货差及其处理方式

在国际航空货物运输中,航空货物运输所承运的货物,承运方应该承担当货物由托运方交承运方起,直至承运方将货物交收货方为止的责任,这一段时间也称为承运责任期间。在这期间货物由于因装卸、运送、保管、交付过程不妥善等,而发生货物损坏或丢失事故,称之为货损货差。

(1) 货损。

① 货损的形式。

破损:货物的外部或内部已经变形,具有明显的变形特点,因而使货物的价值可能或已经遭受了损失,如破裂、损坏。

内损：货物外部包装完好，但是内装货物受损，这种在未拆开外部包装时不容易发现，只有在收货人提取货物后或交海关时才能发现。

② 承运人对货损的处理方法。

(2) 货差。

① 造成货差的原因。

在国际货运中，货差主要是指航空货物在运输过程中发生了货物短少等情况。造成货差的主要原因是在运输过程中，由于承运人的疏忽发生了遗漏或在运输过程中遭遇了盗窃及发货人自身原因造成的货物差额。

② 空运货损货差的处理。

航空货物运输中，如果发生货损货差，首先追查责任方，确定是代理责任还是承运人责任，不论是哪方责任，一般均按《华沙公约》中国际空运的相关条款进行处理和赔偿，也就是按航空主运单、分运单背面条款进行赔偿，一般根据货物重量计费，其余部分由货主向保险公司提赔（即货物在出运前办理了保险）的方法进行处理。在运输交接货物时，发现货物外包装有破损或件数短少时，应在接货同时，取得民航货运的商务记录，届时凭此向航空公司提出索赔。空运货物在目的地卸离飞机后，如有残损或短少，收货人或其代理人必须在48小时内向飞机承运人提出异议，否则承运人则视为已经按照合同履行完交货义务。索赔及诉讼都必须在其相应的时效以内，如果超过索赔及诉讼时效后才提出，则相关部门不予受理。

3. 无人提取的货物及其处理方式

(1) 无人提取货物的定义。

当货物到达目的地14天后，由于下列原因造成的无人提取时，称为无人提取的货物：

- 收货人对货物通知不予答复。
- 货运单所列地址无此收货人或收货人地址不详。
- 收货人拒绝支付有关款项。
- 收货人拒绝提货。
- 出现一些其他影响正常提货的问题。

(2) 无人提取货物的处理。

① 无人提取货物的通知。对于无人提取的货物，目的站通常发出无法交付货物通知单(notice of non-delivery)。无法交付货物通知单应交给始发站的出票航空公司或当地的代理人，由其通知货物托运人，出票承运人的财务部门应保留 IRP 的副本。

② 到付运费的收取。由货物运输的目的站填开货物运费变更通知单 CCA，并向始发站结算此次运输产生的所有费用。始发站收到目的站填开的航空货物运费变更通知单后，由始发站负责向货物托运人收取到付运费和目的站产生的其他所有费用。目的站根据托运人的要求对货物进行变更运输的处理或其他交货处理，但由其产生的费用由托运人承担。

4. 变更运输及其处理

变更运输是指托运人在货物发运后，除了对货运单上所注明的申明价值和保险金额不能做相应的变更以外，可以对货运单的其他各项内容，如货物运费支付方式、收货人、目的站及退运等内容做出修改。在托运人要求进行变更时，应出示货运单正本并保证支付由此而产生的费用，对于托运人的要求，航空公司即承运人在收货人还未提货或还未要求索取货运单和货物，或者拒绝提货和无法交付货物的前提下应予以满足，但托运人的更改要求不应损害承运人及其他托运人的利益，当承运人对于托运人的要求难以达到时，承运人应及时通知托运人作其他处理。

(1) 变更运输的范围。

① 运输方面：

● 对收货人的更改。

● 对目的站的更改。

● 要求在运输途中的任何经停站停止货物运输。

● 在货物起运前，在运输的始发站将货物撤回。

● 对于已经起运的货物，要求承运人继续将货物运回始发机场。

● 对于已经起运的货物，要求从中途或目的站退运。

② 费用方面：

● 托运人对于垫付款金额的更改；

● 更改运费的支付方式，将运费预付改为运费到付，或者是将运费到付改为运费预付。

(2) 变更运输的处理方式。

① 货物发运前。如果货物托运人在货物起运前要求始发站退货时，承运人应向托运人收回货运单正本，收取已发生的费用(如地面运输费、托运手续费等)后，将货物及已付款项退还托运人。

如在货物发运前，托运人要求更改垫付款金额或付款方式时，应收回原货运单，并根据对于垫付款金额和付款方式的更改情况向托运人补收或返回运费差额，在此项更改中，托运人必须按照有关航空公司的收费标准向承运人支付变更运输手续费和货运单费。

② 货物发运后和提取前。在货物发运后、提取前，如果托运人要求变更垫付款金额或付款方式时，则应填写货物运费更改通知单(cargo charges correction advice)，并根据托运人要求变更内容的不同情况对托运人进行补收或退回运费差额，托运人必须按照航空公司有关计费标准向承运人支付变更运输手续费。

如果托运人要求变更运输(如中途停运、改变收货人等)时，由于改变运输意味运费发生变化，所以除应根据以上有关规定，航空公司还应及时与有关承运人联系进行办理。进行此种变更时，托运人必须承担由于对货运变更所引起的货物运费的变化，对已支付的运费进行多退少补，同时还必须承担由于变更运输所产生的变更运输手续费。

(3) 更改货运单。

① 对现有货运单的修改。由于货物运输的变更所引起的货运单上各项内容的更改，应该在全部货运单中同时进行，对于货运单内容的修改，应尽量与原内容相近，同时，还必须在货运单上注明修改企业的IATA代号及修改地代号。

② 填开新货运单。当一票货物由于无人提取而退运货根据托运人要求进行转运时，承运人应填开新货运单，并且原货运单号在新货运单的“accounting information”一栏中

注明，而所有本该向收货人收取而没有收取的费用，按运费到付处理，填在新开的货运单的“other charges”一栏。

(4) 运费更改通知书。

当货物运费发生变化时，无论是由何种原因造成，都应通知相关部门和有关承运人，并填制货物运费更改通知书(cargo charges correction advice)。

① 当货物已经起运，并远离始发站后，如果需要更改运费的付款方式或具体数额时，由货物运输有关的承运人填开 CCA，任何与货物运输有关的承运人都可填开 CCA。

② 在填开 CCA 之前，有关的承运人必须确认货物尚未交付给收货人，才能进行 CCA 的填制。

③ 对于 CCA 的填制，要求所要更改的运费必须超过 5 美元时，才能填开，如果所更改的运费低于 5 美元，则没有必要填开 CCA。

④ CCA 由相关承运人填开以后，必须及时将副本传送给始发站和目的站及相关财务部门结算部门。同时，填开承运人还必须进行留存，所以填开 CCA 至少要一式四份。

⑤ CCA 由填制 CCA 的企业交第一承运人，再由第一承运人转交第二承运人，并以此类推。

5. 空运货运索赔

在国际货物运输中，各种运输方式都有相对应的国际运输公约或各国共同认可和执行的法律法规，国际上空运货物索赔主要的法律依据是华沙体制中的《华沙公约》和《海牙议定书》和各国国内所执行的法律法规，空运货物的索赔必须遵守《华沙公约》或《海牙议定书》的有关规定。

(1) 索赔人。

索赔人是指在国际货物索赔中，具有索赔权利的合法索赔人。在空运货运索赔中，合法索赔人包括：

- 在航空货运单上列明的收货人或托运人。
- 持主货运单上托运人或收货人签署的权益转让书的人员。如托运货物的主托运人和主收货人、受索赔人委托的律师、承保货物的保险公司和其他有关的单位。
- 具有向航空公司索赔权利的托运人，收货人必须是航空货运主运单上填写的托运人或收货人，而对于分运单上的托运人，收货人或其他客户则没有向航空公司索赔的权利，其索赔对象应该是主运单上的托运人或收货人。
- 对于已经到达目的站的货物，如果货物为被收货人提取，则托运人还具有索赔的权利，一旦货物被收货人提取，则托运人不能进行索赔，除非托运人具有收货人的权益转让书。

在国际航空货物运输实际操作中，如果接到索赔要求的承运人不属于实际受理索赔的承运人时，应当及时将索赔要求转交有关的实际受理索赔承运人，并及时通知索赔人。

(2) 索赔的时间。

① 如果货物损坏或短缺是属于明显可见的，则索赔人应从发现货损货差时起立即提出，最迟延迟到收到货物起 14 天内提出。

② 如果由于承运人的原因导致货物运输延误而造成货物损失，则索赔人应在货物由收货人提取和支配货物起21天内。

③ 如果是由于承运人原因而造成的货物毁灭或遗失，则索赔人提出索赔要求的时限为自填开货运单之日起120天内。

④ 如果托运人和收货人对于运输货物有任何异议，均按上述规定期限，由索赔人向承运人以书面形式提出，除承运人有欺诈行为外，有权提取货物的人如果在规定时限内没有提出异议，将会丧失获得赔偿的权利。

⑤ 对于提出索赔的货物，货运单的法律有效期为2年，超过法定索赔期限收货人或托运人未提出赔偿要求，则视为自动放弃索赔权利。

(3) 索赔的地点。

在国际航空货运的索赔中，索赔人索赔的地点根据索赔人所在的位置或货差货损实际发生的地点，可以由索赔人在货物的始发站、目的站或发生货差货损的中间站，以书面的形式向承运人(可以是承运人中的第一承运人，当事承运人或最后承运人)或其代理进行索赔。而承运人对于索赔人的索赔要求，应当在2个月内进行处理，处理地点一般为货运到达站。

(4) 索赔需要的文件。

在货损的索赔中，索赔人必须提供一系列相关的索赔单据，其中主要包括的单据有：

- 索赔人的正式索赔函2份。
- 货物舱单(由航空公司提供的复印件)。
- 货物托运时的货物商业发票、装箱清单和其他必要资料。
- 商检证明(货物损害后由商检等中介机构所做的鉴定报告)。
- 由航空承运人签发的货运单正本或副本。
- 货损发生后，由相关的机构填制的货物运输事故鉴定，详细客观地反映货损情况。
- 在整个运输过程中，发生运输事故的记录。
- 来往电传等文件。

6. 赔偿规定

在国际航空货物运输中，对于货运损失的赔偿主要根据《华沙公约》和《海牙议定书》来确定其赔偿额度和限额，其主要规定如下：

(1) 如果货物在托运时没有办理声明价值的，则在发生货损后，由承运人按照实际损失的价值进行赔偿，但赔偿最高限额为毛重每公斤人民币20元。

(2) 如果货物在托运时，已向承运人办理货物声明价值的货物，则发生货损后，承运人按托运时声明的价值进行赔偿；如承运人能够证明托运人的声明价值高于《民用航空规章货物》中对货物价值的规定时，则发生了货损后，承运人仍按照实际损失进行赔偿。如果承运人在运输货物时，超过了货物运输合同中双方所约定的到达期限而造成的损失，承运人应当按照运输合同的约定进行赔偿。

(3) 如货物的一部分或者货物中任何物件发生遗失、损坏或者延误，用以决定承运人责任限额的重量，仅为该件或者数件的总重量。如货物的一部分或者货物中任何物件发生遗失、损失或者延误，以致影响同一份货运单所列的另一包装件或者其他包装件的价值时，在确定责任限额时，另一包装件的总重量也应当考虑在内。

(4) 对于内损货物，如无确实的证据证明货损是由于承运人的过错造成的，则承运人不承担责任。但对于外包装破损或有盗窃痕迹的货物损失，则承运人应负责赔偿。

7. 理赔程序

托运人或收货人发现货物有丢失、短缺、变质、污染、损坏或延误到达情况，收货人应当场向承运人提出，承运人应当按规定填写运输事故记录并由双方签字或盖章。向承运人提出赔偿要求时应当填写货物索赔单，并随附货运单、运输事故记录和能证明货物内容、价格的凭证或其他有效证明。现将理赔程序归纳如下：

(1) 出具货物运输事故签证。

当航空地面代理人在卸货时发现货物破损，即由航空公司或航空公司地面代理人填写《货物运输事故签证》，这份签证由航空公司的货运部门签完后，再由收货人签字，其中一份由航空公司留存，另一份由收货人留存，这份签证主要是在目的站货物出现问题的一个证明。

对于《货物运输事故签证》的填写，必须做到对内装货物损失程度的准确、客观描述，所以不能出现“短少”、“大概”等模糊的字眼。为了确定货物的具体受损程度，在填开《货物运输事故签证》时，航空公司地面代理人和收货人可以共同开箱进行检查。在开箱检查时，货损又可能会出现两种情况，一是外包装破损，内装物完好；另一种是外包装破损，内装物破损。在第二种情况下，又会出现由于货主没有按照航空货物包装的要求来进行包装而导致的货物受损，这种情况就需要货主和承运人共同承担责任。

(2) 索赔人出具索赔申请书。

在当收货人发现货物由于运输不当或不正常造成了货物的损失而向承运人提出索赔时，必须按照公约所规定的时限提出索赔要求，并首先向航空公司提出索赔申请书。在索赔申请书中列明货物起运地与目的地，货运单号，承运人名称，发生货损的内容及损失，索赔金额等。

(3) 由航空公司审核所有的资料和文件。

当航空公司接到索赔人的索赔申请书后，由航空公司审核所有的资料和文件，并进一步进行以下调查和审核工作：

① 航空公司调查该批损失货物是否已办理保险，如货物办理保险，在保险公司进行全额赔偿后，由保险公司再向承运人提出，进行追索赔偿，则承运人只做限额赔偿。

② 如果货物发生了遗失，航空公司则查看来往电传以确定丢失的货物及其数量；如果货物损坏，则查看记录，确定货物损坏是全部损坏还是部分损坏。

③ 在目的站进行理赔时，航空公司及时了解始发站是否有收到索赔函，避免在始发站和目的站的双重索赔。

④ 在对事故的调查和审核完成以后，由航空公司填写国际货物索赔报告。

(4) 填写国际货物索赔单。

航空公司在对货物损失和相关资料文件的审核和调查完成以后，填写国际货物索赔报告，并由航空公司填写航空货物索赔单，由索赔人签字盖章，表明航空公司正式认可索赔的有关事项。

(5) 货物索赔审批单。

在航空公司进行货物的理赔时，由于各航空货物的不同和索赔的金额不同，需要各级领导审批。

(6) 责任解除协议书。

在航空公司对货物损失进行赔偿以后，在索赔人收到相关的赔偿时，由双方共同签署责任解除协议书，证明索赔人在收到赔偿后放弃诉讼权及进一步的索赔权。

9.6.3 陆运事故处理

1. 国际公路运输事故的处理

(1) 货损事故责任的确定。

公路承运人对自货物承运时起至交付货物期间内所发生的货物灭失、损害系由于装卸、运输、保管及交接过程中发生运输延误、灭失、损坏、错运等负赔偿责任。

货损事故的责任范围：

- 货损：货损是指货物磨损、破裂、湿损、变形、污损、腐烂等。
- 货差：货差是指货物发生短少、失落、错装、错卸、交接差错等。
- 有货无票：货物存在而运单及其他票据未能随货同行，或已遗失。
- 运输过失：因误装、误卸，办理承运手续过程中的过失，或漏装、过失等。
- 运输延误：已接受承运的货物由于始发站未及时运出，或中途发生变故等原因，致使货物未能如期到达。

造成货损货差的其他原因，还有破包、散捆、票据编制过失等。

对下列原因造成的货损事故，公路承运人不承担赔偿责任：

- 由于自然灾害造成的货物遗失或损坏。
- 包装完整，但内容业已短少。
- 由于货物的自然特性所致。
- 根据卫生机关、公安、税务机关有关规定处理的货物。
- 由托运人自行保管、照料所引起货物损害。
- 货物未过磅发生数量短少。
- 承托双方订有协议，并对货损有特别规定者。

(2) 货损事故记录的编制。

- 事故发生后，由发现事故的运送站或就近前往现场编制商务记录，如系重大事故，在有条件时还应通知货主一起前往现场调查，分析责任原因。
- 如发现货物被盗，应尽可能保护现场，并由负责记录的业务人员或司机根据发现的情况会同有关人员做好现场记录。
- 对于在运输途中发生的货运事故，司机或押运人应将事故发生的实际情况如实报告车站，并会同当地有关人员提供足够的证明，由车站编制一式三份的商务事故记录。

- 如货损事故发生于货物到达站，则应根据当时情况，会同司机、业务人员、装卸人员编制商务记录。

(3) 货损事故的赔偿。

受损方在提出赔偿要求时，首先应办妥赔偿处理手续，具体做法如下：

- 向货物的发站或到站提出赔偿申请书。
- 提出赔偿的申请人必须持有有关票据，如行李票、运单、货票、提货联等。
- 在得到责任方给予赔偿的签章后，赔偿申请人还应填写《赔偿要求书》，连同有关货物的价格票证，如发票、保单、货物清单等，送交责任方。

在计算货损货差的金额时，主要有三种情况：

- 发货前的损失，应按到达地当天同一品类货物的计划价或出厂价计算，已收取的运费也应予以退还。
- 到达后的损失，应按货物运到当天同一品类货物的调拨价计算赔偿。
- 对价值较高的货物，则应按一般商品调拨价计算赔偿。

2. 国际铁路运输事故的处理

在铁路货物运输中，凡涉及铁路与发货人、收货人之间，或参加运送铁路间、铁路内部各单位间发生货损、货差时，应在事故发生当日编制记录，作为分析事故原因、确定责任的原始证明和处理赔偿的依据。

(1) 货损事故记录的编制。

货损事故记录分为商务记录、普通记录、技术记录三种。

① 商务记录。商务记录是指在货物运送过程中对发生的货损、货差或其他不正常情况的如实记载，是具体分析事故原因、责任和请求赔偿的基本文件。在商务记录中，应确切地记载货物的状态、发现运送状态不良的当时情况及发生货物损坏的原因。记录中应列举事实，不应包括关于责任问题和发生损失原因的任何判断。同时，对商务记录各栏应逐项填记，不准划销。

遇有下列情况之一，应编制商务记录：

- 发现货物的名称、重量、件数等同运单和运行报单中所记载的事项不符。
- 货物发生全部或部分灭失，或包装破损。
- 有货无票或有票无货。
- 由国境站开启装有危险货物的车辆时。

商务记录必须在发现事故的当日编制，并按每票货物分别编制。如果运送同一发货人的同一种类的货物时，准许在到达站对数批货物编制一份商务记录。接受商务记录的铁路部门，如对记录有异议，则应从收到记录之日起45天内，将异议通知编制商务记录的人。超过这一期限则被认为记录业已接受。

② 普通记录与技术记录。货物运送过程中，发现编制商务记录情况以外的情况时，如有必要，车站应编制普通记录，普通记录不作为赔偿的依据。当查明货损原因系车辆状况不良所致时，除编制商务记录外，还应按货损情况编制有关车辆状态的技术记录，并随附于商务记录内。

(2) 货运事故的处理与赔偿。

① 赔偿请求的提出与受理。发货人、收货人均有权根据运输合同提出赔偿要求。赔偿请求应附有相应根据并注明款额,按每批货物以书面形式由发货人向发送站、收货人向到达站提出。由全权代理代表发货人或收货人提出赔偿请求时,应有发货人或收货人的委托书证明这种赔偿请求权,委托书应符合受理赔偿请求铁路所属国的法令和规章。自赔偿请求提出之日起,铁路必须在180天内审查此项请求,并对赔偿请求人给予答复。

② 索赔的依据及随附文件。

- 货物全部灭失,由发货人提出赔偿时,发货人应出具运单副本;由收货人提出时,应同时出具运单副本或运单正本和货物到达通知单及铁路方在到站交给收货人的商务记录。
- 货物部分灭失或质变、毁损时,收货人、发货人均可提出索赔,同时应出具运单正本和货物到达通知单及铁路到达站给收货人的商务记录。
- 货物发生运输延误时,应由收货人提出赔偿,并提交运单正本和货物到达通知单。
- 承运人多收运送费用,发货人可按其已付的款额向承运人追回多收部分的费用,但同时应出具运单副本或发送站国内规定的其他文件;如由收货人提出追回多收费用的要求,则应以其支付的运费为基础,同时出具运单正本和货物到达通知单。

在提出索赔的赔偿请求书上,除应附有运单或运单副本外,在适当情况下还需附商务记录,以及能证明货物灭失、损坏和货物价值的文件。

③ 索赔请求时效。

凡根据运输合同向铁路部门提出索赔,以及铁路对发货人、收货人关于支付运费、罚款的赔偿要求应在9个月内提出,有关货物运输延误的赔偿,则应在2个月内提出。上述时效的计算方法如下:

- 关于货物损坏或部分灭失及运输延误的赔偿,自货物交付之日或应付之日起计算。
- 关于货物全部灭失的赔偿,自货物按期运到后60天内提出。
- 关于补充支付运费、杂费、罚款的要求,或关于退还此项款额的赔偿要求,则应自付款之日起计算;如未付款时,从货物交付之日起计算。
- 关于支付变卖货物的货款要求,则自变卖货物之日起计算。

9.6.4 国际多式联运事故处理

在国际多式联运全程过程中,不仅要使用两种或两种以上的运输工具来完成各区段的运输,而且要完成各区段不同运输方式之间的衔接、换装工作。因此,发生货损、货差等货运事故的可能性要比单一运输方式下大得多。

1. 多式联运中的主要事故种类

国际多式联运中的主要事故有:货物破、擦损,水渍损,汗渍损,污损,盗损,气温变化引起的腐烂变质,冻结或解冻损及其他原因引起的货物全损和灭失。

2. 多式联运中货损事故处理的主要特点

由于多式联运在运输组织、实际运输过程等方面与传统的分段运输有较大区别,多式联运的事故处理与传统的分段运输相比有一些新的特点。

(1) 索赔与理赔的多重性。

根据多式联运合同,多式联运经营人承担货物全程运输任务,对全程运输过程中发生的货物损害负责;而多式联运经营人为了完成全程运输任务,就需要与各区段的实际承运人建立分运合同,并与各区段衔接点的代理订立代理合同,以实现各区段的运输。在货方投保全程运输险和多式联运经营人投保运输责任险的情况下,货损事故处理中索赔和理赔的次数还会增加,如货方已投保全程货物运输险,则多式联运经营人根据合同向受损人承担责任后,向保险人索赔,保险人理赔后,再根据分运合同向责任人索赔。

(2) 多式联运经营人采用的责任形式对货损事故的影响。

在统一责任制下,多式联运经营人要对运输全程负责;各区段的实际承运人要对自己承担的区段负责。无论事故发生在哪一个区段,都按统一规定的限额进行赔偿,这会造成在能够确知货损事故发生区段和实际理赔额相同的赔偿。特别是事故发生在海运区段,而事故原因又符合海运公约的免责规定时,甚至得不到任何赔偿的局面,造成不应有的损失。在网状责任制下,多式联运经营人对全程运输负责,各区段的实际承运人都按事故发生区段适用的国际公约或地区法律规定和限额进行赔偿。这样,多式联运经营人对货物的赔偿与实际承运人向多式联运经营人的赔偿都可以按相同的责任基础和责任限额进行。

(3) 多式联运中对隐藏损害的处理。

集装箱货物多式联运是由多种运输方式、多个实际承运人共同完成一票货物的全程运输,该运输过程中发生的货物灭失、损害有两种情况:一种能够确定货损发生的运输区段及责任人;另一种则不能确定,即为隐藏损害。无论发生哪一种损害,根据合同,联运经营人均应承担责任,但在隐藏损害发生,多式联运经营人对货方赔偿后,由于不能确定货损事故发生区段和实际责任人,可能会造成多式联运经营人独自承担赔偿责任的局面。因此,对隐藏损害的处理也成为多式联运事故处理的一个特点。

为了避免隐藏损害造成的联运经营人独自承担赔偿责任的情况,可采取的处理方式有以下两种:

① 联运经营人按统一责任制规定的限额对货方赔偿后,不再追究责任人,而由参加多式联运的所有实际承运人共同承担这些赔偿数额。这种做法很难被各实际承运人接受,所以很少在实际中使用。

② 假定该事故发生在海运阶段,这种做法一般要与联运经营人投保运输责任险相结合。多式联运经营人按统一责任标准或网状标准向货方赔偿后,可从保险人处得到进一步的赔偿。而能否从保险人处得到进一步的赔偿,则是另外的事情。这种做法目前已得到各方面的认可,并应用于实际隐藏损害赔偿的处理。

3. 国际多式联运中的索赔

(1) 根据货损原因确定索赔对象。

受损人在索赔时,应首先根据货损造成的原因及有关合同情况确定实际责任人,并向其提出索赔。如果货物在目的地交货后,收货人发现箱内所装货物与贸易合同规定有差距,如数量不足,货物的品种、质量、规格与合同规定不符,由于货物外包装不牢或装箱不当使货物受损，或未在合同规定的装运期内交货等情况，则收货人可以凭有关部门、机构出具的鉴定书向发货人提出索赔。如果在目的地交货时，货物数量少于提单或装箱单上记载的数量；或货物的灭失或损害是由于多式联运经营人免责范围以外的责任造成的，收货人或其他人有权提出索赔，可以凭有关部门、机构出具的证明，向多式联运经营人或向实际承运人索赔。对于投保的货物在保险人责任期间内发生的属于承保责任范围，保险人应予赔偿货物的一切灭失、损害，受损方均可凭有关证明、文件和保险合同向保险公司提出索赔。

(2) 索赔时应具备的单证。

索赔时，索赔方必须具备索赔申请书、运输合同及合同证明(运单或提单)、货物残损单及货物溢短单(理货单、重理单等)、货物残损检验证明书、索赔清单等单证和文件。另外，还应出具商业发票、损害修复用单、装箱单、拆箱单、卸货报告等其他可作为破损事故处理和明确责任方、责任程度的一切商务、运输单证，受损方为保护自己的利益，应妥善保管、处理和使用这些单证、文件。在发生保险索赔时，应出具保险合同等有关单据。

(3) 索赔金额必须合理。

① 索赔金额应以货损的实际程度、数量及货物价格等因素为基础计算。

② 必须考虑责任方在合同及相关法规中规定的责任限额，该限额是多式联运经营人和实际承运人对货损赔偿的最高限额。

③ 必须考虑责任方在双方合同及有关法规中的免责规定，符合免责规定的损害一般不能得到赔偿。

(4) 索赔与诉讼必须在规定的时限内提出。

根据《国际多式联运公约》，有关多式联运的任何诉讼，如果在2年期间没有提出，则失去时效。时效时间自多式联运经营人交付货物之日起次日开始计算。在货物交付之日后6个月内，或货物应交付之日后6个月，仍未交付的情况下，如果没有提出书面索赔通知，则诉讼在此期限届满后即失去时效。接到索赔要求的人可于以上的时效期内随时向索赔人提出书面声明以延长时效期间，这种期间可用一次声明或多次声明再度延长。

(5) 诉讼与仲裁应在规定的地点提出。

各种方式运输公约对提出诉讼和仲裁的货方地点都有明确规定。如果某法院根据所在国家法律规定有权处理多式联运诉讼，且下列地点之一是在其管辖范围，则原告可选择这些地点的任一法院提起诉讼：被告的重要营业所或经常居所所在地；订立多式联运合同的地点；按合同规定接管多式联运货物的地点或交付货物的地点；多式联运合同中为此目的所指定并在多式联运单据中载明的任何其他地点。

4. 国际多式联运的理赔

当国际多式联运发生货损事故后，受损人提出索赔，而由实际责任人受理，非实际责任人无权受理所损人的索赔，应及时转交实际责任人并通知索赔人。责任人进行理赔的一般程序为：

(1) 确定货损发生的原因及造成的损失，并确定需要承担责任的范围。

(2) 审核。审核内容包括：货损是否发生在承运人应负责任的责任期间；索赔是否在合同与有关法律法规规定的期限内提出；提出索赔所出具的单证是否齐全，举证是否合理；单证间的关系是否一致；各区段责任方是否在各单证上签字确认；各区段、各中转地点衔接过程中理货计数是否准确；各实际承运人、仓储人、代理人、装卸机构等是否有事故报告、海事声明等内容。

(3) 根据多式联运合同或分运合同和相应的法律法规及国际惯例中的免责条款提出证明，进行免责和减少责任。

(4) 根据调查计算货损金额，并结合索赔人提出的索赔要求确定赔偿金额，确定后由责任方与索赔方取得一致并进行赔偿支付。

(5) 赔偿后根据具体造成货损的原因，对直接造成货损的相关部门和承运人进行追索，如果进行了货物保险和多式联运责任保险的投保，还可向保险公司要求赔偿。

5. 多式联运经营人的赔偿责任限制

多式联运经营人的赔偿责任限制指在多式联运经营人和实际承运人在掌管货物期间对货物灭失、损害及延误而造成的货方损失进行赔偿的最高限额规定。该限额由多式联运合同中双方达成一致所采用的责任形式和责任基础来决定。在现行的不同方式的法规中，限额规定的形式一般分为两种：一是单一赔偿标准形式，就是只规定单位重量(毛重每公斤)货物赔偿限额；二是双重赔偿标准，不但规定单位重量货物的赔偿限额，也规定每一货损单位(每件或每一基本运输单元)的赔偿限额。《国际多式联运公约》是双重标准与单一赔偿标准相结合的方式来规定多式联运经营人的赔偿限额，其适用的情况和赔偿标准为：

(1) 在国际多式联运中，如果是采用了“海(水)—陆”联运，即包括海运或内河运输与陆运组成的多式联运，多式联运经营人对每一货损单位的赔偿限额是毛重每公斤 2.75 特别提款权(SDR)；对每一件货物的赔偿限额为 920 个特别提款权(SDR)，两者较高者为准。

(2) 在国际多式联运中，联运方式只要不包括海运或内河运输，即是采用的“公—铁”联运，“铁—公”联运或“公—空”联运，则多式联运经营人的赔偿限额按发生的货物损坏或灭失每公斤不超过 8.33SDR 来计算。

(3) 对于由于延迟交货所造成的损失，多式联运经营人的责任限额为延迟交付货物运费的 2.5 倍，但不超过多式联运合同所规定的全部应付运费的总额。

(4) 对于多式联运经营人而言，当货物的灭失、损坏和延迟交付等同时发生时，其赔偿限额以货物全部灭失时应负的责任为限。

思考题：

1. 国际货运代理人从事货运代理业务的风险主要有哪些？
2. 航空货运代理人在运作集中托运业务中应注意哪些问题？
3. 集装箱运输过程中，发生货物事故的环节和原因主要有哪些？
4. 属于承运人的责任引起的货运事故主要有哪些？

第 10 章 国际物流中的检验检疫

本章关键词

出入境检验检疫 entry-exit inspection and quarantine
装船前检验 pre-shipment inspection
质量检验 quality inspection
电子报检 electronic inspection

10.1 出入境检验检疫概述

10.1.1 出入境检验检疫的定义

出入境检验是指政府行政部门以保护国家整体利益和社会效益为衡量标准，以法律、行政法规、国际惯例或进口国法规要求为准则，对出入境货物、交通工具、人员及其他事项等进行检验管理及认证，并提供官方检验检疫证明、民间检验检疫公证和鉴定证明的全部活动。

10.1.2 出入境检验检疫的主要目的和内容

(1) 对进出口商品进行检验、鉴定和监督管理，保证进出口商品符合质量或标准的要求，维护对外贸易各关系方的合法权益，促进对外经济贸易的顺利发展。

(2) 对包括运输工具、包装材料在内的出入境动植物及其产品进行检疫和监管，防止危害动植物的病菌、害虫、杂草种子及其他有害生物出入境，保护本国农、林、牧、生产和国际生态环境以及人类的健康。

(3) 对出入境人员、交通工具、运输设备以及可能传播传染病的行李、货物、邮包等物品实施国境卫生检疫和口岸卫生监督，防止传染病由国外传入或者由国内传出，保护人类安全。

10.1.3 出入境商品检验检疫的作用

出入境检验检疫的工作成果主要表现为检验检疫机构出具的各种证书、证明，一般称为商检证书或检验证书。检验检疫工作的作用通过检验证书的实际效能体现出来，在国际贸易活动中进出口商品的检验检疫主要表现为经济效用，具体有以下几个方面：

1. 作为报关验放的有效证件

许多国家的政府为了维护本国的政治经济利益，对某些进出口商品的品质、数量、包装、卫生、安全、检疫制定了严格的法律法规。在有关货物进出口时，必须由当事人提交检验机构出具的符合规定的检验证书和有关证明手续，海关当局才准予进出口。譬如我国对列入《检验检疫商品目录》的进出口商品，海关在执行监管时凭商检证书或检验机构在有关单证上签发的放行章验放，否则不予验放。出入境检验检疫机构签发的兽医证书、卫生证书、检疫证书及原产地证书等，是进口国海关和卫生、检疫部门准予进口的有效文件证明。

2. 买卖双方结算货款的依据

检验部门出具的品质证书、重量或数量证书是买卖双方最终结算货款的重要依据，凭检验证书中确定的货物等级、规格、重量、数量计算货款，这是为买卖双方所接受的合理公正的结算方式。譬如在买卖铬矿石、铁矿石时，尽管合同中定有质量规格，但最终结算要以检验证书中验明的含铬(Cr)量、含铁量确定等级和计价标准。买卖煤炭、棉花时要依据商检证书合理计算水分含量、实际衡量货物吨位后确定的公量为依据来计算货物交接重量及费用。此时，检验证书是银行最后付款结算时的必需文件，并通常被写入合同或信用证条款中。

3. 计算关税的依据

检验检疫机构出具的重量、数量证书，具有公正、准确的特点，是海关核查征收进出口货物关税时的重要依据之一。标明货物残损、短少的残损证书可以作为向海关申请退税的有效凭证。检验检疫机构作为官方公证机关出具的产地证明书是进口国海关给予特别关税待遇的基本凭证，在我国出口贸易活动中有重要的意义。我国检验检疫机构签发的一般产地证是取得进口国海关给予最惠国关税的证明文件，签发的普惠制原产地证明书是给予普惠制关税待遇，享受在最惠国关税基础上进一步减少甚至免除关税的优惠待遇的证明文件。

4. 计算运输、仓储等费用的依据

检验中货载衡量工具所确定的货物重量或体积(尺码吨)是托运人和承运人之间计算运费的有效证件，也是港口仓储运输部门计算栈租、装卸、理货等费用的有效文件。

5. 作为证明情况、明确责任的证件

检验检疫机构应申请人申请委托，经检验鉴定后出具的货物积载状况证明、监装证明、监卸证明、集装箱的验箱、拆箱证明，对船舱检验提供的验舱证明、封舱证明、舱口检视证明，对散装液体货物提供的冷藏箱或舱的冷藏温度证明、取样和封样证明等，都是为证明货物在装运和流通过程中的状态和某些环节而提供的，以便证明事实状态，明确有关方面的责任，也是船方和有关方面免责的证明文件。

6. 办理索赔的依据

检验机构在检验中发现货物品质不良，或数量、重量不符，违反合同有关规定，或者货物发生残损、海事等意外情况时，检验后签发的有关品质、数量、重量、残损的证书是收货人向各有关责任人提出索赔的重要依据。收货人可以依据责任归属，向卖方提出索赔甚至退货，或者向承运人或保险公司等索赔。同时，检验证书也是国内订货部门向外贸经营部门、保险人、承运人及港口装卸部门等责任方索赔，保险公司向被保险人理赔、向责任人追索的重要文件依据。

7. 作为仲裁、诉讼举证的有效文件

在国际贸易中发生争议和纠纷，买卖双方或有关方面协商解决时，商检证书是有效的证明文件。当自行协商不能解决，提交仲裁或进行司法诉讼时，商检证书是向仲裁庭或法院举证的有效文件。

10.1.4 出入境检验检疫依据

1. 法定检验的依据

法定检验的依据是根据保护人类健康和安全，保护动植物生命和健康，保护环境，防止欺骗行为，维护国家安全的原则，由国家检验检疫部门负责制定、调整必须实施检验的进出口商品目录并公布实施。具体依据主要包括：①货物原产地规则，②安全规则，③卫生法则标准，④动植物检验检疫法规，⑤环保法则标准，⑥劳动保护法规标准。

2. 实行商品检验鉴定的依据

实行进出口商品检验鉴定主要是根据贸易合同的相关规定而由贸易当中某一方必须履行的义务。因此，其依据主要是买卖双方签订的进出口合同和相关的一些单据，主要有买卖合同、信用证、海运提单、保险合同。

3. 出入境检验检疫的法律依据

出入境检验检疫工作的主要法律依据是《中华人民共和国进出口商品检验法》及相关的《中华人民共和国进出口商品检验法实施条例》、《中华人民共和国进出境动植物检疫法》及其相关的《中华人民共和国进出境动植物检疫法实施条例》、《中华人民共和国国境卫生检疫法》及其相关的《中华人民共和国国境卫生检疫法实施细则》和《中华人民共和国食品安全法》。以上列举的检验检疫法都有强制性和封闭性的监管措施来保障其得以实施。其主要表现为2000年"先报检、后报关"的通关协调机制的建立，即未按检验检疫法规规定进行检验检疫，并未取得有效检验检疫证单就无法结关。此外，合同规定凭检验检疫部门检验证书进行结算和对外索赔的，没有证书就无法结汇和对外索赔。

10.2 出入境检验检疫机构

检验机构的选定，涉及由谁来实施检验检疫和开立有关证书的问题，关系到买卖双方的利益，所以一向是检验条款中必须明确的一个重要问题。以下将分别对国内和国外相关的检检验检疫机构进行介绍。

10.2.1 我国的出入境检验检疫机构

中国出入境商品的检验检疫和监督管理由国家出入境检验检疫局及其设立在全国各

地的分支机构负责，进出口药品的监督检验、计量器具的量值检定、船舶和集装箱的规范检验、飞机(包括飞机发动机、机载设备)的适航检验、锅炉和压力容器的安全检验以及核承压设备的安全检验等，分别由国家各有关部门实施法定检验和监督管理。

1. 国家质量监督检验检疫总局

1998 年 3 月以前，我国的出入境检验检疫工作由原国家进出口商品检验局、原农业部动植物检疫局、原卫生部卫生检疫局三个部门分别负责。1998 年 3 月，全国人民代表大会通过了国务院机构改革方案，由原国家进出口商品检验局、原农业部动植物检疫局和原卫生部卫生检疫局合并组建的国家出入境检验检疫局，是“三检”合一的检验检疫机构。出入境检验检疫局负责出入境卫生检疫、动植物检疫和进出口商品检验、鉴定、认证、认可和监督管理工作。2001 年 4 月 10 日，国家出入境检验检疫局和国家质量技术监督局合并，组建国家质量监督检验检疫总局(AQSIQ，简称国家质检总局)。国家质检总局成立后，原国家出入境检验检疫局设在各地的出入境检验检疫机构、管理体制及业务不变。目前，国家质量监督检验检疫总局有关出入境检验检疫的主要职责包括以下五方面：

(1) 通关管理。

国家质检总局参加国家对外开放口岸的规划和验收等有关工作，依法制定《出入境检验检疫机构实施检验检疫的进出境商品目录》，对涉及环境、卫生、动植物健康、人身安全的出入境货物、交通工具和人员实施检验检疫通关管理，在口岸对出入境货物实行“先报检，后报关”的检验检疫货物通关管理模式。

出入境检验检疫机构负责实施进出口货物法定检验检疫，并签发“入境货物通关单”和“出境货物通关单”，海关凭此放行；签发出境检验检疫证书至 100 多个国家和地区；依法对出入境检验检疫标志和封识进行管理；负责签发普惠制原产地证、一般原产地证、区域性优惠原产地证和专用原产地证及注册等相关业务。

2001 年开始实行“大通关”制度，提高通关效率。国家质检总局通过“三电”工程建设，即出入境货物电子申报、电子监管、电子放行，大大提高了口岸通关速度，并实现了报检、检验检疫、签证通关、统计汇总的网络化管理，作为“金质工程”的重要组成部分，已在建设中的“中国电子检验检疫”，将形成整套电子执法系统，实现检验检疫执法管理的科学化、规范化和制度化。

(2) 出入境卫生检疫管理。

根据《中华人民共和国国境卫生检疫法》及其实施条例，国家质检总局负责在我国口岸对出入境人员、交通工具、集装箱、货物、行李、邮包、尸体骸骨、特殊物品等实施卫生检疫查验、传染病监测、卫生监督和卫生处理，促进国家对外开放政策的实施，防止传染病的传入和传出，保证出入境人员的健康卫生。

(3) 出入境动植物检疫管理。

根据《中华人民共和国进出境动植物检疫法》及其实施条例，国家质检总局对进出境和旅客携带、邮寄的动植物及其产品和其他检疫物，装载动植物及其产品和其他检疫物的装载容器、包装物、铺垫材料，来自疫区的运输工具，以及法律、法规、国际条约、多双边协议规定或贸易合同约定应当实施检疫的其他货物和物品实施检疫和监管，以防止动物传染病、寄生虫病和植物危险性病、虫、杂草以及其他有害生物传入传出，保护农、林、牧、渔业生产和人体健康，促进对外贸易的发展。

检疫的措施主要包括：风险分析与管理措施、检疫审批、国外预检、口岸查验、隔离检疫、实验室检测、检疫除害处理、预警和快速反应、检疫监管等。

(4) 进出口商品检验管理。

根据《中华人民共和国进出口商品检验法》及其实施条例，国家质检总局对进出口商品及其包装和运载工具进行检验和监管。对列入《出入境检验检疫机构实施检验检疫的进出境商品目录》中的商品实施法定检验和监督管理；对《目录》外商品实施抽查；对涉及安全、卫生、健康、环保的重要进出口商品实施注册、登记或备案制度；对进口许可制度民用商品实施入境验证管理；对法定检验商品的免验进行审批；对一般包装、危险品包装实施检验；对运载工具和集装箱实施检验检疫；对进出口商品鉴定和外商投资财产价值鉴定进行监督管理；依法审批并监督管理从事进出口商品检验鉴定业务的机构。

(5) 进出口食品安全管理。

根据《中华人民共和国食品安全法》和《中华人民共和国进出口商品检验法》及相关规定，国家质检总局对进出口食品和化妆品安全、卫生、质量进行检验监督管理，组织实施对进出口食品和化妆品及其生产单位的日常监督管理。对进口食品(包括饮料、酒类、糖类)、食品添加剂、食品容器、包装材料、食品用工具及设备进行检验检疫和监督管理。建立出入境食品检验检疫风险预警和快速反应系统，对进出口食品中可能存在的风险或潜在危害采取预防性安全保障和处理措施。

参与制定并实施《中华人民共和国动物及动物源食品中残留物质监控计划》及《中华人民共和国动植物源食品农药残留物质监控计划》，参与在全国范围内对动物及动物源食品进行农兽药残留监测。

2. *药品检验部门*

鉴于药品对人类健康、生命安全的特殊重要性，依据《中华人民共和国药品管理法》的规定，进出口药品(包括原料药、制剂和药材)由卫生部指定的药品检验部门检验。为加强对进口药品的监督管理，卫生部于1990年11月2日发布了《进口药品管理办法》。按照该管理办法的规定，国家对进口药品实行注册制度、法定检验制度。凡进口的药品，必须具有卫生部核发的“进口药品注册证”，药品到达口岸后，及时向口岸药检所报检，药检所及时抽样、检验，并出具检验报告书明确标明“符合规定，准予进口”或“不符合规定，不准进口”的检验结论以确保进口药品的质量和安全有效。

3. *船舶检验局*

船舶检验局是国家船舶技术监督机构，成立于1956年，总部设在北京，负责对船舶执行法定的监督检验，同时办理船级业务。其主要任务是：制定船舶检验的规章制度和船舶规范；在全国主要港口设立办事机构，执行监督检验；对船舶、海上设施及其材料、机械设备实施监督检验和试验，使船舶和海上设施具备正常的技术条件，以保障海上船舶、设施和人身的安全以及海洋环境不受污染；根据我国参加的有关国际公约，代表政府签发公约要求的船舶证书；办理船舶入级业务；担任公证检验。

4. 香港特别行政区的商品检验机构

香港特别行政区政府指定的检验机构是标准及检定中心。该中心按政府颁布的商品目录，对进口商品实施强制性检验。目录所列商品，未经检验及检定中心检验合格的，一律不得销售和使用。香港是自由港，对出口商品不实施强制性检验。对商品检验管理的方式，主要有强制性检验、自愿申请标志检验、国际认证检验、委托检验和消费选择指导性检验等。除指定的检验机构外，香港还有私人公证行（如天祥公证行）和外国检验机构（如 SGS）。

5. 其他检验鉴定机构

进出口计量器具的鉴定工作由国家计量部门检验鉴定；进出口锅炉及压力容器的安全监督检验，由锅炉压力容器安全监察机构办理；进出口船舶、主要船用设备和材料、集装箱的船舶规范检验由船舶检验机构办理；进出口飞机，包括飞机发动机、机载设备等的适航检验由民航部门的专门机构检验办理；出口文物必须经国家文物行政管理部门检验鉴定并出具准予出口的凭证等。凡上述物品的进出口检验须依法向各专职检验部门申请办理，取得合格检验鉴定证明文件后，才准予进口或出口。

此外，我国还有为进出口贸易提供检验服务的中介组织，如中国进出口商品检验总公司(CCIC)，它以办理商业性的委托检验为主，接受对外贸易有关各方如进口商、出口商、供货商、中间商、承运人、保险人以及其他检验机构的委托，进行进出口商品的检验、鉴定工作，出具检验、鉴定报告或证书，并向委托人收取检验费。

10.2.2 国外检验机构

当前活跃在国际贸易领域中的各类商品检验检疫机构、鉴定机构有 1 000 多家，既有官方机构，也有民间和私人机构。有的综合性检验鉴定公司业务遍及全世界，涉及国际贸易中各类商品的检验鉴定工作。其中有些比较著名的检验机构，由于其检验比较公正、合理、科学，已被许多国家所认可，其鉴定结果亦成为商品进入国际市场的通行证。

1. 瑞士通用公证行

瑞士通用公证行(Societe Generale de Surveillance, SGS)是目前世界上最大的专门从事国际商品检验、测试和认证的集团公司，它是一个在国际贸易中有影响的民间独立检验机构。SGS 集团成立于 1878 年，总部设在瑞士日内瓦。SGS 的检验业务服务范围和覆盖的地理区域都很广泛，在国际检验界占据重要的地位。通用公证行在世界贸易活动中依据用户申请、委托，主要从事下述业务：

(1) 对粮食、农、副产品的质量、数量、重量进行检验。对车、船、仓的装运条件、清洁卫生进行检验，对装卸进行监督等。

(2) 对石油产品、化工产品、化肥、水泥及医药品进行数量、重量、质量检验，对油轮、油舱、油桶的装运条件进行检验等。

(3) 对矿产品、冶金产品、钢铁、废钢进行质量、数量、重量、外观、尺寸检验，监督装卸等。

(4) 对各类工业品、消费品的检验，包括纺织品类、鞋类、玩具类、钟表类、电子及电器产品、体育用品、箱包、车辆、文具等。除进行常规检验外，还可应用户要求，提供采购服务、寻找货源、价格比较、供货单位评估、生产监控、装船监督等项业务。

(5) 对成套工业工程的交易提供系列服务，可参与审查工程规划，审核文件、资料，进行调查评估，直到监督制造、装运、安装、调试，检验成品的全面专业性代理服务。

(6) 对二手设备的交易，可参与购货前调查、提供咨询服务、检验设备、价值评估、成本预算、监督拆卸、运输、安装以及处理索赔等系列服务。

(7) 承担与政府合约的综合性进口检验业务，即一些发展中国家执行的全面进口监管计划，通称 CISS 业务。

瑞士通用公证行在我国设有办事处，并成立了合资检验公司，近年来业务得到了相当发展。

2. 劳氏船级社

劳氏船级社(Lloyd's Registe of Shipping, LR)为世界上规模最大、历史最久的船舶入级和海事鉴定权威公证机构。1760 年成立于英国伦敦，在全球 100 多个国家设有 230 多个办事机构，拥有专职及兼职验船师 3 000 人。英国劳氏船级社由一个委员会控制，委员会由来自船东、船舶和机器制造商、钢铁制造商、保险商、伦敦保险协会和船东协会，以及皇家船舶设计和建造协会的技术委员会的代表组成。英国劳氏船级社具体的业务范围包括以下几方面：

(1) 化学品及能源：为化学品及能源相关部门的生产者及经营者提供独立的资产及风险管理解决方案。

(2) LRQA：提供一系列服务帮助客户使用管理系统改进商业表现。包括评估、认证、检测、检验等。

(3) 海运：船舶的认证、分级、生产检验、咨询、设计评估、培训、检测等。

(4) 石油和煤气：资产管理、认证、分级、生产检验、咨询、设计评估等。

(5) 运输：安全检测、独立担保、管理咨询、培训等。劳氏船级社在办理国际船级业务方面占有垄断地位，在海运、保险业界信誉卓著。劳氏船级社与我国船舶检验局、商检机构均建立了检验合作关系。

3. 英之杰检验集团

英之杰检验集团(Inchcape Inspection and Testing Services, IITS)为一家国际性的民营商品检验组织，总部设在英国伦敦。IITS 集团中包括：嘉碧集团、天祥国际公司、安那实验室、英之杰劳埃德代理公司(汉基国际集团、马修斯但尼尔公司)、英特泰克服务公司及英特泰克国际服务有限公司等。这些附属机构独立经营，各机构均有自己的专业技术人员和设备，以自身名义提供服务，财务由英之杰总部协调。

英之杰集团与中国商检机构建立了业务往来合作关系。此外，日本海事检定协会(NKKK)、日本海外货物检查株式会社(OMIC)、新日本检定协会(SK)、日本油料检定协会、美国食品和药物管理局(FDA)、美国保险人实验室(UL)等检验部门都与我国检验机构有着业务往来与合作关系。

10.3 出入境检验检疫的项目

检验检疫机构对于进出口商品检验鉴定的具体内容，根据商品的不同特性，法律、法规规定的不同内容，或是根据合同中的具体规定，有关技术标准的规定，以及根据申请委托人的意愿而不同。

10.3.1 质量检验

1. 质量检验的内容

质量检验(Quality Test)也称为品质检验，是检验工作的主要项目，是指借助于某种手段或方法来测定产品的一个或多个质量特性，然后把测得的结果同规定的产品质量标准进行比较，从而对产品做出合格或不合格判断的活动。通过观察和判断，适当时结合测量、试验所进行的符合性评价。质量检验的内容主要有：

(1) 外观质量。检查商品的外观形态、尺寸规格、样式、花色、造型、表面缺陷、表面加工装饰水平以及视觉、嗅觉、味觉等。

(2) 内在质量。内在质量所含内容较多，其中成分检验包括：有效成分的种类、含量、杂质及有害成分的限量等。性能检验包括：商品应具备的强度、硬度、弹性、伸长率、耐热性等物理性能，耐酸/碱性、抗腐蚀性、溶解性、化学相容性等化学性能。机械性能检验包括：抗压、抗拉、冲击、振动、跌落等。使用性能检验包括：完成规定的动作、特定的使用效果，如汽车的车速、刹车要求，电视机的声响、图像效果，机器生产出完好的产品等。

(3) 特定质量检验项目。这一检验项目是指为了安全、卫生、环境保护等目的，针对不同商品而特别要求的质量检验。如对食品卫生质量的检验，检验食品中有害生物、食品添加剂、农药残留量、重金属含量等；对动植物的检疫检验；对危险货物的安全性能检验；对飞机、车辆、船舶安全的防护质量检验；废气、噪音、废水的限量检验等。

2. 质量检验的方法

质量检验的方法因项目不同而不同，需要按照有关标准或技术规定的要求执行。一般而言，有以下几种检验方法：

(1) 化学分析检验。

对商品进行化学分析，多用于确定商品的纯度、成分、杂质含量等。有溶液法、重量法、气体分析法等。

(2) 仪器分析检验。

利用现代化的高精度分析仪器测定商品中成分含量的方法，对其主成分及微量杂质的测定可以精确到百万分级(PPM)或十亿分级(PPB)，具有结果准确、快速、高效的特点，如原子吸收光谱仪、气相色谱仪、液相色谱仪等，往往与计算机同时使用，取得良好的测试效果。

(3) 感官检验法。

感官检验法是利用人体的各种感觉器官，如视觉、嗅觉、味觉、听觉、触觉以及积累的实践经验检验商品品质的方法。用这种方法主要检验的是外形、外观、硬度、弹性、气味、滋味、声音等方面。感官检验法是运用人体的视、触、嗅、味、听、敲、抖、折、弯、照、量和数等功能来完成商品的检验工作。其中有些手段还要借助于一定的工具，例如量尺、衡器等。感官检验法可以用于一般商品的检验，例如对纺织品的外观疵点和花色图案的检验，棉花的品级检验等。也可以用于高档精密商品的检验，例如食品的风味检验，烟、酒、茶的气味检验，收音机等的音质检验，电视机的图像检验，呢绒、皮革等商品的柔软、平滑等检验，机械产品的外观检验，等等。由于感官检验法简单、方便、迅速、灵活，再加上目前有些感官检验项目用仪器设备检验不了，因此在国际贸易中感官检验法仍被广泛采用。

(4) 物理检验法。

物理检验法是用各种仪器、设备、量具等，测量或比较各种产品的物理性能或物理量的数据，进行系统整理，从而确定商品质量的一种检验方法。物理检验的范围很广，例如：金属材料的机械性能检验(硬度、拉力、冲击、扭转、弯曲、剪切、疲劳、渗透性、焊接性以及金属材料的宏观组织鉴定、微观组织分析等)；纺织品的幅宽、长度、密度、重量、断裂强度、伸长率、回潮率、缩水率、撕破强度、折皱弹性、起皮起球、防雨性能、厚度、硬挺度、防火性能、耐磨度、色牢度等的测定；化工产品中的比重、折光度、黏度、熔点、沸点、凝固点等的测定；石油产品的比重测定；润滑油的黏度测定；沥青的针孔度、软化点、延性检验；纸张的强度(包括拉力、环压、耐折度、撕裂度、耐破度、挺度)检验；电工类产品的电阻、电感绝缘、磁性等测试；机械类产品的尺寸、精度、光洁度、强度的测定，等等。此外还有无损检测、振动检测、噪声测定等。

(5) 微生物学检验。

微生物学检验是生物检验中的一种方法。主要是测定商品内所存在的微生物类别，测定有关致病微生物是否存在，从而判定商品卫生质量及是否符合卫生标准。如显微观察法、细菌培养法、纯种分析法、形态观察法等。检验机构在完成进出口商品的质量检验后签发品质检验证书(Quality Certificate)或专项检验证书，如检疫证书、兽医证书等。

10.3.2 数量和重量检验

商品的数量(quantity)或重量(weight)是贸易合同中的重要内容，因其直接涉及该笔贸易的成交金额与最终结算，与双方利益的关系最为直接。因此，数量或重量检验是检验工作的主要内容之一。

1. 数量检验

在对外贸易合同中常用的数量计量方式有：

(1) 对机电仪器类产品、零部件、日用轻工品常用个数计量，如个、只、件、套、打、台等，这种方式简单明确、检验方便，直接清点即可。

(2) 一些纺织品、布匹、绳索等用长度计量，计量单位为米、英尺等。

(3) 玻璃、胶合板、地毯、塑料板、镀锌(锡)钢板等常用面积计量，计量单位为平方米、平方英尺等。

(4) 木材多用体积计量，按立方米、立方英尺等单位计量。

(5) 有些液体、气体产品用容器计量,使用升、加仑等计量单位。

2. 重量检验

(1) 计重方式。

国际贸易中常用的计重方式包括以下三种:

① 毛重(gross weight),是指商品本身的重量加上包装的重量。

② 净重(net weight),商品本身的重量,即商品的毛重减去包装重(皮重)的重量。

③ 以毛作净(gross for net),此时以商品的毛重作为净重,即不必再扣除皮重,一般用于包装相对于货物本身而言重量很轻,或包装本身不便计量等情况。大部分商品都按净重计价,但具体计算时也有以毛作净的情况。对于纺织纤维,如棉、毛、丝等,因其含水率变化会影响重量,在计重时引入公量的概念。公量重(conditioned weight)是以商品的干态重量加上标准含水率(公定含水率)时的水分重量为计价重量。

(2) 计重单位。

多使用吨、公斤为单位。也有使用英制长吨、美制短吨、磅、盎司等单位的。

(3) 计重方法。

① 衡量计重,是使用最多的计重方式,使用小至天平、台秤,大到汽车衡、轨道衡、料斗秤等衡器,经校准后对不同商品衡重。天平的精密度很高,精密天平的误差在十万分之一或更高,大型衡器的允许误差可在0.2%。

② 水尺计重,是利用阿基米德原理,测量出船只在装货前、后或卸货前、后的吃水差,计算出船舶的排水量,扣除船上其他物料的重量并修正后得出所装货物的重量,是适用于散装矿石、粮谷等低值散装物料重量检验的一种快速方法,其允许误差为0.5%。

③ 容量计重,用于散装液体商品,如原油、成品油、植物油等的一种计重方式。通过测量油舱、油罐在装货前后或卸货前后的液位,计算出装或卸货的实际重量,计算时要考虑到液体物料的温度、密度、罐体变形等因素,其允许误差为0.4%。

④ 流量计计重,是一种仪器计重方式,通过流量计直接测得装或卸的液体或气体商品的重量,使用简单方便,其允许误差为0.4%。

(4) 溢短装条件。

对于装运农副产品、矿产品、石油产品等散装商品,实际交货重量往往难以准确与合同规定数量相同。买卖双方一般在合同中约定一个可以灵活的幅度,即为溢短装条件。溢短装条件可以明确规定允许多装或少装某个百分数(如5%),或规定交货数量为"约"若干吨等。最后结算时以重量检验证书的准确重量结算。有的合同还对重量短少规定了免赔率,主要考虑到运输流通过程中的损失,实际检验重量在低于合约规定一定百分数内时(如3%),此时可视为足量。

10.3.3 包装检验

包装检验是根据合同、标准和其他有关规定,对进出口商品的外包装和内包装以及包装标志进行检验。为了确保出口危险货物安全运输,对装运危险货物的包装容器必须进行性能检验,检验合格者才准予装运危险货物。在对危险货物包装出口时,还必须申请商检部门进行使用鉴定，以便确认正确合理地使用包装容器，取得使用鉴定证明后才准予装运出口。

依据联合国制定的“危险货物运输建议”和国际海事组织制定的国际海运违规(IMDG code)，危险货物共分为：爆炸品，压缩、液化或加压溶解的气体，易燃液体，易燃固体，氧化剂和有机过氧化物，有毒物质和有感染性的物质，放射性物质，腐蚀品，其他危险货物，近3 000种列入危险货物。凡属于上述所列的危险货物必须实施包装性能检验和使用鉴定。

凡列入种类表和其他法律、法规规定需经商检机构检验的商品，即所谓法定检验商品，必须申请商检机构对其运输包装进行性能检验，未经商检机构检验合格，不准用于盛装出口商品。商检机构还接受有关部门的申请或委托，对法检商品外商品的运输包装进行性能检验。

进行包装检验时首先核对外包装上的商品包装标志(标记、号码等)是否与进出口贸易合同相符。对进口商品主要检验外包装是否完好无损，包装材料、包装方式和衬垫物等是否符合合同规定的要求，对外包装破损的商品要检查其是否由于包装不良所引起。出口商品的包装检验可分为危险货物包装检验和一般货物包装检验，除包装材料和包装方法必须符合外贸合同、标准规定外，还应检验商品的内外包装是否牢固、完整、干燥、清洁，是否适于运输和保护商品质量、数量的要求。出入境检验检疫机构对进出口商品的包装检验，一般在现场抽样检验，或在进行衡器计重的同时结合进行。运输包装性能检验的典型项目有跌落试验、堆码试验、气密试验以及液压试验等。

10.3.4 装运技术检验

根据对外贸易关系人的申请，或依据有关法律、法规的规定，检验机构对出口商品的装载条件、装载技术等内容进行检验鉴定，主要有如下检验项目：

1. 船舱检验

船舱检验包括干货舱检验、油舱检验、冷藏舱检验，目的在于确认船舱对所装货物的适载性。干货舱检验包括对船舱、船底、污水道、管道、舱壁、舱顶、舱口框、护货板等固定设备情况以及铺垫物料进行检验，要求清洁、干燥、无异味、无虫害，适于装载货物。油舱清洁检验包括检查油舱内各部位及输油管道有无油污、锈渍、有毒有害物质，以及是否符合清洁、干燥、无异味的要求。对于装运食用植物油的船舱，依法执行食用卫生条件检验。油舱紧固检验是对油舱、暖气管、油舱有关部位进行紧密性试验，通常用水压、油压或气压试验，检查舱内各衔接部位有否泄漏现象，符合技术要求时，方可装载液体物品。对冷藏舱检验时，除检查清洁、干燥、无异味等条件外，还应重点检查其制冷效能和绝热设施是否良好，以确保承载货物的卫生和安全。对于装运粮油食品、冷冻品等易腐烂变质食品出口的船舱由检验机构实施强制性检验，经验舱不合格的，不准装载。

2. 进出口集装箱鉴定

检验机构对装运易腐烂变质食品的集装箱实施强制性检验，以保证出口食品的卫生质量。对其他进出口集装箱，凭对外贸易关系人的申请，办理鉴定业务。集装箱的监视装箱，也称装箱鉴定，根据拟装货物的特性，鉴定集装箱的结构、卫生、冷冻等条件，制订装箱计划和防护措施，指导和监视装货，鉴定所装货物的数量、包装、标志并对集装箱签封，出具鉴定证书。集装箱的监视卸箱，也称卸箱鉴定，是对进口集装箱货物核查其集装箱号码、封识号及外观状态，检查卸货前货物在箱内状态，监视卸货，鉴定所卸货物的数量、包装、标志，确定货损、货差，出具鉴定证书。此外，还可接受集装箱的承租鉴定、退租鉴定，以及集装箱的清洁、温度、风雨密固性等单项鉴定。

3. 监视装载

监视装载简称监装，是检验部门对出口商品装货进行的监视鉴定工作。对货物监装时，首先要对装运出口货物的船舱进行检验，或对集装箱进行检验，确认其适货性。同时审核承运人的配载计划是否符合货运安全的需要，监督承运人按照商品的装载技术要求进行装载，并出具监视装载证书。

4. 积载鉴定

积载鉴定是根据对外贸易关系人的申请，检验部门对出口商品装载情况进行的鉴定。鉴定时应审核承运人的配载计划是否合理，注意其安全、稳固性，防止货物互相串味等。检查装船技术措施是否符合保护货物的质量、数量完整和安全的要求，如是否有良好的加固、隔离、衬垫及通风措施等，据实出具鉴定证明。

5. 货载衡量鉴定

货载衡量是对贸易成交将要运输的商品进行测量体积和衡定重量的工作，是由承运人或托运人申请检验部门办理的鉴定业务。其主要目的是为了计算运输中的运费。同时，为订舱、配载提供准确的货物体积和重量数据，以保证船舶合理配载及安全、平稳。

10.3.5 出入境动植物检疫

为防止动物传染病、寄生虫病和植物危害性病、虫、杂草及其他有害生物传入传出国境，保护农、林、牧、渔业和人体健康，保障我国国际贸易活动的正常进行，《中华人民共和国进出境动植物检疫法》规定，对进出境的动植物、动植物产品和其他检疫物，装载动植物、动植物产品和其他检疫物的装载容器、包装物以及来自动植物疫区的运输工具，依法实施检疫。

我国出入境检验检疫局统一管理全国进出境动植物检疫工作。进口动植物、动植物产品和其他检疫物，经检验合格的，准予进口，海关凭口岸动植物检疫机关的检疫证书或在报关单上加盖的印章验放。经检疫不合格的，由口岸动植物检疫机关签署“检疫处理通知单”，通过货主或者其代理人作除害、退回或销毁处理，经除害处理合格的，准予入境。输出动植物、动植物产品和其他检疫物，经检疫合格或经除害处理后合格的，准予出境，海关凭口岸动植物检疫机关的检疫证书或在报关单上加盖的印章验放。检疫不合格又无有效方法作除害处理的，不准出境。对出口动物产品的检疫，除必须符合我国有关规定外，还必须符合进口国政府的有关法令要求。进口国一般要求由出口国官方兽医、检疫部门出具检疫证书，我国需由出入境检验检疫机构办理证明出口的有关畜禽产品来自、生长在、暂养在、宰杀在(野生动物捕杀在)、加工分割在、储存在一定半径范围之内(如 50 千米或100千米半径内等)，一定期限内(如3个月、6个月等)未发生过某些指定的传染病的非疫区。出口的畜禽在屠宰时，要经宰前宰后检验，在证书中证明宰前健康无病，宰前3个月内未注射过防疫针。宰后解剖检查内脏无疾病、肌肉无肿瘤、结核、组织坏死、寄生虫病和其他疾病等。有些国家在进口家畜、家禽、野味、水海产品及罐头食品等肉类食品时，依据该国兽医卫生法规的规定，屠宰、分割、加工、储存这些食品的工厂、冷库，其卫生条件必须符合进口国规定的最低卫生要求。经出口国官方兽医卫生管理当局按此要求审查合格并批准后，授予兽医卫生批准编号，并向进口国主管当局注册登记，经其认可，并由官方发布公告宣布之后，进口商才准许由上述注册登记工厂进口肉类食品。出口国必须在每批产品的兽医卫生证书上标明批准认可、注册登记的工厂，并在产品包装上加附官方兽医验讫证明标志，货到后才能获准验放进口。同时，进口国的官方兽医还保留到出口国对已注册登记工厂检查的权利，如发现不符合要求的工厂企业，有权暂停或撤销该企业注册编号，停止该企业产品向相应国家的出口。上述有关审批和向国外注册登记的工作，我国统一由国家出入境检验检疫局办理。

10.3.6 出入境卫生检疫

1. 出入境卫生检疫的对象

按照我国《国境卫生检疫法》及其实施细则的规定，出入境的人员、交通工具、集装箱、运输设备、尸体、骸骨及可能传播检疫传染病的行李、货物、邮包等都必须接受卫生检疫。经卫生检疫机关许可，方准入境或者出境。入境出境的微生物、人体组织、生物制品、血液及其制品等特殊物品，也应当主动接受检疫。经卫生检疫机关许可，方准带入或带出，海关凭卫生检疫机关签发的有关证明放行。

2. 出入境卫生检疫的标准

国境卫生检疫机关根据国家规定的卫生标准，对国境口岸的卫生状况和停留在国境口岸的入、出境交通工具的卫生状况实施卫生监督。这个规定是对国境口岸(包括口岸内的有关单位和个人)及交通工具提出的卫生法律要求，如国境口岸内的涉外宾馆供应公司应建立健全卫生制度和卫生设施，交通工具必须采取措施，控制啮齿动物、病媒昆虫数量降低到不足为害的程度，饮用水、食品必须符合我国卫生标准，否则必须进行整顿、改进。

3. 出入境卫生检疫工作的执行

国境卫生检疫机关负责传染病检疫监测工作，主要监测的传染病为鼠疫、霍乱和黄热病三种。此外，还有流行性感冒、疟疾、脊髓灰质炎、流行性斑疹伤寒、回归热及登革热。另外，依据我国政府有关规定，自1988年起将艾滋病纳入传染病监测管理。经国境口岸入、出境的有关人员，必须按规定在法定时间内(1年)到国境卫生检疫机关监测体检点接受传染病监测体检，领取证书。卫生检疫机关有权要求出入境人员出示传染病监测体检证明书、健康证书或者其他有关证书。

4. 卫生处理

对出入境交通工具以及货物、尸体有下列情况之一者，应当由卫生检疫机关实施消毒、防鼠、除虫或者其他卫生处理：

- 来自检疫传染病疫区的。
- 被检疫传染病传染的。
- 发现有与人类健康有关的啮齿动物或者病媒昆虫，超过国家卫生标准的。
- 对入出境废旧物品和曾行驶于境外港口的废旧交通工具，视其污染程度而定，对污染严重的实施销毁。
- 凡入出境的尸体、骸骨，对不符合卫生要求的，而且若是因患检疫传染病死亡的病人尸体，实施火化，不得移运。
- 不符合卫生要求的入出境邮包。我国出入境检验检疫局是我国负责出入境卫生检疫工作的政府机构。

10.3.7 进出口食品卫生检验检疫

依据《中华人民共和国食品安全法》和《中华人民共和国出口食品卫生管理办法》等法规规定，为保证食品安全，防止食品污染和有害因素对人体的危害，保障人民身体健康，我国实行食品卫生监督制度，我国出入境检验检疫部门负责进出口食品的卫生检验检疫工作。

出口食品经检验检疫符合我国有关法规规定，符合进口国的有关法令规定和外贸合同规定后，出具卫生证书、品质证书，才能放行出口。进口的食品、食品原料、食品添加剂、食品容器、包装材料和食品用工具及设备，必须符合国家卫生标准和卫生管理办法的规定。进口上述所列产品，由国境食品卫生监督检验机构进行卫生监督、检验。进口单位在申报检验时，应当提供输出国(地区)所使用的农药、添加剂、熏蒸剂等有关资料和检验报告。海关凭国境食品卫生监督检验机构的合格证书放行。对不合格者，可以实行销毁、改作他用、重新加工、退回等相应措施处理。

10.3.8 进出口商品鉴定

检验机构办理进出口商品鉴定业务，须凭申请办理，不属于强制性检验。检验机构根据对外贸易、运输和保险合同规定的有关各方，即进口商品收货、用货单位和代理接运部门以及出口商品的生产者、供货单位和经营部门的申请，外国检验机构的委托，办理进出口商品鉴定业务，签发各种鉴定证书，供申请单位作为办理商品交接、结算、计费、理算、通关、计税、索赔或举证等的有效凭证。

1. 进出口商品质量鉴定

包括品质鉴定、数量鉴定、重量鉴定，而重量鉴定又办理衡器计重、水尺计重、容量计重、流量计计重等鉴定业务。此外，还有残损鉴定，其中有舱口检视、载损鉴定、监视卸货、海损鉴定和残损鉴定五个项目。残损鉴定是进出口商品重量鉴定的一个重要组成部分。在国际贸易的货物流通过程中，由于货物的质量、运输环节、人为因素、意外灾害等原因，常常会使货物到达收货人手中时发生变质、短少、破损等问题，统称为残损。进出口货物发生残损时，贸易关系人可以向商检部门申请残损鉴定。商检部门在进行残损鉴定中要查明致损原因，判别责任归属，如船残、原残、工残、港残或是海损。确定商品的受损程度，包括数量、重量的短少变化、品质变异、降级、降等情况等。对残损商品要进行估损和贬值,对有的残损商品还要考虑加工、整理、改装、换包装、修理等费用。最后出具残损鉴定证书,供申请人向有关责任方及保险公司办理索赔。

2. 外商投资财产鉴定

包括价值鉴定、损失鉴定、品种质量及数量鉴定以及与外商投资财产有关的其他鉴定。外商投资财产鉴定是指对国外(包括港、澳、台地区)的公司、企业、其他经济组织或个人(外商)在中国境内开办的外商投资企业、其他经济组织或个人(外商)在中国境内开办的外商投资企业及各种对外补偿方式中,国外投资者投入的财产的鉴定工作。

按照国家商检局和财政部颁发的《外商投资财产鉴定管理办法》规定,国家进出口商检局负责管理全国范围内的外商投资财产鉴定工作。各地商检局及其下属业务机构负责管理和办理执行本地区的外商投资财产鉴定工作。外商投资财产鉴定的内容包括:

(1) 价值鉴定,是对买卖、合资、入股、保险、纳税、信贷、转让以及清算等各类经济、贸易活动中外商投资财产的现时价值进行鉴定。

(2) 损失鉴定,对外商投资财产因自然灾害、意外事故引起损失的原因、程度及残余价值和损失清理费用的鉴定,以及对因抢救财产、防止灾害蔓延、事故扩大所采取的必要施救措施而造成损失所需费用的鉴定。

(3) 品种、质量、数量鉴定,对外商投资财产的品名、型号、质量、数量、规格、商标、新旧程度以及出厂日期、制造国别、厂家等进行的鉴定。

商检部门出具的上述财产鉴定证明是证明投资各方投入财产价值量的有效依据,各地会计师事务所可凭此办理外商投资财产的验资工作。

3. 集装箱鉴定

包括装箱鉴定、拆箱鉴定、承租鉴定、退租鉴定以及集装箱清洁和测温等单项鉴定。

4. 其他鉴定业务

包括签封样品和检封样品、舱容丈量、熏蒸证明、销毁证明、产地证明、价值证明、发票鉴证等业务。

目前,我国进出口商品的鉴定工作,统一由检验机构或其指定的检验机构办理。为了引进国外先进的检验鉴定方法、标准和管理手段,进一步开发和利用国内外两个检验市场、两种资源,提高我国商检在国际检验市场竞争中的地位、综合实力以及整体优势,经国家有关部门批准,亦可与国外检验机构合作共同开展商品鉴定工作。

10.4 进出口商品检验检疫的模式与流程

我国从2000年1月1日起实施“先报检、后报关”的检验检疫货物通关制度,将原卫检局、动植物局、商检局进行的检验“三检合一”,全面推行“一次报检、一次取样、一次检验检疫、一次卫生除害处理、一次收费、一次发证放行”的工作规程和“一口对外”的国际通用的检验检疫模式。从2000年1月1日起,对实施进出口检疫的货物启用“入境货物通关单”和“出境货物通关单”,并在通关单上加盖检验检疫专用章,对列入《出入境检验检疫机构实施检验检疫的进出口商品目录》范围内的进出口货物(包括转关运输货物),海关一律凭货物报关地的出入境检验检疫局签发的“入境货物通关单”或“出境货物通关单”验放,取消了原“商检、动植检、卫检”以放行单、证书及在报关单上加盖放行章通关的形式。凡属法定检验检疫商品或合同规定需要检疫机构进行检验并出具检验证书的商品,对外贸易关系人均应及时提请检疫机构检验。我国进出口商品的检验程序主要包括以下四个环节:报检、抽样、检验、签发证书和放行。

10.4.1 报检

进出口报检是指对外贸易关系人按照法律、法规或规章的规定向检验检疫机构报请检验检疫工作的手续。报检也称报验,是检验检疫工作的开始。凡属检疫范围内的进出口商品都必须报检。

1. 报检单位

报检单位有进出口经营权的国内企业,入境货物收货人或其代理人,出境货物生产企业或其代理人,中外合资、中外合作和外商独资企业,国外企业、商社常驻中国代表机构等其他对外贸易关系人。报检单位首次报检时须持本单位营业执照和政府批文办理登记备案的手续,取得报检单位代码。其报检人员须经检验检疫机构培训合格后领取“报检员证”,凭证报检。代理报检单位须按规定办理注册登记手续,其报检人员须经检验检疫机构培训合格后领取“代理报检员证”,凭证办理代理报检手续。

2. 报检范围

(1) 需向检验机构申报出口检验的范围出口商品及其运载工具属下列情况之一者必须向检验机构报检:

① 列入《商检机构实施检验的进出口商品种类表》(以下简称《种类表》)内的出口商品。

② 出口食品的卫生检验。

③ 出口危险货物包装容器的性能鉴定和使用鉴定。

④ 转运出口易腐烂变质食品、冷冻品的船舱、集装箱等运载工具的适载检验。

⑤ 对外贸易合同(包括信用证、购买证等)规定由商检机构检验出证的出口商品。

⑥ 出口动物产品的检疫和监督消毒。

⑦ 其他法律或行政法规规定须经商检机构检验出证的出口商品。

⑧ 与进口国政府有约定必须凭我国商检机构证书方准进口的商品,如:澳大利亚为防止中国的病虫害传入澳洲,特规定从中国进口的红木家具或木箱等,需要中国商检机构签发的熏蒸证书。

⑨《种类表》内出口商品的包装容器的性能鉴定。

⑩ 对外贸易关系人要求对出口商品检验、鉴定的其他项目。

(2) 需向检验机构申报进口检验的范围。

国家对进口商品的检验实行统一管理,分工负责。法定检验的进口商品必须在规定期限内进行检验。未经检验,不准安装投产,不准销售,不准使用。下列范围的进口商品必须报请商检机构进行检验：

① 列入《商检机构实施检验的进出口商品种类表》内的进口商品。

②《进口商品安全质量许可制度目录》内的商品。

③ 外贸合同规定须凭商检机构检验证书计价结算的进口商品。

④ 其他法律、行政法规规定必须由商检机构检验的进口商品。

⑤ 其他需要由商检机构签发证书的进口商品。

《种类表》以外的进口商品和《目录》以外的进口商品到货后，由收用货单位自行检验，商检机构实行监督管理。但当收、用货部门检验后发现商品的品质、规格等与合同不符，重量、数量短少，或者商品有残、损、渍、毁等情况，需要向国外发货人或承运人或保险人提出索赔的，收、用货人应依法申请商检机构复验或鉴定，并取得相应商检证书，据此向责任方提出索赔。

3. 报检的单证要求

凡是履行出口商品报检程序和手续的单位或个人统称为出口商品的报检人。报检人应在商检部门规定的报检时间、报检地点履行报检手续，同时提供必要的文件、资料，并配合商检业务部门看货、抽取样品。报检人有权要求商检部门在规定期限内完成检验、出具证书。报检人对检验结果有异议时，有权依照有关程序提请复验。报检人在报检时应填写规定格式的报检单，加盖报检单位印章，提供与出入境检验检疫有关的单证资料，并按规定缴纳检验检疫费。

(1) 入境报检。

入境报检时，应填写入境货物报检单并提供合同、发票、提单等有关单证。下列情况报检时还应按要求提供有关文件：

① 凡实施安全质量许可、卫生注册或其他须审批审核的货物，应提供有关证明。

② 品质检验还应提供国外品质证书或质量保证书、产品使用说明书及有关标准和技术资料。凭样成交的，须加附成交样品。以品级或公量计价结算的，应同时申请重量鉴定。

③ 报检入境废物时，还应提供国家环保部门签发的进口货物批准证书和经认可的检验机构签发的装运前检验合格证书等。

④ 申请残损鉴定的还应提供理货残损单、铁路商务记录、空运事故记录或海事报告等证明货损情况的有关单证。

⑤ 申请重(数)量鉴定的还应提供重(数)量明细单、理货清单等。

⑥ 货物经收、用货部门验收或其他单位检测的，应随附验收报告或检测结果以及重量明细单等。

⑦ 入境的动植物及其产品，在提供贸易合同、发票、产地证书的同时，还必须提供输出国家或地区官方的检疫证书。需办理入境检疫审批手续的，还应提供入境动植物检疫许可证。

⑧ 过境动植物及其产品报检时，应持货运单和输出国家或地区官方出具的检疫证书。运输动物过境时，还应提交国家检验检疫局签发的动植物过境许可证。

⑨ 报检入境运输工具、集装箱时，应提供检疫证明，并申报有关人员的健康状况。

⑩ 因科研等特殊需要，输入禁止入境物时，必须提供国家检验检疫局签发的特许审批证明。

⑪ 入境特殊物品时，应提供有关的批件或规定的文件。

(2) 出境报检

出境报检时，应填写出境货物报检单并提供对外贸易合同(售货确认书或函电)、信用证、发票、装箱单等必要的单证。下列情况报检时还应按要求提供有关文件：

① 凡实施质量许可、卫生注册或须经审批的货物，应提供有关证明。

② 出境货物须经生产者或经营者检验合格并加附检验合格证或检测报告，申请重量鉴定的货物，应加附重量明细单或磅码单。

③ 凭样成交的货物，应提供经买卖双方确认的样品。

④ 出境人员应向检疫机构申请办理国际旅行健康证明书及国际预防接种证书。

⑤ 报检出境运输工具、集装箱时，应提供检疫证明，并申报有关人员的健康状况。

⑥ 生产出境危险货物包装容器的企业，必须向检验检疫机构申请包装容器的性能鉴定。生产出境危险货物的企业，必须向检验检疫机构申请危险货物包装容器的使用鉴定。

⑦ 报检出境危险货物时，必须提供危险货物包装容器性能鉴定结果单和使用鉴定结果单。

⑧ 申请原产地证明书和普惠制原产地证明书时，应提供商业发票等资料。

⑨ 出境特殊货物时，应根据法律法规规定提供有关的审批文件。

4. 进口报检的时间要求

报检的时间应以进口商品的品种为依据，并考虑合同中规定的索赔有效期限、品质保证期限以及规定的向商检机构报检的期限。

(1) 一般商品应该在货物到达报检地点 3 天内，向货物所在地的商检机构报检。

(2) 在口岸卸货时发现有残损、短少的进口商品，应当立即向口岸商检机构报检，以便在卸货地检验，确定残损、短少情况，判明原因和责任归属。

(3) 列入《种类表》内的进口商品以及必须经商检机构检验出证的《种类表》以外的进口商品，收用货部门或代理人均应在索赔有效期截止之前 1/3 的时间内，向货物的所在地商检机构报检。

(4) 延长索赔期。货物到达目的地时，索赔有效期已临近，来不及完成检验出证的报检人应该提前向国外办理延长索赔的手续，以便在卖方责任终止前检验出具商检证书。合同规定的索赔有效期限，有的是从进口时间算起，有的是从卸货完毕的时间算起，具体有 30 天、35 天、90 天或 3 个月等。有的是以提单签发日期起 6 个月或品质规定 180 天、150 天，这段时间包括航运时间、待泊时间和卸货时间。

(5) 对承运人提出索赔的期限。根据提单条款一般规定为 1 年，《海牙规则》和布鲁塞尔 1968 年修改的《海牙规则》均规定为 1 年。《中国远洋运输公司提单条款》的规定也是 1 年。而《汉堡规则》规定为 2 年。一般是从货物卸毕日期算起。

(6) 对保险公司索赔的期限。中国人民保险公司《海洋运输货物保险条款》规定,分责任起讫期限和索赔时效期限。责任起讫期限是指保险的责任期限,索赔时效期限是指向保险公司索赔的期限,具体期限见保险单中的规定。

(7) 其他。进口微生物、人体组织、生物制品、血液及其制品或种畜、禽及其精液、胚胎、受精卵的,应当在入境前30天报检。进口其他动物的,应当在入境前15天报检。进口植物、种子、种苗及其他繁殖材料的,应当在入境前7天报检。出境货物最迟于报关或装运前7天报检。对于个别检验检疫周期较长的货物,应留有相应的检验检疫时间。出境的运输工具和人员应在出境前向口岸检验检疫机构报检或申报。需隔离检疫的出境动物在出境前60天预报,隔离前7天报检。

5. 进口报检的地点要求

(1) 进口货物的残损鉴定在口岸申请报检。在口岸商检机构受理报检后,某些特殊情况不能在口岸完成检验鉴定任务时,口岸商检机构可以办理易地检验、鉴定手续,在货物的目的地商检机构完成检验、鉴定任务。有些特殊情况包括国家法律规定必须迅速远离口岸的商品,如危险品等,必须服从国家法令的规定。对于需要到货物目的地安装后才能进行检验、鉴定的商品,或者口岸没有足够检验场地对某种商品实施检验时,国际贸易惯例规定允许离开口岸执行检验、鉴定任务。对于一批到货既有残损,又有非残损,不能分开的商品,或者容易扩大残损,又不能及时采取相应措施的商品,口岸商检机构不办理易地检验手续。

(2) 大宗散装进口商品的鉴定及合同规定凭卸货口岸商检机构的品质、重量检验证书作为计算价格、结算货款的商品,应在口岸商检机构申请报检。

(3) 进口粮食、原糖、化肥、硫黄、矿砂等,按照国际贸易惯例,必须在目的地口岸承载货物的船舱内或在卸货过程中,按合同规定或者标准规定的抽样方法,抽取代表性样品进行检验。经检验不合格,按该批商品的检验结果出具商检证书对外索赔才有效。如果不在承载货物的船舱内或卸货过程抽样,而是在货物转运、分拨到其他地方后再抽样、检验,此检验结果不能作为索赔的依据。

(4) 进口的农产品、畜产品,经过国内转运后,容易造成水分挥发、散失或货物腐烂变质,不能反映到货时的品质状况的,原则上应在卸货口岸进行报检。

(5) 进口化工原料和化工产品,分拨调运后,不宜按原发货批号抽取该商品的代表性样品,应在货物到达口岸办理申请报检。

(6) 分拨数地的进口商品。一批到货分拨到几个地方卸货,应在口岸商检机构办理申请报检。因故不能在口岸进行检验的,应申请办理易地检验的报检。

(7) 集装箱运输的进口商品,在口岸拆箱后转运到内地的,应在口岸报检。未发现残损而又是易地的货物,可在拆箱地点报检。

(8) 目的地商检机构申请报检的有:

① 进口成套设备、机械、仪器在商品外包装完好的情况下,可在货物目的地商检机构报检。

② 陆运、空运、邮运的进口商品,在国外单证指明的到货地商检机构办理报检。

③ 商品外包装完整，在到货口岸未发现货物有残、短等情况的商品，在货物到达地的商检机构报检。

④ 只要求证明进口货物残损现状的商品。

⑤ 对外贸易合同约定在到货地开箱检验的进口商品。

⑥ 保险责任范围内的已加批加保延长保险责任终止地点的进口商品。

6. 报检及证单的更改

报检人申请撤销报检时，应书面说明原因，经批准后方可办理撤销手续。报检后30天内未联系检验检疫事宜的，作自动撤销报检处理。报检人申请更改证单时，应填写更改申请单，交附有关函电等证明单据，并交还原证单，经审核同意后方可办理更改手续。品名、数(重)量、检验检疫结果、包装、发货人、收货人等重要项目更改后与合同、信用证不符的，或者更改后与进、出口国家或地区法律法规规定不符的，均不能更改。

10.4.2 抽样

商品检验抽样是根据技术标准或操作规程所规定的抽样方法和抽样工具，在整批商品中随机地抽取一小部分在质量特性上都能够代表整批商品的样品，通过对该样品的检验，据此对整批商品的质量做出评定。现场检验一般采取国际贸易中普遍使用的抽样法(个别特殊商品除外)。抽样时须按规定的抽样方法和一定的比例随机抽样，以便样品能代表整批商品的质量。为了切实保证抽样工作的质量，同时又要便利对外贸易，必须针对不同商品的不同情况，灵活地采用不同的抽样方式。常用的抽样方式有：

1. 登轮抽样

进口大宗商品，如散装粮谷、铁矿砂等，采取在卸货过程中登轮抽样的办法，可随卸货进度，按一定的比例，抽到各个部位的代表性样品，然后取得代表性的检验样品。

2. 甩包抽样

例如进口橡胶，数量很大，按规定以10%抽样，采取在卸货过程中，每卸10包甩留1包，供抽样用，既可使抽样工作便利，又能保证样品的代表性。

3. 翻垛抽样

出口商品在仓库中密集堆垛，难以在不同部位抽样时，如有条件应进行适当翻垛，然后进行抽样，这种方式要多花一定的劳力。

4. 出厂、进仓时抽样

在仓容紧张、翻垛困难的情况下，对出口商品可事先联系安排在出厂时或进仓时进行抽样，同时加强批次管理工作。

5. 包装前抽样

为了避免出口商品抽样时的拆包损失，特别是对用机器打包的商品，在批次分清的前提下，采取在包装前进行抽样的方法。

6. 生产过程中抽样

有些出口商品，如冰蛋、罐头等，可在生产加工过程中，根据生产批次，按照规定要求，随生产抽样，以保证代表性，检验合格后进行包装。

7. 装货时抽样

出口大宗散装商品，有条件的可在装船时进行抽样。如原油用管道装货时，可定时在管道中抽取样品。出口食盐在装船时每隔一小时抽样一次，样品代表性都很好。但采用这种方式时必须事先研究，出口商品的品质必须能符合出口合同的要求，或是按检验机构的实际检验结果出证进行结算的才适用，否则在装船后发生检验不合格的情况，就难以处理。

8. 开沟抽样

出口散装矿产品，如煤炭等，都是露天大垛堆存，抽样困难，且品质又不够均匀，一般视垛位大小，挖掘2—3条深1米的沟，以抽取代表性样品。

9. 流动间隔抽样

大宗矿产品抽样困难，可结合装卸环节，在输送带上定时抽取有足够代表性的样品。

不论采取上述何种形式的抽样，所抽取的样品必须遵循抽样的基本原则，即能代表整批商品的品质。

10.4.3 检验

1. 出口商品的检验方式

(1) 商检自验和共同检验。

① 商检自验。商检机构在受理了对外贸易关系人对出口商品提出的品质、规格、数量、重量、包装以及安全、卫生的检验鉴定申请后，自行派出检验技术人员进行抽样、检验鉴定，并出具商检证单，这种检验形式就是商检自验。但是商检自行检验在对某些商品或商品的某个项目检验中并不排除需要申请人或有关单位提供某些帮助，例如检测的仪器设备、工具上的帮助，以及提供一些辅助劳力帮助等。

② 共同检验：共同检验简称共验。商检机构在接受了对外贸易关系人对出口商品提出的检验申请后，与有关单位商定，由双方各派检验人员共同检验，最后出具检验结果证单。或者是商检机构与有关单位各承担商品的某部分项目的检验鉴定，共同完成该批商品的全部项目的检验工作，最后出具检验鉴定证单。共同检验是组织社会力量检验的一种手段，有关单位在执行检验、鉴定任务时，应该严格按照合同、信用证或标准进行，并对检验结果负责。

(2) 出口检验与预先检验。

① 出口检验是指商检机构对准备装运出口的商品按照外贸合同或信用证、标准等规定进行的检验。商检机构在接受了报检人的申请后，按照约定的时间，到货物堆存地点进行抽样、检验。经检验合格后，签发商检证单即可出口。出口检验货物必须具备下列装运条件：

- 货物是生产、加工完毕的产品，除散装货、裸装货以及汽车、拖拉机等整机货物以外，货物已包装完毕，外包装符合出口要求。
- 外贸经营单位已对外签订外销合同，凭信用证支付货款的，已收到信用证，明确了检验依据。

② 预先检验简称预验。预验是商检机构为了方便对外贸易，根据需要，对某些经常出口的商品进行预先检验。

受理预先检验的范围包括：尚未成交的出口商品；已成交签订了销售合同，但尚未接到信用证（凭信用证支付货款的商品），不能确定转运条件的出口商品；必须在生产过程中实施检验以把住质量关，使成品质量有一定稳定性的出口商品。

出口商品预先检验的工作程序：商品经生产企业出厂检验合格和经营单位验收合格→出口经营单位或生产加工单位向商检机构提出对其商品预先检验的申请→商品进行预先检验→商检机构签发“预验结果单”或“出口商品检验换证凭单”→申请出口换证或办理放行。

经过预先检验的出口商品，外贸经营单位在确定了装运条件后，持“出口商品检验换证凭单”或“预验结果单”向商检机构申请出口换证时，商检机构必须派人查验，凡商品的标记与号码或批号与合同或信用证中的规定相符，商品的品质、包装正常，方可按照检验换证凭单换发出口检验证书或放行单，办理放行出口。

(3) 产地检验。

产地检验是商检机构为了配合生产加工单位和出口经营单位做好出口检验，派出检验人员到出口商品的生产产地进行检验。产地检验有两种形式：第一种与出口检验相同，这种形式的产地检验，商品按出口要求生产、加工、包装完毕，经产地检验合格后，刷好标记号码，具备了装运条件，商品就可以装运出口；第二种与出口预验相同，这种形式的产地检验，检验合格后运往口岸或出口装运点待运出口，在货物具备了装运条件后，申请人再申请查验换证或办理放行出口。

产地检验主要适用于大宗出口的农产品，如棉花、粮谷、柑橘、苹果、核桃以及花生等商品的检验。由于这些商品产地分散，生产季节性强，集中口岸检验有一定困难，而且有些商品要在产地发运，所以需要检验人员到商品产地进行检验。

(4) 内地检验与口岸查验。

① 内地检验：根据我国商检法规的规定，内地省市的出口商品需要由内地检验机构进行检验。经内地检验机构检验合格后，签发“出口商品检验换证凭单”。当商品的装运条件确定后，外贸经营单位持内地检验机构签发的“出口商品检验换证凭单”向口岸检验机构申请查验放行。

② 口岸查验：口岸查验是指经产地检验机构检验合格、运往口岸待运出口的商品，运往口岸后申请出口换证时，口岸检验机构派人进行的查验工作。

对一般商品的查验主要查对商品品名、数量、标记与号码或批号是否与“出口商品检验换证凭单”所列内容相符。查验货物包装有无破损、污染、水渍等不正常情况。检验中如果发现货物包装受损，可能影响商品质量的，或者查验中对商品质量有疑问的，或者根据国家商检局的规定需要查验商品品质的，都要开件抽查商品的品质。

对易腐烂变质以及品质不稳定的商品，口岸商检机构除查验商品的外包装情况外，还要查验商品品质，而且必须批批开件抽查检验商品品质。其做法是对冷冻肉类、鲜蛋及蛋制品类、乳制品类、水产品类、肠衣类、鲜果类及蔬菜类等商品，主要查验软化、冻坏、色泽、气味、变质、霉烂、虫蛀、污染以及货温、车温或船舱温度，等等。对皮鞋主要查验是否发霉以及原材料缝制方面有无缺陷等。对于电池主要查验电压。罐头主要查验有无膨听、变形、锈听及破损等。根据不同商品，不同情况，按照规定进行有关的检验。口岸查验中发现有漏检项目或需要重新进行检验的，口岸检验机构要将漏检的项目进行补验，需要重新检验的要按照标准的规定重新检验。口岸查验中发现货物包装有问题或不合格，应及时通知有关单位加工整理，经重新整理或换包装后，再进行查验。口岸查验中如果发现“出口商品检验换证凭单”有误时，应与发货地的检验机构联系更正。

(5) 免验。

根据我国《进出口商品免验办法》规定，凡列入《商检机构实施检验的进出口商品种类表》和其他法律、行政法规规定须经检验机构检验的进出口商品，经收货人、发货人(以下简称“申请人”)申请，国家检验部门审查批准，可以免予检验。凡具备下列情况之一者，申请人可以申请免验。

- 申请免验商品的生产企业，已经建立了完善的质量保证体系，并且获得中国出口商品质量保证体系认证，或者国家商检部门认可的外国有关组织实施考核并获得质量保证体系认证的。
- 在国际上获质量奖(未超过 3 年时间)的商品。
- 经国家商检部门认可的国际有关组织实施质量认证，并经检验机构检验质量长期稳定的商品，如连续三年出厂合格率及检验机构检验合格率均为百分之百，并且没有质量异议的出口商品。连续三年检验机构检验合格率及用户验收合格率百分之百，并且获得用户良好评价的出口商品。

此外，对进出口一定数量限额内的非贸易性物品和对进出口展品、礼品及样品，申请人凭有关主管部门批件、证明及有关材料，也可申请免验和办理放行手续。不能申请免验的商品涉及安全、卫生和有特殊要求的进出口商品不能申请免验。主要有：

- 粮油食品、玩具、化妆品、电器等。
- 列入进口商品安全质量许可证管理的商品。
- 品质易发生变化的商品或者散装货物。
- 合同要求按照商检证书所列成分、含量计价结汇的商品。

申请免验的程序出口商品的免验，申请人向商品所在地的商检机构提出申请，经商检机构初审合格后，才能向国家检验检疫局提出免验申请。进口商品的免验，由申请人向国家检验检疫局提出书面免验申请。国家检验检疫局受理申请后，组织专家审查组对申请免验的商品及其制造工厂的生产条件和有关资料进行审查，并对产品进行抽样测试。专家审查组在审查及对产品检验的基础上，提交书面审查报告，经国家检验部门批准，发给申请人免验证书，并予以公布。获准免验进出口商品的申请人，凭有效的免验证书、合同、信用证及该批产品的厂检合格单和原始检验记录等，到当地检验机构办理放行手续，并缴纳放行手续费。对需要出具商检证书的免检商品，检验机构可凭申请人的检验结果，核发商检证书。获准免验的进出口商品的生产企业应接受商检机构的监督管理。

2. 进口商品的检验方式

(1) 进口商品的自验。

进口商品的收用货单位、经营单位或代理接运单位,按照《中华人民共和国进口商品检验法》的规定,向商检机构报检的列入《商检机构实施检验的进出口商品种类表》内的进口商品和其他法律、法规规定须经商检机构检验的进口商品和对外贸易合同中指明凭商检机构检验的品质、重量检验或鉴定结果进行结算的进口商品,由商检机构自行派人执行抽样检验或鉴定,并出具检验证单,称为商检自验。进口商品经商检机构检验、鉴定后,对符合合同、标准及有关法律、法规规定的品质、规格、数量、卫生、安全、包装等技术条件的,签发"检验情况通知单"。如果进口商品经商检机构检验、鉴定后,不符合合同、标准规定的,签发商检证书,由对外贸易关系人在索赔有效期内,向责任方提出索赔。对于外贸合同规定凭商检证书结算的进口商品,经商检机构检验后,出具商检证书供买卖双方结算货款用。

(2) 进口商品的共同检验。

商检机构受理对外贸易关系人提出的对进口商品进行品质、规格、数量、重量、安全、卫生、包装、残损等检验或鉴定后,商检机构确定与有关单位各派检验人员共同执行检验,或者由商检机构指定有关单位承担进口商品的部分项目检验、鉴定,商检机构承担抽样和其余部分项目的检验、鉴定,共同完成该批商品的全部项目检验、鉴定,由商检机构确认有关单位的检验结果,汇总对外出具商检证单,称为共同检验。对进口商品执行共同检验,不论有关单位承担多少检验项目,对外贸易关系人或收用货部门都要按规定向商检机构办理正式的报检手续,并提交有关单证、资料。进行共同检验时,必须严格按照合同、标准规定,对检验中出现的问题由商检机构按照规定解决,做出最后结论。如果有关单位不能按合同、标准和商检机构的规定要求进行检验、鉴定,商检机构可视情况,将共同检验改为商检自验。

(3) 装船前检验。

装船前检验(Preshipment Inspection, PSI)是国际贸易中经常采用的一种检验方式,主要是根据各进口国或进口商的要求,对进口商品在出口国进行发运前的检验,以保证进口商品的品质、数量、包装等符合合同要求。我国一般对重要的进口商品和大中型成套设备进行装船前检验,订货公司在签订进口合同时,应约定在该合同项下的商品或设备的生产、制造国进行监造或者在装运前进行预检验、监装。收货人应该依据外贸合同的约定,组织实施装船前的预检验、监造或监装。商检机构将根据需要和对外贸易关系人的申请派出技术人员参加这项工作。商检机构派检验人员参与装船前预检验,但这种检验不能代替买方对商品进口后按合同规定所进行的最终检验和验收,也不能免除卖方按合同规定和国际贸易惯例所应承担的风险,买方仍保留对外索赔的权利。商检机构派出检验人员出国参与对进口商品装船前检验,不等于免除进口商品或成套设备的法定检验。根据合同规定对进口商品实施装运前的预先检验、监造或监装,有以下好处:可以防止质量低劣和不合格的商品进口,是一种对商品质量把关的积极做法;装船前预先进行检验、监造,可以将商品可能出现的一些问题,在商品的生产国得到解决,可以避免经济损失,保障人民的身体健康和安全。

10.4.4 签发证书

对于出口商品，经检验部门检验合格后，凭《出境货物通关单》进行通关。若合同、信用证规定由检疫部门检验出证，或国外要求签发检验证书的，应根据规定签发所需证书。对于进口商品，经检验后签发《入境货物通关单》进行通关。凡由收、用货单位自行验收的进口商品，如发现问题，应及时向检验检疫局申请复验。若复验不合格，检疫机构即签发检验证书，以供对外索赔。

1. 签发商检证书

进出口商品经检验合格的，由商检机构签发商检证书。经检验不合格的，由商检机构签发《不合格通知单》。对于不合格的出口商品，根据不合格的原因，商检机构可酌情同意申请人申请复检，复检原则上仅限一次，或由申请单位重新加工整理后申请复检。复检时应随时加工整理情况报告和《不合格通知单》，经复验合格，商检机构签发《检验证书》，办理申请进出口免验放行程序。

常见的检验证书有下列几种：

(1) 品质检验证书。运用各种检测手段，对进出口商品的质量、规格、等级进行检验后出具的书面证明。

(2) 质量检验证书。根据不同的计量方法证明进出口商品的重量。

(3) 数量检验证书。根据不同的计量单位，证明商品的数量。

(4) 兽医检验证书。证明动物产品在出口前经过兽医检验，符合检疫要求，如冻畜肉、皮张、毛类、绒类、猪鬃及肠衣等商品，经检验后出具此证书。

(5) 卫生检验证书。出口使用动物产品，如肠衣、罐头食品、蛋品、乳制品等商品，经检验后使用此种证书。

(6) 消毒检验证书。证明出口动物产品经过消毒，使用此种证书，如猪鬃、马尾、羽毛、人发等商品。

上述各种检验证书，尽管类别不同，但其作用是基本相同的。

2. 签发商检证单

检验机构为了便于出口商品在国内有关部门办理手续或方便检验机构之间沟通情况，简化检验程序，可签发有关商检证单，主要有：

(1) 预验结果单。出口商品经检验机构预先检验合格后，对内签发的证单，用于商品出口时向当地检验机构换证。

(2) 出口商品检验换证凭单。出口商品经发运地的检验机构检验合格后，对内签发的证单，商品出口时申请人凭此单向口岸检验机构申请出口检验换证。

(3) 出口商品放行单。法定检验商品经检验合格后，对内签发的证单，海关凭此单对法定检验商品验放出口。

(4) 不合格通知单。出口商品经检验机构检验不合格时，对内签发的证单。签发此单后出口商品不能放行出口。

(5) 海运出口危险货物包装容器性能检验结果单。检验机构对出口危险货物的包装容器性能鉴定合格后,对内签发的证单,使用危险货物包装容器的单位向检验机构申请包装容器使用鉴定时须提供此单。

(6) 海运出口危险货物包装容器使用鉴定结果单。海运危险货物的包装容器经检验机构进行使用鉴定合格后,对内签发的证单,供外贸经营单位装运出口危险货物和办理出口装运等手续用。

(7) 委托检验结果单。检验机构接受有关单位的委托申请,对商品进行检验后,对内签发的证单,供申请人了解委托样品情况用。

10.4.5 放行

1. 法定检验出口商品的放行

检验机构对法定检验出口商品采用下列某一种形式放行:

(1) 在"出口商品报关单"上加盖"出口商品放行章",海关凭此验放货物。

(2) 出具"出口商品放行单"(供通关用),海关凭此单验放货物。即:直接在口岸报关的出口商品,经检验机构检验合格,出具"出口商品放行单";转向异地口岸报关的出口商品,也要有检验机构出具的"出口商品放行单"。

出口商品由内地运抵口岸的放行手续:

① 内地商检机构直接检验,在海运、空运口岸装运出口的,或经铁路装运,但货物或车皮封识完好的,可直接凭内地商检机构签发的出口商品放行单验放。

② 内地商检机构签发"出口商品检验换证凭单"的出口商品,经口岸商检机构查验合格后换发出口商品放行单(章)。经当地商检机构预验后签发"预验结果单"的出口商品,需向当地商检机构办理正式放行手续。

(3) 检验机构签发注有"仅供通关用"字样的品质检验证书(副本),海关凭此验放货物。出口货物不论是在内地还是在口岸,只要经商检机构检验合格后签发了检验证书,货物通关时海关都可以凭此检验证书放行。但是,对于下列商品,内地商检机构不能直接签发检验证书放行:易地口岸分批出口的商品;出口期限不明确的商品;出口口岸不明确的商品;内地商检机构检验,经铁路陆运到香港的鲜活商品;内地商检机构检验,易地口岸海运出口的散装商品等。这些商品出口时口岸商检机构凭内地商检机构签发的"出口商品检验换证凭单"查验换证放行。

(4) 对东欧等国经铁路陆运出口的商品,经检验机构检验合格,凭随车商检品质证书(正本)放行。

2. 免验商品的放行

获准免验的进出口商品的申请人,在免验有效期内,凭免验证书、外贸合同、信用证及该商品的品质证书或厂检合格单等文件到商检机构办理放行手续,并缴纳放行手续费。需要出具商检证书的出口免验商品,商检机构可以凭申请人提交的品质证明文件核发商检证书。对数量、重量、包装等项目按照有关规定进行检验后核发商检证书。

10.5 出入境检验检疫的电子化

电子检验是指通过应用信息化手段和改革检验监管模式，实现对检验对象从申报到检验检疫、签证放行全过程的电子化。电子检验检疫有电子报检、电子监管、电子放行三大功能。

10.5.1 电子报检

电子报检是指报检单位使用电子软件，通过检验检疫电子业务服务平台将报检数据以电子方式传输给检验检疫机构，经检验检疫业务管理系统和检务人员处理后，将受理报检信息反馈报检单位，实现远程输出入境检验检疫报检的行为。电子报检对报检数据审核采取“先机审，后人审”的程序进行。报检单位发送电子报检数据，电子审单中心将符合要求的报检信息传输给受理报检单位和施检部门，并提示报检单位与相关的施检部门联系检验检疫事宜。报检单位接到报检成功信息后，按信息中心的提示与施检部门联系检验检疫。出境货物受理电子报检后，报检单位应按受理报检信息的要求，在检验检疫机构施检时，将报检软件打印的报检单和全套随附单据提交施检人员审核。入境货物受理电子报检后，报检单位应按受理报检信息的要求，在领取《入境货物通关单》时，将报检单和随附单据提交施检人员审核。不符合要求的，施检人员通知报检单位立即更改，并将不符合情况反馈受理报检部门。电子报检的计费由电子审单系统在接到施检部门转来的全套单据后，自动对照单据进行机复核，报检单位逐票或按月缴纳检验检疫等有关费用。电子报检的签证部门按规定办理。

10.5.2 电子监管

电子监管是在检验检疫工作前推后移、改革原有监管模式的基础上，应用信息化管理全过程，大大提高工作效率。电子监管包括出口货物前期管理、出口货物快速验放和进口货物快速查验。

1. 出口货物前期管理

出口货物前期管理是对出口货物监管的前推，实现从源头管理。包括建立企业电子档案，在生产过程排布关键控制点进行严密检验检疫检测，实时提取电子数据，实现严密监管和工作前推。

2. 出口货物快速核放

出口货物快速核放是指将出口企业日常监管信息、生产过程实时检验检疫结果和标准规定要求存入数据库。报检时，只需要将数据进行比对，成功后即可放行。

3. 进口货物快速查验

进口货物快速查验是指检验检疫机构与港务部门的网络互联、信息共享，货物到港前，该系统可提前获取港务部门相关电子信息，并对货物到货信息自动核查和处理。货物到港后，按检验检疫不同要求查验核放。

10.5.3 电子放行

电子放行实现检验检疫机构与海关之间、检验检疫机构之间在通关放行信息上的互联互通，有效提高通关验放效率。电子放行包括电子通关、电子转单和绿色通道制度。

1. 电子通关

电子通关是指检验检疫机构与海关通过口岸电子执法系统实现信息共享，完成检验检疫通关单电子数据的传输。

2. 电子转单

电子转单是指通过系统网络，将产地或目的地检验检疫机构和出入境口岸检验检疫机构的相关信息相互连通。

出境货物电子转单，由产地检验检疫机构将检验检疫合格后的相关电子信息，通过网络及时传输到国家质检总局电子转单中心，并向出境检验检疫关系人以书面方式提供报检单号、转单号及密码等。出境检验检疫关系人凭报检单号、转单号及密码等到出境口岸检验检疫机构申请《出境货物通关单》。出境口岸检验检疫机构接受申请，提取电子转单信息，签发《出境货物通关单》，并将处理信息反馈电子转单中心。

入境货物电子转单，由口岸检验检疫机构在签发《入境货物通关单》后，将相关电子信息传输到电子转单中心，并以书面形式向入境检验检疫关系人提供报检单号、转单号及密码等。入境检验检疫关系人凭报检单号、转单号及密码等，向目的地检验检疫机构申请实施检验检疫。目的地检验检疫机构根据电子转单信息，对入境检验检疫关系人未在规定期限内办理报检的，将相关信息通过电子转单中心反馈入境口岸检验检疫机构，以便采取相应处理措施。

3. 绿色通道制度

按照分类管理原则，对安全质量风险小、诚信度高的企业的出口货物，在产地检验后，口岸检验检疫机构免于查验，直接向海关发送电子通关单。

思考题：

1. 出入境检验检疫的对象有哪些？
2. 出入境检验检疫的流程是什么？
3. 什么是电子报检？电子报检的流程有哪些？

第 11 章 国际物流中的海关实务

本章关键词

报关 custom clearance
保税仓库 bonded warehouse
保税货物 bonded goods
保税工厂 bonded factory

11.1 报关制度

11.1.1 报关的含义

1. 报关的概念

《中华人民共和国海关法》规定："进出境运输工具、货物、物品，必须通过设立海关的地点进境或出境。"因此，由设关地进出境并办理规定的海关手续是运输工具、货物、物品进出境的基本原则，也是进出境运输工具负责人、进出口货物收发人、进出境物品的所有人应履行的一项基本义务。报关是与运输工具、货物、物品的进出境密切相关的一个概念。《海关法》中对管理相对人办理进出境等海关事务表述为"办理报关纳税手续"、"办理报关手续"、"从事报关业务"、"进行报关活动"或者直接称为"报关"。一般而言，报关是履行海关进出境手续的必要环节之一，是进出境运输工具的负责人、货物和物品的收发货人或其代理人，在通过海关监管口岸时，依法进行申报并办理有关手续的过程。

需要说明的是，在进出境活动中，我们还经常使用"通关"这一概念。通关与报关既有联系又有区别。两者都是对运输工具、货物、物品的进出境而言的，但报关是从海关管理相对人的角度，仅指向海关办理进出境手续及相关手续，而通关不仅包括海关管理相对人向海关办理有关手续，还包括海关对进出境运输工具、货物、物品依法进行监督管理，核准其进出境的管理过程。另外，在货物进出境过程中，有时还需要办理"报检、报验"手续。报检、报验与报关不同，指的是按照国家有关法律、行政法规的规定，向进出口检验、检疫部门办理进出口商品检验、卫生检疫、动植物检疫和其他检验、检疫手续。一般而言，报检、报验手续要先于报关手续办理。

2. 报关的范围

根据《中华人民共和国海关法》规定，所有进出境的运输工具、货物、物品都需要办理报关手续。报关的范围包括：进出境运输工具、进出境货物和进出境物品。

(1) 进出境运输工具。

主要包括：用以运载人员、货物、物品进出境，并在国际运营的各种境内或境外船舶、车辆、航空器等。

(2) 进出境货物。

主要包括：一般进出口货物、保税货物、特定减免税货物、过境货物、转运等其他进出境货物。另外，一些特殊形态的，如以货品为载体的软件等也属于报关的范围。

(3) 进出境物品。

主要包括：进出境人员携带、托运等的行李物品；以邮递方式进出境的邮递物品；以及享有外交特权和豁免的外国机构或人员的办公用品或自用品等。

3. 报关人

向海关办理报关手续的人叫报关人，报关人包括报关单位和报关员。

(1) 报关单位。

报关单位是指向海关提出书面申请，经海关审核同意，拥有海关颁发的报关注册登记证书，有权办理进出口货物及运输工具报关手续的境内法人。报关单位分为三大类。

① 自理报关企业。报关活动仅限于本单位业务范围的进出口货物，不能代理其他单位报关。它们是有进出口经营权的国营大中型企业，工贸、农贸、技贸公司以及外商投资企业中的独资、合资和合作等企业。外贸专业公司不能委托其分公司报关，因为它们不是一个企业法人。

② 代理报关企业，即代理客户经营对外贸易的仓储运输、国际运输工具、国际运输工具服务，兼营报关服务的企业。这类企业本身没有进出口经营权，只能代理该企业所承揽的货物的报关业务，如外运、外代公司等。

③ 专业报关企业。这类企业既无进出口经营权，也无国际运输代理权，而是专门从事接受进出口货物经营单位和运输工具负责人以及它们的代理人的委托，办理报关、纳税等事宜，具有法人地位的经营实体，它符合海关鼓励的报关专业化、社会化的发展方向。

(2) 报关员。

报关员是指经海关总署组织的全国统一考试，取得报关员资格证书，按照规定程序在海关注册，向海关办理进出口货物报关业务的人员。

11.1.2 报关的程序

报关程序是指进出口货物收发货人、运输工具负责人、物品所有人或其他代理人按照海关的规定，办理货物、物品、运输工具进出境及相关海关实务的手续和步骤。

在我国货物的进出境必须经过海关审单、查验、征税、放行四个作业环节。所以，进出口货物发货人或其代理人应当办理相应的进出口申报、配合查验、缴纳关税、提取装运货物等手续。但是，这些程序还不能满足海关对所有进出境货物的实际监管要求。因此，从海关对进出境货物进行监管的全过程来看，按照时间先后可以将报关程序分为三个阶段。

1. 前期阶段

根据海关对保税货物、特定减免税货物、暂准进出境货物等的监管要求，进出口货物收发货人或其代理人在货物进出境以前，向海关办理上述货物备案手续。主要包括：

(1) 保税货物中除进出口加工区和保税区以外的保税加工货物进口之前，进口货物收货人或其代理人应当办理加工贸易备案手续，申请建立加工贸易电子账册或者申领加工贸易纸制手册。

(2) 特定减免税货物在进口之前，进口货物收货人或其代理人应当办理企业的减免税申请和申领减免税的证明手续。

(3) 暂准进出境货物中的展览品实际进境之前，进境货物收货人或其代理人应当办理展览品进境备案申请手续。

(4) 其他进出境货物中的出料加工货物实际出境之前，出境货物发货人或其代理人应当办理出料加工的备案手续。

2. 进出境阶段

根据海关对进出境货物的监管制度，进出口货物收发货人或其代理人在货物进出境时向海关办理进出口申报、配合查验、缴纳税费、提取或装运货物手续。

(1) 进出口申报，是指进出口货物的收发货人或其代理人在海关规定的期限内，按照海关规定的形式，向海关报告进出口货物的情况，提请海关按其申报的内容放行进出口货物。

(2) 配合查验，是指申报进出口的货物经海关查验时，进出口货物的收发货人，或者办理进出口申报具体手续的报关员要到达查验现场，配合海关查验货物，按照海关要求搬移货物，开拆包装以及重新封装货物。

(3) 缴纳税费，是指进出口货物的收发货人或其代理人接到海关发出的税费缴纳通知书后，向海关制定的银行办理税费款项的缴纳手续，通过银行将有关税费款项存入海关专门账户。

(4) 提取货物，是指提取进口货物；装运货物是指装运出口货物。

3. 后续阶段

根据海关对保税货物、特定减免税货物、暂准进出境货物等的监管要求，进出口货物收发货人或其代理人在货物进出境储存、加工、装配、使用后，在规定的期限内，按照规定的要求，向海关办理上述进出口货物核销、销案、申请解除监管的手续。

(1) 保税货物，无论是保税加工货物还是保税物流货物，进口货物收货人或其代理人应当在规定的期限内办理申请核销的手续。

(2) 特定减免税货物，进出口货物的收发货人或其代理人应当在海关监管期满，或者在海关监管期内，经海关批准出售、转让、退运、放弃，并办妥有关手续后，向海关申请办理解除海关监管的手续。

(3) 暂准进境货物，收货人或其代理人应当在暂准进境规定期限内，或者在经海关批准延长暂准进境期限到期前，办理复运出境手续或正式进口手续，然后申请办理销案手续；暂准出境货物，发货人或其代理人应当在暂准出境规定期限内，或者在经海关批准延长暂准出境期限到期前，办理复运进境手续或正式出口手续，然后申请办理销案手续。

(4) 其他进出境货物中的出料加工货物、部分租赁货物等，进出境货物收发货人或其代理人应当在规定的期限内办理销案手续。

11.2 进出口货物的通关制度

11.2.1 通关制度

海关通关制度是主权国家维护本国政治、经济和文化利益，对进出口货物和物品在进出口岸进行监督管理的基本制度。

1. 通关定义

所谓通关，是指进出境运输工具的负责人、货物的收发货人以及代理人、物品的所有人向海关申请办理进出口货物的进出口手续，海关对其呈交的单证和申请进出口的货物依法进行审核、查验、征缴税费、批准进口或者出口的全过程。

2. 基本程序

进出口货物的通关程序，一般来说，可以分为四个基本环节：申报、查验、征税、放行。加工贸易进出口货物，经海关批准的减免税或缓期缴纳进出口税费的进出口货物，以及其他放行后一定期限内仍须接受海关监管的货物通关程序，可以分为五个基本环节：申报、查验、征税、放行、结关。

3. 放行与结关

放行是口岸海关监管现场作业的最后一个环节。口岸海关在接受进出口货物的申报后经审核报关单据、查验实际货物，依法办理进出口税费计征手续并缴纳税款后，在有关单据上签盖放行章，海关结束其现场监督行为，在这种情况下，放行即为结关。进出口货物可由其收货人提取、发运，出口货物可由其发货人装船、启运。

在进出口货物放行前，海关人员还需对前期进行的申报、查验、征税等环节的工作进行核对，在核查无失误和遗漏的条件下，海关方签章。报关员应配合海关做好上述工作。对于保税加工贸易进口货物、经海关批准减免税或缓纳税款的进口货物、暂时进出口货物、转关运输货物以及其他在口岸海关未缴纳税款的进口货物，口岸海关接受申报以后，经审核单证符合规定的，即可放行转为后续管理。

结关是指对经口岸放行后仍需继续实施管理的货物，海关在规定的期限内进行核查，对需要补征、补税货物做出处理直至完全结束海关后续监管的工作程序。

11.2.2 进出口货物的申报

申报是指进口货物的收货人、出口货物的发货人或其代理人在进出口货物时，在海关规定的期限内，以书面或者电子数据交换(EDI)方式向海关报告进出口货物的情况，并随附有关货运和商业单据，申请海关审查放行，并对所报告内容的真实性、准确性承担法律责任的行为，即通常所说的“报关”。申报是进出口货物通关的第一环节，也是关键的环节。

1. 申报资格

参与申报的报关企业和报关人，必须是经海关审核批准予注册的专业报关企业、代理报关和自理报关企业及其报关员。海关在接受申报时，首先要审核报关单位及其报关资格是否合法有效。报关单位及其报关员的报关资格应符合以下几个方面的条件。

(1) 进出口货物的收发货人是有权经营进出口业务的企业。

(2) 有权经营进出口业务的收发货人(即自理报关企业)已向海关办理了报关、注册登记手续。

(3) 专门或代理从事办理报关手续的专业报关企业、代理报关企业已向海关办理了报关注册登记手续。委托人还应是有权经营进出口业务的企、事业单位。报关员是经报关单位指定，并经海关培训考核认可的有关人员。

2. 申报时间

(1) 进口货物的申报时间与期限。

根据《海关法》第 18 条、第 21 条的规定，进口货物的报关期限为自运输工具申报进境之日起 14 日(是法定节假日的，顺延计算)。进口货物的收货人或其代理人超过 14 日期限未向海关申报的，由海关征收滞报金。滞报金的日征收金额为进口货物到岸价格的 0.5‰。进口货物滞报金期限的起算日期为运输工具申报进境之日第 15 日。邮运进口货物的滞报金起收日期为收件人接到邮局通知之日起第 15 日。转关运输滞报金起收日期有两个：一是运输工具申报进境之日起第 15 日；二是货物运抵指运地之日起第 15 日。两个条件只要达到一个，即征收滞报金，如果两个条件均达到则要征收两次滞报金。进口货物自运输工具申报进境之日起超过 3 个月还没有向海关申报的，其进口货物由海关提取变卖处理。如果属于不宜长期保存的，海关可根据实际情况提前处理。变卖后所得价款在扣除运输、装卸、储存等费用和税费后尚有余款的，自货物变卖之日起 1 年内，经收货人申请，予以发还；逾期无人申领，上缴国库。规定进口货物的报关期限和征收滞报金是运用行政手段和经济手段，促使进口货物所有人或其代理人及时报关，从而加速口岸货运，减少积压，使货物早日投入生产和使用。进口货物的收货人，为能尽快收到货物，并且在海关规定期限内办理报关手续，应该要求国外厂商及时把货运单据寄来，在货物及有关单证上正确表明货物的全部标记唛码，包括合约的号码、详细年份、字头、编号及代号，以及收货人的名称、地址。

(2) 出口货物的申报时间与期限。

根据《海关法》同条规定，出口货物的发货人除海关特准外，应当在装货的 24 小时以前向海关申报。规定出口货物的报关期限，主要是为了留给海关一定的时间，办理正常的查验和征税等手续，以维护口岸的正常货运秩序。除了需紧急发运的鲜活、维修和赶船期货物等特殊情况之外，在装货的 24 小时以内申报的货物一般暂缓受理。

3. 申报地点

根据现行海关法规的规定，进出口货物的报关地点，应遵循以下三个原则：

(1) 进出境地原则。

在一般正常情况下,进口货物应当由收货人或其代理人在货物的进境地向海关申报,并办理有关进口海关手续;出口货物应当由发货人或其代理人在货物的出境地向海关申报,并办理有关出口海关手续。

(2) 转关运输原则。

由于进出口货物的批量、性质、内在包装或其他一些原因,经收发货人或其代理人申请,海关同意,进口货物也可以在设有海关的指运地、出口货物也可以在设有海关的启运地向海关申报,并办理有关进出口海关手续。这些货物的转关运输,应当符合海关监管要求,必要时,海关可以派员押运。

(3) 指定地点原则。

经电缆、管理或其他特殊方式输送进出境的货物,经营单位应当按海关的要求定期向指定的海关申报并办理有关进出口海关手续。这些以特殊方式输送出境的货物,输送路线长,往往需要跨越几个海关甚至几个省份,而且输送方式特殊,一般不会流失,有固定的计量工具,如电表、油表等。因此,上一级海关的综合管理部门协商指定由其中一个海关管理,经营单位或其代理人可直接与这一海关联系报告。

4. 申报单证

准备好报关用的单证,是保证进出口货物顺利通关的基础。报关单位及其报关员必须在向海关申报进出口货物之前,认真准备好报关必备单证。一般情况下,报关的必备单证除进出口货物的报关单外,可分为:基本单证、特殊单证和预备单证。

(1) 报关单的式样。

根据海关规定报关员填写的《进(出)口货物报关单》的式样为:

- 一般贸易进出口货物,填写白色的报关单。
- 进料加工的进出口货物,填写粉红色的报关单。
- 来料加工装配和补偿贸易进出口货物,填写浅绿色的报关单。
- 外商投资企业进出口货物,填写浅蓝色的报关单。
- 出口后需国内退税的货物,填写浅黄色的报关单。

(2) 报关单准备的份数。

一般进出口货物应填制报关单一式三联,俗称基本联,其中第一联为海关留存联,第二联为海关统计联,第三联为企业留存联。在已实行报关自动化系统、利用计算机报关进行数据录入的口岸报关,报关员只需填写一份报关单,交指定的预录入中心,将数据输入计算机。在其他方式下,按贸易方式的不同填制不同份数的报关单。

① 来料加工和进料加工贸易货物。

- 进口:打印四联,除基本联外,第四联为海关核销联。
- 出口:收汇的,打印五联,除基本联外,第四联为海关核销联,第五联为出口收汇核销联。

② 其他贸易货物。

- 进口:进口不需付汇的,打印基本联;进口需付汇的,打印四联,除基本联外,第四联为退税联或出口收汇核销联。

- 出口:不需退税或出口收汇的,打印基本联;需退税或出口收汇的,打印四联,除基本联外,第四联为退税联或出口收汇核销联。

5. 申报程序

(1) 接到进口提货通知或备齐出口货物。

① 进口货物的收货人或代理人接到运输或邮递公司寄交的"提货通知单",即表示欲进口的货物已经到达港口、机场、车站或邮局,收货人应当立即准备向海关办理报关手续。

② 出口货物的发货人在根据出口合同的规定,按时、按质、按量备齐出口货物后,即应向运输公司办理租船订舱手续,准备向海关办理报关手续。

(2) 办理(接受)保管委托。

报关企业可分为自理报关企业、专业报关企业和代理报关企业三种,没有报关资格的进出口货主需在货物进出口之前,在进出口口岸就近委托专业或代理报关企业办理报关手续,并出具报关委托书。委托书应载明委托人和被委托人双方的企业名称、海关注册登记编码、地址、法定代理人姓名以及代理事项、权限、期限、双方责任等内容,并加盖双方单位的公章。

(3) 准备报关单证。

在向海关办理报关手续前,应准备好海关必备的单证,具体有:

① 进口货物报关需提供的单证:

- 由报关员自行填写或由自动化报关预录入人员录入后打印的报关单。
- 进口货物属于国家限制或控制进口的,应交验对外经济贸易管理部门签发的进口货物许可证或其他批准文件。
- 进口货物的发票、装箱单(装箱清单)。
- 进口货物的提货单(或运单)。
- 减税、免税或免验的证明文件。
- 对应实施商品检验、文物鉴定、动植物检疫、食品卫生检验或其他受管制的进口货物还应交验有关主管部门签发的证明。
- 海关认为必要时,可以调阅贸易合同、原产地证明和其他有关单证、账册等。
- 其他有关文件。

② 出口货物报关时需提供的单证:

- 由报关员自行填写或由自动化报关预录入人员录入打印的报关单一式多份,其所需份数根据各部门需要而定,出口退税是加填一份黄色出口退税专用报关单。
- 出口货物属于国家限制出口货物配额出口的应提供许可证件或其他证明文件。
- 货物的发票、装箱清单、合同等。
- 商检证明等。
- 对方要求的产地证明。
- 出口收汇核销单(指创汇企业)。

● 其他有关文件。

(4) 报关单预录入。

《中华人民共和国海关对报关单位和报关员的管理规定》第 19 条规定:在实行计算机报关的口岸,专业报关和代理报关单位、自理报关单位或报关员应当负责将报关单上申报的数据录入电子计算机,并将数据、内容传送到海关报关自动化系统,海关方予接受申报。

报关单预录入工作一般要满足以下条件:

① 报关单位和报关数据录入服务单位须经海关批准方可负责电子计算机数据录入工作。

② 数据录入单位对录入电子计算机的报关单据的完整性和准确性承担责任。

(5) 递单。

报关单位在完成报关单的预录入后,应将准备好的报关随附单证及按规定填制好的进出口货物报关单正式向进出口口岸海关递交申报。报关员向海关递交报关单,就意味着通关工作的正式开始,保管单位及其报关员必须承担相应的法律和经济责任。

(6) 海关审单。

海关审单是指海关工作人员通过审核报关员递交的报关单及其随附有关单证,检查判断进出口货物是否符合《海关法》和国家的有关政策、法令的行为。审核单证是海关监管的第一个环节,它不仅为海关监管的查验和放行环节打下了基础,也为海关的征税、统计、查私工作提供了可靠的单证和资料。海关审单的主要任务有:

① 确认报关企业及报关员是否具备报关资格,有关证件是否合法有效。

② 报关时限是否符合海关规定,确定是否需征收滞报金。

③ 货物的进出口是否合法,即是否符合国家有关对外贸易法律、法规的规定。

④ 报关单证的填制是否完整、准确,单证是否相符、齐全、有效。

⑤ 对通过电子计算机登记备案的加工贸易合同,要对有关加工贸易合同的每次进出口单据进行核对,并在《登记手册》上登记。

⑥ 根据《进出口关税条例》和国家其他有关的税收政策确定进出口货物的征免性质。

11.2.3 进出口货物的查验

根据《海关法》第 19 条的规定,进出口货物除经收发货人申请,海关总署特准可以免验的以外,都应接受海关的查验。

1. 海关查验的概念

海关查验即验关,是指海关接受报关员的申报后,对进口或出口的货物进行实际的核对和检查,以确定货物的性质、原产地、货物状况、数量和价格是否与报关单所列一致。

2. 海关查验的目的

海关查验,一方面是要复核申报环节中申报的单证及查证单货是否一致,通过实际的查验发现审单环节不能发现的无证进出问题及走私、违规、逃漏关税等问题。另一方面,通过查验货物才能保证关税的依率计征。因为进口货物税则分类及适用税率的确定,申报的货价海关是否予以接受,都决定于查验的结果。如查验不适,税则分类及估价不当,不仅适用的税率可能发生差错，且估价亦高亦低，因而使税负不公，国家或进口厂商将蒙受损失。

3. 查验地点

海关查验货物一般在海关监管区内的进出口口岸码头、车站、机场、邮局或海关的其他监管所进行。为了加速验放，方便外贸运输，根据货物性质，海关对海运进出口的散装货物（如矿砂、粮食、原油、原木等）、大宗货物（如化肥、水泥、食糖、钢材等）、危险品和鲜活商品等，结合装卸环节，在作业现场予以验放。对于成套设备、精密仪器、贵重物资、急需急用的物资和“门对门”运输的集装箱货物等，在海关规定地点进行查验有困难的，经进出口货物收发货人的申请，海关核准，海关可以派员到监管区域以外的地点进行查验，就地查验放行货物。但申请单位应按规定缴纳规费，并提供往返交通工具、住宿等方便条件。

4. 查验方法

海关对进出口货物的查验主要采取彻底检查、抽查、外形查验等方法，以强化海关对进出口货物的实际监管。

彻底查验，是对货物逐件开箱（包）查验，对货物品种、规格、数量、重量、原产地、货物状况逐一与申报的报关单详细核对。

抽查，是按一定比例对货物有选择地开箱（包）查验，并对开箱（包）查验的货物品种、规格、数量、原产地及货物状况等逐一与申报的报关单详细核对。

外形查验，主要是核对货名、规格、生产国别和收发货单位等标志是否与报关单相符，检查外包装是否有开拆、破痕痕迹以及有无反动字样、黄色文字图像等。

海关查验进出口货物后，均要填写一份《海关进/出口货物查验记录》，货物查验记录由执行查验任务的海关官员填写。货验记录一般包括：查验时间、地点、进出口货物的收发货人或其代理人名称、申报的货物情况，查验货物的运输包装情况（如运输工具名称、集装箱号、尺码和封志号）、货物的名称、规格型号、原产国别、自然属性（品质）、新旧程度、数（重）量、进出口时状态（原材料、半成品、整件、全套组装件、全套散件或关键件等），查验过程中存在的货物残损情况及造成残损的原因，提取货样的情况以及查验结论等内容。查验官员和陪同查验的报关员应在货物查验记录上签具全名。

5. 查验时报关人员的职责

(1) 代表货主到场。

海关货主到场时，进出口货物的收发货人或他们的代理人应到达货物查验现场，并按照海关的查验要求，负责搬移、开拆和重封货物的包装等。为了较好地完成这一任务，报关人在代理报关以前，对被代理报关的货物应有一定的了解，对各种单证应进行初步的审查，有不清楚或不符合规定的地方应向被代理人了解或指出。在海关查验现场回答海关人员提出的有关问题，并配合海关做好反走私调查工作。

(2) 缴付规费。

海关根据所在地港口、车站、国际航空港、国界通道和国际邮件交换站进出境货物、旅客行李、邮件以及运输工具的实际情况，规定其监管区域。在海关监管区域执行任务不收规费。但若进出境货物的收、发货人及其代理人要海关派员到海关监管区域以外的地方

(如:货主的仓库、工厂、施工工地或铁路专用线、专用码头、专用机场等)办理海关手续,执行监管任务时,应事先向海关提出申请,经海关同意,并按海关的规定缴付规费。

11.2.4 进出口货物的征税

海关在审核单证和查验货物后,根据《中华人民共和国关税条例》和《中华人民共和国海关进出口税则》规定的税率,对实际货物征收进口货出口关税及相关税费。税费计征是指海关根据国家的有关政策、法规对进出口货物征收关税及进口环节税费。根据《海关法》和《进出口关税条例》的有关规定,进出口的货物除国家另有规定的以外,均应征收关税。关税由海关依照《海关进出口税则》征收。我国对进口货物除征收关税外,还要征收增值税,少数商品要征收消费税。根据国家法律规定,上述两种税款由税务机关征收。为简化征税手续,方便货物进出口,同时又可有效地避免货物进口后另行征收可能造成的漏征,国家规定进口货物的增值税和消费税由海关在进口环节代税务机关征收。因此,在实际工作中又常常称为海关代征税。海关税费计征的一般程序如下:

1. 税则归类

税则归类就是将进出口货物按照《海关进出口税则》的归类总规则归入适当的税目,以便按照该税目所使用的税率计征关税。由于进出口商品种类繁多,变化日新月异,因此,要把每一种进出口商品准确地归入税则中适合的税目,是一项专业性、技术性很强的工作,而不是简单的对号入座。要在税则中找到进出口商品准确的税号,需要具有较丰富的商品知识,同时也必须熟悉税则,熟悉归类总规则。

(1) 税率的运用。

《海关进出口税则》中的关税率有普通税率和优惠税率两种,出口税率只有一种。根据《进出口关税条例》第6条规定,对原产于中华人民共和国未订有关税互惠协议的国家或者地区的进口货物,按照普通税率纳税;对原产于与中华人民共和国订有关税互惠协议的国家或地区的进口货物,按照优惠税率征税;对我国出口货物征收歧视性或者给予其他歧视性待遇的国家或者地区的进口货物,可以征收特别关税。关税是保护国内工农业生产,贯彻国家产业政策和外贸政策,调节进出口的重要手段。关税税率需要根据国家经济发展的需要,适时进行调整。为了保证正确执行国家政策,维护货物进出口人的利益,使全国海关实施统一的税率,海关对进出口货物,按收、发货人或其代理人申报进口或者出口之日实施的税率计征税款。对进口货物到达前已经海关核准先行申报的,海关按照装载此项货物的运输工具申报进境之日实施的税率计征税款。

(2) 完税价格的审定。

完税价格是指海关按照《海关法》和《进出口关税条例》的有关规定,计算应征关税的进出口货物的价格。进口货物以海关审定的成交价格为基础的到岸价格作为完税价格。进口货物的到岸价格包括:货价加上货物运抵我国关境内输入地点起卸前的包装费、运费、保险费和其他劳务费用,以及货物在成交过程中,进口人向卖方支付的佣金和为国内生产、制造、出版、发行或者使用该进口货物有关的专利、商标、著作权以及专用技术、计算机软件和资料等费用;但入门费、技术费、培训费等不包括在内。出口货物以海关审定的货物售予境外的离岸价格，扣除出口税后作为完税价格。离岸价格不能确定的，由海关估定。

2. 税费缴纳

(1) 纳税义务人分为进口货物的收货人、出口货物的发货人，是关税的纳税义务人。在我国境内生产、委托加工和进口《中华人民共和国消费税暂行条例》规定的消费品的单位和个人，是消费税的纳税义务人。

(2) 缴纳期限对经海关审定应征关税、增值税、消费税和监管手续费、船舶吨税的货物或船舶，纳税义务人应当在海关填发税费款缴纳证的次日起 7 日内(星期六、星期日和法定节假日除外)，向指定银行缴纳税费款。

(3) 汇率进出口货物如果是以外币计算成交的，由海关按照填发税款缴纳证之日国家外汇管理部门公布的"人民币外汇牌价表"的买卖中间价，折合成人民币。"人民币外汇牌价表"未列入的外币，按照国家外汇管理部门确定的汇率折合成人民币。

(4) 滞纳金对进出口货物纳税义务人未在规定的缴纳期限内缴纳税费的，由海关自到期的次日起至缴清税、费款日止，按日征收欠缴税费款千分之一的滞纳金，并制发滞纳金收据。

$$\text{滞纳金额} = (\text{关税额} + \text{增值税、消费税应税额}) \times \text{滞纳天数} \times 0.1\%$$

11.2.5 进出口货物的放行

放行是口岸海关监管现场作业的最后环节。口岸海关在接受进出口货物的申报后，经审核报关单据、查验实际货物，并依法办理进出口税费稽征手续并缴纳税款后，在有关单据上签盖放行章，海关的监管行为结束，在这种情况下，放行即为结关。进口货物可由收货人凭单据提取、发运，出口货物可以由发货人装船、启运。

放行的基本形式有以下几种。

1. 征税放行

进出口货物在取得海关放行前，如属于应征税货物，应由海关的税收部门，按照《中华人民共和国关税条例》和《中华人民共和国进出口税则》的规定，并根据一票一证的方式对这些货物收发货人征收有关关税和代征税，然后签印放行。海关征税工作的基本方针是：依率计征、依法减免、科学归类、严肃退补、及时入库。其工作重点是：抓好对一般贸易的审价，对特定减免的审批，对加工贸易的稽查，以及杜绝对缉私、稽查办案依法代征税的现象。在征税环节，海关做出的征税决定，对纳税义务人具有强制性。因此，纳税义务人，必须按时缴纳，不得拖延。海关征税的依据是货物的"完税价格"。通常情况下，进口货物的 CIF 价、出口货物的 FOB 价即可作为海关征税的依据价格，但对 CIF 或 FOB 价明显低于同期货物进口价格，或买卖双方存在特殊经济关系影响了进口成交价格，或根据海关掌握的市场情况，海关有权审定"完税价格"。

2. 担保放行

担保就是以向海关缴纳保证金或提交保证函的方式，保证在一定期限内履行其承诺义务的法律行为。其目的是为了确保海关监管货物的安全性，避免因纳税人无偿付能力或不履行义务而对海关造成的风险。

(1) 海关接受担保的范围。

根据《中华人民共和国海关关于进出口货物申请担保的管理办法》的规定，海关对符合下列情况的进出口货物实行担保放行制度：

- 暂时进出口货物。
- 国家限制进出口货物，已经领取了进出口许可证，但因故不能及时提供的。
- 进出口货物亟待提取或发运，报关时交验有关单证（如发票合同、装箱清单等）暂时不全，后予补交的。
- 进出口货物亟待提取或发运，正在海关办理减免税手续，报关时暂时不能提供的。
- 经海关统一将海关未放行的货物暂缓办理进出口纳税手续的。
- 进出口货物因特殊情况经海关总署同意或批准的。

对下列情况，海关不接受担保：

- 进出口国家限制进出口的货物，未领到进出口货物许可证件的。
- 进出口金银、濒危动植物、文物、中西药品、食品、体育及狩猎枪支弹药和民用爆破器材、无线电器材、保密机等受国家有关规定管理的进出口货物，不能向海关交验有关主管部门批准文件或证明的。

(2) 担保的形式。

进出口货物担保的形式有缴纳保证金和提交保证函两种。保证金是由担保人向海关缴纳现金以确保担保人履行义务的一种担保形式。对要求减免的进口货物在未办完海关手续之前，担保人申请限期放行货物的只能以担保金的形式申请担保，保证金的金额应相当于有关货物的税费之和。在担保期限内，申请担保人要求办理有关货物的进口手续的，经海关同意，可将保证金抵作税费，并补征不足部分或退还多余部分。保证函是由担保人按照海关的要求向海关提交、订有明确权利义务的一种担保文件。出具保证函的担保人必须是中国法人，也可由完税单位的开户银行担保。

(3) 担保的程序和期限。

① 以保证金形式申请担保的，由报关人向海关缴纳相当于有关货物的进口税费等额的保证金。海关收取保证金后，向报关人出具《中华人民共和国海关保证金收据》。以保证函形式申请担保的，由担保人按照海关规定的格式填写保证函一式两份，并加盖担保人的公章，一份留海关备案，另一份由担保人留存。

② 经海关批准后填报进出口货物报关单一式三份，其中两份留存海关，一份由保管人留存，凭此办理销案手续。

③ 持经海关审核的报关单到海关货物监管现场提取或发运货物。

④ 在一般情况下，担保期不得超过 20 天，否则，海关对有关进出口货物，按规定进行处理。

(4) 担保的销案。

当事人办理进出口担保申请时，应在担保期满前，主动向海关办理销案手续。销案是指在规定期限内履行了事先承诺的义务后，海关退还担保人已缴纳的保证金或注销已提交的保证函，以终止所承担的义务。对未能在担保期限内向海关办理销案手续的，海关可视不同情况按下列规定处理：

- 将保证金抵作税款，责令报关人按规定补办进出口手续，并处以罚款。
- 责令担保人缴纳税款或通知银行扣缴税款，处以罚款。
- 暂停或取消报关人的报关资格。

(5) 担保人的法律责任。

担保人应在担保期满以前，履行向海关承诺的义务。如将暂时进口货物复运出境或进境，或补办进口手续向海关缴纳进口税款、向海关提供进出口许可证或其他单证，等等，在规定的时限内向海关办理销案手续。

3. 信任放行

这是海关为适应外向型经济发展的需要，在有效监管的前提下，对监管模式进行改革的一项措施。海关根据进出口企业的通关信誉、经营情况、管理水平等因素，对其进行评估分类。对被海关授予"信得过企业"称号的各类企业给予通关便利，采取集中报关、预先报关、信任放行等优惠措施，使这些企业的进出口货物在口岸进出口时径直放行，事后在一定时期内，通过分批或集中定期纳税来完备海关手续。这种放行制度是建立在海关与企业、保管人相互信任的前提下的。但在方便企业的同时，也给海关构成一定的管理风险。为此，各地海关采取与企业签订"信任放行"的谅解备忘录，实行"义务监管员"制度，即企业按海关要求推荐义务监管员，经海关培训合格后发证上岗，代替海关行使权利。

11.3 保税进出口货物的通关

11.3.1 保税货物的通关制度

1. 保税货物定义及特征

保税货物的一般含义是指"进入一国关境，在海关监管下未缴纳进口税款，存放后再复运出口的货物"。由于各国实行保税制度的目的不同，各国海关保税制度所涉及的范围也有差异，因此，各国对保税货物的解释也不同。《中华人民共和国海关法》第57条对保税货物的定义是："经海关批准未办理纳税手续进境，在境内储存、加工、装配后复运出境的货物。"保税货物具有以下三个特征：

(1) 特定目的。

我国《海关法》将保税货物限定于两种特定目的而进口的货物，即进行贸易活动(储存)和加工制造活动(加工、装配)。将保税货物与其他目的暂时进口的货物(如工程施工、科学试验、文化体育活动等)区别开来。

(2) 暂免纳税。

我国《海关法》第43条规定："经海关批准暂时进口或暂时出口的货物，以及特准进口的保税货物，在货物收、发货人向海关缴纳相当于税款的保证金或者提供担保后，准予暂时免纳关税。"保税货物未办理纳税手续进境，属于暂时免纳，而不是免税，待货物最终流向确定后，海关再决定征税或免税。

(3) 复运出境。

这是构成保税货物的重要前提。从法律上讲，保税货物未按一般货物办理进口和纳税手续，因此，保税货物必须以原状或加工后产品复运出境，这既是海关对保税货物的监管原则，也是经营者必须履行的法律义务。

2. 保税货物通关的基本程序

保税货物的通关与一般进出口货物不同，它不是在某一个时间上办理进口或出口手续后即完成了通关，而是从进境、储存或加工到复运出境的全过程，只有办理了这一整个过程的各种海关手续后，才真正完成了保税货物的通关。保税货物通关的基本程序如下：

(1) 合同登记备案。

是指经营保税货物的单位持有关证件、对外签约的合同及其他有关单证向主管海关申请办理合同登记备案手续，海关核准后，签发有关登记手册。合同登记备案是向海关办理的第一个手续，须在保税货物进口前办妥，它是保税业务的开始，也是经营者与海关建立承担法律责任和履行监管职责的法律关系的起点。

(2) 进口货物。

是指已在海关办理合同登记备案的保税货物实际进境时，经营单位或其他代理人应持海关核发的该批保税货物的《登记手册》及其他单证，向进境地海关申报，办理进口手续。

(3) 储存或加工后复运出口。

是指保税货物进境后，应储存于海关指定的场所或交付给海关核准的加工生产企业进行加工制造，在储存期满或加工产品后再复运出境。经营单位或其代理人应持该批保税货物的《登记手册》及其他单证，向出境地海关申报办理出口手续。

(4) 核销结案。

是指在备案合同期满或加工产品出口后的一定期限内，经营单位应持有关加工贸易登记手册、进出口货物报关单及其他有关资料，向合同备案海关办理核销手续。海关对保税货物的进口、储存、加工、使用和出口情况进行核实并确定最终征免税之后，对该备案合同予以核销结案。这一环节是保税货物整个通关程序的终点，意味着海关与经营单位之间的监管法律关系的最终解除。

11.3.2 加工贸易方式进出口货物的通关

1. 加工贸易的含义与类别

加工贸易是一种在国际贸易中被普遍使用的贸易方式，它包括：来料加工、进料加工、出料加工和补偿贸易四种形式。与一般贸易相比，加工贸易的环节多，涉及的当事人多，整个过程又跨越了生产和流通两个领域，因而海关对加工贸易货物的监管比一般贸易要复杂。加工贸易分一般加工与深加工。前者指由第一家加工贸易企业直接加工复出口的加工贸易，后者指由第一家加工贸易企业加工后，又转至另一家加工贸易企业进行深度加工，使加工品具有更高的附加值，从而赚取更高的工缴费的行为。《关于加工贸易保税货物跨关区深加工结转的管理办法》规定，加工贸易企业开展深加工结转业务，应事先经外经贸主管部门批准，并按规定办理海关手续后，方可开展货物的实际结转。海关对保税货物深加工结转采用计划审批制度，转出企业在申领《加工贸易登记手册》后，即可凭《中华人民共和国海关加工贸易保税货物深加工结转申请表》(简称《申请表》)向海关预申报结转计划。经转入地海关同意后，可分批办理结转送货手续。海关对深加工结转的保税货物，采用转关运输和不按转关运输两种方式进行监管。不按转关运输办理结转的，企业按《申请表》内容进行实际送货后统一在调入地海关办理结转报关手续；按转关运输办理结转的，在每一次交货前必须分别在转出、转入地海关办理结转报关手续海关对加工贸易深加工结转形式进出口进行单项统计。

2. 加工贸易的批准与备案

企业从事加工贸易，应当持有关批准文件和加工贸易合同向海关备案，加工贸易制成品单位耗料量由海关按照有关规定核定。《关于对外加工装配业务的管理规定》规定，凡经对外经济贸易部、有关省、自治区、直辖市人民政府或国家授权地方人民政府批准，有对外经营权的外贸(工贸)公司(包括广东、福建两省的县级和县级以上的对外加工装配服务公司，下同)可以对外签约，也可以与国内加工单位联合对外签约承接加工装配业务。没有对外经营权的加工单位在与外商谈判时，需有上述公司参加，并共同对外签约。外商委托我国国内代理人签订合同的，必须提供经国内公证机构或经贸部门认定的委托证明文件。承接对外加工装配的企业和外商的国内代理人必须是具有法人资格的经济实体。经营单位对外签订的合同，须经对外经济贸易部、国务院有关部委或省、自治区、直辖市的对外经贸管理部门，或者它们授权的机关审批。

3. 加工贸易制品的出口

加工贸易是为外商订货进行加工的贸易，其加工产品最终应复出口。加工贸易制成品应当在规定的期限内复出口，对于加工的成品中使用的进口料、件，享受国家规定的保税待遇的，应当向海关办理核销手续。属于先征收税款的，可以依法向海关办理退税手续。《对进料加工保税集团管理办法》规定，保税进口的料、件，应专料专用。如需将进口料、件与国内料、件混合加工时，保税集团的牵头企业应事先向海关申报投入进口料、件的比例和数(重)量。保税进口的料、件，应自进口之日起1年内加工成品返销出口。如有特殊情况需要延长期限的，保税集团的牵头企业应向海关提出书面申请，但延期最长不得超过1年。如期满仍未加工成品复出口或转为进口的，由海关按海关法有关规定处理。保税集团进口的料、件及加工的产品均属海关监管的保税货物，未经海关许可，任何单位和个人不得将其出售、转让、调换、抵押或移作他用。保税集团进口的料、件及加工的产品，如在储存、加工、运输过程中发生短少，除不可抗力的原因外，其短少部分应由保税集团的牵头企业承担缴纳税款的责任，并由海关按有关规定进行处理。

4. 加工贸易进口料、件转作他用的处理

加工贸易进口料、件转为他用，指经营者或加工者将从事加工贸易而进口的原材料、零部件不作原定的加工贸易，而改作其他用途，如私自将进口料、件转卖赚取差价，或用作其他经营，或将加工的成品直接在国内销售等。即使加工贸易变为普通的进口贸易的用途转变，也不能享受国家对于加工贸易的有关政策。为此，加工贸易保税进口料、件或者制成品因故转为内销的，海关凭准予内销的批准文件，对保税的进口料、件依法征税；属于国家对进口有限制性规定的，还应当向海关提交进口许可证件。

5. 海关对企业的分类管理

根据企业的经营管理状况、报关情况及遵守法律法规情况，海关将从事加工贸易的企业分为A、B、C、D四种类别，实施动态分类。

6. 加工贸易进口料、件银行保证金台账制度

所谓加工贸易进口料、件银行保证金台账制度，是指经营加工贸易的单位或企业凭海关核准的手续，按合同备案料、件金额向指定银行申请设立加工贸易进口料、件保证金台账，加工成品在规定的加工期限内全部出口，经海关核销合同后，再由银行核销保证金台账。

11.4 保税区进出口货物的通关

11.4.1 保税仓库进出口货物的通关

1. 保税仓库的含义

保税仓库是指经海关核准的专供存放用于来料加工、进料加工复出口，或暂时存放后再复运出口的，以及经海关批准缓办纳税手续进境的货物的专门仓库。它通常设立在进出口口岸或加工贸易企业、"三资"企业较集中的地方，是我国保税制度的主要形式之一。保税仓库一般用于存放暂时进境储存应复运出境的货物或海关批准暂缓纳税的进口货物。

根据我国的实际情况，海关允许存放保税仓库的货物有以下三类：

(1) 供加工贸易(来料加工、进料加工)加工成品复出口的进口料、件。

(2) 外经贸主管部门批准开展外国商品寄售业务、外国产品维修业务、外汇免税商品业务及保税生产资料市场的进口货物。

(3) 转口贸易货物以及外商寄存、暂存货物以及国际船行船舶所需的燃料、物料和零配件等。一般贸易进口货物不允许存入保税仓库。

2. 保税仓库的类型

目前，我国保税仓库按其基本特征可分为两大类，一是自用保税仓库，二是公用保税仓库。两类保税仓库依其所存货物的用途不同又可细分为：加工贸易进口料、件，"三资"企业进口物资、转口贸易、寄售商品等各种专用保税仓库。

(1) 自用和公用保税仓库。

自用保税仓库是指经海关核准，专门存放仅供本企业自用的、符合海关对保税仓库所存货物定义的货物的专用仓库。它的特点是为本企业生产、经营活动提供仓储服务，不具有为他人提供仓储服务的特征。

公用保税仓库，或称公共保税仓库，是指经海关核准的，可存放用于供应所有购货单

位的，符合海关对保税仓库所存货物定义的货物的专用仓库。该类仓库的基本特点是代客存储，但有的仓库也兼有自用性质。

近年来，自用和公用保税仓库业务发展较快，保税仓库的规模和数量不断扩大和增加，设立保税仓库的区域从沿海城市向内陆地区纵深发展，并已形成一个点多面广，以沿海城市、经济特区、经济技术开发区、沿海经济开发区和保税区等享受国家优惠政策的地区为主要集散地的，以内地为分流点的保税仓库发展格局。

(2) 各种专用保税仓库。

保税仓库除按其基本特征分为自用和公用外，若按仓库所存放货物的实际用途来分，可有：

- 加工贸易进口料、件保税仓库。
- “三资”企业进口物资保税仓库。
- 转口贸易保税仓库。
- 国际航行船舶油料、零备件保税仓库。
- 寄售商品保税仓库。
- 维修技术中心(站)寄售零备件保税仓库。
- 免税外汇商品保税仓库。
- 国际航行船舶船员自用物品保税仓库。
- 出国服务人员自用物品保税仓库。
- 海上石油开发外籍人员生活用品保税仓库。
- 其他经海关总署批准的保税仓库。

3. 保税仓库的设立及原则

(1) 保税仓库的设立。

保税仓库应具备如下条件：

- 应具有专门储存、堆放进口货物的安全设施。
- 建立健全的仓库管理制度和详细的仓库账册。
- 配备有经海关培训认可的专职管理人员。
- 保税仓库的经理人应具备向海关缴纳税款的能力。

(2) 申请建立保税仓库应提供以下文件：

- 工商部门颁发的营业执照。
- 经营单位填写的《保税仓库申请书》，应填明仓库名称、地址、负责人、管理人员、储存面积及存放何类保税货物等内容。
- 经外贸主管部门批准开展有关业务的批件，如寄售、维修等。
- 其他有关资料，如租赁仓库的租赁协议、仓库管理制度等。

主管海关在审核上述申请文件后，派员到仓库实地验库，核查仓储设施，核定仓储面积，对符合海关监管条件的，区别不同类型的保税仓库，分别办理审批手续。对设立公共保税仓库的，由直属海关审核同意后报海关总署审批。对设立加工贸易备料保仓库的，由直属海关负责审批，并报海关总署备案。经批准设立的保税仓库，由海关颁发《保税仓库登记证书》。

4. 保税仓库业务开展原则

仓库应遵循的原则是有关企业和报关员应当了解和掌握的知识。按海关现行规定，设立保税仓库应遵循以下几个原则：

(1) 取得资格。

要求开展保税仓库业务的企业，由于其业务涉及进出口货物，因此，必须首先取得经贸主管部门的批准；其次是取得营业资格。企业凭经贸主管部门的批准文件和工商行政管理机关签发的营业执照向当地主管海关申请设立保税仓库。

(2) 专库专用。

经海关核准的保税仓库，不同于企业内部的其他仓库。保税仓库是专用于存储经海关核准的、未完税的进口货物。仓库所存货物受海关直接监管，未经海关同意，保税仓库不得存入其他非海关监管货物。保税仓库的专用性，还表现在仓库应具有专门仓储、堆放进口货物的安全设施，建立健全的仓储管理制度和详细的仓库账册配备经海关培训认可的懂得海关有关规定的专职管理人员，并随时接受海关监管。

(3) 限期存储。

进口货物不得无限期存放于保税仓库。按《中华人民共和国海关对保税仓库及所存货物的管理办法》第10条规定：保税仓库所存货物储存期限为1年。如因特殊情况可向海关申请延期，但延期最长不得超过1年。保税货物储存期满仍未转为进口也不复运出境的，由海关将货物变卖，所得价款比照《中华人民共和国海关法》的规定处理。

(4) 不得擅自移作他用。

保税仓库所存货物属海关监管货物，任何企业、仓管员和报关员等未经海关同意，均不得擅自将所存货物移作他用。对擅自移作他用者，海关将依法追究其法律责任。

5. 保税仓库进出口货物的海关手续

(1) 进口保税货物的入库手续。

① 进口货物在保税仓库所在地进境时，应由货物所有人或其代理人向入境所在地海关申报，填写《进口货物报关单》，在报关单上加盖《保税仓库货物》戳记并注明“存入保税仓库”。经入境地海关审查验放后，货物所有人或其代理人应将有关货物存入保税仓库，并将二份《进口货物报关单》随货代交保税仓库，保税仓库经营人应在核对报关单上申报进口货物与实际入库货物无误后，在有关报关单上签收，其中一份报关单交回海关存查(连同保税仓库货物入库单据)，另一份仓库留存。

② 进口货物在保税仓库所在地以外其他口岸入境时，货物所有人或其代理人应按海关进口货物转关运输管理规定办理转关运输手续。货物所有人或其代理人应先向保税仓库所在地主管海关提出将进口货物转运至保税仓库的申请，主管海关核实后，签发《进口货物转关运输联系单》，并注明货物转运存入保税仓库。货物所有人或其代理人凭此联系单到入境地海关办理转关运输手续，入境地海关核准后，将进口货物监管运至保税仓库所在地。货物抵达目的地后，货物所有人或其代理人应按上述“本地进货”手续向主管海关办理进口申报及入库手续。

(2) 进口保税货物的出库手续。

保税货物经过一段时间存储后,企业根据货物的不同流向,向海关申请办理复运出境、转用于加工贸易或"三资"企业进口的物资等报关手续。

① 对提离仓库转口销售或退运出境的,应向海关填写出口货物报关单一式三份并交验进口时由海关签印的报关单,经海关核查无讹的,由海关留存一份出口货物报关单,货主或其代理人留存一份,一份随货带交出境地海关并凭此放行货物出境。

② 对寄售、维修转为进口的,由货主或其代理人向海关递交进口货物许可证和进口货物报关单等单证,海关按有关进口规定办理手续。

③ 对转往其他保税仓库的,由企业向海关填报《中华人民共和国海关进口转关运输货物申报单》,海关按转关规定办理手续。

④ 对转用于加工贸易的,货主应事先持批准文件、合同等有关单证向海关办理备案登记手续,并填写来料加工、进料加工专用报关单和《保税仓库领料核准单》一式三份,一份由批准海关留存,一份由领料人留存,一份由海关签章后交货主。仓库经理人凭海关签印的领料核准单交付有关货物并凭此向海关办理核销手续。

⑤ 对用于中、外国际航行船舶的保税油料和零配件,以及用于在保修期限内免费维修有关外国产品的保税零配件,免征关税和进口环节税。

(3) 保税仓库货物的核销。

保税仓库货物应按月向主管海关办理核销。经营单位于每月的前5天,将上月所发生的保税仓库货物的入库、出库、结存等情况列表报送主管海关,并随附经海关签章的进口、出口报关单及《保税仓库领料核准单》等单证。主管海关对保税仓库入库、出库报表与实际进口、出口报关单及领料单进行审核,必要时派员到仓库实地核查有关记录和货物结存情况,核实无误后予以核销,并在一份保税仓库报表上加盖印章认可,退还保税仓库经营单位留存。

11.4.2 保税工厂进出口货物的通关

1. 保税工厂概述

(1) 保税工厂的含义和特点。

保税工厂是指经海关批准,并在海关监管之下进口的原材料、零部件、元器件等进行加工、生产、存放外销产品的专门工厂或专门车间。保税工厂进口的料、件可享受全额保税的优惠。待加工成品出口后按实际耗用的进口料、件免征关税和产品(增值)税。保税工厂是伴随进料加工、来料加工等加工贸易发展的需要而产生的一种保税业务方式,它适应了专门或主要为加工出口产品工厂的多批、连续进口料、件的需要。

保税工厂与保税仓库相比有着自己的特点:

① 保税工厂货物流向明确。保税工厂是专门或主要从事加工出口产品的企业,所需进口料、件用途明确,较适合加工生产企业采用。而保税仓库进口货物流向不定,或转口或内销或作为加工贸易使用,起到货物中转站作用,适合专门从事货物流通贸易的公司采用。

② 保税工厂进口货物手续与一般的加工贸易大体相同，即料、件申报进口后直接进入工厂加工制造。而保税仓库进口货物则需先申报进口存入仓库，待货物流向确定后，再办理有关进口手续，需“二次报关”后方可提取使用，供直接销售、使用或加工制造。

(2) 保税工厂的设立。

凡经国家批准有权经营进出口业务的企业或具有法人资格的承接进口料、件加工复出口的出口生产企业，均可向主管地海关申请建立保税工厂。

建立保税工厂需具备下列条件：

- 拥有专门加工、制造出口产品的设施。
- 拥有专门贮存、堆放进口货物和出口成品的仓库。
- 建立专门记录出口产品生产、销售、库存情况的账册。
- 有专人管理保税货物、仓库和账册。

具备上述条件的经营加工单位，可提交《加工贸易保税工厂申请书》，向海关申请。经海关实地勘查批准后，发给《加工贸易保税工厂登记证书》，并在核发的登记手册上加盖加工贸易保税工厂印记，始准进行保税加工。保税工厂原则上应建立在设有海关的地区，以便监管。但如确有需要，并具备海关监管条件的，未设海关地区也可设立保税工厂。

对私营企业申请建立保税工厂的，海关根据有关规定，按以下原则进行管理：

- 对不能依法取得法人资格的私营独资企业或合伙企业，不论是本企业自行申请还是由有进出口经营权的企业代其申请，均不予批准。
- 对已依法取得法人资格，并承接进口料、件加工成品出口业务的有限责任公司，可自行也可由与能承接出口加工业务有关的、有权经营进出口业务的企业向海关提出建立保税工厂的申请，采用后一种方式，则负有共同法律责任。
- 对虽已取得法人资格，但尚未开展生产经营活动的有限责任公司，原则上不同意设立保税工厂。
- 未设海关的地区，不准予私营企业设立保税工厂。

2. 保税工厂应遵循的原则规定

(1) 设置账册。

保税工厂必须按照国家规定的会计制度和海关相关的监管要求，设置以下有关账册：

① 材料账。材料账户是反映和监督企业料、件增减变化和结存的账户。企业按“主料”、“辅料”和“包装物料”等总账科目设置“材料总分类账”，并按料、件类别和品种设置“材料明细分类账”。

② 产成品账。产成品账户是反映和监督企业保税加工成品销售情况的账户。企业除设置“销售”总账科目外，还应按产成品的品种或规格设置明细分类账。

(2) 内销补税。

按海关规定，对为外商加工、装配成品和为制造出口产品而进口的料、件，企业可按实际加工出口成品耗用的进口料、件享受免税待遇。对在进料加工合同中已明确产成品有内外销比例的，其用于内销的进口料、件，应在进口时，按一般贸易货物向海关办理进口纳税手续。对因故特准转为内销的，企业应向海关补交进口关税和增值税，并按章办理相关的进口手续。

3. 保税工厂进出口货物的海关手续

保税工厂是专为开展加工贸易出口产品而设立的，其加工贸易项下(包括进料加工、来料加工)进出口货物的办理程序与进料加工、来料加工办理程序大体相同。

(1) 合同备案登记。

经营加工贸易的单位应首先向外经贸主管部门办理加工贸易合同审批手续，凭外经贸主管部门批件到主管海关办理合同登记备案手续，在按规定提交备案有关单证并在指定银行开设加工贸易银行保证金台账后，主管海关予以核发《加工装配和中小型补偿贸易进出口货物登记手册》(简称《登记手册》)，并在《登记手册》上加盖“加工贸易保税工厂”戳记。经海关确定为A类企业的，不设立加工贸易银行保证金台账，C类企业和加工限制类商品的B类企业实行保证金台账“实转”，加工允许类商品的B类企业实行保证金台账“空转”。

(2) 料、件进口。

已在主管海关办理合同登记备案的保税工厂加工产品所需进口料、件，由经营加工贸易单位或其代理人持海关核发的《登记手册》向进境地海关申报进口，填写进料加工或来料加工专用《进口货物报关单》，并在进口报关单右上角加盖“保税工厂货物”戳记，按规定缴纳监管手续费。进境地海关审核报关单证无误后，验放有关进口货物。将一份进口报关单签章后退还经营单位留存，另一份进口报关单送主管海关。实行保证金台账“实转”的企业，应按海关规定向海关在中国银行设立的指定账户存入与进口料、件关税和进口环节增值税等值的保证金。

(3) 成品出口。

保税工厂对进口料、件经过加工、制造生产成品复出口时，经营单位或其代理人应持《登记手册》向出境地海关申报出口，填写进料加工或来料加工专用《出口货物报关单》，并在出口报关单右上角加盖“保税工厂货物”戳记。对进料加工项下出口属于国家许可证管的商品，还应提交出口许可证。出境地海关审核报关单证无误后，验放有关出口货物，将一份出口报关单签章后交还经营单位，作为今后合同核销的依据，另一份出口报关单寄送主管海关。

(4) 合同核销。

保税工厂在规定期限内加工产品出口完毕后，经营加工贸易单位应持《登记手册》经海关签章的进出口报关单，向原登记备案的主管海关办理合同核销手续。主管海关对《登记手册》、进出口报关单内容进行审核，必要时派员到保税工厂核查有关情况，查阅有关账册记录。对情况正常的，予以核销结案，签发《核销结案通知书》。对已开设银行保证金台账的合同，经营单位凭海关签发的《银行保证金台账核销联系单》向原开设银行保证金台账的银行办理销账手续。实行保证金台账“实转”的，银行退还保证金及利息。

11.4.3 保税集团进出口货物的通关

保税集团是在保税工厂发展的基础上产生的。它适应了不同企业为生产同一最终产品而进行保税加工的需要，也是我国保税制度中的一种新形式。海关对保税集团管理的基本依据是海关总署颁布的《中华人民共和国海关对进料加工保税集团管理办法》。

1. 保税集团的定义

目前我国实行的保税集团制度，是专门为开展加工贸易中的进料加工业务提供保税服务的一种形式，全称是“进料加工保税集团”。这一多厂联合、集团保税的形式使我国保税制度在更高层次、更大范围得以扩展。“进料加工保税集团”是指经海关批准，由一个具有进出口经营权的企业牵头，同若干个加工企业联合对进口料件进行多层次、多工序连续加工，直至最终产品出口的企业联合体。

保税集团的成员企业应是生产同一最终产品的加工生产企业，成员企业应在同一城市内，由一个具有进出口经营权的企业作为集团牵头单位。牵头企业代表保税集团向海关负责，并具备向海关缴纳税款的能力，集团内各成员企业应承担有关连带责任。

保税集团企业在进料加工项下进口的料件，海关予以全额保税，对料件和半成品在不同企业、不同工序转接加工，均实行滚动保税监管，并按照有关委托加工的规定进行管理。保税集团进料加工项下加工成品出口，免征出口关税。但属于国家实行出口许可证商品，应向海关交验出口货物许可证。

2. 保税集团的建立

(1) 建立保税集团的条件。

保税集团及各成员企业应具备下列条件：

① 设立专门的管理机构，制定集团管理章程和符合海关对保税货物监管要求的管理制度。

② 加工生产的产品应为国家鼓励出口的商品或重点出口创汇商品。

③ 具备加工出口产品的设备、技术和能力。

④ 具备符合海关监管条件的专门储存、堆放进口货物及加工成品、半成品的仓库和场所，并有相应的安全设施。

⑤ 应按国家会计法规要求建立有关进口货物和加工成品的储存、调拨、加工、销售等情况的账册。

⑥ 配备经海关培训认可的熟悉海关规定的专职管理人员。

(2) 建立保税集团的申请。

申请建立保税集团，由牵头企业向主管海关申请，并提供以下资料：

- 牵头企业填写的《保税集团申请书》。
- 牵头企业及各成员企业的工商营业执照和税务登记证。
- 各加工生产企业加工产品的工艺流程和各加工环节的料定额等技术资料。
- 集团章程或协议及集团管理制度。
- 其他有关资料。

(3) 建立保税集团的审批。

主管海关在审核牵头企业的申请资料后，派员到各成员企业实地调查其加工生产能力、管理状况、货物储存仓库、账册设置、各企业间料件或半成品的调拨结转手续等情况。对符合海关监管条件的，予以批准建立保税集团，并颁发《进料加工保税集团登记证书》。

3. 保税集团进出口货物的办理程序

(1) 合同登记备案。

保税集团是专为进料加工提供的保税形式，因此，集团在进口货物前，应先按进料加工有关规定办理合同登记备案手续。

保税集团牵头企业在对外签订进口料件合同后，应向外经贸主管部门办理合同审批手续，并凭外经贸主管部门的批件到主管海关办理合同登记备案。在提供有关备案单证资料并到指定银行开设加工贸易银行保证金台账后，主管海关予以核发《进料加工登记手册》(简称《登记手册》)，并加盖“保税集团货物”戳记。

(2) 料件进口。

保税集团开展进料加工业务所需料件进口时，牵头企业或其代理人应持主管海关核发的《登记手册》向进境地海关申报进口，填写进料加工专用的进口货物报关单，在其右上角加盖“保税集团货物”戳记，并按规定缴纳监管手续费，进境地海关审核有关单证无误后，验放进口货物，在一份进料加工进口专用报关单上加盖海关印章后退交牵头企业或其代理人，作为今后进料加工合同核销的依据。有关银行保证金台账的设立，“实转”和“空转”的要求，按有关规定执行。

(3) 成品出口。

保税集团进料加工项下加工成品出口时，牵头企业或其代理人应持海关签发的《登记手册》向出境地海关申报出口，填写进料加工专用出口货物报关单，在其右上角加盖“保税集团货物”戳记，对出口成品属国家实施配额、许可证管理商品的，还应向海关提交配额证明、出口许可证。出境地海关审核报关单证无误后，验放有关出口货物，在一份进料加工出口专用报关单上加盖海关印章后，退交牵头企业或其代理人，作为今后合同核销依据。

(4) 合同核销。

保税集团开展进料加工的最终产品出口后一个月内，牵头企业应向办理合同登记备案的主管海关办理合同核销手续，并提供《登记手册》、经海关签章认可的进出口货物报关单及其他有关单证。主管海关根据进料加工合同项下进口料件和加工成品出口的实际数量以及核定的产品各工序和生产环节的消耗定额进行分段核销。必要时，海关派员到有关成员加工企业实地核查，调阅有关账册记录。对合同执行情况正常的，主管海关予以核销结案。已开设银行保证金台账的进料加工合同，牵头企业凭主管海关签发的《银行保证金台账核销联系单》向原开设银行保证金台账的银行办理销账手续。

4. 海关对保税集团进出口货物的监管要求

保税集团开展进料加工业务进口的料件，应自进口之日起一年内加工成品出口，如有特殊情况需延长加工期限的，牵头企业应向主管海关提出书面申请，但延期最长不得超过一年。保税集团进口的料件和加工的产品，属于海关监管的保税货物，未经海关许可，不得出售、转让、调换、抵押或移作他用。如进口料件或加工成品因故需转为国内销售，牵头企业应报外经贸主管部门批准，并经主管海关核准，补缴原进口料件的进口关税和进口调节增值税、消费税。属于国家实行配额、许可证、特定登记进口，机电产品管理以及其他进口管理商品的，还需提交有关配额证明，进口许可证及其他有关文件。

保税集团进口的保税料件，应做到专料专用，料件进口后应存入指定的保税仓库，提取出库加工时，海关按保税仓库有关办法监管，料件进入加工企业加工时，海关按保税工厂有关管理办法监管。加工时如因生产工艺要求需将进口料件与国内料件混合加工时，牵头企业应事先向主管海关报明投入进口、国内料件的比例和数(重)量。保税集团牵头企业应于每季度第一个月的15日前将上季度进口料件的储存、使用加工及有关产品的实际流向等情况列表报主管海关核查，牵头企业需将集团内务加工企业的各个生产环节和工序使用进口料件的消耗定额每年列表报主管海关备核。保税集团进口的料件和加工的产品，如在储存、加工、运输过程中发生短少或灭失，除不可抗力原因外，其短少、灭失部分应由牵头企业承担缴纳税款的责任，并由海关按有关规定处理。海关对保税集团每年进行一次年审，如发现有经营管理混乱或违反海关规定情况的，可令其限期整顿或吊销保税集团证书。海关可随时派员检查保税进口料件、加工产品的储存、加工、出口等情况，查阅有关账册单据，必要时可派员进驻集团及其成员企业监管。保税集团及其成员企业应予协作配合并提供便利。

11.4.4 保税区进出口货物的通关

1. 保税区的含义

保税区是指我国境内的某一个特定的与国际市场紧密相连，按照国际经济惯例运作，具有自由贸易区性质的封闭式区域。它是特别关税区的一种形式。

保税区具有以下明显特点：

(1) 我国保税区为海关监管区，海关在保税区内设置机构，依法对进出保税区的货物、运输工具和个人携带物品进行监督，征收关税和其他税费，查禁走私，编制海关统计并办理其他海关业务。

(2) 保税区与非保税区(指中国境内的其他地区)的分界线设有封闭的隔离设施。进出保税区的货物、运输工具和个人携带的物品必须经由海关指定的出入口进出，并要向海关如实申报，交验有关单证，接受海关检查。

(3) 保税区内仅设立行政管理机构及有关企业。除安全保卫人员外，其他人员不得在保税区内居住或留宿。

(4) 保税区内的企业应持当地人民政府有关主管部门的批准文件及工商行政管理部门颁发的营业执照，向海关办理登记注册手续。

(5) 在保税区内设立国家限制和控制的生产项目，须经国家规定的主管部门批准。国家法律禁止进出口的货物、物品不得运入、运出保税区。销往非保税区的货物也不得运入保税区。保税区内的保税货物和经加工的产品应复运出境。保税区内企业、行政管理机构进口合理数量的自用物资、物品仅限区内使用并不得运往非保税区。保税区内外贸、生产和仓储企业应对有关货物的进口、加工、储存、使用、出口及销售等情况建立专门账册，定期列表报送海关核查。海关有权对保税区内的货物和有关营业场所实施检查。

(6) 实行更为特殊、灵活的政策。除执行所在经济特区、经济开发区的现行政策外，在货物、资金和人员进出及投资经营等方面实行更为自由的政策。

① 关税优惠。从境外进入保税区的货物，其进口关税和进口环节其他税收，除法律、行政法规另有规定外，按如下规定办理：区内生产性的基础设施建设项目所需的机器、设备和其他基建物资，予以免税；区内企业为加工出口产品所需的原材料、零部件、元器件、包装物料，予以保税；区内企业自用的生产、管理设备和自用合理数量的办公用品，以及所需的维修用的零配件、生产用燃料、建设生产厂房和仓储设施所需的物资、设备，予以免税；保税区行政管理机构自用合理数量的管理设备和办公用品，以及所需的维修用的零配件予以免税。其他货物或物品从境外进入保税区，应当依法纳税。

② 手续简便。保税区与境外之间进出口的货物，由货物的收发人或其代理人向海关备案。对上述货物除实行出口被动配额管理外，不实行进出口配额、许可证管理。

2. 保税区的发展及类型

(1) 综合性保税区。例如上海外高桥保税区确定的2000年发展目标是，将保税区建成集五大功能为一体的综合性现代化区域。五大功能是：保税仓储和商品展示交易功能，国际贸易、进出口贸易与转口贸易功能，出口加工功能，离岸金融服务功能和经济信息集散功能。

(2) 工业型保税区。深圳沙头角保税区属于此类保税区。其管理规则明确规定以发展先进的外向型工业为主，适当发展进出口贸易、转口贸易、仓储、运输、房地产及其他第三产业。

(3) 贸易型保税区。这类保税区所占的比例最大，如天津、大连、张家港、宁波、厦门象屿、广州和汕头保税区等。区内主要开展国际贸易和为此服务的货物加工、整理、包装、运输、仓储、商品展销、商品零售以及房地产、金融、保险等业务。

3. 保税区进出口货物的海关手续

(1) 保税区单位注册。

保税区内设立的企业(包括生产企业、外贸企业、仓储企业等)及行政管理机构，须经所在地人民政府或其指定的主管部门批准，并持有关批准文件、工商营业执照等有关资料向保税区海关机构办理注册登记手续。

(2) 保税区内某些生产项目的审批。

在保税区内设立国家限制和控制的生产项目，须经国家规定的主管部门批准。

① 除国家指定的汽车进口口岸的保税区(天津、大连、上海、广州、福田)外，其他保税区均不得以转口方式进口汽车，对保税区内企业自用的汽车，也应在指定的口岸办理进口手续。

② 保税区内设立生产受被动配额许可证管理的纺织品和化学武器的化学品、化学武器原料及易制毒化学品等企业时，应报国家主管部门批准。产品出境时，海关一律凭出口许可证验放。

③ 保税区内设立生产激光光盘的企业时，应报国家主管部门批准，海关按现行有关监管规定实行管理。

(3) 运输工具备案。

进出保税区的运输工具，指专门承运保税区进出口货物和区内企业、机构自备的运输工具。经所在地人民政府或其指定的主管部门批准，由运输工具负责人、所有人或其代理人持有关批准证件及列明运输工具名称、数量、牌照号码和驾驶员姓名的清单，向保税区海关机构办理登记备案手续。海关核准后，发给《准运证》。保税区外其他运输工具进出保税区时，应向海关办理临时进出核准手续。

(4) 进入保税区货物的报关。

① 货物从境外运入保税区和从非保税区运入保税区，应在海关监管下进行。进口货物经其他口岸运入保税区时，按海关对转关运输货物的监管规定办理有关手续。非保税区运入保税区的货物视同出口。

② 运入保税区的进口货物、保税货物、转口货物，由区内的收货人或其代理人填写进口货物报关单(进口货物报关单一式三份；转口货物报关单一式四份)，保税货物应盖"保税货物"戳记，转口货物应盖"转口货物"戳记。随同进口合同、商业发票(副本)、装货清单(副本)、发货通知(副本) 等有关单证向海关申报，海关凭此验放。

③ 非保税区运入保税区的出口货物，由发货人或其代理人填写出口货物报关单(出口货物报关单一式三份)，并随附出口合同、商业发票(副本)、装箱清单(副本)，向海关申报，属出口许可证管理的商品应交验出口许可证。应征出口税的商品应缴纳出口税。

④ 从非保税区运入保税区已办妥进口手续的进口货物、物品(包括供生产出口产品的料、件)不予退税。

⑤ 从非保税区运入保税区，供区内使用的机器设备(包括在保税区承包工程施工使用的机器设备)、交通工具、办公用品和日常生活用品，应由使用单位在上述物资、物品运入保税区时，向海关报送清单两份，经海关核验认可后，始准运入保税区。对上述货物的进出口和使用等情况，有关企业应建立专门账册。

(5) 运出保税区货物的报关。

① 保税区出口货物，应经设有海关的专用通道出口，并接受海关检查。保税区货物经非保税区出口时，按"出口转关运输"的规定办理。保税区货物运往非保税区的，视同进口。

② 保税区货物运往非保税区时，收货人或其代理人应向海关填报进口货物报关单，并随附商业发票(副本)、装箱清单(副本)，其中涉及进口许可证管理的商品，还应交验进口许可证办理进口和纳税手续。

③ 保税区内生产的产品销往非保税区时，由收货人或其代理人填写进口货物报关单，并随附商业发票(副本)、装箱清单(副本)向海关申报，海关对产品所含的进口料、件征税，或对无法清楚申报所含进口料、件的品名、数量、重量和单价等的产品，按成品征税。若产品中涉及进口许可证管理的，还应交验进口许可证。

(6) 生产企业进出口货物的报关。

① 保税区内生产企业在进出口货物前，应对其产品及料、件的进口、储存、出口和销售等情况分别建立专门的账册，方便海关随时进行检查。

② 保税区内生产企业进出口货物除按运入或运出保税区货物的报关要求报关外，其进口料、件应自进口之日起一年内加工成品返销境外，未能返销的，可向海关申请延期，延期最长不得超过一年。

③ 保税区生产企业进口的料、件因特殊需要运往非保税区委托加工的，须事先向海

关申请并登记备案,经海关核准后,料、件或成品进出保税区时,由企业向海关交验产品或料、件清单,海关凭此验放。出区加工的产品应在委托加工合同执行完毕后30天内向海关办理核销手续,并将产品及剩余料、件按规定期限全部运回区内。

④ 非保税区料、件运入保税区内加工的,比照保税区料、件运往非保税区委托加工的规定办理。如需使用和消耗进口料、件的,应事先报经海关批准,并办理进口和纳税手续。

(7) 外贸和仓储企业进出口货物的报关。

保税区内外贸企业为区内企业代理进出口货物时,须向海关递交外贸企业与生产企业签订的代理合同和对外成交合同以及其他有关单证。经海关审核验放的代理进口货物和出口产品均不得擅自转让或销往非保税区。

保税区外贸企业不得代理非保税区企业进口货物,或收购非保税区产品出口。

(8) 其他监管规定。

① 海关依法在保税区执行监管任务,进出保税区的货物、运输工具以及人员,应当经由海关指定的专用通道,并接受海关检查。

② 保税区内企业应按照国家有关法律、法规设置账簿、编制报表,凭合法、有效的凭证记账并进行核算,记录有关进出保税区货物和物品的库存、转让、转移、销售、加工、使用和损耗等情况。

③ 保税区实行海关稽查制度。区内企业应与海关实行电子计算机联网,进行电子数据交换。

④ 海关对进出保税区的货物、物品、运输工具、人员及区内有关场所,有权依照相关法规进行检查、查验。

⑤ 保税区内的货物可以在区内企业之间转让、转移,双方当事人应就转让、转移事项向海关备案。

⑥ 保税区的转口货物可以在区内仓库或区内其他场所进行分级、挑选、刷贴标志以及改换包装形式等简单加工。

⑦ 保税区内的加工企业开展进料加工、来料加工业务,海关不实行加工贸易银行保证金台账制度。但区内企业委托非保税区企业进行加工业务的,非保税区企业应当向当地海关办理合同登记备案手续,并实行加工贸易银行保证金台账制度。

⑧ 进出保税区的运输工具负责人,应持保税区主管机关批准的证件连同运输工具名称、数量、牌照号及驾驶员姓名等清单,向保税区海关机构办理登记备案手续。

思考题:

1. 一般进出口货物通关的程序是什么,由哪些环节构成?
2. 简述保税进出口货物的通关流程。
3. 试比较一般货物与保税货物通关的区别。

参 考 文 献

北京中交物流人力资源培训中心:《国际物流》,机械工业出版社 2007 年版。
代湘荣:《国际物流》,清华大学出版社 2008 年版。
顾丽亚:《国际货运代理与报关实务》,电子工业出版社 2010 年版。
黄中鼎:《国际物流与货运代理》,高等教育出版社 2010 年版。
江春雨、王春萍:《国际物流理论与实务》,北京大学出版社 2008 年版。
李华敏:《国际物流学》,中山大学出版社 2007 年版。
刘小卉:《国际物流学》,上海财经大学出版社 2008 年版。
邵作人、吕孟荣:《国际物流》,东北财经大学出版社 2010 年版。
孙晓程:《国际货物运输与保险》,大连理工大学出版社 2009 年版。
逯宇铎:《国际贸易实务(MBA)》,大连理工大学出版社 2010 年版。
唐丽敏:《彻底搞懂海运航线》,中国海关出版社 2009 年版。
王任祥:《国际物流》,浙江大学出版社 2009 年版。
中国国际商会:《国际贸易术语解释通则 2010》,中国民主法制出版社 2011 年版。
周哲、申雅君:《国际物流》,清华大学出版社 2007 年版。
吕军伟:《国际物流业务管理模板与岗位操作流程》,中国经济出版社 2005 年版。
孙家庆:《国际物流理论与实务》,大连海事大学出版社 2005 年版。
杨长春、顾永才:《国际物流》,首都经济贸易大学出版社 2003 年版。
杨霞芳:《国际物流管理》,同济大学出版社 2004 年版。
张海燕、吕明哲:《国际物流》,东北财经大学出版社 2006 年版。
Pierre David and Richard Stewart, *International Logistics: the Management of International Trade Operations*,清华大学出版社 2007 年版。

图书在版编目(CIP)数据

国际物流管理实务/逯宇铎,陈阵编著. —上海:格致出版社:上海人民出版社,2013
世纪高教·物流管理教材系列
ISBN 978-7-5432-2248-9

Ⅰ. ①国… Ⅱ. ①逯… ②陈… Ⅲ. ①国际贸易-物流-物资管理-高等学校-教材 Ⅳ. ①F252

中国版本图书馆 CIP 数据核字(2013)第075377号

责任编辑 钱 敏
美术编辑 路 静

本教材配有多媒体课件,教师可向出版社免费索取。
电子邮件:hibooks@hibooks.cn

世纪高教·物流管理教材系列
国际物流管理实务
逯宇铎 陈阵 编著

出 版 世纪出版集团 www.ewen.cc 格致出版社 www.hibooks.cn 上海人民出版社
(200001 上海福建中路193号24层)

格致出版
编辑部热线 021-63914988
市场部热线 021-63914081

发 行 世纪出版集团发行中心
印 刷 浙江临安曙光印务有限公司
开 本 787×1092毫米 1/16
印 张 20
插 页 1
字 数 354,000
版 次 2013年6月第1版
印 次 2013年6月第1次印刷
ISBN 978-7-5432-2248-9/F·634
定 价 42.00元